普通高等教育"十一五"国家级规划教材

新编高职旅游大类精品教材

LÜYOU ZHIYE DAODE

旅游职业道德

陈吉瑞 主 编

王桂红 赵 娟 副主编

旅游教育出版社

·北京·

图书在版编目（CIP）数据

旅游职业道德 / 陈吉瑞主编. -- 北京 ： 旅游教育出版社，2023.1

新编高职旅游大类精品教材

ISBN 978-7-5637-4361-2

Ⅰ. ①旅… Ⅱ. ①陈… Ⅲ. ①旅游业－职业道德－高等职业教育－教学参考资料 Ⅳ. ①F590.63

中国版本图书馆CIP数据核字(2021)第263238号

新编高职旅游大类精品教材

旅游职业道德

陈吉瑞　主编

王桂红　赵　娟　副主编

责任编辑	郭珍宏
出版单位	旅游教育出版社
地　　址	北京市朝阳区定福庄南里 1 号
邮　　编	100024
发行电话	（010）65778403　65728372　65767462（传真）
本社网址	www.tepcb.com
E - mail	tepfx@163.com
排版单位	北京旅教文化传播有限公司
印刷单位	北京虎彩文化传播有限公司
经销单位	新华书店
开　　本	787 毫米 ×1092 毫米　1/16
印　　张	19.25
字　　数	331 千字
版　　次	2023 年 1 月第 1 版
印　　次	2023 年 1 月第 1 次印刷
定　　价	42.00 元

（图书如有装订差错请与发行部联系）

前　言

“十四五”旅游业发展规划明确指出，“深化旅游业供给侧结构性改革，深入推进大众旅游、智慧旅游和‘旅游+’‘+旅游’，提供更多优质旅游产品和服务，加强区域旅游品牌和服务整合，完善综合效益高、带动能力强的现代旅游业体系，努力实现旅游业高质量发展。”随着全面小康社会的建成，人民对旅游业的需求质量也是越来越高。高质量的发展需要更高素质的旅游人才才能实现。

本教材于2001年出第1版，并于2006年8月，被评选为“普通高等教育‘十一五’国家级规划教材”。

在社会主义核心价值观的指导下，本书紧密结合《新时代公民道德建设实施纲要》，在阐述道德的一般原理的基础上，详细说明了社会主义道德各个组成部分的道德规范；在对职业道德进行一般阐述之后，着重分析了旅游行业的核心价值观、旅游职业道德的核心、基本原则、精神和基本规范；对旅游职业道德评价做了探讨，并对旅游职业道德修养与教育提出了一些可行的方法。

全书每章由引言、教学目标、案例分析引入正文，文中附有拓展知识和特别提示，课后设有思考与练习；正文中案例比重大，每章后还有案例分享。此外，根据内容需要，安排了部分内容作为微课，供教师和学生查看使用。

本书由陈吉瑞老师撰写提纲，赵娟老师和王桂红老师分别编写了第四章和第五章，其余均为陈吉瑞老师编写并完成全书的统稿。

本书在编写和修订过程中，参考了国内外大量的相关著作和文献，所引材料尽可能注明。其中或有遗漏，在此向给予我们帮助的同仁致以诚挚的敬意。另外，由于时间和水平有限，书中难免有不足和疏漏之处，恳请各位专家和读者批评指正。

编者

2023年1月

前言

[illegible]

目录

绪　论 ………… 001

第一章　道德概述 ………… 003
第一节　道德的含义和本质 ………… 004
第二节　道德的结构、功能及作用 ………… 011
第三节　道德的历史类型 ………… 023
第四节　社会主义道德 ………… 029

第二章　旅游职业道德的特点和作用 ………… 071
第一节　职业道德的含义与特征 ………… 073
第二节　旅游职业道德的形成与发展 ………… 088
第三节　社会主义旅游职业道德的特点 ………… 090
第四节　社会主义旅游职业道德的作用 ………… 096

第三章　旅游职业道德的核心、基本原则和要求 ………… 103
第一节　旅游行业核心价值观 ………… 104
第二节　旅游职业道德的核心 ………… 105
第三节　社会主义旅游职业道德的基本原则 ………… 110
第四节　社会主义旅游职业道德的基本要求 ………… 120

第四章　旅游职业道德精神 ………… 129
第一节　人文精神 ………… 131
第二节　敬业精神 ………… 139

第三节　团队精神 …… 148
第四节　忠诚精神 …… 155
第五节　主人翁精神 …… 163
第六节　服务精神 …… 174

第五章　旅游职业道德规范 …… 184
第一节　真诚公道　信誉第一 …… 187
第二节　热情友好　宾客至上 …… 194
第三节　一视同仁　优质服务 …… 197
第四节　保护环境　持续发展 …… 206
第五节　文明礼貌　团结协作 …… 212
第六节　钻研业务　精进技能 …… 217
第七节　改革创新　抓住机遇 …… 226

第六章　旅游职业道德评价 …… 236
第一节　旅游职业道德评价的标准和根据 …… 237
第二节　旅游职业道德评价的类型和形式 …… 244
第三节　旅游职业道德评价的作用 …… 257

第七章　旅游从业人员的职业道德修养与职业道德教育 …… 264
第一节　旅游职业道德修养与职业道德教育的要求 …… 269
第二节　旅游职业道德修养与职业道德教育的内容 …… 273
第三节　人生价值与旅游职业道德修养和教育的方法 …… 279
第四节　塑造完美的理想人格 …… 292

参考书目 …… 301

绪 论

十四五旅游业发展规划

“十三五”以来，旅游业与其他产业跨界融合、协同发展，产业规模持续扩大，新业态不断涌现，旅游业对经济平稳健康发展的综合带动作用更加凸显。旅游业作为国民经济战略性支柱产业的地位更为巩固。《“十四五”旅游业发展规划》指出，“十四五”时期要坚持稳中求进工作基调，着力完善现代旅游业体系，加快旅游强国建设，努力实现旅游业更高质量、更高效率、更加公平、更可持续、更为全面的发展。旅游强国的建设需要大批高素质的旅游从业人员，而大量的青年也乐意跨入旅游行业来实现自己的职业理想。如何把他们培养成职业道德水准高、业务能力强，具有敬业精神，忠于职守，德、智、体、美、劳全面发展的旅游专业人才，对我国旅游业的发展具有深远的战略意义。开设旅游职业道德课，进行旅游职业道德教育，是实现这一战略目标的重要措施之一。

加强对旅游业从业人员的德育教育，提高旅游业员工队伍的整体素质，必须根据社会主义荣辱观、社会主义核心价值观和《新时代公民道德建设实施纲要》（以下简称《纲要》）对旅游系统的员工进行以集体主义为核心的道德观、价值观教育，使他们懂得，在社会主义市场经济体制下，仍要倡导集体主义道德原则、精神，正确处理个人与集体、个人与国家之间的利益关系，发扬奉献和艰苦奋斗的传统；仍要正确认识社会上存在的各种消极腐败现象，具备明辨是非、善恶的能力，增强免疫力，反对拜金主义、享乐主义、极端个人主义，反对和纠正带有行业特点的不正之风，增强法制观念，树立正确的世界观、人生观和价值观，继承和发扬中华民族的优良传统，具备良好的道德品质和高尚的职业道德。

一、旅游职业道德课的性质和任务

旅游职业道德是以马克思主义道德理论为指导，专门研究旅游职业活动中各种道德关系、原则和规范的学科。我国的旅游业是建立在以社会主义公有制为主体的经济基础之上的，由于任何社会道德体系的性质都是由生产资料所有制的性质决定的，我国的旅游职业道德属于社会主义的道德体系，是整个社会主义道德体系的一个组成部分。根据我国旅游业的现状及其发展的需要，本课程主要研究在社会主义市场经济条件下，旅游职业道德的核心、原则和规范问题，以及旅游工作者的职业道德修养、教育和评价问题。

旅游职业道德课的任务在于：培养未来的旅游工作者高尚的职业道德和敬业乐业的精神，使他们认识并履行对旅游者的道德责任；为国家培养新时代的具有高尚职业道德的旅游工作者。

二、学习旅游职业道德课的基本方法

学习方法没有适用于每个人的固定模式，因为它要依个人的具体情况而定。但以下两种方法却是每个学习旅游职业道德课的人都必须掌握的。

（一）自觉接受旅游职业道德教育

旅游职业道德教育不是自发形成和发展的，它必须遵循道德教育的基本规律。进行旅游职业道德教育的过程，就是将旅游职业活动中的许多良好的道德行为、习惯加以总结归纳，使之上升到道德规范和原则的高度，然后以此为旅游工作者在职业实践中的道德规范和原则，再灌输到受教育者的头脑中去，使之逐步转化为个人的自觉意识和道德品质，进而在以后的旅游职业活动中体现出来的过程。

要使道德原则、规范转化为个人的自觉意识和道德品质，既不可能仅仅依靠旅游职业活动本身，也不可能只依赖旅游职业活动的经验，而必须进行必要的教育和训练。只有通过经常性的教育、训练，增强职业道德意识，建立内心信念，旅游职业道德的行为规范才能普遍转化为从业人员的内在品质和行为习惯。旅游工作者的素质，既包括精通本职工作的业务素质，又包括本职工作需要的道德素质。这种道德素质要求员工在旅游职业活动中能遵循职业道德规范，对旅游事业，对自己的本职工作，对每一个旅游者有高度的职业责任心和道德责任感。要达到这个目的，每一个旅游工作者都必须自觉接受旅游职业道德教育。

（二）理论联系实际

学习旅游职业教育课，特别要注意理论联系实际，既联系自己的工作实际，又联系自己的思想实际。道德的基本属性之一就是道德的实践性。人们的道德品质是在实践中形成的，也只有在社会实践中才能表现出来，所有的道德规范都不能停留在口头上。只有在改造客观世界的同时，才能改造好主观世界。所以，每一个旅游工作者首先要端正学习态度，做到“志于道，据于德”，在学习职业道德的理论上下功夫，并努力按照旅游职业道德的原则和规范身体力行。因为仅从理论上掌握了职业道德的知识，并不等于已经具有良好的职业道德行为。所以，在接受职业道德教育时，必须坚持理论联系实际的原则，做到知行统一和表里一致。既要认真学习、积极思考，树立正确高尚的道德意识，又要加强切身体验，将理论知识用于实践，在日常生活和职业活动中努力培养高尚的道德品质，磨炼坚强的道德意志，树立坚定的道德信念，养成良好的道德行为和习惯，成为一个职业道德水平高、业务技能好、受旅游者欢迎和尊重的合格的旅游工作者。

思考与练习

1. 旅游职业道德课的任务是什么？
2. 你准备怎样学好旅游职业道德课？

第一章　道德概述

引　言

全国高校思想政治工作会议2016年12月7日至8日在北京召开。中共中央总书记、国家主席、中央军委主席习近平出席会议并发表重要讲话。总书记强调，要坚持把立德树人作为中心环节，把思想政治工作贯穿教育教学全过程，实现全程育人、全方位育人，努力开创我国高等教育事业发展新局面。“人无德不立，育人的根本在于立德。”在2018年5月2日在北京大学师生座谈会上，和2019年1月17日在天津南开大学考察调研时，总书记都强调了“立德”这个关键词。2019年3月18日，全国“两会”刚刚闭幕，习近平总书记在京主持召开学校思想政治理论课教师座谈会并发表重要讲话，强调思想政治理论课是落实立德树人根本任务的关键课程。

习近平总书记多次强调“以德为先”“精神的力量是无穷的，道德的力量也是无穷的”。明确提出“什么样的人该用，什么样的人不重用，都要把德放在首位”。

❖教学目标

详细说明社会主义社会的核心价值观、社会公德规范、家庭美德规范、个人品德以及网络道德规范。

❖案例导入

乐羊子妻

战国时的乐羊子，有一天在路上拾到一块金子，他高兴极了，回到家里马上交给妻子。谁知妻子却瞪了他一眼，说，“有志向的人不喝盗泉的水，廉洁的人不受别人怜悯而轻蔑的施舍。而你在路上拾到别人丢失的金子，却是那样高兴，我不觉得这种贪财求利的品行是高尚的！”乐羊子很惭愧，立即把金子丢到野外。后来，他在妻子的鼓励下，去远方求学。一年过后，乐羊子回家了。正在织布的妻子问，“你已经学到很多知识了吗？”乐羊子说：“不，我在外面游学久了，很想你和母亲呀！”妻子很生气，立即操起一把剪刀，把没织完的绸子剪断了，然后说：“你知道吗？这绸子是用蚕丝在织布机上织成的。一根丝虽然很细很细，但只要不断地织，就能由一丝织成一寸，由一寸积累成一尺，由一尺积累成一丈，由一丈积累成一匹。现在，你出外游学，每天学到一些新鲜知识，逐步培养出了美好的品德。如果半途而废，和剪断的绸子有什么不同呢？”乐羊子听了这番朴素而又生动的话，很受启发，他继续外出学习，整整7年没有回家。在这7年中，乐羊子的妻子起早贪黑地辛勤劳动来养活婆婆，而用织成的布匹换来的只是粗茶淡饭，勉强糊口。一天，别人家的鸡误入了她家的菜园子，婆婆因为好长时间没有吃到荤菜了，捉到鸡二话没说就把它宰了煮来吃。媳妇知道这鸡是别人家的，就哭了起来，一口也不吃。婆婆奇怪地问：“难得有鸡吃，你还哭啥呀？”媳妇不责怪婆婆贪图小利，反而自责道：“媳妇不孝，不能挣来钱换好吃的，使得咱家的饭中有外人的鸡肉啊！”婆婆听了，很是惭愧，就丢弃鸡肉不再吃，以后也不再占别人的便宜。7年后，乐羊子回家了，这时候，他已经成为一个道德高尚而且学识渊博、足智多谋的人了。他于公元408年被魏文侯拜为大将，辅佐魏文侯一举收复了中山国。

（资料来源：韦明辉.道德经智慧新解［M］.北京：地震出版社，2007）

思考：你认为乐羊子的妻子的哪些道德品质影响到了乐羊子？

第一节　道德的含义和本质

一、什么是道德

在我国的古籍和文物中，“道”与“德”单用较多、较早，连用较少、较晚。“道”字在古汉语中从“首”从“行”，可能与“行”字相通，表示人人涉足四通八达的街道或道路。引申开来，在先秦思想史上，“道”主要是指一种普遍的最高原则。“德”字在《卜辞》中为“值”或“悳”，与“得”字相通。许慎认为“外得于人，内得于己”即为德。所以，德，也就是人们对所谓最高原则有所得。“道”与“德”连用，始于春秋战国时的《管子》《庄子》《荀子》诸书。荀况在《荀子·劝学篇》中说：“故学至乎礼而止矣，夫是之谓道德之极”；在《正论》中说：“道德纯备、智惠甚明”等。荀况不但将道与德二字连用，而且赋予了它确定的意义，即人们在各种伦常关系中表现的道德境界、道德品质和调整这种关系的原则和规范。

究竟什么是道德？可以从质和量两个方面来考察：从质的规定性来看，所谓道德，就是在人类社会现实生活中，由经济关系所决定，用善恶标准去评价，依靠社会舆论、内心信念和传统习惯来维持的一类社会现象。它属于社会上层建筑和社会意识形态；从量的规定性看，道德是相当广泛的，有时指道德观念或道德意识，有时指道德品质，有时指道德教育、道德修养，有时又指道德原则、道德规范。

二、道德的本质

（一）道德是一种社会意识形态，它由社会经济关系所决定

道德和其他社会意识形态一样，都是由一定社会的经济基础决定的，并为一定的社会经济基础服务。有什么样的经济关系，就必然会有什么样的道德意识和道德行为。原始社会，人们的经济关系是“以个人尚未成熟，尚未脱掉同其他人的自然血缘联系的脐带为基础”[①]的，所以，与之相适应的道德，便是同风俗习惯混为一体的淳朴道德。人类社会进入私有制社会以后，形成了不同阶级的阶级道德，而且，随着私有制的具体历史形态的改变，阶级道德也不断更换着它的社会内容和阶级实质。当以生产资料公有制为基础的经济结构取代了以私有制为基础的经济结构时，道德也随之发生根本变革，社会倡导“宁可无得，不可无德”（此处“得”与“德”的含义已大相径庭），当公仆，讲奉献，全心全意为人民服务。旅游从业者也应以德为本，察客情、听客声、纳客意，先求此“德”，再求彼“得”。

（二）社会生产力和科学技术是道德发展的源泉

按照唯物主义历史观，社会上层建筑和社会意识形态是由生产关系决定的，生产关系是由生产力决定的。在这个意义上，生产力（包括科学技术）无疑是整个意识形态发展和变革的最原始的动因。但是生产力和科学技术水平不能成为判断社会道德状况的直接标准。生产力和科学技术水平，是人在对自然的认识、支配和改造自然方面所具有的能力及其所实现的程度。而一个社会的道德水平，表明的是这个社会的成员，在个人与他人的关系上所采取的态度和所达到的境界。

需要指出的是，强调社会经济条件对道德的决定作用，并不是否认其他社会因素对道德观念及其发展变化的制约和影响，并没有否定道德的相对独立性及其对社会生活的作用。

（三）道德是一种特殊的调节规范体系

道德规范不同于政治规范、法律规范、纪律规范，它是一种非制度化的规范。道德规范也不使用强制性手段，使其转化为人们实际行动的途径是教育、宣传等方式。道德规范是一种内化的规范——良心。

（四）道德是实践性的社会意识

道德是建立在社会经济关系基础上的社会意识，但它是一种以指导人们行为为目的的，形成人们正确的行为方式为内容的社会意识，具有实践性。

---

① 马克思恩格斯全集（第23卷）. 人民出版社，1965：96.

三、道德的基本属性

（一）道德的阶级性

在阶级社会里，道德的本质决定了道德的阶级性。阶级社会的各种道德体系，都是从一定阶级的利益和要求中产生的，都是为特定阶级的利益和要求服务的，因而是一定阶级所具有或承认的道德心理和道德行为体系。由于各阶级的阶级地位不同，利害关系不同，物质生活条件不同，人们追求的目标、人生价值甚至选择职业的标准也不同，人们判断是非、善恶、荣辱的标准也就不同。

（二）道德的历史性

在阶级社会中，道德由经济状况决定。由于社会经济状况是历史发展变化着的，并随着生产力的发展一直向前发展，道德也随着经济状况发展变化。道德的发展是一个历史的过程，不存在永恒的道德。道德具有鲜明的历史性。但每个时代和每一个阶级的道德，都是以前人的道德遗产为基础，根据当时本阶级利益和需要，对过去的道德观念进行整理和研究，保留其符合新的生产关系和阶级利益的成分，舍弃其不适用的部分，补充新的成分，以形成新的道德体系，这就体现出了道德的历史继承性。

自然，在继承道德遗产时，也要“取其精华，去其糟粕”，这就是批判地继承。例如：“孝敬父母”“尊老爱幼”等道德观念，产生于奴隶社会，但直到今天仍需继承和发扬。

（三）道德的全人类性

所谓道德的全人类性，就人类历史发展的全过程来讲，应是指不同时代的道德体系之间有着共同的或相一致的地方；就同一时代或不同时代的阶级社会来讲，是指不同阶级或对立阶级的道德之间有着共同的或相一致的地方。如礼貌待人，讲卫生，讲诚信，严禁盗窃，反贪污，对入侵者的抗击救国等都是道德全人类性的表现。

道德上述三方面的基本属性存在着辩证关系。首先，历史上各种类型的道德体系都包含着全人类性因素。如果每个时代的道德，同它前后相连的道德没有任何共同的东西，没有任何一致的地方，则就在根本上否定了道德的发展，也根本无法说明在每个时代的道德生活中，何以会继续存在着前代甚至前几代的某些道德成分和道德影响。每个时代、每个阶级的道德都是它的历史性、阶级性和某些全人类性的辩证统一。其次，不同时代、不同阶级的道德体系，包含全人类性因素的程度有所不同。就对立阶级的道德体系来看，一般地说，各个时代的劳动者阶级的道德体系或道德传统中，包含的全人类性因素会相对地多一些；而剥削阶级的道德体系中，包含着的全人类性因素会相对地少些。就整个人类社会的发展过程来看，一般地说，处于较高形态中的道德类型所包含的全人类性因素，比处于较低社会形态的道德类型要相对地多一些。最后，只有到了“世界大同”，才有真正的全人类性的道德体系。在世界范围内，迄今所存在过的道德体系中，虽然都程度不同地包含着全人类性因素，但不论哪种道德体系，都以它的历史性、阶级性作为主导方面，因而都说不上是全人类性的道德体系。原始社会的部落氏族道德，只是在非常狭小的本部落氏族范围内是统一的社会道德，称不上是什么全人类道德。只有在最终消灭了并被人们完全忘却了一切阶级对立、一切阶级差别和一切不平等的社会差别的“大同世界”里，才会有真正的全人类的道德。

四、道德与上层建筑其他意识形态的关系

（一）道德与政治

道德和政治是社会上层建筑和意识形态的两种形式，它们在反映和调节人类社会生活的过程中有着紧密的关系，两者既相互区别，又相互联系。

首先，道德与政治是相互区别的。主要表现在：

1.两者反映人们关系的角度、调节人们关系的对象不同

道德主要是从个人与他人、个人与社会的角度反映人们之间的关系，其调节范围几乎渗透到社会生活的各个领域。政治主要反映的是社会关系中的阶级关系，其调节范围包括敌对阶级之间和非敌对阶级之间的关系，也包括国家之间与民族之间的关系，它的调节范围比道德的调节范围狭窄得多。

2.两者对社会经济关系的反映程度不同

道德对社会经济关系的反映是曲折的，它只是借助社会舆论、传统习惯和内心信念，唤起人们维护或破坏某种经济关系的责任心和义务感。而政治是经济的集中表现，它对社会经济关系的作用直接且集中。社会常常通过阶级斗争、夺取政权、确立政治制度等手段直接为经济基础服务。

3.两者产生和发展的条件和发展趋势不同

道德是和人类社会一起产生和发展的，并贯穿于人类社会始终，与人类社会共存亡。政治则产生于阶级社会，是阶级矛盾的产物，并将随着阶级的消亡而消亡。而当阶级、国家、政治消亡了，人们依靠内心信念、传统习惯和社会舆论就能遵守社会公共秩序。那时，道德不仅成为全人类的道德，而且成为人们之间关系的主要调节者。

其次，道德与政治有着极其复杂的相互影响作用。这主要表现在以下两方面：

1.政治制约道德的具体规范

社会经济关系首先表现为利益关系，在阶级社会里表现为阶级利益关系。这种阶级利益的关系使占统治地位的阶级必然采用政治手段——国家、法律等把它固定下来，强制社会成员予以承认，强制被统治阶级服从统治阶级的利益。这样的经济关系通过国家制度的确定并法律化以后，阶级之间的政治关系，个人之间、个人与国家、个人与集体之间的道德关系也就明确形成了。

2. 一定阶级的道德总是为一定阶级的政治服务的

道德总是以自己特有的社会功能和作用，为本阶级政权的建立和稳固而引导人们纳入一定的社会生活轨道。我国的社会主义道德对建设有中国特色的社会主义事业有重要的作用。

（二）道德与法律

道德和法律同属于行为规范，而且都属于上层建筑，两者在反映社会生活、调节人际关系上，既有区别又有联系。

首先，两者是相互区别的。主要表现在：

1. 两者借以维持的社会力量不同

道德主要依靠社会舆论、传统习惯、内心信念和教育的力量，来引导和规范人们的行为，不具有法律的强制性，不存在真实的“道德法庭”。法律则是由国家制定或认可，并由国家强制力保证实施具有普遍效力的行为规范体系，因而法律对人们行为的约束具有强制性。

2. 两者对社会关系的作用方式和范围不同

道德侧重于防患于未然，抑恶扬善，通过劝阻、示范、褒扬等方式来调节各种人际关系。法律侧重于惩治，侧重于追究既往，对那些触犯法律法规的行为予以惩罚，使之不敢为非作歹。就调节范围看，道德涉及社会生活的一切领域，其作用范围比法律广泛得多。

3. 两者的产生和发展趋势不同

法律作为统治阶级意志的表现，是阶级社会特有的现象，有其产生、发展、消亡的过程。而道德贯穿于人类社会的始终，法律会消亡，而道德将永存。

其次，道德与法律也相互联系、相互作用。主要表现在：

1. 两者在内容上相互渗透，相互包含

一方面法律条文中有要求人们遵守的道德规范（如关于故意损害公共财物的规定）；另一方面，道德规范中也具有法律内容。如我国道德规范中的爱国主义就具有法律内涵，一个人不爱国要受到道德的谴责，严重的有损国家民族尊严的行为则要受到法律的制裁。从某种角度讲，法律是最基本的道德，道德是不成文的法律。

2. 两者在功能上相互补充、相互依托

在阶级社会中，道德与法律是统治阶级维护统治的左右手，因此，历代统治者都强调“德威兼施”“宽猛相济”。法律以其权威性和强制手段规范社会成员的思想行为；道德用其说服力和劝导力提高社会成员的思想认识与道德觉悟。如果仅有道德的感化和劝诫，而无法律的强制手段为后盾，那么这种道德说教将成为空谈；如果仅有法律的强制而无道德手段相补充，那么，人们将会因道德水准的普遍降低而不能守法，最终导致社会秩序的混乱。法安天下，德润人心。法律有效实施有赖于道德支持，道德践行也离不开法律约束。法治和德治不可分离、不可偏废，国家治理需要法律和道德协同发力。法治与德治作为两种不同的治国方式，从来就是相互联系在一起的，法治以德治为基础，德治又需要法治作保障，只有把二者紧密结合起来，才符合治理国家的发展规律，才是完善的治国之道。

❖特别提示

法律作为规范人类行为的一般准则，并非是人类产生时所带来的“自由圣经”。法律的产生本身与道德有着千丝万缕的联系。“道德往往成为法律的基础素材，而法律往往又巩固着某种道德；道德所不及的地方由法律调整，法律所不及的地方由道德调整。”即使法律的强制作用也往往需要通过人的内在道德信念起作用，否则是一定存有缺陷的。只是这种强制作用使其更加直接迅速地确定且相对稳定。道德与法律犹如车之两轮、鸟之两翼不可分离。道德强调人类的道德理念铸化为法律，法律强调法律内化为人们的品质、道德。

（三）道德与文化

1. 文化的含义

人类传统观念认为，文化是一种社会现象，它是由人类长期创造形成的产物，同时又是一种历史现象，是人类社会与历史的积淀物。确切地说，文化是凝结在物质之中又游离于物质之外的，能够被传承和传播的国家或民族的思维方式、价值观念、生活方式、行为规范、艺术文化、科学技术等，它是人类相互之间进行交流的普遍认可的一种能够传承的意识形态，是对客观世界感性上的知识与经验的升华。

在西方，最先把文化作为一个专门性术语来使用的是19世纪的英国人类学家泰勒。他在《原始文化》中指出：“文化是一种复合体，它包含知识、信仰、艺术、道德、法律、风俗以及其余从社会学上学得到的能力和习惯。”在中国，《易经》贲卦彖传：“刚柔交错，天文也；文明以止，人文也。观乎天文，以察时变，观乎人文，以化成天下。”

2. 道德与文化的关系

（1）文化是道德的精神寓所。基于道德与文化之间天然的不可分割的联系，道德始终存在于一定的文化谱系之中，体现文化的内在精神和价值理想，是一种文化性存在。

（2）道德是文化寓所的支柱。道德在文化的内容上、功能上都体现出支撑作用。在人类文化的形成和发展过程中铸就了人类的道德目标。道德的评价功能又可以激励或抑制某一文化层面的发展。

（四）道德与艺术

道德和艺术都体现着一个民族、一个国家的文明程度，它们既有联系，又有区别。

首先，道德与艺术是相区别的。主要表现在：

1. 两者反映社会现实的范围不同

道德主要从人与他人、人与社会的道德关系来反映社会现实。而艺术除了反映人们的道德关系，还要反映其他诸如经济、政治、法律等社会关系，因而比道德反映社会生活要广泛得多。《长津湖》作为2021国庆档的主流影片，这部历史题材的电影巨制，以其自身所带的实力，给观众带来一场冰与火、血与泪、战火与安宁交织的视听盛宴。它带有极度明显的保家卫国主旨，影片具有激动人心、催人奋进的力量，融入了民众高涨的爱国情怀，凝聚着中华儿女自强不息的民族精神。影片通过伍百里、伍千里、伍万里三兄弟相继从军的事例，揭示出革命斗争传承性。指导员梅生的一句话让人很动容“如果我们不打仗，这仗就是我们的下一代打”。电影以艺术的方式告诉观众，在历史的舞台中，中国不会随好战分子的叫嚣而动武，更不会在任何时期任人宰割，而是要在和平年代，站在先辈洒下热血的土地上，珍惜和平，顽强勇敢地抵御国际上的各种不公平。

2. 两者反映现实的方法和作用的方式不同

艺术更多地借助于形象思维，即通过塑造生动丰富的典型形象，给人以美的感受，来反映和再现社会生活，它强调“以情动人”，使人在感情的波澜中，爱其所爱，憎其所憎，从而达到陶冶情操、净化心灵的目的，如电影《中国机长》。而道德主要通过它的行为准则，自发地或自觉地反映社会生活，它强调“以理服人”，主张用逻辑的力量，帮助人们树立正确的善恶观念，指导人们进行正确的行为选择，养成高尚的道德品质。

其次，道德与艺术又是相互联系的。主要表现在：

1. 艺术对人们的道德情感、道德品质具有感化和教育的作用

艺术总是通过典型形象向人们显示生活中什么样的人和事是善的、美的，什么样的人和事是恶的、丑的，从而激发人们心灵中的羞耻、厌恶或羡慕、追寻等情感，使人们在社会生活中自觉抑恶扬善，培养高尚的道德情操和良好的道德品质。《巴黎圣母院》中的敲钟人加西莫多虽然驼背、五官扭曲、形象丑陋，但他善良、勇敢，因此他在读者心目中是美的、善的化身。

2. 道德对艺术的影响和作用也是十分明显的

一方面，一定社会的道德生活和人们的精神面貌是艺术创作的源泉，离开现实的道德生活，艺术创作就失去了对象和动力。《生死抉择》是上海电影制片厂拍摄的一部以反腐败为主题的影片。该片中的市长夫人收受巨额贿赂，让为政清廉的市长在与腐败分子做斗争时经历了艰苦的内心较量。腐败分子通过给这位市长家送价值上万元的名贵鲜花，给他的孩子买保险等手段企图收买他，但最终还是没有得逞。该片的教育意义显然是相当深刻的。但它的创作显然离不开现实的道德生活，因为现实生活中的腐败分子正是从各级领导干部身边的人打开缺口，拉领导干部下水的。另一方面，艺术创作者自身的道德意识、道德品质对艺术创作亦有重要影响。俗话说“文如其人”，一个艺术创作者不管他是否意识到，他的道德意识、道德品质总会直接反映在他的作品的思想倾向上，打上个人的道德烙印。“人生自古谁无死，留取丹心照汗青”，正是真实、全面地反映出文天祥为了民族利益而不惜牺牲自己生命的高贵品质。

（五）道德与宗教

道德与宗教都干预社会生活，它们相互联系，但它们之间的区别却是很明显的，主要体现在它们对社会生活关系的反映和作用的方式不同。道德所反映的是社会生活中的现实关系，而宗教却是现实生活的虚幻反映。道德对社会生活的调节主要依靠社会舆论、传统、教育、体验等现实力量；而宗教则是借助某种神秘力量（如神、上帝等），来影响人们，确立某种信仰，屈从于现实的某种社会秩序，安守于某种生活境遇。

道德与宗教的相互联系主要体现在：一方面宗教道德化，统治阶级出于维护自己统治秩序的需要，总是利用宗教，通过神的启示，把惩恶扬善、追求理想王国的训条以及宗教教规、戒律转化为世俗的道德规范；另一方面世俗道德宗教化，赋予道德律令以先验神秘的色彩，使宗教成为道德的监护者（如董仲舒的《道德天命论》）。在人类历史上，道德与宗教的结合只是一种暂时的现象，随着社会的发展和科技的进步，道德必将摆脱宗教的束缚，恢复其本来的面目。

❖拓展知识

在我国社会主义社会，宗教与道德的关系具有与以往阶级社会不同的特点。经过宗教制度改革，我国佛教、道教和伊斯兰教中的封建剥削制度已革除；天主教、基督教中开展的反帝爱国运动，使得这两个宗教成为中国人民独立自主自办的宗教。宗教在我国社会主义社会的存在，是因为还存在着宗教赖以存在的条件。在社会主义时期，虽然宗教道德中涉及人与神关系的部分仍然是约束信教群众行为的准则和规范，但是宗教道德中涉及人与人关系的部分，如，佛教的“五戒十善”，基督教的“十诫”，等等，与社会主义的道德有某些共同之处。宗教信徒以宗教道德中涉及人与人关系的世俗性道德约束自己的行为，与社会主义社会所提倡的道德原则对人们行为的要求并不冲突。这是宗教能与我国社会主义社会相适应的一个重要方面。社会主义的道德不需要任何宗教的神化，宗教道德只有与社会主义社会相适应才能存在。

第二节 道德的结构、功能及作用

上一节从道德与物质生活的关系以及与上层建筑其他意识形态的关系中揭示了道德的总体性和一般性的特点，要想进一步了解道德的总体性和特殊性，必须深入道德现象内部，掌握道德的结构和功能。

一、道德的结构

所谓道德的结构，简单地说，就是指道德的内部构成；具体地说，就是指道德作为在普遍依赖于社会经济条件基础上形成的系统，其内部各构成要素以及各要素之间的相互关系。由于考察道德现象的角度、理论、方法等不同，人们对道德的结构就有不同的看法。本书采纳了把道德结构分为道德意识、道德活动和道德关系三个组成部分的观点。

（一）道德意识

道德意识是道德结构的主要部分，是反映事物善恶的主观意识，既可表现为群体意识，又可表现为个体意识。道德意识主要由道德认识、道德情感、道德意志、道德信念、道德习惯等组成。

1. 道德认识

所谓道德认识，是指人们对于道德关系、道德活动、道德原则和规范等道德现象的观点和看法。道德认识是个人在认识社会和改造社会的道德实践中所获得的关于道德的知识，是个人人生理想和价值目标的集中反映。道德认识是一切道德活动的基础。没有道德认识，人们就不能以理性的形式区分事物的善恶，就无法进行道德判断和行为选择。有什么样的道德认识，往往就会有什么样的道德活动。

2. 道德情感

所谓道德情感，就是指在一定道德认识的指导下，通过实践而产生的个人对他人或社会的一种爱憎好恶的情绪反应和内心体验。在道德实践中，人们虽然对某种道德要求有了理性认识，但并不一定就能真心实意地按照这种要求去履行应尽的道德义务。因为外在的道德命令如果不能转化为个人的主观态度，成为个人的情感需要，那么，这种道德命令始终只能处于他律的水平，并不能把人引向道德上的自律。因此，对个人来说能否培养起丰富而深刻的道德情感，是能否形成健全道德意识的关键。

3. 道德意志

所谓道德意志，是指在道德认识和道德情感相结合的基础上形成的一种自我控制能力，表现为实践道德原则的坚持到底的精神和克服障碍的决心。在现实生活中，人们履行道德义务、追求道德理想的道路并不是畅通无阻的，而是充满荆棘、密布障碍，往往需要克服来自各方面的困难和压力。当这些情况出现的时候，如果没有坚毅顽强的道德意志的支撑，那么人们将无法把某一道德坚持到底。因此，个人有顽强的道德意志，是其克服外在障碍、履行道德义务、实现道德理想的中心环节和重要条件。

4. 道德信念

所谓道德信念，是指对道德理想、目标坚定不移的信仰，是道德认识、道德情感和道德意志的有机统一。道德信念的有无决定着一个人道德上的成熟与否。虽然道德信念只有凭借道德意志才能坚持到底，然而道德意志也只有在道德信念的指导下，才能保持正确的方向，极大地调动和控制人的热情，使个人的欲望接受理智的规范和约束。因此，道德信念作为人们履行道德义务的唯一精神支柱，在道德意识中占有十分重要的地位。

5. 道德习惯

所谓道德习惯，是指道德认识、道德情感、道德意志、道德信念有机统一而形成的高度自觉的道德因素。一种道德习惯的形成，是道德教育和道德修养的结果。在社会生活中，反映一个人道德水平的状态有两种：一是他律状态，即指一个人在外在压力下不得不按照一定的社会道德原则和规范办事；二是自律状态，即指一个人把遵守一定社会的道德原则和规范看成自己内在的道德需要，不需外在强制而自觉自愿遵照执行。在道德实践中，只有通过道德教育，使人们形成自觉遵守社会道德原则和规范的道德意识，并转化为实际表现出来的相应道德行为，经过日积月累而成为日常生活习惯，才能使人们从“道德他律状态”变成“道德自律状态”。因此，道德习惯的养成，是一系列道德活动的最终结果。

（二）道德活动

道德活动是人类特有的活动，是指用一定的道德意识调节人们思想和行为的过程。道德活动包括道德行为、道德选择、道德评价、道德教育、道德修养等方面。

1. 道德行为

所谓道德行为，是指在一定的道德意识支配下，由行为主体自觉选择而发生的有利于或有害于他人或社会的行为。在社会生活中，人们总是处在与他人和社会的一定利益关系中，个人的生存和发展离不开他人或社会的存在和发展，因而作为行为主体在实施某种道德行为时，必须自觉认识到自身与他人或社会的利害关系，勇于承担道德责任。

2. 道德选择

所谓道德选择，是指人们在一定道德意识的支配下，根据某种道德标准在不同的价值准则或善恶冲突之间所做的自觉自愿的抉择。在现实生活中，道德选择总要受到客观环境的限制，任何个体和群体都只能在客观环境所提供的可能性范围内做出选择；不论哪种选择，都是将客观环境所提供的可能性中的一种变为现实。然而，人们在客观环境所提供的可能性面前，并不是消极被动的，而是有一定的意志选择自由。正因为如此，人们应当对自己的行为选择承担责任。

3. 道德评价

道德评价，是指人们依据一定的道德准则对自身或其他个体和群体已经发生的道德行为以及其他道德现象所做的善恶价值判断。在现实生活中，道德评价无所不及，只要存在道德活动，就一定有道德评价。而且，道德评价愈正确和广泛，道德职能的发挥就愈充分，道德对社会的作用力就愈强。离开了道德评价，道德就会失去应有的意义。

4. 道德教育

所谓道德教育，是指教育者根据一定的道德原则和任务，对受教育者有计划、有目的、有组织地施加影响，使之养成教育者所期望的道德品质的过程。道德教育从提高人的道德认识开始，进而陶冶人们的道德情感、锻炼道德意志、坚定道德信念，到养成道德习惯，最终形成道德品质，体现了道德由普遍化到个体化、由外在化到内在化的转化。在社会生活中，一种道德最终能否被社会所接受，关键在于它能否反映社会道德关系的本质，是否符合社会发展的道德必然性，但是，究竟它在多大程度和何种范围内为人们所接受，却取决于道德教育的好坏。

5. 道德修养

道德修养是道德活动的一种重要形式，相对于道德教育而言，它主要是属于个人的一种道德活动，其实质是自觉地展开善恶道德观冲突的过程，是“择其善者而从之、其不善者而改之”的过程。它也指通过自身努力、修身养性、陶冶情操所形成的道德品格和道德境界。其驱动力一般不是源于对个人直接利益的追求，而是遵循社会生活规律与准则，为着社会整体利益，检验和修正自己的思想和行为。这是人们的自我调适、自我完善行为，是将外在的道德规范内化为道德良心，使个人价值融入社会价值，使个体与社会整体及自然环境趋于和谐的过程。在现实生活中，由于种种原因，每个人都会有这样或那样的缺点和错误，都会受落后、错误、腐朽道德思想的侵蚀和影响。这就要求我们在掌握正确道德知识的同时，认真开展自我批评，不文过饰非，自觉进行道德修养。不进行道德修养，要想成为品德高尚的人是不可能的。

（三）道德关系

道德关系是道德结构中一个特殊的组成部分，是建立在一定经济关系基础之上并由一定的道德原则和道德规范来维持的特殊社会关系。道德关系是主观的社会关系，也是客观的特殊的社会关系。道德关系包括以下三个方面：

1. 人与人的关系

它包括两个方面的内容：一方面是个人同社会整体之间的道德关系，比如个人与职业集体、个人与社团、个人与民族、个人与国家、个人与人类等道德关系；另一方面是个人与个人之间的道德关系，比如个人与他人、同事的关系，师徒、朋友、邻里之间的道德关系等，在婚姻家庭关系中，个人与个人的关系又表现为夫妻、父子、母女、兄弟、姐妹之间的道德关系等。

2. 人与自然的关系

人是自然界的产物和组成部分，人与自然界有着密不可分的关系。人与自然界之间的道德关系，归根结底是人与人之间的道德关系。因为，人在改造自然界的活动中，不仅涉及现在的利益，而且还涉及人类的长远利益，特别是关系到子孙后代的生存问题以及整个人类的可持续发展问题。道德不仅是调节人与人之间关系的重要手段，也是调节人与自然关系的重要手段，这在社会加速发展、科技突飞猛进的现代世界中显得尤为突出。

❖特别提示

人与自然的关系到底是什么？我们应该如何对待这种关系？生态伦理学上主要有以下两种观点：第一种观点，是人类中心主义。人类中心主义是一种以人作为宇宙中心的观点。人类中心主义分为强式人类中心主义和弱式人类中心主义。第二种观点，是非人类中心主义。它又包括生物中心主义（动物解放论、动物权利论），生态中心主义（大地伦理学），深层生态学及更加激进的社会生态学与生物区域论等。非人类中心主义斥责人类中心主义关于人类主宰和统治自然的观点，认为人类中心主义鼓励了人类对自然的掠夺，因而是环境危机的思想根源。

3. 人与自身的关系

人与自身的关系包括三个层次：个体与自身的道德关系；某一群体与自身的道德关系；整个社会与自身的道德关系。人与自身的道德关系和人与人的道德关系是密不可分的：人与自身道德关系是人与人道德关系的内化，人与人道德关系是人与自身道德关系的延伸。在道德实践中，任何人与人之间的道德关系都要通过人与自身的道德关系表现出来，人与人之间的道德关系只有反映和落实到人与自身的道德关系中，才是现实的、有价值的。因而，从一定意义上说，研究人与自身的道德关系是研究人与人道德关系的基础。

综上所述，在道德结构中，道德意识、道德活动和道德关系是相互联系、不可分割的有机组成部分。其中，道德意识是进行道德活动和形成道德关系的前提，而且贯穿、体现在道德活动和道德关系之中；道德活动是联系道德意识、道德关系的桥梁和中介，它既是道德意识发挥作用的形式，又是形成道德关系的过程；道德关系既是道德意识的具体再现，又是道德活动的目的和结果。

二、道德的功能

所谓道德的功能，是指在揭示道德结构的基础上所展现出来的道德对人自身生存、发展和完善的功效及其意义。如果说道德结构表征着道德内部诸要素的有机整合及其相互关系、相互转换的脉络、过程与发展趋势，那么道德功能则表征着道德诸要素相互作用的机理及其表现出来的功效、能量与力度。

（一）道德的认识功能

道德能够运用善恶、荣辱、义务、良心等特有的道德概念和范畴，反映社会现象，尤其是反映人类的道德实践活动和道德关系，从中揭示出其内在规律，为人们进行道德选择提供指南。虽然其他社会意识形态诸如法律、政治、宗教、文艺也具有反映社会现实的认识功能，但道德的认识功能与它们相比，有其自身特点。

1. *在道德认识中交织着理性与情感因素*

与其他社会意识形态不同。道德的认识功能不仅在于向人们提供关于客体本身的知识，反映社会现实生活的内在矛盾及其运动规律，预测社会现实状况的未来走向，而且能向人们指出周围环境对其生存和发展的价值，引导人们按照向善避恶的原则，去积极创造完美的社会关系和自身完美的品格。在这当中，情感发挥着巨大的作用，因为人们往往凭借道德上的好恶感情选择自己的行为，对社会现象进行评价谴责或赞许，并反映造成这种现象的经济关系和社会制度的落后或先进。当然，要想正确反映社会现实，光靠情感因素是不够的，还必须依靠理性认识，形成清晰的概念和理论体系，因为善必须以真为前提，假与丑是不可分的。而在道德认识中不仅有情感因素的存在，更有理智对情感的控制。

2. *在道德认识中存在着自觉和直觉两种形式*

自觉形式是指人们基于对一定社会的道德原则和规范的深刻理解，在实践过程中主动依据这些道德原则和规范去行事，自愿履行道德义务。所谓直觉形式是指人们基于一定的道德常识，仅凭对一定社会的道德原则和规范的直观感受去支配自己的行为，被动或盲目地履行道德义务。比如，一名大学生在公共汽车上主动让座位给老人，这是一种自觉，他对“尊老爱幼”有深刻的理解；但是，如果是一名小朋友让座，因为他对道德规范还没有比较深入的了解，而是由于老师、家长每天在身边教育的结果，至于为什么要让座，则全然不知，这就是一种直觉形式。在社会生活中，作为道德活动的主体，一方面凭借社会普遍接受的道德准则和自身道德经验的直觉感知，来观察、分析、评价自己及周围所发生的一切道德现象；另一方面通过自身的道德实践和理论学习来深化对道德原则和规范的理解，凝结为内心命令、信念和理想，使直觉的道德认识上升到自觉的道德认识，从而提高实践的主动性和自觉性。

3. *在道德认识中包含着现有和应有两种评价方式*

所谓现有评价方式，是指道德作为一种判断和认识，首先是对社会现实状况的反映，并根据一定社会现有的道德原则和规范来评判社会道德现象。应有评价方式，是指人们从一定的理想原则出发，对未来社会发展远景以及现实人们行为所应该达到一定境界的某种预见。道德认识除了反映现实之外，还有对现实应当怎样设想以及对未来如何勾画，具有极强的预见性。这种预见性主要表现在：一个社会的变革往往是从对这个社会或其中某些现象进行道义上的谴责开始的，人们运用两种评价方式，通过对社会道德现象的“现有”善恶评价而表明“应有”的价值取向，道德往往以道德要求、道德理想的形式反映出社会变革的大致方向和未来社会的一般轮廓。尽管道德评价的两种方式在论证的严谨性、预测的准确性上不能与科学相比，但其可靠性仍然存在，其作用是科学所不能代替的，因为科学对新社会的预见和论证的课题往往要由道德预见来提供，一旦“这种或那种经济事实评价为不公正的，那就证明这个事实本身已经过时了”。[①]

（二）道德的调节功能

道德的调节功能，是指道德具有通过评价方式来指导和纠正人们的行为和实际活动，以协调人际关系、维护社会秩序的能力。调节功能是道德的最主要功能，与其他社会意识形态相比，亦有其自身特点：

1. 调节范围的广泛性和对象的特殊性

道德不仅调节人与人之间的关系，而且调节人与自然的关系，以及人与自身的关系。在原始社会里，社会关系完全靠道德来调节，这个时期的道德往往与风俗习惯结合在一起，对人们的行为有强大的约束力。随着社会的发展，社会关系日益复杂，出现了政治关系、法律关系、经济关系等社会关系。尽管如此，伦理关系依然存在，道德调节的范围虽然没有原始社会那样广泛，但仍渗透到社会生活的各个领域。从调节对象来看，在现实生活中与利益有关的一切关系和活动，尤其是涉及个人对他人、对社会利益态度的关系和活动，是其调节的对象，这与其他社会意识形态所调节的对象有很大的不同。

2. 调节尺度的特殊性

法律是以“必须怎样”的法律准则为调节尺度，而道德以“应当怎样”的道德准则为调节尺度，既包括对当时全体社会成员和全体当事人必须达到的最基本、最起码的要求，又包括非基本、更高层次的要求。也就是说，不论人们的社会身份、社会地位和道德觉悟有多么不同，在道德面前都只有一个要求——“合道德性”，只做一种裁决——“合道德性”（善）和“不合道德性”（恶）。

3. 调节方式的多样性

道德调节人们的关系和活动，并不像法律那样，诉诸国家机器和惩罚手段，其方式灵活多样。从道德调节的强制程度来看，道德调节可分为自律调节和他律调节；从调节的具体手段来看，道德调节可分为社会舆论调节、传统习惯调节、内心信念调节。

（三）道德的教育和激励功能

道德是社会教育和自我教育的重要手段，因而具有教育的功能。道德的教育功能是指道德通过评价、命令、指导、示范等方式和途径，运用塑造理想人格和典型榜样等手段，来培养人们的道德信念、道德情感和道德品质。由于任何人的道德信念和道德品质都不是天生的，任何人自我调节和干预社会道德生活的能力的形成都不是一次完成的，也不是一经形成就一劳永逸的，这就决定了道德教育的特殊性：教育者在教育过程中，

① 马克思恩格斯全集（第21卷）. 人民出版社，1965：209.

一方面要根据一定社会或阶级的道德要求对受教育者进行系统的灌输，使其形成相应的道德认知；另一方面要充分调动受教育者作为道德教育主体的积极性，把对人的严格要求和对人的个性、愿望的尊重相结合，唤起受教育者改变和完善自己、改变和完善社会的热情。使其自觉将外在的道德知识变为内在的道德情感和道德观念，把社会的客观要求变成自己的内在要求。因此，就个人人格塑造而言，道德教育决定着他的发展方向和精神面貌。

❖拓展知识

虽然在特殊情况下软弱的人不能仅仅依靠良心的支持，虽然他们不能总是依靠那个想象中的与其心意相通的公正旁观者来支持自己的信心，但是在任何时候良心的影响和权威都是不可忽视的。只有在这个内心法官的指示下，我们才能对与自己相关的事情一清二楚，才能恰当地处理自己与他人的利益。

（资料来源：亚当·斯密.道德情操论.韩巍，译.北京：西苑出版社，2005.）

道德的激励功能，是指道德具有激发人们的内在积极性和主动性，促进人们自我肯定、自我发展、自我完善，使社会关系进一步人道化的功能。在社会生活中，道德不仅包含人们“现有”的行为规范，也包含人们“应有”的行为规范。如果“应有”的行为规范多少反映了社会发展的客观必然性，那么它就能引导和激发人们的历史主动性和社会积极性，从而达到调节社会整体和个人关系的目标。道德激励功能的实际机制可分为两类：一是指道德激励功能的外在社会机制，主要由道德理想、道德榜样和道德监督三个因素构成；二是指道德激励功能的内在心理机制，主要由成就感、认同感、荣誉感三个因素构成。道德激励功能的社会机制是实现道德激励功能的外在保障，心理机制是实现道德激励功能的内在基础。

三、道德的社会作用

所谓道德的社会作用，简单地说，就是指道德的能动作用；具体地说，就是指道德作为上层建筑和社会意识形态对其赖以产生的经济基础以及社会生产力和科学技术的反作用。

（一）马克思主义道德观

马克思主义伦理学充分肯定道德对社会经济关系的重大能动作用，认为某种道德一经形成，就会对产生它的社会经济关系发生这样或那样的影响。

当一种新的经济关系发展起来，并力图取代旧的生产关系时，由这种新的经济关系所产生的道德，一方面，会以其特有的善恶标准，从道义上为产生它的经济关系作辩护，论证它的合理性和正义性；另一方面，又会以自己的善恶标准，去评价、谴责和否定与之相对立的经济关系，以加速其灭亡，从而唤起人们为消灭旧的经济关系，建立和发展新的经济关系而斗争。当这种新的经济关系取得了统治地位，并建立了相应的政治制度之后，由它产生的道德，便会形成完整的规范体系，将人们的行为尽可能纳入到一定的社会范围内，从而保障和促进与这一经济关系相适应的政治制度的巩固和发展。同时，新道德还必须与遗留下来的与旧的经济关系和政治制度相适应的传统心理和旧道德进行反复较量，消除其对新的经济关系及其政治制度巩固和发展所起的阻碍甚至破坏作用。我们现在提倡的社会主义道德，就是巩固和发展社会主义经济基础的道德。

（二）道德的社会作用具有不同的性质

道德反作用于经济关系是社会普遍的现象，但在作用的性质上，却有进步与反动、革命与保守之分。一般说来，凡是符合历史发展规律和社会前进方向，有利于解放和发展生产力的道德，其作用便是进步与革命的；相反，凡是违背历史发展规律和社会前进方向，阻碍和束缚生产力的道德，其作用便是反动或保守的。

（三）道德对其他社会意识形态有重大影响

道德作为一种特殊的社会意识形态，同其他社会意识形态既相互区别，又相互联系和相互作用。在阶级社会中，统治阶级总是赋予它的政治和法律以道德的外观，力图让它们深入到人们的道德意识形态中去，以便获取“道义”上的支持。所以道德对政治和法律起着重要的辅助作用。道德对艺术也起着重要作用，车尔尼雪夫斯基就认为艺术是人的一种道德活动。当然，如果社会道德风尚沦丧，对其他意识形态则会产生不良的影响。

（四）道德是影响社会生产力发展和科技进步的重要精神动力

人是生产力中最活跃的因素，是进行物质生产的主体。生产工具的改进和劳动对象的扩大是由参加生产的人来实现的。而人的活动总是要受一定思想，尤其是道德观念的支配。人的道德面貌和精神状态直接影响人们的劳动态度、工作效率和生产积极性。在科技发展中，进步的道德是科技人员协作攻关的凝聚力，它能端正科技人员的劳动态度，协调他们的相互关系，激发他们的劳动热情和为真理而献身的勇气。纵观整个科技发展史，那些致力于改革生产工具，在科学技术上做出重要贡献的人，一般都具有为人类服务的高尚道德品质和道德理想。相反，没落和腐朽的道德不仅不能推动生产力发展和科技进步，反而会成为障碍。少数别有用心者不是利用科技为人类造福，而是为了实现个人的私利，甚至为了个人私利而不惜损害他人、国家以及整个人类社会的利益。因此，我们既要发挥进步道德对生产力发展和科技进步的推动作用，又要消除落后腐朽道德的消极作用，为培养和提高全民族思想道德觉悟提供强大的精神武器。

❖案例分享

2021年2月17日晚8点，2020《感动中国》在央视综合频道CCTV-1播出，央视新闻新媒体同步直播。感动中国2020年度人物为张定宇、陈陆、张桂梅、万佐成，熊庚香夫妇、王海、汪勇、谢军、叶嘉莹、毛相林、国测一大队。并特别致敬所有抗疫英雄。

1. 张定宇：宇定光自发

58岁，武汉市金银潭医院院长，被授予“人民英雄”国家荣誉称号。武汉市金银潭医院是最早接诊新冠患者的定点医院，收治病人全部为重症和危重症患者，是抗击疫情的最前沿。身为院长的张定宇日夜坚守，果断决策，处理得当，带领全体医护人员，为抗击疫情做出重要贡献。张定宇自己还是一位病人，2018年10月他被确诊为患有渐冻症，在新冠袭击武汉时，张定宇隐瞒了病情，也无法照顾已感染新冠病毒的妻子，一直坚守在抗疫一线。

【颁奖辞】步履蹒跚与时间赛跑，只想为患者多赢一秒；身患绝症与新冠周旋，顾不上亲人已经沦陷。这一战，你伫立在死神和患者之间。那一晚，歌声飘荡在城市上空：我们用血肉筑成新的长城。

2. 陈陆：男儿付死生

37岁，安徽省庐江县消防救援大队政治教导员。2020年夏天，安徽庐江县遭受百年一遇洪灾，7月22日，庐江县石大圩漫堤决口，约6500人被洪水围困，情况危急。当天，陈陆带领庐江县消防救援大队辗转5个乡镇，连续奋战，成功转移群众2665人。在营救过程中，决口突然扩大，救援队员所乘橡皮艇被卷入激流漩涡侧翻，陈陆英勇牺牲。习近平说，他们是我们心中的英雄，我们都会崇敬他们。每当危难时刻总有英雄挺身而出，这是中华民族伟大精神的体现。

【颁奖辞】最先出发，最快抵达，为危难的乡亲奉上最好的年华。欠身体一台手术，欠妻子一个告别，欠父母一次团圆。洪水汹涌，你是浪尖上的逆行者，大雨过后，你是天空灿烂的霞。

3. 张桂梅：素心托高洁

64岁，云南丽江华坪女子高级中学校长。2000年，在云南儿童之家工作的张桂梅看到了很多农村贫困家庭的不幸，她希望创办一所免费女子高中，彻底解决山区贫困问题。2007年，张桂梅成为党的十七大代表，她向公众讲述了自己的梦想，引起了社会广泛关注，2008年，华坪女子高级中学成立，这是全国唯一一所免费女高，专门供贫困家庭的女孩读书。学校建校12年以来，已有1804名大山里的女孩从这里走进大学完成学业，在各行各业做贡献。

【颁奖辞】烂漫的山花中，我们发现你。自然击你以风雪，你报之以歌唱。命运置你于危崖，你馈人间以芬芳。不惧碾作尘，无意苦争春，以怒放的生命，向世界表达倔强。你是崖畔的桂，雪中的梅。

4. 万佐成、熊庚香夫妇：炊香万灶烟

万佐成和熊庚香是一对生活在江西南昌的普通夫妇。他们年过六旬，在江西省肿瘤医院附近经营一间露天厨房。从 2003 年起，这里开始成为一间共享“抗癌厨房”。万熊夫妇的初心十分简单：有的病治不好了，但是能让病人吃得好一些，家属的遗憾也能少一些。他们还经常开导、帮助病人，让大伙感受到家的温暖。

【颁奖辞】微弱的灯，照亮寒夜的路人；火红的灶，氤氲出亲情的味道。这陋巷中的厨房，烹煮焦虑和苦涩，端出温暖和芬芳，惯看了悲欢离合，你们总是默默准备好炭火。

5. 王海：为国击豺狼

2020 年 8 月 2 日，94 岁的空军原司令员王海上将在北京逝世。王海 1944 年 5 月投身革命，1946 年 6 月参军，1950 年成为歼击机飞行员。在抗美援朝作战期间，他率领人民空军年轻的第一大队，与号称“世界王牌”的美国空军激战 80 余次，击落敌机 29 架，本人击落击伤敌机 9 架。因功勋卓著，该大队后来被命名为“王海大队”。在中国人民革命军事博物馆，至今仍陈列着一架绘有 9 颗红星的米格 -15 歼击机，这就是王海当年驾驶过的功勋飞机。

【颁奖辞】在朝阳下俯冲，迎着西风开火。空中的尖刀，以一当十；疆土的坚盾，巡天卫国。山河已无恙，祖国的雄鹰已飞得更高，你刻在机身上的星星，是战士们的巡航坐标。

6. 汪勇：芳草递春风

35 岁，湖北武汉顺丰快递员。武汉抗疫最前线的金银潭医院就在汪勇的服务区。2020 年除夕晚上，汪勇得知金银潭医院的护士约不到车回家，在线求助。他就说服家人，赶到金银潭医院，把护士送回家。一个人的能力有限，他就发动朋友圈来帮忙。司机缺口太大，汪勇就联系上了多家企业，最终让医护人员有了保障。出行问题解决后，汪勇又多方联络，让便利店再次开工，解决了很多医护人员的用餐需求。疫情期间，汪勇专门建了一个医护服务群，只要医护人员在群里喊一声，汪勇和他的志愿队就会出来搞定。

【颁奖辞】没有人能百毒不侵，热血可以融化恐惧；没有人是生来的勇者，责任催促你重装上阵。八方统筹，百般服务。你以凡人之力，书写一段传奇。

7. 谢军：北斗灿繁星

北斗三号工程副总设计师，北斗三号卫星首席总设计师。2020 年 6 月 23 日，北斗三号最后一颗组网卫星顺利升空。北斗全球组网就此完成。中国成为继美国、俄罗斯之后世界上第三个拥有全球卫星导航系统的国家。而打造北斗就像攀登太空中的珠穆朗玛峰一路艰难曲折。2006 年由于进口原子钟无法按时到货，刚刚起步不久的北斗二号差点夭折。谢军带领国内数家科研院所同时行动，在短短一年多的时间里实现技术突破并成功生产出中国自己的星载铷原子钟。2009 年北斗三号卫星开始布局，十多年的时间，谢军带领团队与全国 400 多家科研院所，30 多万名科研人员一起披荆斩棘一路向前，北斗终于爆发出磅礴的力量。从 2017 年 11 月开始，中国在 32 个月内发射了 30 颗北斗三号组网卫星和 2 颗北斗二号备份星，全部顺利组网，创造了 100% 成功率的新纪录。为中国增添了又一件大国重器。

【颁奖辞】滴答，滴答，中国在等待你的回答。你的夜晚更长，你的星星更多。你把时间无限细分，你让速度不断压缩。三年一腾飞，十年一跨越。当第五十五颗吉星升上太空，北斗照亮中国人的梦。

8. 叶嘉莹：蕴玉抱清辉

97 岁（1924 生于北京一书香世家），中国古典文学研究专家，南开大学教授。70 年来，叶嘉莹培养了大批中国传统文化和古典文学的人才，为传播中国文化做出重要贡献。她不仅精于传统诗词学，而且融中西文化学识于一炉，相对于前辈学者，她是更贴近我们时代的一位大师。过去几年，叶嘉莹陆续将自己的全部财产 3568 万元捐赠给南开大学教育基金会，设立“迦陵基金”用于支持中华优秀传统文化研究。

【颁奖辞】桃李天下，传承一家。你发掘诗歌的秘密，人们感发于你的传奇。转蓬万里，情牵华夏，续易安灯火，得唐宋薪传，继静安绝学，贯中西文脉。你是诗词的女儿，你是风雅的先生。

9. 毛相林：山路得康庄

62 岁，重庆市巫山县竹贤乡下庄村村委会主任。毛相林 43 年坚守偏远山村，坚持苦干实干，带领村民用最原始的方式在悬崖峭壁上凿石修道，历时 7 年铺就一条 8 公里的“绝壁天路”。毛相林打通绝壁、誓拔穷根的事迹传遍了全国各地，赢得了人们广泛赞誉，他也陆续获得“时代楷模”“最美奋斗者”“全国脱贫攻坚奋进奖”等荣誉称号。

【颁奖辞】绝壁上打响了抗争命运的第一炮，山坡上种下了向往美好的第一棵苗。不信天，不认命，你这硬实的汉子，终于带着乡亲们爬出这口井。山到高处你是峰，路的尽头是家园。

10. 国测一大队：山河功业存

国测一大队自 1954 年建队以来，坚持用双脚丈量祖国大地，他们徒步行程 6000 多万公里，相当于绕地球 1500 多圈，他们用双脚丈量祖国大地、用血汗乃至生命绘出祖国的壮美蓝图。国测一大队的历史，就是一部挑战生命极限的英雄史。2015 年，习近平总书记给国测一大队郃世坤等 6 位参加首次珠峰测量的老队员、老党员回信，充分肯定他们爱国报国、勇攀高峰的感人事迹和崇高精神。

【颁奖辞】60多年了，吃苦一直是传家宝，奉献还是家常饭。人们都在向着幸福奔跑，你们偏向艰苦挑战。为国家苦行，为科学先行，穿山跨海，经天纬地，你们的身影，是插在大地上的猎猎风旗。

感动中国2020年度特别致敬——抗疫英雄

点赞14亿人中的每一个你，我们要致敬的，包括14亿人当中的你我他。我们应该为自己点赞，因为每个人都了不起。没有一个冬天不会过去，没有一个春天不会到来。当然防疫仍未结束，我们依然需要努力，保护好自己，就会更快地等到人类抗疫胜利的那一天。

第三节　道德的历史类型

在人类历史上，在社会发展的不同历史阶段和历史条件下，相继出现过不同的道德类型，主要有原始社会的道德、奴隶社会的道德、封建社会的道德、资本主义社会的道德和社会主义社会的道德。不同类型的道德根源于不同的社会物质生活条件，具有不同的内容和特征，而且都是人类道德发展过程中的必经阶段。

一、原始社会的道德

（一）原始社会道德的主要内容

原始社会的道德是人类道德发展的开端。在原始社会，生产工具十分简陋，生产力极其低下，氏族集体成为最重要的天然生产力，共同占有和使用生产资料，以平等的身份协作劳动，没有剩余物品，没有私人财产，当然也就没有阶级。正是在这样原始的社会生产方式的基础上产生了原始社会道德，形成了特有的道德原则和行为规范。

1. 维护氏族、部落的共同利益

在原始社会，人们必须依靠氏族和部落的群体力量才能生存下去，这就决定了原始社会人们的个人利益和集体利益的完全一致性，个人在感情、思想和行动上始终是无条件服从氏族、部落的。因此，氏族和部落成员的共同利益成为评价人们一切思想和行为的天然标尺。

2. 共同劳动、团结互助

原始人在斗争实践中，逐步认识到个人的能力极为有限，必须结成集体，共同劳动，团结互助，才能获取物质生活资料，维持个人、氏族和部落的生存。同时，个体也只有依靠氏族、部落群体的力量，才能战胜自然界对人们的危害和外族的侵扰，才能保证自身的安全。否则，不仅个人的生存无法保证，而且整个氏族和部落也有灭亡的危险。因此，在原始社会中，无论男女，只要有劳动能力，都自觉地参加劳动，并与氏族、部落的其他成员团结一致，共同与大自然抗争和抵御外来的侵犯。

3. 维护氏族内部的自由与平等

在原始社会，由于生产资料公有制和集体劳动，决定了每一个人都以平等的身份出现在氏族集体中，酋长或部落的首领也只是一些为大家所依赖的长者或才能出众的领导者，他们和其他氏族成员的地位是完全平等的。“酋长在氏族内部的权力，是父亲般的，纯道德性质的；他手里没有强制的手段。”[①] 在原始人之间没有贫富、贵贱之分，人与人之间是一个平等的自由的关系。这种关系不仅表现在氏族首领和普通成员之间、男女之间的地位平等，也表现为人们享受权利和履行义务的平等，还表现在人们选举权和被选举权的平等。

此外，原始人还特别推崇勇敢、刚强、正直、热爱劳动等道德品质。

（二）原始社会道德的基本特征

1. 淳朴性和野蛮性并存

在原始社会里，人们的意识还处于原始状态，社会意识并未分化为各种独立的形式。虽然在当时，宗教、道德、艺术等社会意识，在劳动发展到一定阶段上已经萌芽，然而由于脑力劳动与体力劳动还未分离，人的意识还未从氏族统一认识中分离，表现出一定的淳朴性。但原始道德也有它粗野残暴的一面，最突出的表现为氏族复仇、食人之风和血缘群婚。达尔文在《一个自然科学家在贝格尔舰上的环球旅行记》中说，南美洲火地岛上的土人，在冬天缺乏食物时，先吃掉老年妇女，然后才吃狗，理由是“狗可以捕水獭，而老太婆却不能”。这种现象对原始人来说是正常的、合乎道德的，但对人类文明和进步来说却是野蛮的。

2. 直观性与狭隘性并存

由于原始人的思维能力、语言和自我意识低下，他们的道德观念是没有经过理性思考的，是在感性实践中，在典型示范和直接传授中形成的，表现出直观性。比如鹿是“善良的”，因为它是人们的食物；而暴风雨是“恶的”，因为它给人类带来灾害。与这种直观性同时存在的是它的狭隘性。原始道德只是在氏族、部落的范围内才有意义。这种狭隘性突出地表现为部落、氏族之间的冲突与复仇。

3. 自发性与外在性并存

原始社会的道德浸润着大量的自发因素，它萌芽于人类早期劳动和简单交往，形成于社会分工出现之际。在生产实践中，由于共同劳动、彼此协作，相互间发生了各种联系和关系，产生了个人利益与整体利益的矛盾，此时，才出现了调节个人利益与整体利益的要求，因而原始道德的发生表现出自发性。与这种自发性并存的是其外在性。原始人的道德行为不是自觉的道德选择，而是对传统、习俗等外在力量的简单服从。

① 《马克思恩格斯全集》，第4卷，第82页，人民出版社，1965.

原始社会道德作为人类最早的道德类型，我们既不能将其理想化、全盘肯定，也不能采取历史虚无主义的态度，全盘否定，应以辩证的、科学的态度去评价它的社会历史地位。一方面，原始人以维护氏族整体利益为核心，以诚实、刚强、勇敢、团结等为美德，为人类道德的发展奠定了良好的开端；但另一方面，他们的一些习俗和行为却是野蛮的，是文明社会必须坚决否定的。

二、奴隶社会的道德

奴隶社会是在原始社会的基础上发展起来的人类历史上第一个阶级社会。奴隶社会的生产关系是生产资料奴隶主占有制，奴隶主不仅占有生产资料，而且占有奴隶。这种生产关系决定了奴隶主阶级的道德在奴隶社会中占统治地位，形成了奴隶制社会特有的道德原则和行为规范。

（一）维护奴隶对奴隶主的绝对服从和人身依附关系

在奴隶社会中，奴隶与奴隶主的关系是绝对服从的关系。奴隶主对奴隶的奴役、买卖、虐待，以致任意杀戮被认为是合乎道德的。如我国周朝孝王时，一个奴隶仅值20锊，合五铢钱46文。至于以活奴隶殉葬，更是当时普遍流行的风气。

（二）鄙视劳动和劳动者

在奴隶社会，奴隶主自己不从事劳动，而把全部社会劳动的重担压在奴隶身上。在奴隶主眼中，劳动只是奴隶的事情，而劳动又是最卑贱的事情。

（三）男尊女卑，男主女从

在奴隶社会，妇女被看作是男子的附属品，歧视、压迫妇女成为当时社会的普遍现象。在日常生活中，妇女只能同妇女交往，不能同男子交往。丈夫对妻子不忠是合法的，而妻子对丈夫不忠则要受到严厉惩罚。

奴隶主阶级的道德，从道德发展史上看，无疑是对原始社会道德的否定，既有进步的一面，又有退步的一面。在保留战俘生命，主张形式上的一夫一妻制，消除吃人之风，促进文化、科学和艺术的发展等方面，都具有进步意义。然而，由于奴隶主阶级的道德是私有制的产物，个人主义与利己主义得到了发展，与此相应出现了许多恶行。

奴隶社会的奴隶也有自己的道德。奴隶的道德是在反抗奴隶主阶级的长期斗争中逐步形成的，保存和发扬了原始社会的淳朴高尚的道德，如顽强、勇敢、团结互助、热爱劳动等。但是，由于历史条件的限制，奴隶在道德意识上还往往带有宗法关系的道德观念，带有对外在权威的神秘感和简单服从的习惯。

三、封建社会的道德

封建社会的道德是在封建社会生产方式的基础上形成和发展起来的，相对于奴隶社会来讲，是社会的一大进步。封建生产关系是封建地主的土地所有制，以及在此基础上形成的人与人之间复杂的宗法等级关系，这就决定了封建社会的主要矛盾是地主阶级和农民阶级的矛盾。因而在封建社会，占统治地位的道德是地主阶级道德，它的主要内容是：

（一）维护封建宗法等级制度

封建社会是一个等级森严的社会，它把统治阶级和被统治阶级的关系用等级制度固定下来，整个社会被分为若干等级，在封建社会的中国，主要有天子、诸侯、卿、大夫、士、庶民等。这种宗法等级制度把社会的所有人都纳入到统一的等级体系中，并要求每个人都必须逐级服从，最终服从等级最高的天子（皇帝）。

（二）忠孝

所谓忠，就是要求臣对君主（皇帝）、诸侯对国王、农民对地主尽忠，要绝对服从，所有人都要忠于、服从皇帝的命令。孝，是儿子对父亲要绝对服从。封建地主阶级往往把“忠”与“孝”结合起来，作为整个封建道德的两根相互支撑的支柱。我国历代统治者都十分重视忠孝规范，并把它们作为“修身”“齐家”“治国”“平天下”之本。

（三）男尊女卑

在封建社会，妇女被压在宗法等级社会的最底层。她们除了要受到神权、族权、政权支配外，还要受到夫权的束缚。我国汉代董仲舒提出“三纲”，将“夫为妻纲”与“君为臣纲”“父为子纲”并列。宋朝统治者又提出“三从”“四德”，并将其作为评价妇女行为的唯一标准。“三从”，就是“在家从父，出嫁从夫，夫死从子”；所谓“四德”，就是妇德（一切言论都要符合忠孝节义）、妇言（说话要谨慎小心）、妇容（打扮要整洁）、妇功（做好家务，服侍好公婆、丈夫）。其核心思想，就是要求妻子绝对忠于丈夫，为丈夫牺牲自己，从而维持男子对妇女的统治地位。

❖特别提示

“男尊女卑”是中国传统社会的大格局和基本原则，但要真正了解中国妇女的地位，还要进一步理解中国儒家的“孝”文化和“长幼有序”的礼教观。“孝”和“长幼有序”甚至冲淡了“男尊女卑”的原则，出现了“母权”现象，可见不能一概认为女性地位“卑下”而视之。

（四）轻视体力劳动，轻视劳动者

在封建社会，由于地主占有生产资料，他们依靠出租土地收缴地租，不劳而获，坐享其成。因此，在封建地主阶级眼中，劳动是可耻的，是下等人——农民的事情。他们极力倡导“万般皆下品，唯有读书高”等思想，鼓励统治阶级成员走“学而优则仕”之路。

从道德发展史与封建道德的形成来看，封建地主阶级的道德要比奴隶主阶级道德进步，在封建专制制度建立的初期，曾起过革命的、进步的作用。但由于地主阶级与农民阶级矛盾的日益尖锐，地主阶级的道德作用也由进步转向保守。

与封建地主阶级道德相对应，农民阶级的道德是在反抗地主阶级的压迫和剥削、冲破封建道德束缚的基础上形成的。在斗争中，农民提出了“均贫富，等贵贱”“杀富济贫”等绝对平均主义的道德原则和规范，形成了勤劳俭朴、团结互助等美德，这对无产阶级的道德有重要影响。但是，由于农民不是先进生产力的代表，受到小农经济的限制，他们的道德容易受到封建地主阶级道德的影响，含有不少消极因素。

四、资本主义社会的道德

在资本主义社会，由于生产资料资本家私人占有，工人一无所有，除了出卖自己的劳动力外，别无出路，而资本家可以凭借手中的生产资料，压迫、剥削无产者，无偿地占有工人创造的剩余价值。这种生产关系决定了资本主义社会的道德有如下内容：

（一）个人主义和利己主义

资本主义私有制是资产阶级个人主义、利己主义的基础，在此基础上产生的个人主义和利己主义是维护生产资料资本主义私人占有最有力的思想武器和基本原则。因此，资产阶级的个人主义和利己主义是资产阶级思想最主要的内容，也是资产阶级道德的核心。在资本主义社会中，资产阶级总是把他们的个人利益放在他人、社会利益之上，认为个人利益高于一切。为了实现个人利益，他们往往采取坑蒙拐骗、尔虞我诈、以大吃小等卑鄙手段。当然，个人主义、利己主义价值原则的提出，对于人们摆脱宗教禁欲主义、封建蒙昧主义和专制主义的束缚有进步的意义，尤其是个人主义在激发人们道德主体的个体自觉、捍卫个性的尊严与独立，合理利己主义在调动劳动者积极性和创造性等方面具有积极的作用，但是也容易导致极端利己主义和享乐主义，使人变成自己本能和欲望的奴隶，变成只为个人利益而活着的动物。

（二）自由、平等、博爱

自由、平等、博爱是资产阶级在反对封建制度的斗争中提出的。它否定了封建的人身依附关系，肯定了人身自由；否定了等级、特权，肯定了平等；否定了非人道主义，肯定了人道主义、人间博爱，因而这种理论在当时对动员群众、组织群众参加反封建斗争，推动社会发展起到了积极作用，标志着道德发展进入了一个新的阶段。但是，资产阶级的自由、平等、博爱，是从资产阶级的个人主义、利己主义出发的，是捍卫少数剥削者的利益的，因此，在现实生活中必然表现出流于形式和虚伪性。在资本主义社会，自由，只意味着资本家购买和剥削工人劳动力的自由，劳动者却没有不出卖劳动力的自由；平等，只是货币所有者和劳动力所有者在交换市场上形式上的平等，而实质上他们之间是剥削与被剥削的关系；博爱，则是资本家对工人假惺惺的慈善和救助，实质上却是以榨干工人的血汗为目的。一旦资产阶级的统治受到威胁，他们就会撕去这层面纱，用“步兵、骑兵、炮兵”代替“自由、平等、博爱”。

（三）拜金主义、金钱万能

在资本主义社会中，人与人之间的关系变成了赤裸裸的金钱关系，变成了冷酷无情的“现金交易”，一切都可以作为商品，一切都可以买卖。在资产阶级看来，人生的唯一目的就是赚钱发财、牟取暴利。金钱成了衡量人的品质、确定人的价值的主要标准。

资产阶级道德作为对封建道德的变革和发展，在历史上曾起过积极的作用。它无情地冲击了封建社会那种墨守成规的劳动方法、与世隔绝的民族文化，促进了人们之间的社会交往；它有力地打破了封建制度简单的社会结构的稳定性和人身依附的人与人关系的狭隘、封闭式的圈子，推动了生产力的发展，使人类的道德文明前进了一步。另一方面，资本主义的高速发展，也给人类带来了更多的道德难题，由于精神空虚引发出了诸如精神病、家庭解体甚至犯罪、吸毒等一系列的社会问题，因而，资本主义社会的道德最终将被一种新道德所代替。这种新道德就是社会主义道德。

❖拓展知识

什么是拜金主义？拜金主义和金钱观念不同，不是任何重视金钱的思想和行为都叫拜金主义。拜金主义，即货币拜物教，是指人们像宗教信仰者崇拜偶像一样崇拜金钱，把金钱看得高于一切，认为金钱有决定人们命运的神秘力量。马克思在《资本论》中引用莎士比亚《雅典的泰门》中的话：“金子！黄黄的、发光的、宝贵的金子……只有这一点点儿，就可以使黑的变成白的，丑的变成美的，错的变成对的，卑鄙变成尊贵，老人变成少年，懦夫变成勇士……，这黄色的奴隶可以使异教联盟，同宗分裂；它可以使窃贼得到高爵显位，和元老们分庭抗礼；它可以使鸡皮黄脸的寡妇重做新娘……”。这些话形象地揭示了拜金主义。

拜金主义有以下表现：

（1）把金钱作为人生的最高追求。

（2）不择手段去牟取金钱。拜金主义者为了牟取金钱可以损人利己、可以违法乱纪、可以不知羞耻，甚至丧失人格、国格。

（3）把金钱作为衡量人生价值的尺度；认为谁有钱，谁就有价值，谁的钱多，谁的价值就大。现代有人视“大款”为辉煌人生的象征。

（4）在怎么花钱的问题上，或者表现为极度吝啬的守财奴，或者表现为穷奢极欲、挥金如土。

第四节 社会主义道德

社会主义道德是共产主义道德体系中的初级阶段。社会主义荣辱观和社会主义核心价值观是社会主义道德体系的价值准则和思想基础，公民道德建设离不开社会主义荣辱观和核心价值观的引领。社会主义荣辱观和核心价值观既是公民道德建设的重要指针，又是公民道德建设的重要内容。《新时代公民道德建设实施纲要》指出，社会主义道德体系以为人民服务为核心，以集体主义为基本道德原则，以“五爱”为基本道德要求。其道德规范既包括社会公德规范、家庭美德规范和职业道德规范，还包括个人品格规范和网络道德规范。

一、社会主义荣辱观

习近平多次强调要引导广大干部群众践行社会主义荣辱观：

以热爱祖国为荣，以危害祖国为耻。
以服务人民为荣，以背离人民为耻。
以崇尚科学为荣，以愚昧无知为耻。
以辛勤劳动为荣，以好逸恶劳为耻。
以团结互助为荣，以损人利己为耻。
以诚实守信为荣，以见利忘义为耻。
以遵纪守法为荣，以违法乱纪为耻。
以艰苦奋斗为荣，以骄奢淫逸为耻。

“以热爱祖国为荣、以危害祖国为耻”，“以服务人民为荣、以背离人民为耻”，“以崇尚科学为荣、以愚昧无知为耻”，“以辛勤劳动为荣、以好逸恶劳为耻”，既是对社会主义价值原则的集中概括，也体现了社会主义道德的“五爱”的基本要求，同时也是每个公民应当承担的义务。

“以团结互助为荣、以损人利己为耻”，“以诚实守信为荣、以见利忘义为耻”，“以遵纪守法为荣、以违法乱纪为耻”，体现的是家庭生活、职业生活、社会公共生活中公民应当遵循的基本准则，也是经济道德建设的根本要求。

“以艰苦奋斗为荣、以骄奢淫逸为耻”，是对中华民族优秀道德文化、中国共产党人在革命战争年代及和平建设时期形成的优秀道德传统的直接传承，也是以改革创新为核心的时代精神的根本要求。可以说，社会主义荣辱观是对社会主义国家公民应该遵守的道德基本原则和道德规范的高度概括，也是从总体上对社会主义社会主导价值体系的生动表述。

社会主义荣辱观的提出，标志着我们党对社会主义思想道德建设规律的认识达到了一个新的高度，从内容上看，它体现了四个方面的有机统一。一是社会主义的价值导向与社会主义道德规范的有机统一。它既贯穿了爱国主义、集体主义、社会主义思想，又对社会主义道德规范的内容做出了高度概括。二是肯定与否定的有机统一，要建立社会主义的荣辱观。三是现代社会优秀道德与中华民族传统美德的有机统一。它概括了我国经济社会发展的新变化，提出了具有时代精神的道德要求，又继承和发扬了中华民族传统美德，具有民族性的特征。四是体现了依法治国与以德治国的有机统一。

胡锦涛同志指出："一个社会是否和谐，一个国家能否长治久安，很大程度上取决于全体社会成员的思想道德素质。"他还说："社会风气是社会文明程度的重要标志，是社会价值导向的集中体现。"社会主义荣辱观是构建社会主义和谐社会的重要道德文化基础，牢固树立社会主义荣辱观，是实现社会和谐的内在要求。在社会主义社会，如果是非、善恶、美丑的界限都混淆不清，坚持什么、反对什么，倡导什么、抵制什么不能做到旗帜鲜明，整个社会的和谐就失去了前提。扎实推进社会主义和谐社会建设，一个重要的方面就是充分发挥社会主义意识形态的功能和作用，通过牢固树立社会主义荣辱观来明是非、辨善恶、识美丑，为全体社会成员判断是非得失，做出道德选择，确定价值取向，提供了基本的价值准则和行为规范，是社会主义核心价值体系的基础。

二、社会主义核心价值观

党的十八大对社会主义核心价值体系建设提出了新部署、新要求，强调要深入开展社会主义核心价值体系学习教育，用社会主义核心价值体系引领社会思潮、凝聚社会共识，倡导富强、民主、文明、和谐，倡导自由、平等、公正、法治，倡导爱国、敬业、诚信、友善，积极培育社会主义核心价值观。富强、民主、文明、和谐是国家层面的价值目标，自由、平等、公正、法治是社会层面的价值取向，爱国、敬业、诚信、友善是公民个人层面的价值准则，这 24 个字是社会主义核心价值观的基本内容，是社会主义核心价值体系的高度凝练和集中表达。

"富强、民主、文明、和谐"，是我国社会主义现代化国家的建设目标，也是从价值目标层面对社会主义核心价值观基本理念的凝练，在社会主义核心价值观中居于最高层次，对其他层次的价值理念具有统领作用。富强即国富民强，是社会主义现代化国家经济建设的应然状态，是中华民族梦寐以求的美好夙愿，也是国家繁荣昌盛、人民幸福安康的物质基础。民主是人类社会的美好诉求。我们追求的民主是人民民主，其实质和核心是人民当家做主。它是社会主义的生命，也是创造人民美好幸福生活的政治保障。文明是社会进步的重要标志，也是社会主义现代化国家的重要特征。它是社会主义现代化国家文化建设的应有状态，是对面向现代化、面向世界、面向未来的，民族的、科学的、大众的社会主义文化的概括，是实现中华民族伟大复兴的重要支撑。和谐是中国传统文化的基本理念，集中体现了学有所教、劳有所得、病有所医、老有所养、住有所居的生动局面。它是社会主义现代化国家在社会建设领域的价值诉求，是经济社会和谐稳定、持续健康发展的重要保证。

“自由、平等、公正、法治”，是对美好社会的生动表述，也是从社会层面对社会主义核心价值观基本理念的凝练。它反映了中国特色社会主义的基本属性，是我们党矢志不渝、长期实践的核心价值理念。自由是指人的意志自由、存在和发展的自由，是人类社会的美好向往，也是马克思主义追求的社会价值目标。平等指的是公民在法律面前的一律平等，其价值取向是不断实现实质平等。它要求尊重和保障人权，人人依法享有平等参与、平等发展的权利。公正即社会公平和正义，它以人的解放、人的自由平等权利的获得为前提，是国家、社会的根本价值理念。法治是治国理政的基本方式，依法治国是社会主义民主政治的基本要求。它通过法制建设来维护和保障公民的根本利益，是实现自由平等、公平正义的制度保证。

“爱国、敬业、诚信、友善”，是公民基本道德规范，是从个人行为层面对社会主义核心价值观基本理念的凝练。它覆盖社会道德生活的各个领域，是公民必须恪守的基本道德准则，也是评价公民道德行为选择的基本价值标准。爱国是基于个人对自己祖国依赖关系的深厚情感，也是调节个人与祖国关系的行为准则。它同社会主义紧密结合在一起，要求人们以振兴中华为己任，促进民族团结、维护祖国统一、自觉报效祖国。敬业是对公民职业行为准则的价值评价，要求公民忠于职守，克己奉公，服务人民，服务社会，充分体现了社会主义职业精神。诚信即诚实守信，是人类社会千百年传承下来的道德传统，也是社会主义道德建设的重点内容，它强调诚实劳动、信守承诺、诚恳待人。友善强调公民之间应互相尊重、互相关心、互相帮助，和睦友好，努力形成社会主义的新型人际关系。

社会主义核心价值观是当代中国精神的集中体现，是凝聚中国力量的思想道德基础。社会主义核心价值观是当代中国在价值观念上的最大公约数，其实就是一种德，既是个人的德，也是国家的德、社会的德。

面对世界范围思想文化交流交融交锋形势下价值观较量的新态势，面对改革开放和发展社会主义市场经济条件下思想意识多元多样多变的新特点，积极培育和践行社会主义核心价值观，对于巩固马克思主义在意识形态领域的指导地位、巩固全党全国人民团结奋斗的共同思想基础，对于促进人的全面发展、引领社会全面进步，对于集聚全面建成小康社会、实现中华民族伟大复兴中国梦的强大正能量，具有重要现实意义和深远历史意义。

面对世界范围思想文化交流交融交锋形势下价值观较量的新态势，面对改革开放和发展社会主义市场经济条件下思想意识多元多样多变的新特点，迫切需要我们积极培育和践行社会主义核心价值观，扩大主流价值观念的影响力，提高国家文化软实力。

从推进国家治理体系和治理能力现代化要求看，培育和弘扬核心价值观，有效整合社会意识，是国家治理体系和治理能力的重要方面。

从提升民族和人民的精神境界看，核心价值观是精神支柱，是行动向导，对丰富人们的精神世界、建设民族精神家园，具有基础性、决定性作用。

从实现民族复兴中国梦的宏伟目标看，核心价值观是一个国家的重要稳定器，构建具有强大凝聚力、感召力的核心价值观，关系社会和谐稳定，关系国家长治久安。实现“两个一百年”的奋斗目标，实现中华民族伟大复兴的中国梦，必须有广泛的价值共识和共同的价值追求。这就要求我们持续加强社会主义核心价值体系和核心价值观建设，巩固全党和全国各族人民团结奋斗的共同思想基础，凝聚起实现中华民族伟大复兴的中国力量。

青年的价值取向，既关系着自己的健康成长，又决定着未来整个社会的价值取向。在全社会弘扬社会主义核心价值观，需要大学生始终走在时代前列，成为社会主义核心价值观的坚定信仰者、积极传播者、模范践行者。

大学阶段，正处于人生成长的关键时期，这个时期就如同小麦的灌浆期，如果缺乏阳光水分，收成就耽误了。所以，抓好这一时期的价值观养成非常重要。习近平总书记指出：“这就像穿衣服扣扣子一样，如果第一粒扣子扣错了，剩余的扣子都会扣错。人生的扣子从一开始就要扣好。”大学生要把自己的人生价值追求融入国家和民族的事业，要始终站在人民大众立场，同人民一道拼搏，同祖国一道前进、服务人民、奉献社会，从现在做起，从自己做起，努力把核心价值观的要求变成日常的行为准则，内化为自觉行为理念和行为习惯，努力为实现中国梦奉献自己的青春能量。

大学生践行社会主义核心价值观，要从勤学、修德、明辨、笃实多方面下功夫。知识是树立社会主义核心价值观的基础，是青春远航的动力，要下苦功夫，做真学问。蔡元培曾经说过“若无德，则虽体魄发达，适足助其为恶。”司马光说过：“才者，德之资也；德者，才之帅也。”故定要修德。大学生要增强自己的价值判断力和道德责任感，辨别什么是真善美、假恶丑。善于抉择判断，旗帜鲜明地弘扬真善美、贬斥假恶丑。滴水可以穿石，只有坚忍不拔、百折不挠，一步一个脚印的“笃实”精神才能换来成功。勤学以增智、修德以立身、明辨以正心、笃实以为功。

三、社会主义社会的基本道德要求

2019 年 10 月 27 日颁布的《新时代公民道德建设实施纲要》明确指出：“坚持马克思主义道德观、社会主义道德观，倡导共产主义道德，以为人民服务为核心，以集体主义为原则，以爱祖国、爱人民、爱劳动、爱科学、爱社会主义为基本要求，始终保持公民道德建设的社会主义方向。”“五爱”是“以热爱祖国为荣、以危害祖国为耻”，“以服务人民为

新时代公民道德建设实施纲要

荣、以背离人民为耻”，“以崇尚科学为荣、以愚昧无知为耻”，“以辛勤劳动为荣、以好逸恶劳为耻”的直接体现。它表达了我国当前发展社会主义市场经济的需要和广大人民的愿望和利益。在现阶段，人们的道德关系是多层次的，但最基本的道德关系是如何处理对祖国、对人民、对劳动、对科学、对社会主义的关系。

四、社会公德

（一）社会公德的含义

社会公德，是全体公民在社会交往和公共生活中应该遵循的行为准则，如遵守纪律、讲究礼貌等。社会公德又叫公共生活准则，是社会道德在人类公共生活领域中的特殊表现。人们只有遵守这些公共生活的道德准则，才能保证每个人正常地生活、学习和工作，保证社会生活的正常进行。在现代社会，公共生活领域不断扩大，人们相互交往日益频繁，社会公德在维护公共利益、公共秩序，保持社会稳定方面的作用更加突出，它是公民个人道德修养和社会文明程度的重要表现。

（二）社会公德的特点

社会公德作为共同的道德，是人的最基本、最广泛、最一般的社会关系的反映。它具有以下特征：

1. 在内容上具有全民性和基础性

社会公德是人类社会公共生活的必然产物，是人们在长期的社会实践中逐渐形成并保存下来的公共生活准则，具有全民性。社会公德不是某一特定阶级利益的反映，而是全社会共同利益的反映；不是特定行业道德或是婚姻家庭道德，而是全社会所有人都应当遵守的行为规则。社会公德旨在维护社会秩序，保障社会生活正常进行，因而最能为广大群众接受、认同和支持。那些违背社会公德、破坏公共生活准则的行为（如在公共场所抽烟）必定成为“过街老鼠，人人喊打”，必定要受到社会舆论的普遍反对和谴责。正是在这个意义上，我们说社会公德在人民群众中有着深厚的基础。同时，由于社会公德是人类社会生活中最起码、最普遍、最简单的行为准则，是维持社会公共生活正常、有序、健康进行的最基本的条件，因此，社会公德在整个社会的道德规范体系中处于最低层次，也就是说，它是判断一个人是否是一个合格社会成员的标准，是衡量个人或群体是否达到人类道德发展水平的尺度。

2. 在范围上具有广泛性和普遍性

社会公德所反映的内容、渊源和所适用的范围，是以社会公共场所、公共生活为中心的人们之间的一般关系，因而为社会上大多数成员共同接受、认可并遵照执行，具有广泛的适用性、普遍性和有效性。社会公德适用的范围是人们的公共生活，几乎包含所有人。在这个范围内，发生交往的人们的身份不是原来的身份，而是由场所的性质所赋予的身份。例如，在车船上，人的身份是乘客；在商店里，人的身份是顾客；而在宾馆住宿，人的身份则是旅客。虽然社会公德的适用范围是有区别的，有的适用范围大些，适用于整个社会或全人类；有的适用范围小些，仅适用于某个地区或民族，但并不排斥社会公德在其适用范围内的普遍适用性。

3. 在结构上具有沿袭性和传统性

社会公德同其他社会意识形态一样，是由社会的经济条件所决定的。经济生活发展的连续性，决定了社会公德的沿袭性和传统性。社会公德是人类在长期共同生活中逐步积累起来的，是维护社会正常生活的经验结晶，是社会文明、人类进步的标志之一。特别是那些反映在千百年来处世格言、民风民俗中的优秀传统美德，将作为人类道德的优秀遗产世代相传。

4. 在功能上具有渗透性和易行性

由于社会公共生活、职业生活和家庭生活是人类生活不可或缺的有机组成部分，三种生活之间存在着广泛的联系，因而社会公德与职业道德、婚姻家庭道德存在着相互渗透、相互融合的关系，三者共同规范和调节人们的社会行为，其中社会公德可以影响和促进民俗、习惯、职业道德、婚姻家庭道德向更高的水平发展。同时，由于社会公德世代相传，反复被提炼，其内容、要求以及表达形式，变得简明扼要、通俗易懂，便于施行。在一般社会生活中，无论是老人还是小孩，不论是日常生活、社交活动还是在公共场所，人们只要一看到社会公德规范，就知道它的含义，无须多加说明就能做到，比如“不说粗话、脏话”等。

（三）社会公德的主要内容

根据《新时代公民道德建设实施纲要》之要求，社会公德应以文明礼貌、助人为乐、爱护公物、保护环境、遵纪守法为主要内容。

1. 文明礼貌

文明礼貌被作为公民基本道德规范的内容而提出，是社会公德的主要内容之一。文明礼貌不仅反映着一个人的文化素质和道德品质，而且反映着一个国家的社会面貌和民族素质，同时也体现了人类在一定历史时期社会发展和道德进步的程度。下例足以说明文明礼貌的重要性，以及加强文明礼貌教育的必要性。

2002年2月1日的《中国旅游报》刊登了一篇名为“访泰游客请自重”的文章。文章大意是说，泰国旅游景点打出“不许吐痰”“不许乱丢东西”等内容的中文警示牌，引起了人们的极大关注。该文作者认为访泰游客该自重。据中国国际旅行社综合处的张处长介绍，这些警示牌的出现并不是空穴来风，它是专门针对中国游客的不良行为而设置的。据他所知，尽管旅行社在出国前再三重申，中国游客在泰国仍然有许多不良行为，主要表现在：吃自助餐时，不根据饭量拿取食物，往往多拿，结果吃不了扔掉，造成浪费；在就餐时大声喧哗，毫不顾忌同时就餐的其他人的感受；在酒店大声喧哗，各房间之间来回走动，以至于人们习惯性地认为，在酒店里发出较大声音的人群肯定是中国团；在景点随地吐痰，乱扔纸屑、烟头、胶卷盒等，也是中国团。

对此，中国妇女旅行社出境部的王总有同样的感慨：中国游客在泰国不守规矩的现象严重，没有哪个国家的游客像中国的游客那样突出：他们在大皇宫的墙上乱踩，坐在墙上拍照；晚上回到酒店房门大开，乱叫，影响别人休息；酒店老板经常向我们的领队抱怨饭菜浪费太多。

王总还曾亲眼看见某地一个团发生的一件事，两个小孩为拍照争一个位置，互相较劲，动手打起来了，最后两位母亲也加入了厮打，乱成一团，造成了十分恶劣的影响。

不管泰国景点中文警示牌出现的原因是什么，但基于上例中一些游客的表现，不能不引起我们的高度重视。需要牢记的是，每一个中国人并不仅仅代表自己，而是代表自己的地区、民族、国家。每个行走在外的国人都是一张中国名片。

❖案例分享

玄武湖被偷采并蒂莲已追回，顶格处罚200元

2020年7月12日，玄武湖景区内靠近月影桥的地方出现了第一株并蒂莲，南京玄武湖的工作人员随即对并蒂莲进行巡逻值守。7月26日下午两点左右，游人如织，巡逻队员正在现场维持秩序，不料还是发生了“偷采事件”。南京市玄武湖行政执法大队立即上报大队，并在周边巡查，发现当事人是一对情侣游客。游客曹某交纳200元罚款后，称从没见过这样稀有的品种，想摘走带给家人欣赏。目前，玄武湖工作人员已加强安全措施，分成两班倒、24小时昼夜守护台菱大堤旁的第二株并蒂莲。

（资料来源：http：//t.cn/A6UAdr4L）

曹姓游客不文明游园，擅自采摘景区植物的行为与并蒂莲的美形成了鲜明的对比。希望欣赏美景的游客也能更美丽哦!

2. 助人为乐

助人为乐，就是在社会生活中，能把别人的困难当作自己的困难，乐于为别人排忧解难；同时，对别人的错误能及时指出，善意帮助。助人为乐是友爱、团结、进一步协调人际关系的道德规范。助人为乐的行为常常发生在群众日常生活中。当然，我们这里所讲的“助人为乐”与目前社会上被少数青年奉为时尚的“哥们义气”有着本质的区别。“哥们义气”往往不讲原则，不顾社会和多数人的利益，为了小团体的利益不惜损害公共利益，因而对社会的危害极大。

❖案例分享

心肺复苏压断老人肋骨遭索赔？法院这样判了……

近日，“做心肺复苏压断老人12根肋骨遭索赔”一案的二审判决结果出来了：维持原判，救助人孙向波不用对被压断肋骨的齐老太承担民事赔偿责任。很快，相关话题冲上热搜。许多网友为孙向波和法院点赞。而孙向波本人回应：感谢法律对正义的维护。

案件回顾：

心肺复苏压断老太肋骨反遭索赔。

据了解，2017年9月7日，72岁的齐老太在沈阳康平县一家药店内突然晕厥，药店老板孙向波对其进行心肺复苏后将老人送医脱险。后经检查，老太双侧12根肋骨骨折，住院18天。

事后，老太认为孙向波心肺复苏操作不当，将其告上法庭，要求其承担医疗费、护理费、交通费、住院伙食补助费等总计9800多元。待伤残等级评定出来后，还需支付近10万元的赔偿金。

孙向波毕业于沈阳医学院，有“乡村医生证”和“行医执照”。他解释称，出现12根肋骨压断的情况，是必要强度的施救行为造成，并非故意和手法不专业。

去年12月，康平县人民法院做出一审判决，该法院认为，孙向波在给齐老太实施心肺复苏的过程中不违反诊疗规范，不应承担抢救过错，故而驳回齐老太的诉讼请求。

孙向波回应，虽然齐老太起诉他，但是他从不后悔救人，“倾家荡产我也不后悔，虽然她没感谢我，我也不后悔。那一个活生生的生命能救活我不救，那就是一个罪人啊，那良心谴责也受不了啊。”

但一审判决出来后，齐老太一方继续提出上诉。直到前不久，辽宁省沈阳市中级人民法院做出判决：驳回上诉，维持原判。

收到这个判决结果，孙向波称，自己非常感谢法律再次维护了正义，耗时4年多，这个案子给他带来了不少影响，那种被纠缠的感觉让他感到十分痛苦。

事情发生后，孙向波经营的药店也关了，给他造成的损失很大。其称，下一步打算把药店再开起来。

中国青年报注意到，我国现行法律规定——

《中华人民共和国民法典》第一百八十四条：“因自愿实施紧急救助行为造成受助人损害的，救助人不承担民事责任。”

2021年8月发布的《中华人民共和国医师法》第二十七条第三款：“国家鼓励医师积极参与公共交通工具等公共场所急救服务；医师因自愿实施急救造成受助人损害的，

不承担民事责任。”

（资料来源：中国青年报公众号，2021 年 11 月 5 日）

❖特别提示

助人为乐的精神，毫无疑问值得提倡，但当助人为乐有很大困难时，就可能给助人者带来损失，甚至是宝贵生命的失去……这时，作为教育者的我们意识到，仅仅教会同学们见义勇为是远远不够的，此时更需要见义智为，更需要有效的救助。遇到重大的灾难，遇到百姓的生命安全受到威胁，遇到不法事件正在发生，任何有良知的人都应该见义勇为，但有见义勇为的精神再加上机智、冷静的心理，外加较强的救助技能，才会有满意的救助效果，才会尽可能减少损失。

3. 爱护公物

在现实生活中，对待公共财物的态度，实质上反映了一个人道德水平的高低。公共场所的建筑物、古代文物、花草树木、娱乐设施、交通工具、书画展品等，都是国家和集体的财产，要加以爱护。但有的游客为了“留名”，在名胜古迹和公园等处乱刻、乱画、乱写。作为一个有良知的公民，应以主人翁的态度，爱护公共财物，珍惜社会文明的成果，自觉保护历史文化遗产，自觉地同一切损害、侵吞和破坏公共财物的行为做斗争，养成爱护公共财物的习惯。

4. 保护环境

保护环境首先必须讲究卫生。要自觉地维护学校、公园、街道等一切工作场所、学习场所以及其他公共场所的卫生，做到不随地吐痰，不乱倒垃圾，不乱丢果皮、纸屑，不在建筑物上乱涂乱画等。中华人民共和国成立以来，为了继承和发扬我国人民讲究卫生的光荣传统，早在 20 世纪 50 年代，毛泽东就曾号召全国人民“动员起来，讲究卫生，减少疾病，提高人民的健康水平”，并在全国范围内掀起了轰轰烈烈的爱国卫生运动。党的十一届三中全会以后，党和政府又开展了以“五讲四美”为中心的“全民文明礼貌月”活动，以及创建国家级卫生城市的活动。这些活动的展开，不仅使我国城乡面貌发生了很大改观，而且使广大人民群众进一步认识到爱清洁、讲卫生已不是个人生活的小事，而是每个人应该树立的公共生活道德，是移风易俗、改造世界的大事。

随着现代科技突飞猛进的发展而向人们提出的新的社会公德要求是要维护生态平衡。近年来，环境问题及其影响已超越国界，成为全球性的问题。党的十八大以来，习近平总书记反复强调，要“坚持人与自然和谐共生”，并提出绿色发展理念。党的十九大报告中更是强调：“建设生态文明是中华民族永续发展的千年大计。必须树立和践行绿水青山就是金山银山的理念，坚持节约资源和保护环境的基本国策，像对待生命一样对待生态环境，统筹山水林田湖草系统治理，实行最严格的生态环境保护制度，形成绿色发展方式和生活方式，坚定走生产发展、生活富裕、生态良好的文明发展道路，建设美丽中国，为人民创造良好生产生活环境，为全球生态安全做出贡献。”

在我国旅游界，旅游业原来被认为是一项“无烟工业”，不像其他产业那样对环境造成污染。然而，回顾旅游业的发展进程，旅游对环境带来的危害已远远超出当初人们认识的范围，旅游对环境的负面效应已引起旅游发达国家、地区和旅游界人士的关注。旅游资源的保护对旅游业的发展至关重要，环境保护对每一个旅游从业人员来说就更加重要。要像保护眼睛一样保护生态环境。

海南岛四季鲜花盛开，处处绿树成荫，优美的生态环境使它成为人们向往的宝岛。作为旅游业一线工作者，海南导游在维护生态、保护环境方面发挥着积极的作用。大多数游客一上岛便会受到导游员热情的欢迎。他们在介绍海南美丽的景色时会加上一句耳熟能详的话：“请大家除了足迹什么都不要留下，除了回忆什么都不要带走。”客人们便会不由自主地被激发起爱护环境的自觉性。然而，对于个别素质较低者，导游再怎么提醒也是没有用的，陈导就曾碰到过这样的事。两位客人一路上边吃边扔，旁若无人，人人为之侧目。陈导见劝说无效，干脆后来一见他们乱扔垃圾便跟过去捡起来，扔进垃圾箱里。拾了两次，这两位游客也觉得不好意思，不再乱扔东西了。陈导说，导游文明的举止往往是无声的语言，能有效地带动客人。

珊瑚是人们喜欢的装饰品，有红白两色，形状像树枝，非常美丽。导游员在景点游览前会向游客介绍，珊瑚具有保护海岸、减弱海浪冲击的作用，也为鱼虾等提供了繁殖环境，是国家保护物种，希望大家不要从小贩手中购买，否则将间接构成对自然的破坏，并且机场安检也不允许带走。听过导游的介绍，大多数游客面对美丽的珊瑚和“热情似水”的小贩，都会摇头谢绝……

出门在外，许多导游都会自备物品，包括牙刷、牙膏、口杯、毛巾、梳子、浴帽、拖鞋、衣架等，特别是女导游还会备得更齐全。导游阿灵说，酒店大多提供一次性用品，一旦使用，瞬间便成垃圾，给环境造成很大负担，“作为导游，我们不能贪图一时的方便，心安理得地使用，能自备的物品就自备吧！”这就是可敬的“海南岛的生态导游员”！①

① 李小琴．海南岛的生态导游员．中国旅游报，2002-03-13.

❖案例分享

“网红”酒店阿丽拉为何要停业？

“阿丽拉安吉酒店停止运营了，是何原因导致的？有哪些问题需要引起行业的重视？”……春节假期刚刚结束，阿丽拉安吉停业的消息就在酒店业者的微信群里激起了“千层浪”。

近期，预订了阿丽拉安吉酒店的客人几乎都收到了一封邮件，被告知，2 月 20 日晚 11 点 59 分起，该酒店停止运营。中国旅游报记者发现，目前，已无法在酒店官方渠道和 OTA 上预订该酒店。从阿丽拉品牌所属的凯悦集团的回复来看，该酒店被按下暂停键并非经营不善所致，而是出于“政府规划调整”的原因。事实上，近年来，身在绝佳风景之处的高端度假酒店，因非经营问题被关停的并非个案，这也提醒酒店投资者和品牌方在选址、立项、筹建时不能只是一味追求别具匠心。

关停背后

2016 年开业的阿丽拉安吉是阿丽拉品牌在中国的首家度假酒店。有业者称，该酒店是投资上亿美元，经过了 6 年“雕琢”才面世的，是阿丽拉品牌在中国的首秀。阿丽拉品牌现在归属于凯悦集团，因擅长将慵懒的度假方式与绝佳的自然风光相结合，被誉为全球知名度假品牌。

“有山有水有竹林的阿丽拉安吉位于湖州市安吉县杭垓镇梅子湾景区赋石水库旁，步入这家酒店就如同走进竹海深处的江南村落，躺在房间，便能将水库的美景尽收眼底。”有网友曾在自媒体平台上这样评价。然而令人没有想到的是，就是这一选址成了该酒店此次被关停的原因。

据知情人士向中国旅游报记者透露，去年，浙江省生态环境厅公布了省级水生态环境示范试点县（市、区）名单，安吉被列为“开展水生态修复示范试点”。赋石水库是当地重要的饮用水水源地，毗邻水库的阿丽拉安吉可能存在因污水排放造成水库水源污染的隐患。政府对于赋石水库也可能有了进一步的规划，不仅是阿丽拉安吉，水库水源保护范围内的建筑都可能会面临关停、整改或拆除的处理。

对此，中国旅游报记者致电阿丽拉安吉酒店，电话中酒店工作人员向记者证实，该酒店确实处于水资源保护区内。此外，凯悦酒店集团方面曾向媒体表示，阿丽拉安吉的酒店业主还在与政府做进一步沟通。酒店究竟是重新开业，还是被拆除，暂时不能确定。

引人反思

近年来，因违建、涉嫌破坏生态环境而踩到红线被拆除的酒店项目并非个案。

曾喊话“秒杀迪拜七星级酒店”的灯塔酒店项目就于去年被宣布拆除。该项目位于海口市，为消除其对周边海洋环境造成的负面影响，改善海口湾近岸的海洋生态环境，海口市生态环境局发布了《关于拟批准海口市葫芦岛项目重点整治工程环境影响报告书》，这个需要通过围填海造地来完成的项目自然逃不过被拆除的命运。

同年，开业不足6年、造价几十亿元的青岛西海岸豪宅地标——涵碧楼独栋别墅群也被拆除。青岛市黄岛区委宣传部官方微博“黄岛发布”回应称：“涵碧楼项目建设45栋建筑，在建设过程中实施了海岸线施工、回填，对礁岩造成一定程度破坏。根据有关单位研判，需对项目涉及破坏生态岸线的41栋建筑进行整治，以恢复海岸带的自然生态功能和生态岸线的公共属性。”41座独栋别墅因离海过近被拆除，包含161套客房的酒店仍正常运行。

就在几天前，据媒体报道，漳州当地群众林某在未取得海域使用权的情况下，建了一家“网红”海上酒店。因其涉嫌非法占用海域，漳州海警局东山工作站执法人员已对林某立案调查，并责令其停止违法行为，退还非法占用的海域，恢复海域原状，并处罚款1万余元的行政处罚。

随着各地政府生态保护意识的不断强化，类似的事件可能还会发生。

近年来，人们“寄情山水”的度假需求越来越高，大部分高端度假酒店也愿意选址于风景独美的地方，而且在设计美学上倾注大量的精力和资金，这就容易造成酒店在选址、设计建造时与当地的环境、生态保护出现冲突。

“现在一些高端度假酒店的投资者仿佛走入一个误区，以为只要项目所在地景观够独特就可以吸引客人，甚至不惜把酒店‘挂’到悬崖峭壁上。”星硕酒店管理咨询公司首席咨询官袁学娅提醒道，酒店的选址要有多方面的考虑，包括交通的便利性、周边是否有吸引人的旅游目的地等，但更关键的是，要确定这个地方是否处在生态环境保护区的范围内，以避免可能发生的经济损失。此外，在酒店项目筹建时，涉及多个门类，每个门类都需要专业的机构各司其职，投资商谨防被“忽悠”，不要因为开发团队不够专业让项目设计超出红线，带来诸多后患。

找到平衡

“酒店业要想可持续发展，环境、生态保护是绕不开的问题。”有业者向记者感叹道。

国务院发展研究中心研究员周宏春认为，旅游是一项惠民工程，对于一些经济不发达地区，旅游业已经成为当地经济发展的主要产业，也让很多地方的绿水青山变成了“金山银山”。酒店作为重要的旅游配套设施，一定要处理好当地生态、环境保护与建设运营之间的关系。他建议，我国有关部门可以对建筑物的废物排放实行“飞行”检查，包括随机检查、不定时检查，确保使用单位的废物不污染环境。同时，加大处罚力度，让心存侥幸的人不敢为之。此外，建立“黑名单”制度，将污染环境行为纳入企业的记录，作为企业诚信的依据。

“我国有不少临水而建的酒店将排污系统做得非常好，绝不会将污水排放到湖海中或其他水域中，还通过渗水沟的设计，杜绝建筑内的污水与外面的水域接触。”中国单体酒店联盟副主席顾晓春举例道，莫干山的一些网红酒店还做到了零排放，将生活污水和废水经过了生物降解处理，达到了三类水质后用于景观灌溉，从而形成了一个良性循环。

北京第二外国语学院旅游科学学院院长助理李彬表示，酒店在立项时，有关部门都会出具一份环境评估报告，这份报告对于酒店的建设非常重要。业主和工程队一定要按照环评报告以及当地有关部门对环境、生态保护的要求来做，不要抱有侥幸心理，认为可以一直处在灰色地带。同时酒店投资者也可考虑利用科技手段来解决环保问题。

特色酒店联盟秘书长钱三毛建议，酒店运营总有一定的排放，有关部门也应在建设前做好评估把关工作，建成后发现问题叫停会导致经济损失。对此类问题，相关监管部门也需要引起高度的重视。

“对于生态保护和旅游开发存在的矛盾，建议有关部门以协调引导为主。”李彬对此表示认同，他告诉记者，现在各地政府都比较重视生态、环境保护，并已逐渐形成了刚性要求。建议有关部门在治理的过程中，将工作做得更加细致，从各个环节做好把控和监管。有关部门还可以做一些政策上的引导创新，比如，有些地方收取排污税，还有一些地方建立了“生态银行”等。

（资料来源：王玮．“网红”酒店阿丽拉为何要停业？中国旅游报公众号，2021-02-22）

5. **遵纪守法**

遵纪守法是对每个公民的起码要求。作为旅游工作者，守法就是指每个从业人员都要遵守与旅游职业纪律、旅游职业活动相关的法律、法规。其内容既有法律规定的有关纪律、制度，如《涉外人员工作守则》，又包括行业本身的规章制度、规程和奖惩措施，如员工守则、公约、服务规程、岗位责任制、聘任合同、奖罚细则、服务质量要求等。

在社会公德的规范中，文明礼貌是社会公共生活的基础性规范，助人为乐是社会主义公民的应有品质，爱护公物是社会主义道德的重要内容，保护环境是社会可持续发展的内在要求，遵纪守法是社会存在和发展的前提条件。

要在整个社会形成一个人人讲究社会公德的氛围，每一个社会成员都有义务，都应该以实际行动做到“从我做起”“从现在做起”，自觉遵守社会公德。

五、爱情、婚姻和家庭道德

爱情、婚姻和家庭道德是与一定社会历史条件相联系的一种与人们生活紧密相关的社会形式，是人们道德生活的一个重要方面。一般来说，爱情是婚姻的基础，婚姻是家庭的前提，家庭又是构成社会的细胞。对爱情、婚姻和家庭中道德问题的认识和处理，不仅广泛地关系到个人与家庭内部的道德状况，而且直接影响并反映出整个社会的道德风尚。

家庭是社会的基本细胞，是道德养成的起点。

家庭和睦则社会安定，家庭幸福则社会祥和，家庭文明则社会文明。家庭的前途命运同国家和民族的前途命运紧密相连。家庭是国家发展、民族进步、社会和谐的重要基点，只有把个人梦、家庭梦融入国家梦、民族梦之中，才能汇聚起全面建设社会主义现代化国家、实现中华民族伟大复兴中国梦的磅礴力量。

习近平同志指出："家庭是人生的第一课堂，父母是孩子的第一任老师。孩子们从牙牙学语起就开始接受家教，有什么样的家教，就有什么样的人。家庭教育涉及很多方面，但最重要的是品德教育，是如何做人的教育。也就是古人说的'爱子，教之以义方'，'爱之不以道，适所以害之也'。"（习近平，《在会见第一届全国文明家庭代表时的讲话》2016 年 12 月 12 日）"严是爱，松是害，不管不教要变坏。"

"家风是社会风气的重要组成部分。家庭不只是人们身体的住处，更是人们心灵的归宿。家风好，就能家道兴盛、和顺美满；家风差，难免殃及子孙、贻害社会。广大家庭都要弘扬优良家风，以千千万万家庭的好风气支撑起全社会的好风气。"（习近平，《在会见第一届全国文明家庭代表时的讲话》2016 年 12 月 12 日）诸葛亮诫子格言、颜氏家训、朱子家训，也都是在倡导一种家风。大学生要继承和弘扬优良家风，促进家庭和谐。

用良好的家教家风涵育道德品行。要弘扬中华民族传统家庭美德，倡导现代家庭文明观念，推动形成爱国爱家、相亲相爱、向上向善、共建共享的社会主义家庭文明新风尚，让美德在家庭中生根、在亲情中升华。广大家庭要重言传、重身教，教知识、育品德，以身作则、耳濡目染，用正确道德观念塑造孩子美好心灵；自觉传承中华孝道，感念父母养育之恩、感念长辈关爱之情，养成孝敬父母、尊敬长辈的良好品质；倡导忠诚、责任、亲情、学习、公益的理念，让家庭成员相互影响、共同提高，在为家庭谋幸福、为他人送温暖、为社会做贡献过程中提高精神境界、培育文明风尚。

❖拓展知识

爱情是一对男女基于一定的客观物质基础和共同的人生理想，在各自内心形成的对对方的最真挚的倾慕，并渴望对方成为自己的终身伴侣的最强烈、稳定和专一的情感

（资料来源：李永建．思想道德修养与法律基础．武汉：华中师范大学出版社，2009.）

爱情的特征：自主性和对等性、专一性和排他性、道德性和义务性。

❖特别提示

人一旦发现爱情，所有的缺点就变成可解释或可改变的，或者索性就变成了优点。

——作家柏杨

（一）爱情生活中的道德要求

1. 在恋爱对象的选择上，要坚持“两个标准”和“两个反对”

（1）首先，择偶要把志同道合放在首位

志同道合，是指双方理想一致，志向相同，在政治上共同要求进步，思想上互相勉励、互相促进，学习和工作上相互帮助、取长补短，生活上互相关心、互相谅解。选择恋爱对象的条件的确是多方面的，比如：仪表、风度、经济状况、文化程度、职业性质等，但要想找到一个各方面条件都优越、完美的对象是不可能的。因此，在所有条件中，必须有一个是放在首位的，这就是志同道合。人生的道路从来不是一帆风顺的，既有成功，也有挫折，欢乐与悲哀往往交织在一起。如果男女双方志不同、道不合，那么婚姻之舟就可能搁浅，甚至触礁沉没。

（2）择偶要情投意合

择偶不仅要看双方思想上是否志同道合．而且也要看双方在性格、志趣、爱好、气质等方面是否情投意合。在现实生活中，男女之间的“志同道合”虽是建立爱情的重要思想基础，但不一定能发展为爱情。只有双方思想上相一致、情感上相交融，才能形成亲密无间的爱情。如果只有思想上的“志同道合”，而无性格、兴趣等方面的“情投意合”，最多只能形成同志关系。因此，在择偶时还应注意考虑双方性情是否融洽，个性是否合得来，兴趣是否能激起共鸣。只有这样，双方才能产生强烈的、持久的吸引力，使婚后的婚姻生活和家庭生活更加牢固。

（3）择偶要反对以钱取人

经济状况的好坏虽然对婚后的家庭生活有一定的影响，但绝不是决定条件。金钱不等于爱情，并不一定能给对方带来幸福。爱情的核心在于爱人，在于爱对方的人品、才干，而不是爱对方的钱。否则，即使有再多的金钱，再多的物质享受，家庭成员也未必感到幸福。相反，一个物质不太富裕，没有太多金钱的家庭，只要夫妻双方能够相互理解、相互关心、相互帮助、相互勉励，那么家庭生活也会使人真正体验到爱情的甜蜜和精神生活的充实。

（4）择偶要反对以貌取人

爱美是人的天性，男女双方在选择对象的过程中，都希望能找到一个如花似玉的妙龄女郎或一个相貌堂堂的如意郎君作终身伴侣。但是，人的容貌美只是美的一部分，因此不能把容貌美当作压倒一切的条件，认为只要长得漂亮，其他什么都可不在乎的看法是错误的。虽然容貌美能使人产生美感，有助于萌发爱慕之情，但是真正的美不在容貌，而在于心灵的纯洁、品德的高尚和思想的进步。

2. 在爱情生活中，要正确处理各种矛盾，遵守社会主义爱情道德的基本要求

（1）要正确处理好爱情和事业的关系

没有爱情的人生是不圆满的，但它毕竟不是人们生活的全部。在人们生活中最为重要的还是事业。鲁迅先生在批评一些青年爱情至上的观点时指出，不要只为了爱——盲目的爱——而将别的人生要义全盘疏忽了。人生的第一要义便是生活，人必须先生活着，爱才有所附属。所以，在谈恋爱时，不能把爱情看得高于一切、重于一切，把工作和学习置于脑后，要反对爱情至上主义。

（2）要尊重双方自愿选择爱人的权利，平等履行自己的义务

爱情关系的建立，必须出于双方当事人的共同意愿，任何一方都不能强迫或诱骗另一方接受自己的爱，即使自己的爱是出于真心，也不能让对方违心地接受自己的爱。在恋爱过程中，男女双方为了获得对方的爱，往往有意无意地掩饰自己的缺点和错误，自觉或不自觉地采取相互迎合、迁就的态度，这就造成双方在短时间内不易真正相互了解。因此应当允许双方在一定时间内进行全面考察、审慎思考，然后再作选择。但是在现实生活中，有人对对方选择的权利缺乏应有的尊重，采取错误的做法。比如，有的人在恋爱关系破裂后，抱着“不恩爱便是仇”的态度，对另一方进行威胁、利诱，甚至行凶杀人予以报复。这样做的结果不仅违反道德，而且也触犯了刑律。还有的人在失恋后，就消极悲观，甚至发展到厌世轻生的地步，这也是错误的。

（3）要忠贞专一，反对见异思迁

要求男女双方在建立爱情关系后，要相互忠于对方、相互信任、坦诚相待、互敬互助，反对轻易转移爱情。以“自由恋爱”为幌子，把“自由恋爱”曲解为自由地移情别恋，乱搞男女关系，这是违反社会主义道德的，是道德败坏、思想堕落的表现。

（4）要文明理智，反对不负责任

爱情是人类社会特殊的社会关系，它包含对社会、对男女双方的重大责任，因而在恋爱过程中，要严肃认真，要有责任感。热恋中的情人，由于感情的交融，免不了会有亲密的表示，但要注意场合，掌握分寸。行为举止要文明端庄，不能随心所欲，有伤社会风化。在恋爱过程中，男女双方都应该理智控制自己的情感，做到自尊、自爱，这既是对自己负责，也是对对方负责。

❖案例分享

大学生借债谈恋爱

一场爱情，12 张北京往返合肥的火车票，3 个月花了 1.4 万元。张力（化名）是安

徽某高校大四的学生，去年春节后北上进京成为“北漂一族”。心里惦念着刚谈恋爱不久的女朋友，3 个月的实习期，他整整回了 6 趟合肥。朋友们都戏称铁道部应该给张力办张月票！“在北京就打电话，一张 50 元钱的电话卡一个晚上就没了，也不知道怎么就有那么多话说。越聊越想，就有了第一次回去，之后一发不可收拾，有时候火车上人多，买不到硬座，就一直站到合肥。一见到她，所有的辛苦便烟消云散了！”但，炫目的爱情背后，最直接的付出就是金钱。车费、电话卡、礼物，3 个月下来，张力花了 1.4 万元。对于一个还没有独立经济来源的大学生，这无疑是一笔很大的数目。张力找借口几次和家里要了 1 万元，剩下的找朋友借，到现在借的钱还没有补上。

张力有个哥们儿到福建找工作，几场招聘会下来，他心灰意冷，还在学校的女朋友电话中柔柔的一声：“要不，回来看看我吧！”他马上打电话找张力，要借钱购买回合肥的车票。张力破口大骂：“兄弟，没找到工作别回去！”骂完了，第二天，张力还是给哥们儿汇去了 500 元。张力说，其实自己挺能理解哥们儿的，为了爱奋不顾身，金钱、前途都变成很不重要的事情了。

[分析]

大学生的爱情是美好的、单纯的，没有太多的杂质。但近年来，大学生谈恋爱的花费逐年看涨。大学生谈恋爱本无可厚非，但是在恋爱中，应该明白，给予对方的是什么，是互相关心、帮助和个人修养的相互熏陶。中国青年政治学院陆士桢教授在分析大学生恋爱高成本时说：“大学生作为还没有独立经济来源的个体，在消费方面应尽量有所节制，不要受现实消费潮流的影响。物质投入和感情回报是两回事。”

（资料来源：http：//wenku.baidu.com/）

（二）婚姻家庭道德

1. 婚姻、家庭及其职能

任何真正的爱情总要向两性的结合前进，通过婚姻、家庭形式表现出来。婚姻和家庭是人类社会中的一种特定形式，是人类社会发展到一定阶段的产物。所谓婚姻是指男女两性自愿结合并为一定社会制度所确认的社会关系。家庭是指以婚姻关系为基础、血缘关系或领养关系为纽带的社会关系的组织形式。就一般意义来说，婚姻是产生家庭的前提；家庭是缔结婚姻的结果，家庭关系包含婚姻关系。

家庭在社会生活中有着重要的作用，担负着多种职能。

首先是生育子女，增殖人口。这是每个家庭最本质、最基本的职能。任何一个家庭，如果只有父母而没有子女或只有子女而没有父母，都不是一个完整的家庭。

其次是劳动创造，参与消费。任何社会都必须进行生产资料和生活资料的生产，没有这两种生产，人类就无法生存下去。家庭作为社会的细胞，承担着这方面的任务。为了满足生存和哺育后代的需要，家庭成员必须参与生产资料和生活资料的生产，参与整个社会的生产、分配、交换和消费过程，从而解决家庭成员的衣、食、住、行等方面的问题。因此，家庭具有经济职能，是人口生产和再生产的物质基础。

最后是养育子女和赡养老人。子女和老人都是家庭的派生物，扶老养幼不仅是每个家庭的道德义务和法律义务，也是每个家庭责无旁贷的基本职能之一。

2. 家庭美德

（1）尊老爱幼

尊老爱幼是中华民族的传统美德。在家庭生活中，父母精心抚养和爱护子女，子女赡养老人，是家庭美德的重要表现。

父母要抚养和教育好子女，这是父母的法律责任。父母之爱是人间永恒而无私的爱，这种爱本身就是一种巨大的教育力量，对于孩子的健康成长有着极为重要的作用。但是，这种爱应该是理智的、富有道德精神的，切不可流于溺爱和偏爱。要培养孩子的劳动观念、吃苦精神、协作精神和独立生活能力，使孩子成为自立自强、有德有才、对社会有用的人才。父母教育子女，“言传”当然必需，但更重要的是“身教”，父母对自己的严格要求，就是对子女的最好教育。父母既要以自己的道德人格感染子女，又要以社会发展的要求来教育子女，更要以健康的心态和科学的方法来引导子女。那些望子成龙心切，揠苗助长的教育，往往会适得其反。媒体曾报道过“13 岁少年挥刀杀向亲生母亲”，是暴力教育让孩子产生了如此大的仇恨；“亲手勒死同班同学”，也仅仅因为一道题而起争议；北大学生弑母案……这些血淋淋的事实，确实该引起家长、学校和社会的反思和重视。

我国已步入人口轻度老龄化的阶段，习近平强调，要大力弘扬孝亲敬老传统美德，树立积极老龄观、健康老龄化理念。

子女也有对父母赡养孝敬的义务，赡养不仅包含着物质上关心照料老人，也包含着精神上安慰体贴老人。根据经验，敬老养老要做到如下几点：

一是赡养要始终如一，尊敬要发自内心；二是要尊重父母的人格和生活习惯；三是要主动和父母沟通思想，交流情感；四是要主动关心老人的身心健康，想方设法使其安度晚年；五是要正确对待父母的缺点和错误、固执和唠叨；六是要尊重单身父母重新嫁娶的权利。

（2）男女平等

所谓男女平等，是指在婚姻关系和家庭生活的各个方面，男子和女子都享有平等的权利。男女双方都应该珍惜和发展夫妻之间的深厚感情，要相互尊重对方的人格和尊严，互敬互爱、互信互勉、互助互让、互谅互慰。“妻（气）管严（炎）”“大男子主义”都是男女不平等的表现。任何家庭在对待新生儿的问题上，也应彻底抛弃“重男轻女”的封建思想，树立“生男生女都一样”的健康观念。

在现实家庭生活中，对男女平等还有一种错误的认识，这种认识主要表现在一些女性身上。她们以为，既然要提高妇女地位，实现男女平等，那么丈夫就得听我的。于是，丈夫事事都得按她的意愿办。吃什么、穿什么都由她一人说了算；丈夫的工资全额上缴，不允许有点滴留存。稍有不同意见，轻则唠叨，重则大发雷霆。其实，这样做的结果不是平等，是独霸，是在扼杀夫妻的感情，是在毁坏自己的家庭。提高妇女地位，不是说让女性凌驾于男性之上，让女性的话成为家庭中的最高圣旨。男人也有自己的思维、自己的主张，妻子的专横跋扈，只会造成丈夫的反感，造成家庭的矛盾。

要实现男女平等，就要公开协商家庭经济的收支情况，使家政管理的透明度得到提高，从而减少家庭矛盾。要实现男女平等，还需要平等分担家务劳动。平等分担家务不是平均分担家务，要提倡互助合作精神。根据各自的生理特点和社会工作特点来统筹安排家务劳动。男性身体强壮，就多做点重体力活；女性柔弱心细，就多做一点技术性的事物。谁在家的时间多，有精力，就多干点家务。

（3）夫妻和睦

夫妻关系是家庭产生的前提，它的好坏直接影响家庭氛围。夫妻关系是家庭关系的核心，和睦的夫妻关系是家庭美德建设的重心。夫妻关系紧张除了伤害双方自身之外，还会直接给孩子造成不利影响：无暇顾及对孩子的照顾与教育，更有甚者，将对对方的怨恨迁怒于孩子，给孩子的心灵蒙上阴影。恋爱是婚姻的序曲，要想婚后夫妻和睦、家庭稳定，首先要树立正确的婚恋观。其次是夫妻共同承担起家庭的责任和义务。再次要处理好同家庭其他成员之间的关系。

周恩来和邓颖超同志从他们并肩战斗、相濡以沫的生活中总结出：“互敬、互爱、互信、互勉、互助、互让、互谅、互慰”的八项原则，非常值得学习。

（4）勤俭持家

勤俭持家要求人们热爱劳动，克勤克俭，合理安排家庭生活，保持全家生活幸福、兴旺发达。一个善于当家理财的人，会量入为出，计划开支，即使收入不高，也能把日子过得圆圆满满。相反，如果家庭中有人贪图享受，爱慕虚荣，盲目追求高消费，或者沉迷于打牌赌博，那么，家庭生活就会受到影响，甚至造成夫妻反目、家庭解体。因此，勤俭持家关系到每个家庭成员的切身利益，是每个家庭成员都必须遵守的家庭美德。

也许有人不理解：现在我们的生活水平提高了，社会财富也极大地丰富了，家庭也都小康了，为何还要提倡勤俭持家？

首先要正确区分节俭和吝啬。节俭是当用则用，不当用则省。用得有理，用得其所。而吝啬则是当用的不用，不当省的也省。

勤俭持家是一种美德，一种精神。有了这种美德，这种精神，人们就会永远保持勤劳的本质，保持蓬勃向上的朝气，永远立于不败之地。丢掉了这种美德、这种精神，即使腰缠万贯，也可能因为奢侈浪费而一败涂地。老一辈无产阶级革命家陈毅就谆谆告诫他的子女："汝是党之子，革命是吾风；汝是无产者，勤俭是吾宗。"毛泽东也说："贪污和浪费是极大地犯罪。"

（5）邻里互助

邻里关系是一种地缘关系，它是因居住的地理位置接近而形成的关系。

邻里互助有利于营造稳定、健康的社会交往环境。"邻里好，赛金宝"。良好的邻里关系不仅能为自身的家庭创造和谐、安宁的生活环境，还有利于营造稳定、健康的社会交往环境。邻里关系不仅仅可以反映社区居民的精神面貌以及他们对社区的认同感和归属感，而且更能反映出一个社会所属成员的整体精神状态，反映出社会风气和社会的道德水平。

邻里互助有利于身心健康。社会的发展拉大了家庭成员亲属间的空间距离，即使现代化的交通工具和便捷的通讯方式也不能完全解决问题。因此，人们每天接触最频繁、交往最多的还是周围的居民。如果能与每天低头不见抬头见的邻里互助，搞好团结，是非常有利于身心健康的。

邻里互助有利于救急救难。"远亲不如近邻。"亲戚虽然有血缘、姻缘关系，但要是居住的距离远的话，在需要帮助的时候，也是远水解不了近渴。而邻里虽然没有血缘、姻缘关系，但地缘关系却能把彼此联系在一起，有困难时伸出援助之手，很是便利。

❖案例分享

张裕，别想低调了！

湖北武汉江汉区某小区3层楼中一3口之家中出现火情，屋内冒出大量浓烟，此时快递小哥张裕正在该小区揽件，恰好看到这一幕的他徒手爬上了2楼的阳台，救下这一家三口。

"来，把孩子交给我！"张裕向楼上居民喊话，3楼的两位大人将小女孩送出阳台外，张裕一只手勾住2楼阳台的屋檐，另一只手成功托住了小女孩，顺势将她抱进了2楼居民家中。小区物业工作人员也爬上了2楼居民家中，在张裕身后做好安全保护工作。另一些工作人员第一时间取来水管，接上消火栓，紧急采取灭火措施，及时防止火灾的蔓延。

事发后1小时，记者联系上了救人的快递小哥张裕。

"我当时正在楼下收件，看到3楼发生火情后，周围居民纷纷围了过来。"张裕介绍，他见居民们拿来一张毯子，试图在楼下接住3楼居民，"这样太危险了，我当时只有一个念头，把人安全接下来！"

张裕今年36岁，湖北罗田人，现为顺丰快递武汉分公司唐家墩营业部的快递员，曾在武警部队服役两年。“当时我们就训练过徒手攀爬，事发时我就想试试爬到2楼接人。”张裕说，当他爬到了2楼时，发现家中无人，但幸好阳台的窗户没有锁，他便打开窗户，站在窗沿上。

据张裕介绍，被他救下的小女孩年龄在2岁左右，救下小女孩后，他还帮助两名大人安全爬进2楼居民家中。

“是这位小哥，英雄！英雄！你莫慌戴上口罩，让我们拍下英雄的脸！”救人后，小区居民纷纷要求看清楚张裕的脸，并为这个身手不凡的快递小哥点赞，居民们也在朋友圈转发他的英勇事迹。

这次火灾发生后，武汉市消防救援支队青年路消防救援站迅速赶到现场处置，没有造成人员伤亡。

12月10日下午，武汉市消防救援支队新闻宣传处负责人为张裕颁发“武汉市优秀消防志愿者”荣誉证书。

该负责人表示，十分感谢快递小哥的仗义出手，守护平安家园！

（资料来源：青春湖北公众号，2021-12-12）

“德不孤，必有邻。”要如何做到邻里互助?

首先，要助邻为乐，不要以邻为壑。邻里之间不仅要互相帮助，树立助人为乐的道德风尚，还要杜绝以邻为壑的坏毛病。那种垃圾往人家门口倒，脏水往人家门口泼，废物往楼下扔，三更半夜引吭高歌，正午时分琴声大作的行为都是应该禁止的。绝不能图自己的一时之方便，损害邻居的利益；也不能图自己的一时之快乐，影响邻里的工作、学习和休息。

其次，要宽容大度、不要寸步不让。邻里朝夕相处，难免会有矛盾。邻里双方都要宽容大度，不要斤斤计较；即使自己有理，也要得理饶人，学会宽容。

2002年4月27日，《楚天都市报》登载了一篇题为“热水器热的是水，冷的是心”的报道：汉阳的裴先生家的太阳能热水器2001年9月份安装在楼梯间狭小的平台上，紧靠水箱。两个月后，夏某称这是他准备装热水器的地方，裴家装的热水器要么卖给他，要么拆掉。结果，双方未能达成一致。于是夏家热水器从边沿上搭架子伸出来，平行安在前面，正好挡住裴家热水器的阳光。的确，像这样，水是热了，心却冷了，必然给以后的相处留下积怨。

要平等待人，不要炫耀嫉妒。邻里的生活有穷有富，地位有高有低，学识有深有浅。对这些不同条件的邻里，都应该平等相待，不要厚此薄彼。

要相互信任，不要疑神疑鬼。邻里之间的矛盾大多是由猜疑引起的。矛盾产生后，轻者吵闹，重者大动干戈，甚至酿成惨剧。英国著名思想家培根认为，猜疑的根源产生于对事物的缺乏认识，所以多了解情况，开诚布公地沟通，是解除疑心的最有效的办法。

要热心公益事业，不要自私自利。比如，对于居住区的公共卫生，要注意保持。若有清扫活动，要积极参与。对于居住区的义务劳动，要积极主动参加。

❖案例分享

成立邻里互助站 一家有事大家帮

一家有事大家同帮，小区有事大家共商；见面微笑或点头，邻里相处和和气气……在南关区曙光街道师大东电社区，居民们成立了邻里互助站，齐心协力把家园打理得井井有条，形成了“家人治家”的良好氛围，居民眼里曾经的“陌生人社区”逐渐变为了“熟人社区”。

前不久，64岁的李桂华买了150公斤白菜，趁着好天气，她将白菜整齐地码放在师大一教39栋楼前向阳的空地上。可谁又知道，这些白菜不属于李桂华，而是她帮八旬空巢老人刘大娘所买。原来，刘大娘儿女不在身边，她本人腿脚不便，无法自己去采购秋菜。互助站成员李桂华得知情况后，帮她买来150公斤白菜，还有25公斤土豆。“他们不仅帮我买秋菜、搬秋菜，还帮我把酸菜腌上，比对自己家的事还上心。”刘大娘感动地说，平时买药、缴费，互助站成员都冲在前头，有这些志愿者在，社区的氛围变得越来越好。

（资料来源：长春日报，2021年11月15日）

（二）动物不懂事，人要明事理

天下苦不文明养犬久矣。

先是河南安阳一名老人在小区散步时被两条狗扑咬，历时两个月几经调解，养犬人才在压力下赔礼道歉，又有湖北武汉卢某某与遛狗不牵绳的邻居纠纷长达两个多月，最终跳楼轻生，疑似“拿命控告”。近期发生的几条新闻，让城市养犬话题备受关注。

养犬要文明、遛狗要牵绳，这已经是老生常谈。近年来，多地出台条例规范养犬行为，民法典、治安管理处罚法都规定了饲养动物侵犯他人权利的法律责任，今年5月生效的动物防疫法明确，“携带犬只出户的，应当按照规定佩戴犬牌并采取系犬绳等措施”。但从现实情况看，距离全社会文明养犬的目标还差得远。

“跖犬吠尧，吠非其主。”饲养者眼中再聪明温和的狗，也无法排除攻击其他人的可能性。小动物可以不懂事，人不能不讲理。人狗矛盾往往是人与人的矛盾。大多数人对动物没有敌意，只要养犬人看管好犬只，人们完全可以尊重养犬者喜好。反过来，既然选择养犬，养犬人也要尊重他人权益，对犬只负起责任。不牵狗绳和放任犬吠、随意弃养等行为一样，都折射出养犬者文明素质亟待提高。真想给宠物嬉戏空间，何不搬去没人的地方养?

养犬人不约束宠物，就要有规则来约束养犬人。然而，一些文明养犬的管理主体拎不清责任，比如武汉卢某某向物业求助无果、安阳城管和公安机关对于由谁办理养犬证缠夹不清。小区物业缺乏强制约束力，往往会纵容不文明养犬行为；养犬管理涉及公安、城管、卫生、防疫等多个部门，职权模糊地带容易出现扯皮推诿。还有的地方用力过猛，2020 年，湖南永州城管当街打死未牵绳的犬只，受到质疑——养犬人的错不该由动物用生命承担。

对于不文明养犬行为，要像酒驾、高空抛物一样严格管理，常抓不懈。除了面向饲养者加大宣传力度，更要让养犬管理制度落到实处，这就要求不断细化职权，比如养犬证由谁来办理、发现无牵引的犬只如何处理等等，要有明确规定。尤为重要的是，有关部门需要告知公众，遇到不文明养犬、犬只伤人的事情该如何解决，究竟是报警，还是联系城管，抑或是督促小区物业解决？卢某某生前“拿命控告”的声明委实令人触目惊心。在笔者看来，当不文明养犬的人不听劝告、不讲道理，立刻报警并不是小题大做。

（资料来源：https：//m.weibo.cn/status/4706973533081170?sourceType=weixin&from=10BB295060&wm=9006_2001&featurecode=newtitle）

在家庭美德的规范中，尊老爱幼是中华民族的优良传统，男女平等是社会主义家庭道德的主要特征，夫妻和睦是家庭稳定、幸福的基础，勤俭持家是家庭建设的重要规范，邻里互助是社会主义社会人际关系的具体要求。在家庭生活中，家庭成员之间要讲道德，创造健康、文明、幸福的家庭生活，邻居之间要团结互助，对个人和社会来说，都具有十分重要的意义。

六、个人品德

个人品德在社会道德建设中具有重要基础作用，社会公德、职业道德和家庭美德的状况归根结底都是以个人品德为基础的，社会公德、职业道德和家庭美德的建设最终也要从个人品德的养成着手和落实。

（一）个人品德及其作用

个人品德是通过社会道德教育和个人自觉道德修养所形成的稳定的心理状态和行为习惯。是个体对道德要求认同和践行的结果。社会的和谐有序、个人的人格健全都依赖于个人品德的不断提升。

重视个人品德是中华民族的传统。孔子的学生曾子有“吾日三省吾身——为人谋而不忠乎？与朋友交而不信乎？”我国古代的哲人、封建士大夫亦将“修身”与“齐家、治国、平天下”看得同样重要。即使是在远古时期，任用官吏就考察他的忠诚品德。《史记·五帝本纪第一》还记载了这样的故事：有一天，尧问身边的人：“谁可以继承我的事业？”放齐说：“你的儿子丹朱通达事理。”尧说：“哼！丹朱么，他愚顽、凶恶、不能用。”尧又问道：“那么还有谁可以？”驩兜说：“共工广泛地聚集民众，做出了业绩，可以用。”尧说：“共工好讲漂亮话，用心不正，貌似恭敬，欺骗上天，不能用。”

个人品德是成事之基，立业之本。司马光在《资治通签·周纪一》中讲了才与德的关系：“才者，德之资也；德者，才之帅也。”

德才兼备，以德为先是共产党的用人标准。习近平总书记在十九大报告中和全国组织工作会议上都强调选才用人要坚持德才兼备、以德为先。1960 年，陈毅同志曾经讲过这样一段话，一个空军飞行员，如果开不好飞机，那总不好吧；然而飞机开得再好开到敌人那边去了，反过来打自己的国家，那就更糟了。

总之，一个人在工作中没有才干不行，但没有品德会更糟糕，更可怕，才高而缺德就更是灾难性的后果。

（二）个人品德的内容

《新时代公民道德建设实施纲要》要求：“推动践行以爱国奉献、明礼遵规、勤劳善良、宽厚正直、自强自律为主要内容的个人品德，鼓励人们在日常生活中养成好品行。”

1. 爱国奉献

爱国奉献是中华民族最为重要的精神财富，是中国人民和中华民族维护民族独立和民族尊严的强大精神动力。爱国奉献不仅是一种最崇高的道德情感，也是道德规范中最神圣的规范。

爱祖国，是一个古老而又永恒的话题，是人民千百年来培养起来的对自己祖国最深厚的感情。爱国主义就是对这种深厚感情的深刻认识和理性总结。爱国主义揭示了个人对祖国的依存关系，是人们对自己家园及民族和文化的归属感、认同感、尊严感与荣誉感的统一。它是调节个人与祖国之间关系的道德要求、政治原则和法律规范，也是中华民族精神的核心。爱国是每个人都应当自觉履行的责任和义务，是对祖国的报答。

爱国就要爱祖国的大好河山。祖国的大好河山，不只是自然风光，还是主权、财富、民族发展和进步的物质载体。领土完整是国家的重大核心利益，维护祖国的领土完整和促进祖国的完全统一，是每一位中国人的神圣使命和义不容辞的责任。

爱国就要爱自己的骨肉同胞。爱骨肉同胞，是对整个民族利益共同体的自觉认同。中华民族的利益是我国各民族的共同利益、长远利益和最高利益。爱自己的同胞就是爱人民群众。对人民群众感情的深浅程度是检验一个人对祖国忠诚程度的试金石。

爱国就要爱祖国的灿烂文化。文化是国家、民族的灵魂。文化传统是一个国家民族得以延续的精神基因，是培养民族心理、民族个性、民族心理的摇篮，是民族凝聚力的重要基础。空间距离哪怕再远，但由于对祖国灿烂文化和历史传统的认同总会把彼此的心连在一起。只有认真学习和真正了解祖国的历史，在充分理解和尊重的基础上，积极推动祖国优良历史文化传统的传承和发展，才是爱祖国的灿烂文化。

爱国就要爱自己的国家。“没有国哪有家，没有家哪有我”。国家和我们每个人密不可分，相互依存。祖国的大好河山、自己的骨肉同胞、民族的灿烂文化都同我们的国家联系在一起。我们每个人的发展也时刻同国家的发展进步紧密关联。国家的庇佑和保护，是我们成长和发展的屏障和最坚实的依托。因此，拥护国家的基本制度、遵守国家的宪法法律、维护国家安全和统一，捍卫国家的利益，为实现两个100年的奋斗目标而贡献自己的力量，是爱国主义的基本要求。

爱国主义是历史的、具体的，在不同的历史条件和文化背景下，爱国主义具有不同的内涵和特点。在现阶段，爱国主义主要表现为献身于建设新时代中国特色社会主义伟大事业，献身于实现中华民族伟大复兴的中国梦，献身于促进祖国统一大业。

❖案例分享

没有任何力量能够阻挡中国前进的步伐

9月25日，中国公民孟晚舟乘坐中国政府包机返回祖国。这是党中央坚强领导的结果，是中国政府不懈努力的结果，是全中国人民鼎力支持的结果，是中国人民的重大胜利。

事实早已证明，孟晚舟事件是一起针对中国公民、旨在打压中国高技术企业的政治迫害事件。2018年12月1日，在美国一手策划下，华为公司首席财务官孟晚舟在加拿大转机时，在没有违反任何加拿大法律的情况下被加方无理拘押。美方对孟晚舟所谓欺诈的指控纯属捏造。尽管美加一再滥用其双边引渡条约，以法律为借口为其迫害中国公民的行径辩护、开脱，但国际社会都清楚，美加所讲的法律不过是服务于美国巧取豪夺、打压异己、谋取私利的工具，毫无公正性、正当性可言。

在孟晚舟事件上，中国政府的立场是一贯的、明确的。采取一切必要措施，中国政府坚定不移维护本国公民和企业正当合法权益。在获悉孟晚舟被无理拘押相关情况后，中国政府第一时间提出严正交涉、表明严正立场，并于第一时间向孟晚舟提供领事协助。此后，中国政府一直强烈敦促加方释放孟晚舟，切实保障其正当合法权益。亿万中国人民发出了响亮的正义呼声。孟晚舟平安回到祖国充分说明，中国共产党、14亿多中国人民、伟大的中华人民共和国永远是中国公民最坚强的后盾。

孟晚舟事件充分表明，中国不惹事，但也不怕事。中国绝不接受任何形式的政治胁迫和滥用司法行为，绝不允许中国公民成为别国政治迫害的牺牲品。中国人民是崇尚正义、不畏强暴的人民，中华民族是具有强烈民族自豪感和自信心的民族。中国人民从来没有欺负、压迫、奴役过其他国家人民，也绝不允许任何外来势力欺负、压迫、奴役我们。任何人、任何势力妄想这样干，中国人民都绝不会答应。

孟晚舟事件的实质，是美国试图阻挠甚至打断中国发展进程。中国所做的努力，维护的不仅是一位公民的权利、一家企业的权益，更是在维护中国人民过上更美好生活、国家实现现代化的权利。透过孟晚舟事件，中国人民更加清晰地看到，面对世界百年未有之大变局，我们必须坚定不移走自己的路，百折不挠办好自己的事，实现高水平科技自立自强，把伟大祖国建设得更加强大。

今天，实现中华民族伟大复兴进入了不可逆转的历史进程。我们深知，越是接近民族复兴越不会一帆风顺，越充满风险挑战乃至惊涛骇浪。我们坚信，始终站在历史正确的一边，始终站在人类进步的一边，不畏风浪、直面挑战，风雨无阻向前进，就没有任何力量能够撼动我们伟大祖国的地位，没有任何力量能够阻挡中国前进的步伐！

（资料来源：人民日报评论公众号，2021 年 9 月 25 日）

以下是孟晚舟回国途中发的千字文朋友圈文案：

月是故乡明，心安是归途

舷窗外一片漆黑，机翼上的航行灯闪烁不停，在寂静的夜空中，这些许的微光显得格外温暖。此刻，我正飞越北极上空，向着家的方向前行，马上就要投入伟大祖国母亲的怀抱，阔别三年的祖国已在天涯咫尺。

近乡情更怯，不觉间泪水已模糊了双眼。

在中国共产党的领导下，我们的祖国正在走向繁荣昌盛，没有强大的祖国，就没有我今天的自由。往事一幕幕闪过，恍若隔世，却又历历在目。

过去的 1028 天，左右踟蹰，千头万绪难抉择；过去的 1028 天，日夜徘徊，纵有万语难言说；过去的 1028 天，山重水复，不知归途在何处。

“没有在深夜痛哭过的人，不足以谈人生”，一次次坠入深渊，又一次次闯入暗夜，曾让我辗转难眠，更让我刻骨铭心。泪水抱怨化解不了愁苦，伤春悲秋翻越不过泥泞，与其困顿挣扎，不如心向阳光，冲出阴霾。有些风浪，难免艰险，唯有直面才能扬帆远航；有些抵达，难免迂回，历尽波折终会停泊靠岸。

无数次奔跑，无数次跌倒，唯有此次让我倍感坚强；无数次出发，无数次归家，唯有此次让我热泪盈眶。万家灯火总有一盏给我温暖，浩瀚星河总有一颗予我希望，感动于心，感激于情。

我们祈祷和平，幸运的是，我们生在一个和平的时代；我们崇尚伟大，可贵的是，我们生在一个伟大的国家。成长在改革开放时期的我，亲身经历了共产党领导下的中国和中国人民是如此伟大，全体同胞数十年如一日地艰苦奋斗，让我们的祖国走向繁荣富强，人民迈向共同富裕，为世界的和平与发展做出巨大的贡献。

感谢亲爱的祖国，感谢党和政府，正是那一抹绚丽的中国红，燃起我心中的信念之火，照亮我人生的至暗时刻，引领我回家的漫长路途。

感谢亲爱的家人们，与我一起经历风雨，见证岁月，安放我所有的喜乐苦悲。是你们的遥遥相伴，陪我越过层层山丘；是你们的默默守护，带我跨出丛丛荆棘。

感谢亲爱的伙伴们，有一种浪漫叫并肩作战，有一种纯粹叫全力以赴，有一种果敢叫奋不顾身，回首此间，满是静水流深的情义和雷霆万钧的担当。

感谢亲爱的同事们，虽然分别已久，你们的真挚鼓励和持续坚守，让我们始终风雨同舟，艰难征程波澜壮阔，赤诚初心历久弥坚。

感谢所有关心我的你和你们，就算素未谋面，你们的浓浓情意、切切问候和深深祝福，如一道彩虹，斑斓了坎坷路途上的一隅天空。

午夜梦回，最是心底那一轮明月，那一江春水，那一缕乡愁，亦是我滞留他乡三年每分每秒的心灵归宿。秋风掠过，登机前，温哥华已需寒衣加身。此时，祖国的秋日正是天朗气清、暖阳和煦，期待一年好景致，再赏橙黄橘绿时。

祝愿祖国母亲生日快乐！回家的路，虽曲折起伏，却是世间最暖的归途。

（资料来源：https：//xw.qq.com/amphtml/20210925A073OA00）

有信念才能坚守，有情怀才能奉献。爱国和奉献是一枚硬币的两面，一个心中有爱国责任和爱民情怀的人，才可能具有奉献精神。新时代更需要弘扬爱国奉献精神。“成功在于奉献”。我们应大力弘扬爱国奉献精神，强化社会责任意识、奉献意识，并使之成为培育践行社会主义核心价值观、推进社会主义精神文明建设的重要内容，从而为实现第二个一百年的奋斗目标、实现中华民族伟大复兴的中国梦提供强大精神力量。一个好社会，不仅要物质丰富、制度合理、人际和谐、文明有序，也要能够成就富有美德的公民。反过来讲，富有美德的公民也会成为国家富强发展、人民幸福生活、社会治理文明有序的重要力量。精神的力量是无穷的，道德的力量也是无穷的。

习近平总书记在对王继才同志先进事迹做重要指示时强调，王继才同志守岛卫国32年，用无怨无悔的坚守和付出，在平凡的岗位上书写了不平凡的人生华章。我们要大力倡导这种爱国奉献精神，使之成为新时代奋斗者的价值追求。

今天，无数王继才一样的时代楷模在自己的工作岗位和生活中，自觉践行爱国奉献精神，自觉将个体“小我”化入国家和人民的“大我”之中，将个人的人生价值融入民族复兴的伟大梦想。

❖案例分享

无怨无悔的坚守——追记“时代楷模”王继才

北纬34度31.47分，东经119度52.15分，距离江苏省连云港市灌云县燕尾港镇12海里，有一处只比足球场稍大的弹丸之地——开山岛。

岛上气候恶劣、常年海风肆虐，当地人称之为“水牢”。这里鸟兽绝迹、植被难生，唯有苦楝树顽强地存活了下来。如今，苦楝犹在，当年亲手种下它的人却走了。

2018年7月27日，开山岛民兵哨所所长、“时代楷模”王继才在岛上执勤时突发疾病去世，离开了自己守护32年的开山岛，离开了毕生为之奉献的海防事业。

近日，习近平总书记对王继才先进事迹作出重要指示。强调，王继才同志守岛32年，用无怨无悔的坚守和付出，在平凡的岗位上书写了不平凡的人生华章。

“中国的领土，就该升起中国的国旗”

在燕尾港镇副镇长、武装部长姜驹的工作笔记上，清楚地记着建军节前夕的工作安排：7月25日，《解放军报》记者上岛采访“开山岛夫妻哨”；7月29日，市、县两级领导上岛慰问……

按照职责分工，姜驹是王继才的“直接领导”，近年来，只要有人上岛采访或慰问，他都负责安排行程。

“我来镇上工作不久，就和王继才成了好朋友，十多年来，我们俩几乎无话不谈。”谈到王继才的离世，姜驹惋惜不已，“他要早听我劝就好了。”

有年夏天，姜驹上岛检查，看到王继才的胳膊和腿上布满了铜钱大小的白斑。问他原因，王继才淡然一笑：“这不算啥，身上的毛病多了。”姜驹劝他离岛休养，王继才却说：“早把岛当成家了，离不开了。再说我走了，谁来升旗啊？”

升旗，是王继才眼中天大的事。

每天早晨，王继才和妻子王仕花5点起床，6点半准时升旗，365天无论刮风下雨从未间断。一人升旗、一人敬礼，没有国歌伴奏，却庄严肃穆。

岛上湿度大，国旗容易破损，32年来，王继才自费购买了近200面国旗。而作为民兵，他和妻子每年的工资加补助也才3700元。

“他把国旗看得比命还重”。对此，灌云县委常委、人武部政委刘军深有感触。有一年刮台风，王继才生怕国旗被刮跑，顶着风雨爬到山顶收国旗。下山时，脚底踩空，整个人从几十米高的台阶上摔下，摔断了两根肋骨，还差点掉到海里，但国旗被他护在怀里愣是一点没破。

刘军曾问王继才：“没人监督、没人要求，你为啥每天坚持升旗？”

“中国的领土，就该升起中国的国旗。”说这话时，王继才的眼中充满了执着和坚定。

不仅坚持升旗，巡逻，看管航标、测风仪，写海防日志……每件事都认真仔细、一丝不苟。翻开王继才的海防日志，上面详细记录着岛上发生的事情，离世前一天他记录道：“2018 年 7 月 26 日，多云转晴，上午有 3 艘渔船经过，下午有 1 艘货轮经过，晚上四盏海面航标灯正常照明，无其他异常情况发生……”

守岛 32 年，每天都重复着同样的工作，王继才夫妇却越干越有劲，他们的坚守不仅被多家媒体宣传报道，也感动了无数的身边人。当地渔民包正富，每次出海捕鱼都会从开山岛附近经过，“出海时，看到岛上的国旗，就觉得心中有力量。”包正富说，这么多年习惯了，只要看到那个岛、那面旗，就知道王继才还在坚守。

“开山岛是海防前哨，你不守，我不守，谁来守？”

对妻子王仕花来说，王继才的离去实在太突然，她至今无法相信。

“老王走的这些天，是我这 32 年来离开开山岛最长的时间，也是最难熬的日子。本来我俩已经约好，今年的建军节要为岛上再换一面新国旗，但他一句话也没留下就走了。”

1986 年 7 月，王继才说去执行任务，一走便杳无音讯。后来王仕花才知道，丈夫是去守开山岛了。分别 48 天后，她随船来到开山岛，看到了胡子拉碴、衣衫褴褛的王继才，心一下揪了起来。想让他回家，王继才却执意守岛，“仕花，你回去吧，照顾好老人孩子！开山岛是海防前哨，你不守，我不守，谁来守？”

面对丈夫的坚持，王仕花毅然辞去了小学教师的工作，陪他一起守岛。从此夫唱妇随，开山岛上有了家的气息。“老王是个好丈夫，这些年他对我很好。只是我们对亲人亏欠太多。”

2005 年 10 月，王继才大哥突然去世。当时正值战备执勤，等到执勤结束，又赶上刮风下雨没有船，王继才回到家时，只看到一个新坟。父母去世时，他也因守岛不在身边，没能见到最后一面，留下了一生的遗憾。

不仅没能为父母尽孝，在大女儿王苏的记忆里，父亲也是个“陌生”的词语。“父母上岛时，我只有两岁，和奶奶一起生活。后来大了，就开始操持家务、照顾弟妹，因为家庭原因我很早就辍学了。”

比起这些，最令王苏不解的是父亲曾亲口答应，在婚礼时一定要亲手把她交到新郎手上。可等到结婚当天，父亲却失约了。礼堂里没有出现父亲的身影，眼泪弄花了王苏的新妆。

对王继才的“冷漠”，儿子王志国也深有感受。高三那年，他摔断了胳膊，姐姐王苏请渔民把消息带到开山岛。结果，王继才托人捎来 100 元钱和一句话，“开山岛离不开我。”这句话，让王志国心里很不是滋味：“在父亲的心中，开山岛比儿子更重要。”

不是无情冷血，而是职责在身、使命重大。王仕花说，王继才看似“冷酷”，却有一颗无比慈爱的心。王苏结婚那天，他一遍遍抚摸着女儿小时候的照片，那是上岛前他们三人拍的唯一一张合影，一边看一边默默流泪。王志国摔断胳膊那次，他更是愁得一夜没有合眼，望着家的方向，一根接一根地抽烟……

后来，儿女长大，渐渐明白了王继才的苦心。2012年9月，王志国研究生毕业，放弃了进入高薪企业工作的机会，选择成为一名边防军官，和父亲一样卫国戍边。而他工作的第一站，就是与开山岛隔海相望的灌南县边防大队。

“我多想亲口告诉爸爸，儿子没有辜负他的期望，如今在部队也立了功、受了奖，成为一名优秀的边防军人。”

“守岛别说倒贴钱，就是出血我也干”

一身绿军装，是王继才夫妇多年的固定着装，打开他家的衣柜，像样的衣服屈指可数。“老王舍不得吃穿，一件汗衫都是缝缝补补，一直穿到不能穿为止。”王仕花回忆道。

即便这样，王继才也从未向歪风邪气低头，当地至今还流传着他智破偷渡大案的故事。1997年，一名“蛇头”带着49名偷渡客上岛，掏出10万元现金，让王继才“行个方便”，允许他们停留一段时间后借机偷渡日本。当时，10万元对王继才来说简直是个天文数字。但他毫不犹豫、断然拒绝，并借机拖延，及时向公安部门报告，最后“蛇头”被当场抓获。

据灌云县公安局燕尾港镇边防派出所所长李志敏介绍，32年来，王继才夫妇先后向公安边防部门提供线索50余条，发现并协助破获走私、偷渡案件9起，为国家挽回了巨额经济损失。

20世纪90年代，王继才身边的许多亲戚朋友去南方打工发了财，也想带他出去赚钱。“你守个岛，能赚多少钱，还尽倒贴钱，不如跟我们去南边闯闯。”“你赚你的钱，我守我的岛。守岛别说倒贴钱，就是出血我也干。”

常有人问王继才，要守到什么时候，他总说，守到守不动为止。如今，他用生命践行了这一质朴誓言。近日，习近平总书记对王继才同志先进事迹作出重要指示，要求大力倡导爱国奉献精神，使之成为新时代奋斗者的价值追求。江苏省委、连云港市委随即发出向王继才学习的号召，连云港市各级纪检监察机关迅速行动，掀起了学习热潮。

“作为纪检监察干部，我们要以王继才同志为榜样，学习他忠诚干净担当的精神，把它践行到纪检监察工作中来。”连云港市委常委、市纪委书记、市监委主任刘海涛说。

8月6日，王继才离世10天后，王仕花在子女的陪伴下，正式向灌云县人武部递交继续守护开山岛的申请。8月10日，由3名共产党员、退伍军人组成的值勤班，上

岛协助王仕花进行常态化值守……（夏兴俭 王大明）

（资料来源：http：//dangjian.people.com.cn/n1/2018/0820/c117092-30238712.html）

2. 明礼遵规

明礼遵规，指的是文明礼貌和遵守正当性规矩。

明礼是人类和谐共处的金钥匙。倡导文明的礼仪、礼节、礼貌，是建设社会主义道德文明的一个重要内容。在社会主义社会，讲究礼仪、礼节、礼貌，就是要求人们待人谦让有礼，落落大方，友爱互尊等。这是社会的外在文明，是美好心灵的外化，充分体现了人与人之间的互相尊重、友好合作的新型关系。

明礼，是一个人教养的主要标志。德国著名文学家歌德说过："一个人的礼貌就是一面照出他肖像的镜子。"

没有规矩，不成方圆。规矩的范围非常广泛，大到法律条文、道德规范、规章制度，细至乡规民约、纪律守则、办事程序等。如果是共产党员，还要遵守党的纪律。

明礼遵规，会让你成为更好更优秀的自己！

3. 勤劳善良

勤劳善良，是中华民族的传统美德。辛勤劳动，努力创造物质财富和精神财富，"鸟美在羽毛，人美在勤劳"。中华民族从站起来到富起来，再到现在的强起来，十四亿多人口全面实现小康，中国人民对美好生活的向往不断变成现实，靠的是在中国共产党的领导下勤劳勇敢的中国人民。勤劳，是中华民族精神的重要内涵。

善良是生命的黄金。人世间最宝贵的是什么？善良。"善良是历史中稀有的珍珠"。中国传统文化历来追求一个"善"字：待人处事，强调心存善良、向善之美；与人交往，讲究与人为善、乐善好施；对己要求，主张独善其身、善心常驻。美国作家马克·吐温称善良为一种世界通用的语言，它可以使盲人"看到"、聋人"听到"。心存善良之人，他们的心滚烫，情火热，可以驱赶寒冷，横扫阴霾。善意产生善行，同善良的人接触，往往智慧得到开启，情操变得高尚，灵魂变得纯洁，胸怀更加宽阔。与善良之人相处，不必设防，心底坦然。播种善良，才能收藏希望。

要以主人翁的态度来劳动。劳动是每一位有劳动能力的公民的权利、责任和义务。以主人翁的态度劳动，就会使劳动者充分发挥自己的聪明才智，充分调动自己的劳动热情，从而为社会创造出更多更好的物质财富和精神财富。

要以诚实的态度来劳动。要踏踏实实工作，不弄虚作假，不坑蒙拐骗，不贪赃枉法，用自己辛勤的汗水和心血，增加个人的财富，也增加社会的财富。

要与人为善，扶贫济困，救助弱小，关爱残疾人士。

勤劳善良是幸福的源泉，勤劳善良的你，会收获更多的幸福！

❖案例分享

云南丽江华坪女子高级中学校长张桂梅，让累计2000多名女孩走出大山，改变命运。下面是选自《张桂梅讲述：我们所做的一切，就是给学生温暖和希望》，张桂梅老师讲述的一段家访经历最后的一段话：

我一直在想，我们所做的一切，也许就如冬天的阳光，在一些人倍感寒冷时给她们带来了温暖和希望。而以后，那些因为上了大学，彻底改变了人生的女孩子，也将会像阳光一样，温暖她们曾经寒冷的家。冬天终会过去，她们一起迎来的终究会是春暖花开。

（资料来源：人民日报公众号，2021年9月10日）

4. 宽厚正直

宽厚，宽宏厚道。《管子·形势解》："人主者，温良宽厚则民爱之。"勤奋养运气，宽厚养大气，宽厚才是顶级的人格魅力。

《菜根谭》里有句古训："处世让一步为高，退步即进步的张本；待人宽一分是福，利人实利己的根基。"人生在世，要活得潇洒，活得大气，就得为人宽厚。心不宽，天地小，路就越走越窄。心怀宽厚的人，早晚也会获得宽厚的回报。

《史记·秦本纪》记载：秦穆公亡善马，岐下野人得而共食之者三百人。吏逐得，欲法之。公曰：君子不以畜害人。吾闻食马肉不饮酒者，伤人。乃皆赐酒而赦之。意思是说，秦穆公走失了骏马，岐下这个地方的老百姓，把马抓住分着吃了。官吏最终查到了这群人，想要依法惩治。但秦穆公却说，"君子不能因为失去牲口而加罪人类，我听说吃马肉不喝酒会伤身体，你再给他们送一些酒过去吧。"

这个故事发生之后的第三年，秦穆公伐晋，却被晋国困住，自己还受了伤。危急关头，一支队伍冲了过来，击溃晋军，秦穆公因此反败为胜。这支队伍，就是当初吃了秦穆公的骏马，却被秦穆公赐酒赦免的当地百姓。"三百人者闻秦击晋，皆求从。从而见穆公窘，亦皆推锋挣死，以报食马之德。"秦穆公的宽厚，不仅得到了福报，还让他成为春秋五霸之一，留下了大气恢宏的英名。弘一法师李叔同《改过十训》的第三条，说的就是宽厚：圣贤处事，惟宽惟厚。

桐城六尺巷的故事，世人耳熟能详。"万里修书只为墙，让他三尺又何妨？万里长城今犹在，不见当年秦始皇。"一点宽厚之气使两家化干戈为玉帛，传为千古美谈。如果两家互不相让，任性使气，很可能两败俱伤。心怀宽厚的人，能够体谅他人，富有同理心，处处透露着大气。他们的魅力来自温和、涵养、善良，由内而外散发着洒脱和高贵。（学习强国之四川学习平台，古训：读书养才气，勤奋养运气，宽厚养大气）

正直，公正刚直，不畏强势，敢于坚持正道，反对错误。古希腊哲学家伊壁鸠鲁在《著作残篇》中云:“正直的人是一切人中最不为不安所苦者，不正的人永远为不安所苦。”苏联著名作家格里戈里·麦登斯基在《荣誉》一书中说:“正直乃人类最高道德规范!”

彭德怀同志常说，一个共产党员，特别是党的高级领导干部，不应该隐瞒自己的政治观点。他最讨厌那种明哲保身，不讲原则的干部。

5. **自强自律**

自强，是自我勉励，奋发图强。自律，传统文化称为“慎独”。

自强是成功的阶梯。一个民族因为自强一定会昌盛；一个国家有了自强，一定会富强；一个人有了自强，一定会进步。自强不息是前进的内驱力和原动力。

自律是一个人道德修养的崇高境界。自律首先要自重。尊重自己的人格，珍惜自己的名誉，时刻注意自己的言行，做到在任何情况下都不悖于党的方针、路线、政策；不悖于党、国家、人民的利益。

自律要不忘自省、自警、自励。自律不是一件容易的事，这就需要高度的自觉性，真正做到表里如一，人前人后一个样。

❖案例分享

一只手也可以书写精彩人生

只有一只手，能书写出怎样的精彩人生？广西壮族自治区玉林市博白县桂源农牧有限公司负责人刘入源给出了回答:“一只手并不可怕，可怕的是没有坚定的意志走下去。我虽然只有一只手，但只要努力，一只手也可以顶天立地，一只手也可以脱贫致富。”

刘入源16岁时因意外失去了整个右手手掌，他从逆境中振作，多次创业后终于在黑山羊养殖上挖到了第一桶金。他利用所学的养羊技术，与当地群众一起创办了集山羊品种改良、生产繁殖及产供销一体化的大型养殖基地，带领300户贫困残疾人及813户贫困户通过养殖黑山羊脱贫致富，户均增收两万元。

创办养殖基地并非一帆风顺，起初，因为害怕风险，乡亲们不肯跟着他一起干。“我没有放弃，更没有气馁，因为我是一名共产党员。我以共产党员的身份去动员他们、带领他们一起来发展山羊产业，带他们一起致富。”刘入源说。

谈到未来的计划，刘入源踌躇满志，他的第五个基地正在建设中，吸纳能力将会提升35%。他说:“未来我的合作社将会更好地巩固脱贫攻坚成果，我也会努力起到党员的先锋模范带头作用，提升残疾人生活水平。”

（资料来源：安胜蓝.自强书写精彩人生 大爱践行初心使命——4位优秀残疾人党员代表分享奋斗故事.光明日报，2021-05-17）

七、网络行为规范

我国是网络大国，网络走进了千家万户，融入了社会生活的方方面面。网络既影响人们的求知途径、思维方式、价值观念，也会影响人们对国家、社会、人生的看法。我们应该遵守网络生活中的道德要求，成为营造清朗网络空间的正能量。

2015 年 12 月 16 日，第二届世界互联网大会在浙江省乌镇开幕。习近平主席出席开幕式并发表主旨演讲，他指出，互联网是无形的，但运用互联网的人们是有形的，互联网是人类的共同家园。让这个世界更美丽、更干净、更安全，是国际社会的共同责任。

《新时代公民道德建设实施纲要》要求“倡导文明上网，广泛开展争做中国好网民活动，推进网民网络素养教育，引导广大网民遵德守法、文明互动、理性表达，远离不良网站，防止网络沉迷，自觉维护良好网络秩序。”

微信发布关于理性讨论
涉国际热点事件信息的倡议

2022 年 2 月 25 日，“微信 110”公众号发布《关于理性发布涉国际热点事件信息的倡议》。全文如下：

近期，国际局势变化引发社会各界广泛关注。在国际局势牵动人心之际，微信平台也发现：个别用户借机发布涉国际热点事件的不良信息，比如编造所谓的“去乌克兰参战可获得学分”等虚假信息，给网络空间造成了极大的负面影响。

和平来之不易，我们对生命需尊重和珍视，微信平台在此呼吁广大网民，在关注国际热点的同时，保持客观理智的态度，合理参与讨论和发布观点，共同维护清朗网络空间。

抖音安全中心关于
理性发布涉国际热点事件信息
拒绝不当蹭热玩梗的公告

2 月 26 日，“抖音安全中心”公众号发布《关于理性发布涉国际热点信息，拒绝不当蹭热玩梗的公告》。全文如下：

近日，国际热点地区的冲突引发各方关注。包括很多媒体在内的众多创作者在平台发布内容，真实、客观、及时地报道与分析当地情况。同时，平台在日常巡检中发现，极个别用户借助热点事件，不当蹭热、玩梗。特别是以痛点为笑点，传播不当价值观，破坏平台氛围。

对此现象，平台进行了集中打击，共处理违规视频 6400 条，中断违规直播 1620 次，并对相关账号进行了处置。

抖音呼吁广大用户，共同维护风清气正的社区氛围。如发现平台上存在类似违规行为，用户可以在站内举报或发送详情至举报邮箱：feedback@douyin.com。对于涉嫌违法犯罪的行为，平台也将积极配合有关部门进行打击。

发布引战言论
多个账号被处置

@微博管理员2月25日16时许发布消息称，站方对排查到的恶意调侃、宣扬对立等542条内容进行处理，对74个账号，视程度采取扣除信用历史分至禁言30天的处置。

站方呼吁广大网友，在关注热点积极讨论的同时，要秉持客观公正的态度理性发言。下一步，会继续加大对相关不良信息的排查处置力度，也希望大家通过前台投诉入口或@微博管理员的方式进行举报。

@微博管理员25日21时发布消息称，站方对排查到的攻击谩骂、引战对立等622条内容进行处理，对105个违规账号，视程度采取禁言7天至关闭账号的处置。

在国际化的今天，我们每个人的言行都一定程度代表着国家形象，我们也有责任和义务去维护良好社交环境。在此，站方呼吁广大网友，在参与热点讨论的同时，要以友善、客观的态度理性发言，用实际行动展示文明自信的格局风范。

2017年6月1日起施行的《中华人民共和国网络安全法》明确规定了公民网上行为规范。

第十二条　国家保护公民、法人和其他组织依法使用网络的权利，促进网络接入普及，提升网络服务水平，为社会提供安全、便利的网络服务，保障网络信息依法有序自由流动。

任何个人和组织使用网络应当遵守宪法法律，遵守公共秩序，尊重社会公德，不得危害网络安全，不得利用网络从事危害国家安全、荣誉和利益，煽动颠覆国家政权、推翻社会主义制度，煽动分裂国家、破坏国家统一，宣扬恐怖主义、极端主义，宣扬民族仇恨、民族歧视，传播暴力、淫秽色情信息，编造、传播虚假信息扰乱经济秩序和社会秩序，以及侵害他人名誉、隐私、知识产权和其他合法权益等活动。

第二十七条　任何个人和组织不得从事非法侵入他人网络、干扰他人网络正常功能、窃取网络数据等危害网络安全的活动；不得提供专门用于从事侵入网络、干扰网络正常功能及防护措施、窃取网络数据等危害网络安全活动的程序、工具；明知他人从事危害网络安全的活动的，不得为其提供技术支持、广告推广、支付结算等帮助。

第四十四条　任何个人和组织不得窃取或者以其他非法方式获取个人信息，不得非法出售或者非法向他人提供个人信息。

第四十六条　任何个人和组织应当对其使用网络的行为负责，不得设立用于实施诈骗，传授犯罪方法，制作或者销售违禁物品、管制物品等违法犯罪活动的网站、通讯群组，不得利用网络发布涉及实施诈骗，制作或者销售违禁物品、管制物品以及其他违法犯罪活动的信息。

第四十八条　任何个人和组织发送的电子信息、提供的应用软件，不得设置恶意程序，不得含有法律、行政法规禁止发布或者传输的信息。

电子信息发送服务提供者和应用软件下载服务提供者，应当履行安全管理义务，知道其用户有前款规定行为的，应当停止提供服务，采取消除等处置措施，保存有关记录，并向有关主管部门报告。

第六十七条　违反本法第四十六条规定，设立用于实施违法犯罪活动的网站、通讯群组，或者利用网络发布涉及实施违法犯罪活动的信息，尚不构成犯罪的，由公安机关处五日以下拘留，可以并处一万元以上十万元以下罚款；情节较重的，处五日以上十五日以下拘留，可以并处五万元以上五十万元以下罚款。关闭用于实施违法犯罪活动的网站、通讯群组。

单位有前款行为的，由公安机关处十万元以上五十万元以下罚款，并对直接负责的主管人员和其他直接责任人员依照前款规定处罚。

第七十条　发布或者传输本法第十二条第二款和其他法律、行政法规禁止发布或者传输的信息的，依照有关法律、行政法规的规定处罚。

第七十一条　有本法规定的违法行为的，依照有关法律、行政法规的规定记入信用档案，并予以公示。

第七十四条　违反本法规定，给他人造成损害的，依法承担民事责任。

违反本法规定，构成违反治安管理行为的，依法给予治安管理处罚；构成犯罪的，依法追究刑事责任。

第七十五条　境外的机构、组织、个人从事攻击、侵入、干扰、破坏等危害中华人民共和国的关键信息基础设施的活动，造成严重后果的，依法追究法律责任；国务院公安部门和有关部门并可以决定对该机构、组织、个人采取冻结财产或者其他必要的制裁措施。

2013 年 9 月 10 日起施行的《最高人民法院最高人民检察院关于办理利用信息网络实施诽谤等刑事案件适用法律若干问题的解释》也有如下规定：

为保护公民、法人和其他组织的合法权益，维护社会秩序，根据《中华人民共和国刑法》《全国人民代表大会常务委员会关于维护互联网安全的决定》等规定，对办理利用信息网络实施诽谤、寻衅滋事、敲诈勒索、非法经营等刑事案件适用法律的若干问题解释如下：

第一条　具有下列情形之一的，应当认定为刑法第二百四十六条第一款规定的“捏造事实诽谤他人”：

（1）捏造损害他人名誉的事实，在信息网络上散布，或者组织、指使人员在信息网络上散布的；

（2）将信息网络上涉及他人的原始信息内容篡改为损害他人名誉的事实，在信息网络上散布，或者组织、指使人员在信息网络上散布的；

明知是捏造的损害他人名誉的事实，在信息网络上散布，情节恶劣的，以“捏造事实诽谤他人”论。

第二条　利用信息网络诽谤他人，具有下列情形之一的，应当认定为刑法第二百四十六条第一款规定的“情节严重”：

（1）同一诽谤信息实际被点击、浏览次数达到五千次以上，或者被转发次数达到五百次以上的；

（2）造成被害人或者其近亲属精神失常、自残、自杀等严重后果的；

（3）二年内曾因诽谤受过行政处罚，又诽谤他人的；

（4）其他情节严重的情形。

第三条　利用信息网络诽谤他人，具有下列情形之一的，应当认定为刑法第二百四十六条第二款规定的“严重危害社会秩序和国家利益”：

（1）引发群体性事件的；

（2）引发公共秩序混乱的；

（3）引发民族、宗教冲突的；

（4）诽谤多人，造成恶劣社会影响的；

（5）损害国家形象，严重危害国家利益的；

（6）造成恶劣国际影响的；

（7）其他严重危害社会秩序和国家利益的情形。

第四条　一年内多次实施利用信息网络诽谤他人行为未经处理，诽谤信息实际被点击、浏览、转发次数累计计算构成犯罪的，应当依法定罪处罚。

第五条　利用信息网络辱骂、恐吓他人，情节恶劣，破坏社会秩序的，依照刑法第二百九十三条第一款第（2）项的规定，以寻衅滋事罪定罪处罚。

编造虚假信息，或者明知是编造的虚假信息，在信息网络上散布，或者组织、指使人员在信息网络上散布，起哄闹事，造成公共秩序严重混乱的，依照刑法第二百九十三条第一款第（4）项的规定，以寻衅滋事罪定罪处罚。

第六条　以在信息网络上发布、删除等方式处理网络信息为由，威胁、要挟他人，索取公私财物，数额较大，或者多次实施上述行为的，依照刑法第二百七十四条的规定，以敲诈勒索罪定罪处罚。

❖案例分享

面对个人隐私信息，请停住转发之手!

近日，一则“73岁东莞企业家豪娶29岁广西美女”的信息引发关注。11月21日，照片中女子辟谣称，照片系其和外公。经警方调查，吴某飞为吸引粉丝，下载他人图片并编造虚假信息发布。11月23日，吴某飞被刑拘。

吴某飞虽被刑拘，其编造的谣言却早已被各种网络社群广为传播，形成的恶劣影响短时间难以消除。“开篇一张图，内容全靠编”，上述造谣事件的手法并不新鲜，为何仍有如此大的市场?

原因不外乎三点。其一，造谣成本太低。一些造谣事件被放大后，造谣者通常只是道歉、被封号。这助长了造谣者的嚣张气焰，其后完全可以披着马甲重操旧业。其二,一些网民缺乏辨别力和责任感。更有甚者带节奏、蹭流量，一看到猎奇香艳信息，立马断章取义，转发扩散。其三，网络平台审核机制滞后，客观上为谣言传播提供了时间与空间。

整治网络谣言，需要警方加大执法力度，平台加强审核，但更需要每一位网民的理性参与。网络时代，人人都有麦克风，有自由发声的权利，也有维护网络秩序、推进网络文明的义务。面对谣言，受害者站出来辟谣、维权，是一种勇敢；旁观者质疑真相、拒绝转发，让更多人免受伤害，也是一种正义。

对于缺乏权威来源的小道消息，尤其是涉嫌侵犯个人隐私权的信息，无论内容多么“劲爆”，请停住转发之手！（半月谈评论员：柳杨）

（资料来源：半月谈官方微博，2021年11月24日. https：//m.weibo.cn/status/4707085167625366?sourceType=weixin&from=10BB295060&wm=9006_2001&featurecode=newtitle）

另外还有2019年11月施行的《关于办理非法利用信息网络、帮助信息网络犯罪活动等刑事案件适用法律若干问题的解释》等等规定。

《纲要》指出:“加强互联网管理，正能量是总要求，管得住是硬道理，用得好是真本事。”2021年9月，中共中央办公厅、国务院办公厅印发《关于加强网络文明建设的意见》,我国将以《意见》为指导，全面推进文明办网、文明用网、文明上网、文明兴网的建设，让我们一起汇聚向上向善力量，携手建设网络文明，努力营造风清气正的网络空间!

❖知识拓展

习近平致信祝贺首届中国网络文明大会召开

强调广泛汇聚向上向善力量共建网上美好精神家园

新华社北京11月19日电 首届中国网络文明大会19日上午在京开幕。中共中央总书记、国家主席、中央军委主席习近平发来贺信，向大会的召开表示诚挚的祝贺，向出席大会的各界人士表示热烈的欢迎。

习近平在贺信中强调，网络文明是新形势下社会文明的重要内容，是建设网络强国的重要领域。近年来，我国积极推进互联网内容建设，弘扬新风正气，深化网络生态治理，网络文明建设取得明显成效。要坚持发展和治理相统一、网上和网下相融合，广泛汇聚向上向善力量。各级党委和政府要担当责任，网络平台、社会组织、广大网民等要发挥积极作用，共同推进文明办网、文明用网、文明上网，以时代新风塑造和净化网络空间，共建网上美好精神家园。

开幕式上，中共中央政治局委员、中宣部部长黄坤明宣读了习近平的贺信并讲话。他说，要认真学习贯彻习近平总书记重要指示精神，坚持以习近平新时代中国特色社会主义思想为指引，以文化培育为基础，以实践养成为关键，以综合治网为保障，以共建共享为目标，在网上大力培育和践行社会主义核心价值观，传播文明理念，培育文明风尚，营造更加清朗的网络空间，更好涵育广大网民特别是青少年爱国情怀、道德情操和网络素养，在新时代新征程上凝聚强大精神力量。

首届中国网络文明大会主题为“汇聚向上向善力量，携手建设网络文明”，由中央网信办、中央文明办、中共北京市委、北京市人民政府共同主办。有关部门负责同志、互联网企业和网络社会组织代表、专家学者和网民代表参加大会。

习近平致首届中国网络文明大会的贺信

值此首届中国网络文明大会开幕之际，我谨向大会的召开表示诚挚的祝贺！向出席大会的各界人士表示热烈的欢迎！

网络文明是新形势下社会文明的重要内容，是建设网络强国的重要领域。近年来，我国积极推进互联网内容建设，弘扬新风正气，深化网络生态治理，网络文明建设取得明显成效。要坚持发展和治理相统一、网上和网下相融合，广泛汇聚向上向善力量。各级党委和政府要担当责任，网络平台、社会组织、广大网民等要发挥积极作用，共同推进文明办网、文明用网、文明上网，以时代新风塑造和净化网络空间，共建网上美好精神家园。

预祝大会圆满成功！

（资料来源：新华社公众号，2021 年 11 月 19 日）

首届中国网络文明大会发布了新时代网络文明建设的十件大事：

（1）以习近平同志为核心的党中央高度重视网络文明建设，中办、国办印发《关于加强网络文明建设的意见》，为网络文明建设提供了遵循、指明了方向。

（2）制定出台网络安全、数据安全和网络生态治理系列法律法规规章，为网络文明建设提供有力法治保障。

（3）实施网络内容建设工程，网络空间主旋律更加昂扬、正能量更加充沛。

（4）深入推进“争做中国好网民工程”，在全社会形成争做好网民的文明风尚。

（5）持续开展“清朗”“净网”“护苗”等专项整治行动，有力净化网络生态。

（6）连续举办“中国网络诚信大会”，积极营造守信互信、共践共行良好社会氛围。

（7）持续举办“中国好人”网上评议和发布活动，创新社会主义核心价值观宣传教育。

（8）深入宣传贯彻《英雄烈士保护法》，推动形成网上祭奠英烈的良好风尚。

（9）“中国互联网联合辟谣平台”上线，助力建设清朗网络空间。

（10）开展青年网络文明志愿行动，引导青少年健康成长。

（资料来源：新华社微博，2021 年 11 月 19 日 . https：//m.weibo.cn/status/4705205810367414?sourceType=weixin&from=10BB295060&wm=9006_2001&featurecode=newtitle）

❖特别提示

网游防沉迷新规满 3 个月，效果咋样?

为防止未成年人沉迷网络游戏，切实保护未成年人身心健康，今年 8 月 30 日，国家新闻出版署发布《关于进一步严格管理切实防止未成年人沉迷网络游戏的通知》，规定未成年人仅可在周五、周六、周日和法定节假日的 20 时至 21 时玩网络游戏。

新规得到了行业内游戏厂商们的积极响应，效果也十分显著。以某款热门游戏为例，其之前设有“对局保护”机制，在限定游玩时长的前提下，允许未成年玩家完成最后一局再下线，避免强制退出影响游戏公平和体验。但新规发布后，为保证未成年账号 21 点准时下线，这一机制随即被剔除。

有数据显示，自游戏防沉迷新规执行后，128 名接触过网络游戏的未成年人中，近 7 成表示其网络游戏时长已减少。然而，面对时间缩紧的限制，也有不少未成年玩家开始想办法“破解”防沉迷系统。一些“解防沉迷”的黑灰产业迅速发展起来，这给防沉迷工作带来不小挑战。

据报道，不久前南京建邺警方在江苏、河南、安徽、湖南等地捣毁了多个通过非法买卖个人信息进行游戏账号非法租赁的犯罪团伙，涉案人数达 40 多人，平台涉案金额过百万。可见，网络游戏沉迷是一个社会问题，防沉迷工作是一项系统工程，需要社会各方面的共同努力。

业内认为，一方面，政府、行业要始终把防沉迷作为游戏管理的重中之重，严格防沉迷管理的制度和执行，扎实推进防沉迷工作；另一方面，防止未成年人沉迷网络游戏，需要广大家长、老师更好履行监护教育职责，切实承担起保护未成年人的法律责任，加强关爱陪护和约束规范，引导孩子形成良好生活习惯和用网习惯。

中国政法大学教授苑宁宁认为，未成年保护工作的最大难点在于需要各个主体相互配合，家庭、学校、社会、政府、司法的合力才能创造一个良好的环境，未成年人保护做得好不好，取决于水平相对低的那一个。数据显示，近两年，相关部门加大企业防沉迷排查处罚力度，2020年共检查游戏上万款，约谈处理企业50多家，查处问题上千条。

游戏企业是防沉迷工作的主体，应始终坚持把社会效益放在首位，积极回应社会关切，主动承担社会责任。一些互联网企业或者平台已经做出了不少探索。

以腾讯为例，其未成年人保护体系主要分为事前、事中、事后三个部分：事前部分家长可通过绑定未成年人账号实时监管游戏时间；事中部分是健康系统，对实名认证为未成年人的用户严格按照国家要求落实游戏时长和消费限制；事后部分则建立了未成年人非理性消费申诉和受理机制。

据悉，该平台目前的未成年保护体系利用了诸多技术手段：如游戏内识别是否为未成年冒用成年身份登录的“全天巡航”；基于未成年的游戏特性，系统会对寒暑假期间的新注册账号加强认证机制；为应对租号买号等问题，平台健康系统也会针对涉及异地登录的账号着重检查。平台还有数百名具备教育、心理学资质的专职客服，与家长直接沟通，为其提供与孩子交流需要的教育辅导。平台负责人李静介绍，团队利用沉淀的辅导案例与教育经验，推出了守护未成年健康上网的系列课程，针对青少年使用网络以及背后的家庭、社会问题，与政府、学校合作，共同开展网络问题事前预防与事中治理工作。

虽然技术手段层出不穷，但在中国青少年宫协会媒介与教育工委会常务副主任张海波看来，“未成年人的保护是社会的治理问题，而不只是技术问题，如果我们只着眼于技术问题，我觉得永远解决不了这个问题。当然技术是基础，但是教育才是关键。”

比如，一些未成年人使用家长身份信息或购买成年人身份信息绕过实名认证，突破身份限制，使得时段时长限制无法发挥作用，成为影响防沉迷效果的一个重要原因。

近日，一则公开的调查报告结果显示，85.8%的未成年人在玩游戏过程中曾被防沉迷限制直接踢下线，而九成家长表示支持现行的防沉迷举措，其中不到一半，有48.6%家长认为将人脸识别技术的引入防沉迷很有必要。但在遭遇监管之后，孩子们为了解除防沉迷限制，有42.8%的未成年人直接向家长索要过身份证。

“防沉迷归根结底是一种手段，它无论如何也不能取代家长和老师在这件事情里面的位置，技术层面是无法解决孩子学不学习这个主观行为的。这个问题的解决，迫切需要家长加强监护督促，学校加强教育引导，更好地帮助指导未成年人了解掌握法律规定，严格执行相关要求。”相关专家表示。

（资料来源：人民网公众号，2021-12-11）

思考与练习

1. 道德的本质是什么？为什么说生产力和科学技术水平不能成为判断社会道德状况的直接标准？

2. 试举例分析道德与艺术的关系。

3. 道德有哪些历史类型？不同的社会为什么会产生不同的道德？

4. 根据《新时代公民道德建设实施纲要》对个人品德的内容要求，看看自己是否有不足之处？表现在哪些方面？

5. 在恋爱对象的选择上，有哪些道德要求？

第二章　旅游职业道德的特点和作用

引　言

做"官"要有"官德"、治学要有"学德"，执教要有"师德"，行医要有"医德"，从艺要有"艺德"，经商要有"商德"。不同诸多职业虽然有不同的业务要求，也有不同的道德要求，但各行各业的职业道德也有相通之处。社会主义时期，其相通之处何在？旅游行业的职业道德又有什么特点与作用？请进入本章加以学习。

❖教学目标

- 阐述职业道德的含义与特征
- 详细说明社会主义职业道德的五个基本规范
- 介绍旅游职业道德的形成过程
- 详细说明旅游职业道德的特点、作用

❖案例导入

陈程丽：服务为本 力做旅游大工匠

"这是对我导游生涯的一个肯定，我会把它当成一种激励，以后更加严格要求自己。"刚刚获得全国五一劳动奖章的山西导游员陈程丽对记者说。

回首往昔，28 岁的陈程丽感慨："刚入行的时候，看待一切都是新鲜的，没想到一晃都这么多年过去了。"2008 年，陈程丽成为山西皇城相府的一名导游员，由此开启了导游生涯。

钻研业务 先天不足后天补

"其实，我做导游的先天条件并不好。开始的时候讲不好普通话，也没学过旅游专业，考导游证全凭自学。"陈程丽说。

2008 年 3 月，一个偶然的机会，喜欢旅游的陈程丽听说皇城相府招聘讲解员，就兴冲冲地去应聘。应聘老师看了看胖乎乎的陈程丽，递给她一份导游词，说："你减好肥，把导游词背下来，再来应聘。"近 5 万字的导游词，陈程丽花了大概 20 天终于背了下来，减肥更是大费周折。

陈程丽对记者说，“进入这个行业，我付出了比别人更多的努力，我很珍惜这份工作。”

那段时间，每次讲解结束，陈程丽都会把游客的问题记录下来，上网查材料看视频，反复揣摩讲解词，经常熬夜到凌晨。

陈程丽至今还记得，几位亲友异口同声地打趣过她说，“这么敬业，像考大学似的。”每次，她都微微一笑不回应。

长期以来，陈程丽保持着这种不断学习钻研的劲头。她制定了详细的长期学习计划，经常带着问题走出去，积极参加各种培训活动，向业界专家取经，向行业前辈求教，光是学习笔记和外出心得记录就有厚厚的十几本。

陈程丽的爱岗敬业有口皆碑。每次出团前，陈程丽都详尽了解旅游线路、景点、游客构成、地接社情况等。踏上旅途的那一刻起，游客的吃、住、行、游等环节，都在她脑子里像放电影一样过上好多遍。行程中，她总是睡得最晚、起得最早的人。有一次，陈程丽连续四十多天带团外出，行程数万公里，后来差点晕倒在岗位上，幸亏被同事及时送往景区诊所。

热情服务 把游客当亲人

“如果要总结服务窍门的话，我比较认同真诚耐心、将心比心、换位思考。”陈程丽说。带团过程中有委屈、有泪水，也有感动、有兴奋，但陈程丽总能以“游客至上”的态度热情服务。

陈程丽第一次外出带团是广西百色、北海、涠洲岛五日游。那次带团经历，让她印象深刻。

一开始，行程顺风顺水，游客兴致也很高。

行程第三天中午，却出了变故，因涠洲岛上风浪很大，要延迟发船。起初和客人沟通之后，大家都表示理解。但不知不觉 2 个小时过去了，还是不能开船，游客就有了很大的情绪波动。

初出茅庐的陈程丽顿时变得手足无措起来。她强迫自己冷静下来，先是动之以情、晓之以理，讲解安全的重要性，然后又打起圆场：“这里的香蕉很不错呢，利用这段时间我去买来给大家尝尝。”游客看到，一个小姑娘蹦蹦跳跳朝码头跑去了，不一会儿又满头大汗地拎回来几大兜香蕉。那天的行程后来还经历了其他波折，陈程丽都尽力地化解了。分别之际，几乎每位客人都向她表达了谢意，“小陈，谢谢你”“小陈，辛苦了，赶紧回去好好休息休息”……

有一次接待一个来自河南的老年团，全团最年长的 86 岁，最年轻的也有 67 岁。

行程第二天是在一个自然风景区游览，正当她为游客认真仔细讲解的时候，一位老奶奶突然身体不适，额头上直冒虚汗。陈程丽立即拨打 120 急救电话，但是由于景区内道路狭窄，急救车只能抵达景区入口。她毫不犹豫，背起老人就往入口小跑。把老人送上急救车后，陈程丽浑身都被汗水浸透了，双腿发软地瘫坐在地上，但想到还有其他团员在等着她，咬咬牙她又站了起来。晚上回到酒店安顿好客人，她又赶忙跑到医院去探望老奶奶。由于抢救及时，老奶奶病情已经好转。老人的老伴激动地拉着陈程丽的手说，“孩子，谢谢你，是你救了我老伴的命。”事后，老人家人专门给陈程丽寄来了一封感谢信。

扎根一线 做大国旅游工匠

为了让解说词更有感染力，陈程丽精益求精，不断创新，针对不同游客、不同需求，设计编撰解说词。利用业余时间，她练习快板、评书、朗诵，把看似枯燥的史实更加生动地呈现给游客。

10年带团过程中，陈程丽走遍了全国各地近400个城市，接待游客数万人次，成功救助伤病游客51名，收到来自全国各地游客寄来的表扬信500多封，服务工作实现了“零投诉”。陈程丽还经常收到远方客人寄来的礼物，有很多客人成为“回头客”。

近年来，陈程丽也进入了收获季，她荣获了第三届全国导游大赛铜牌、国家金牌导游员、山西省五一劳动奖章、晋城旅游大赛一等奖并被评为“晋城市旅游形象大使”……

2013年，陈程丽生下了一个活泼可爱的女儿。她颇为动情地说：“有了孩子之后，感觉自己责任更大，应当做出些成绩给闺女做个榜样，让她为妈妈的职业骄傲。”

陈程丽说，自己的目标就是做新时代的大国旅游工匠，今后将继续扎根一线，陪伴游客追寻“诗与远方”，感受美好生活。

原题：“全国五一劳动奖章”获得者、导游陈程丽：服务为本 力做旅游大工匠

（资料来源：张明明．陈程丽：服务为本 力做旅游大工匠．中国旅游报，2018-05-15）

思考：你认为陈程丽身上哪些职业道德品质成就了她？

第一节　职业道德的含义与特征

有社会分工，才有职业生活；有职业生活，才有职业道德。社会主义职业道德是社会主义道德规范体系的重要组成部分，是一种新型的职业道德。

一、职业和职业道德

职业，是指人们由于社会分工和生产内部的劳动分工，而长期从事的、具有专门业务和特定职责，并以此作为主要生活来源的社会活动。职业作为人的社会关系的一个重

要方面，对人们的道德意识和道德行为以及整个社会的道德习俗和道德传统具有重要的影响：首先，职业分工不同，从事不同职业或行业的人所承担的职责不同，直接影响着人们对具体生活目标的确立和具体生活道路的选择，以至不同程度地影响人们的人生观和道德理想；其次，不同职业的不同利益和义务，直接影响人们的道德观念和道德评价标准，造成不同的职业习惯和道德传统；最后，职业活动的特殊性直接影响到人们的兴趣、爱好以及品格、作风的形成，如，警察与售货员的职业道德理想、职业习惯、作风是不一样的。

职业作为一种社会现象，是与社会分工和生产内部劳动分工相联系的。在人类历史上，随着个体手工业和商业的出现，分工和交换逐渐成为一种普遍的社会现象，人们一旦进入社会生活，便终身或较长时间地从事某一种具有专门业务和特定职责的活动，并以此作为自己的主要生活来源，职业也就开始产生了。随着生产力的发展，职业生活日益发展和复杂起来，特别到了近代以后。随着工业革命和科学技术所带来的生产力的极大提高，那种自给自足的自然经济逐渐瓦解，为分工复杂的社会化大生产所代替。于是，在社会生活中，每一个人都不能独立创造出自己需要的所有生活资料，个人对社会、对他人的依赖关系越来越强，社会职业分工也越来越细、越来越复杂。经过无数次的分化组合，才形成今天社会生活中的各种各样的职业和行业，从而形成了错综复杂的职业关系和不同的职业生活。

❖拓展知识

《中华人民共和国职业分类大典（2015 年版）》运用科学的职业分类理论和方法，参照国际标准，借鉴国际先进经验，充分考虑我国社会转型期社会分工的特点，在 1999 年版《大典》的基础上，按照以“工作性质相似性为主、技能水平相似性为辅”的分类原则，将我国职业分类体系调整为：增加 9 个中类和 21 个小类，减少 547 个职业。

在新版《大典》中，“网络与信息安全管理员”“快递员”“文化经纪人”“动车组制修师”“风电机组制造工”等被认定为新职业，“收购员”“平炉炼钢工”“凸版和凹版制版工”等职业被取消。按从业人员工作性质将我国职业共分 8 个大类、75 个中类、434 个小类、1481 个职业。2015 年版《大典》在分类上更加科学规范，在结构上更加清晰严谨，在内容上更加准确完整，全面客观地反映了现阶段我国社会的职业构成、内涵、特点和发展规律。

第一大类　国家机关、党群组织、企业、事业单位负责人。包括：中国共产党机关负责人；国家机关负责人；民主党派和工商联负责人；人民团体和群众团体、社会组织及其他成员组织负责人；基层群众自治组织负责人；企事业单位负责人。

第二大类 专业技术人员。包括：科学研究人员；工程技术人员；农业技术人员；飞机和船舶技术人员；卫生专业技术人员；经济与金融专业人员；法律、社会和宗教专业人员；教学人员；文学、艺术、体育专业人员；新闻出版、文化专业人员；其他专业技术人员。

第三大类 办事人员和有关人员。包括：办事人员；安全和消防人员；其他办事人员和有关人员。

第四大类 商业、服务业人员。包括：批发与零售服务人员；交通运输、仓储和邮政业服务人员；住宿和餐饮服务人员；信息传输、软件和信息技术服务人员；金融服务人员；房地产服务人员；租赁和商务服务人员；技术辅助服务人员；水利、环境和公共设施管理服务人员；居民服务人员；电力、燃气及水供应服务人员；修理及制作服务人员；文化、体育和娱乐服务人员；健康服务人员；其他社会生产和生活服务人员。

第五大类 农、林、牧、渔业生产及辅助人员。包括：农业生产人员；林业生产人员；畜牧业生产人员；渔业生产人员；农、林、牧、渔业生产辅助人员；其他农、林、牧、渔业生产辅助人员。

第六大类 生产、运输设备操作人员及有关人员。包括：农副产品加工人员；食品、饮料生产加工人员；烟草及其制品加工人员；纺织、针织、印染人员；纺织品、服装和皮革、毛皮制品加工制作人员；木材加工、家具与木制品制作人员；纸及纸制品生产加工人员；印刷和记录媒介复制人员；文教工美、体育和娱乐用品制作人员；石油加工炼焦、煤化工生产人员；化学原料和化学制品制造人员；医药制造人员；化学纤维制造人员；橡胶和塑料制品制造人员；非金属矿物制品制造人员；采矿人员；金属冶炼和压延加工人员；机械制造基础加工人员；金属制品制造人员；通用设备制造人员；专用设备制造人员；汽车制造人员；铁路、船舶、航空设备制造人员；电气机械和器材制造人员；计算机、通信和其他电子设备制造人员；仪器仪表制造人员；废弃资源综合利用人员；电力、热力、气体、水生产和输配人员；建筑施工人员；运输设备和通用工程机械操作人员及有关人员；生产辅助人员；其他生产制造及有关人员。

第七大类 军人。

第八大类 不便分类的其他从业人员。

2022 年 7 月 12 日，人力资源社会保障部向社会公示了新修订的《中华人民共和国职业分类大典》（以下简称大典）。

此次大典修订，对 2015 年版大典确立的 8 个大类总体结构不作调整。但围绕数字经济、绿色经济、制造强国和依法治国等要求，专门增设或调整了相关中类、小类和职业。与此同时，根据实际，取消或整合了部分类别和职业，例如：将报关专业人员和报检专业人员 2 个职业，整合为报关人员 1 个职业；取消了电报业务员等职业。据统计，新版大典包括大类 8 个、中类 79 个、小类 449 个、细类（职业）1636 个。与 2015 年版大典相比，增加了法律事务及辅助人员等 4 个中类，数字技术工程技术人员等 15 个小类，碳汇计量评估师等 155 个职业（含 2015 年版大典颁布后发布的新职业）。

新版大典的一个亮点，就是首次标注了数字职业（标注为 S）。数字职业是从数字产业化和产业数字化两个视角，围绕数字语言表达、数字信息传输、数字内容生产三个维度及相关指标综合论证得出。标注数字职业是我国职业分类的重大创新，对推动数字经济、数字技术发展以及提升全民数字素养，具有重要意义。新版大典中共标注数字职业 97 个。新版大典沿用 2015 年版大典做法，标注了绿色职业 133 个（标注为 L）。新版大典中，既是绿色职业又是数字职业的有 23 个（标注为 L/S）。

职业分类作为制定职业标准的依据，是开展职业教育培训和人才评价的重要基础性工作。此次新版大典特别是新增职业的发布，对于增强从业人员的社会认同度、促进就业创业、引领职业教育培训改革、推动经济高质量发展等，都具有重要意义。下一步，新版大典经公示征求意见、修改完善后，将正式颁布。

人类职业生活是职业道德产生的社会基础，是人类“直接生活的生产和再生产”借以实现的一种最普遍的基本形式，是人类社会得以发展的社会组成形式。由于社会已形成各种各样的具体职业，就必然要求有适应并调整这种关系的行为规范，职业道德便是为了适应和调整人们不同职业生活而产生的。

那么，什么是职业道德呢？

职业道德是指从事社会职业的人们，在履行其职责的过程中理应遵循的道德规范和行为准则。它反映了一定社会或一定阶级对从事各类职业的人们的道德要求，是一般社会道德在职业活动中的具体体现。社会上有多少种职业就有多少种职业道德。在任何时代，职业道德都是社会一般道德的特殊表现，是当时社会或阶级的道德在各种职业生活中的具体贯彻和特殊表达。也就是说，作为特定条件下的职业道德，一方面体现了一定社会或阶级的道德行为调节上的多样性和具体性；另一方面又只是一定社会或阶级的道德某一方面在人们特定活动范围内的职业化，体现一定社会或阶级的道德要求。职业道德主要由两部分因素复合而成：一部分是做人的基本素养，另一部分是履行职责的特殊素养。二者融为一体，构成职业道德。如同一幅画，先要有个底色（可能是白色），然后在底色上着色。只有底色，构不成图画；没有底色，也构不成图画。

二、职业道德的历史考察

职业道德的形成和发展的客观基础是社会分工和生产内部的劳动分工。职业道德随着分工的出现而形成，同时也随着分工的发展而发展。

在人类历史上，最原始的分工，是按性别来划分的自然分工，只存在于两性之间：

男子负责打仗、狩猎、捕鱼、获取食物并制作工具；女子负责管家、养儿育女、制作食物、缝制衣服。在当时没有社会分工，也就谈不上什么职业道德的产生。只有到了原始社会后期，才出现了最初的大分工，即农业和畜牧业的分工，以后又出现了农业和手工业的分工。随着社会分工的出现，产生了农业、畜牧业、手工业等专门职业。从事不同职业的人们在长期职业生活中，逐渐形成了各自的职业利益和需要，形成了因行业不同而产生的不同职业联系和关系，从客观上需要一种道德规范来调节、指导、约束人们的职业行为，于是职业道德便应运而生。但由于当时生产力发展水平较低，职业分工还处于雏形阶段，因此，职业道德也只处于萌芽状态。

职业道德真正形成在奴隶社会。进入奴隶社会后，生产力有了较大发展，不仅进一步巩固和发展了原始社会两次大分工所形成的职业活动，而且发生了第三次具有决定意义的社会大分工，即出现了不从事生产而专门从事产品交换的商业。与此同时，由于脑力劳动和体力劳动的分离，在社会上层建筑领域内，出现了明显的分工，出现了专门从事脑力劳动的教师、医生等和专门从事管理国家政治活动的专职人员。战国时期成书的《周礼·考工记》描述了当时的职业分工，提到“国有六职”，即王公、士大夫、百工、商旅、农夫和妇功。王公就是高层统治集团，其职责是“坐而论道”；士大夫就是官僚和贵族，其职责是“作而行之”；百工就是手工业者，其职责是“审曲面势，以饬五材，以辨民器”；商旅就是商贩，其职责是“通四方之珍异以资之”；农夫就是农民，其职责是“饬力以长地材”；妇功就是家庭女工，其职责是“治丝麻以成之”。在古希腊的奴隶社会，除奴隶外，柏拉图曾在《理想国》中把其他人分为三个等级，并规定了不同等级的道德标准：第一等级是奴隶主统治者，其道德是智慧；第二等级是武士，其道德是勇敢；第三等级是自由民，其道德是节制。上述表明，在奴隶社会，各种具体的职业道德已初步形成。

职业道德在封建社会得到发展。到了封建社会，随着自然经济的缓慢发展，农业、畜牧业、城乡手工业、医疗、军事、教育、政治等都有很大进步，形成了较为稳定的几种职业，与之相适应的职业道德也有所发展。比如，当时的手工业者基于共同的利益需要，形成不同的行会，制定各种章程、规定等，以防止行业内部互相倾轧。又比如，在医德方面，我国著名医学家孙思邈在《太医精诚》中，精辟地阐述了医生应有的职业道德。他认为，作为一个医生，既应技术高超，又应品德高尚。医生的职责是治病救人，他不应以自己的医术为资本而去谋私利，而应一心为患者看病治病、解除痛苦。因此，不论贫富贵贱、老幼美丑，也不论是否亲朋好友，只要是病人，均应一视同仁。孙思邈不仅提倡医德，而且也身体力行，实践医德。再比如，在政德方面，封建统治者从维护自身利益出发，提出为官从政者要刚正不阿、廉洁清正、不贪钱财、不徇私情、任人唯贤、体恤百姓、鞠躬尽瘁、死而后已等。历史事实表明，职业分工在封建社会中有了一定程度的发展，因而建立在职业分工基础上的职业道德也有一定程度的发展。但是，由于封建社会是自给自足的自然经济，生产力低下，也由于封建等级制的压迫和宗教控制，职业道德的发展受到很大限制。

人类进入资本主义社会以后，随着社会生产力的突飞猛进，职业分工越来越细，职业道德才获得了充分的发展。从 18 世纪中期起，欧美一些主要资本主义国家，先后发生了以机器大生产代替手工劳动、以机器大工业代替工场手工业的工业革命，进入了以机器生产为中心的大工业发展时代。与此同时，新的社会职业层出不穷，出现了诸如科学家、工程师、律师、新闻记者、作家、艺术家、运动员等职业，形成了比以往社会广泛得多、复杂得多、完善得多的社会职业道德。另外，随着资本主义社会各种职业道德的发展，资产阶级及其思想家也越来越重视对职业道德的研究，各种职业伦理学应运而生。比如美国伦理学家赖特在《伦理学概论》中提出了各种行业伦理学。他认为，各种职业伦理学对各种职业人员起着具体的指导作用。但资本主义社会的职业道德不可避免地要打上资产阶级的烙印，必然带有某种局限性。

社会主义社会是建立在生产资料公有制基础之上的新型社会，它为职业道德的发展开辟了广阔的前景，也为充分发挥职业道德的作用创造了有利条件。社会主义社会人与人之间的关系，不再是剥削与被剥削、雇佣与被雇佣的职业关系，而是在经济上根本利益一致，政治上、人格上平等的互助合作式的同志关系。在社会主义社会，人们无论从事哪一种职业，都是为社会主义国家服务，为人民服务。各种职业都是社会主义事业的有机组成部分，是社会主义社会生活所必需的。各种职业的不同，只是体现了社会分工的不同，而不是体现了人们的社会地位不同，职业本身没有什么高低贵贱之分。社会主义社会的各种职业道德具有鲜明的共性，它能够用社会主义、共产主义道德原则和规范统一起来，并能够得到国家的提倡和保护。社会主义不仅为发展新型社会主义职业道德提供可能，而且为保证社会主义各行各业的顺利发展，维护职业活动的正常进行，实现个体利益、行业利益和社会整体利益的统一提供了可靠保证。但要坚持社会主义职业道德，就必须自觉地、坚决地同形形色色的错误思想和道德作斗争。

三、职业道德的主要特征

职业道德是社会分工和生产内部分工的产物，是人们在职业实践活动中形成的行为规范，具有不同于其他道德的特点。具体表现在：

（一）职业道德适用范围的特殊性

这种特殊性一般表现在两个方面：一方面，职业道德作为一定职业范围内的道德，其调整的范围——只限于特定的人，即达到一定生理年龄、具有从事某一职业能力的人，也就是说，它的适用范围主要限于已经走向社会、参加工作的成人的行为规范，对于正在学习的青少年就不适用；另一方面，它只限于从事特定职业的人。由于社会上各行各业都有自己的特定职业责任和工作对象，对从事某种职业活动的人，往往有一定的职业道德要求。一般说来，某种职业道德只能约束从事该职业的人，对于不属于该职业的人，或者该职业人员在职业以外的行为，则往往起不到调节和约束的作用。比如，商业工作者职业道德的主要内容是买卖公平、童叟无欺、百问不厌、货真价实，这对其他行业的工作者就不适用；又比如法官的职业道德是廉洁奉公、办事公道，以事实为根据，以法律为准绳，而当法官离开法院，不执行公务，而是以消费者的身份去商场购物时，这时“法官”的身份对他不具有约束作用。虽然各行各业都有自己的职业道德，但它们也有共同之处，比如，尽心尽力为社会公众服务、精通业务、忠于职守等。

（二）职业道德内容的稳定性和继承性

职业道德的具体规范和具体义务不是人们主观愿望的产物，而是社会分工和劳动分工的结果。职业道德总是与各种职业生活和职业要求相结合，具有较强的职业性，所以往往能形成比较稳定的职业习惯和职业心理。比如，人们为了航海的安全，要求海员遵守道德，而其最根本的内容就是对船上所有旅客的生命财产负责。一旦发生海难，全体海员必须全力抢救旅客的生命，在旅客没有脱离危险之前，船长和船员绝不能私自弃船逃生等。职业道德内容的继承性是指人类对以往优良职业道德传统的直接继承，并在同一职业内部世代相袭。它主要包括四个方面：首先，它继承人类在长期职业活动中形成的一整套有关职业道德的基本概念，例如，忠于职守、尽职尽责、职业荣誉、职业良心等，以及各行各业的一些职业道德术语，如教师要为人师表，官吏要廉洁公正，军人要勇敢顽强等。其次，它继承了以往职业道德中的一些优良传统，比如，医德中的救死扶伤、人道主义等。再次，它继承了历史职业道德学说中一些有价值的、可供借鉴的东西，例如，孔子提出的“政者，正也，子帅以正，孰敢不正？”“其身正，不令而行，其身不正，虽令不从”等为政道德，对我们今天加强廉政建设仍有指导意义。最后，它继承了从历史上各行各业一些先进人物身上所体现出来的优良职业品质，如居里夫人不怕失败、坚持真理、勇攀科学高峰的大无畏精神，岳飞精忠报国、舍小家为大家的高贵品质等。

（三）职业道德的多样性和适用性

所谓多样性是指职业道德在表现形式上因不同职业而有所不同。在实际生活中，职业的多样性决定了职业道德的多样性，比如，教师有师德、医生有医德、商人有商德等。职业道德对人际关系的调节，主要表现在两个方面：从事同一职业人们的内部关系以及从业人员同所接触的对象之间的关系。从历史上看，各行各业为维护自己的利益，维护本行业的声誉，在充分考虑职业内部关系以及本职业与社会其他各方面关系的基础上，制定出许多具体的可操作的行为规范，如企事业单位的劳动规则、工作守则、服务公约、柜台守则、店堂纪律、生活公约、须知等。这些规则、守则，虽然含有行业的纪律和法则的性质，但也是职业道德的具体表现形式。它们在对从业人员的思想、行为等方面做了明确具体的规定，使职业道德变成看得见、摸得着的规则、守则，具有很强的适用性，易于为从业人员接受和遵守。比如，美国杜邦公司的《企业使命宣言》清楚地声明，全体职工决心按最高道德标准开展公司业务，努力不懈地工作，使公司在世界各地都成为备受尊崇的一分子。该宣言要求公司每个员工皆须履行下列各项：

（1）了解熟悉相关法律之规定并在执行业务时遵守这些规定。

（2）切实遵照公司之标准，保护环境，并保护公司之员工、顾客、社区及承包商之安全及健康。

（3）以诚恳和公平的态度对待所有的顾客和供应商。

（4）避免个人利益与公司利益发生冲突。

（5）保护并正当地使用公司专有资信、资产和资源或其他机构委托“杜邦”保有的专有资信、资产和资源。

（6）维护非公开性资料的机密而不利用这些资料谋取私利。①

（四）职业义务责任和形象的鲜明性

职业道德与一般社会或阶级道德相比，其着重反映和表达本职业的特殊利益和要求，明显体现本职业特殊的职业责任和职业义务，以及职业行为上的特殊道德准则。从职业道德形成和发展的历史过程看，职业道德并不是在一般意义的社会实践基础上形成的，而是在特定的职业实践基础上形成的，因而它往往表现为某一职业特有的道德习惯和道德传统，表现为从事某一职业的人们所特有的道德心理和道德品质，形成特定的道德风貌和职业形象。一个阅历较深的人，通过言谈举止，便可大致判断出人们的职业或曾经从事过的某种职业。在日常生活中，人们常常提到某人具有“军人气质”“学者风度”“商人气息”等，实际上就表达了某人由于长期从事某种职业活动，而形成的职业道德心理和道德行为的鲜明形象特征。

四、社会主义职业道德的基本内容

社会主义职业道德是一种新型的职业道德，它继承了历史上各种职业道德的优良传统，是人类职业道德发展的崭新阶段。社会主义职业道德的基本内容，是社会主义各种职业共同的、必须遵守的道德规范。根据《新时代公民道德建设实施纲要》的要求，社会主义职业道德规范主要有：

（一）爱岗敬业

爱岗敬业是社会主义职业道德所倡导的首要规范，是职业道德的基本精神。

爱岗，就是热爱自己的本职工作，能够为做好本职工作尽心尽力；敬业，是指从业者在特定的社会形态中，认真履行所从事的社会事务，尽职尽责、一丝不苟的行为，以

① 资料来源：杜邦公司网站。

及在职业生活中表现出来的兢兢业业、埋头苦干、任劳任怨的强烈事业心和忘我精神。

如何才能做到爱岗敬业？

第一，热爱自己的工作岗位并有崇高的敬业精神。科学实验证明，在客观条件相同的情况下，劳动质量的优劣、工作效率的高低，是从业者的态度决定的。不论从事何种工作，都应该全身心地热爱，全身心的投入，对本职工作保持积极乐观的态度，保持高度负责、尽心竭力的精神。而不能以自己对本职工作没有兴趣为借口，得过且过；也不应该以本职工作经济效益低为托词，消极怠工。热爱自己的工作岗位，就会对工作表现出积极主动、认真严谨的态度，工作就会成为你生活的第一需要。

❖案例分享

谢谢，"多管闲事"的你！

12 月 7 日，小雨，温度渐低。67 岁的清洁工人付喜华骑自行车上班途中被一辆面包车撞倒，随后他向司机表示"没事，问题不大"，便很快离开了。

闻讯到事故现场出警的成都市公安局天府新区分局交警支队事故预防处理大队民警周良，第一眼便看到了面包车挡风玻璃上的大凹陷。职业本能告诉他：伤者不可能"没事，问题不大"。于是，一场关于生命的找寻与救援，开始了……

寻找伤者 劝他去医院

对于 67 岁的清洁工人付喜华来说，这是个平常的早晨。6 点，天还未明，他就冒着小雨出门了。如果不是被一辆面包车从背后一撞，这一天他依然会兢兢业业完成清扫工作。

对于交警周良来说，这也是一次正常的交通事故出警，现场未动，痕迹清晰。事故发生在通州路和武汉路互通立交桥附近。让他惊讶的是，当他和辅警刘奇赶到时，伤者已经自行离开，说自己"没事"。但勘查现场时，他第一眼就看到了面包车挡风玻璃上巨大的凹陷，连车头位置也凹进去一大块，多年的交警生涯和事故处理经验告诉他：伤者自认的"没事"可能只是表面的假象！

此时已是 7 点多，驾驶员告诉周良，受伤的老人说自己"没问题，不用你负责"之后，就步行离开了，过了一会儿又返回，骑走了自行车。驾驶员拨打了 122 和 120，但老人坚称自己"没事"。

周良判断，既然返回取自行车，老人上班的地方应该不会很远，身穿工作服，应该就在周围某个工地。

他和刘奇立刻开着警车寻找打听，见到工地就上去问："这里有没有受伤骑自行车的老人？"一个多小时过去了，找遍了周围的几个工地，终于在一个厂房门口，听门卫说起“是有一个清洁工受伤了”。周良立刻请对方把清洁工找来核实。

出现在周良面前的付喜华笑着和他们打招呼，再次说自己“没事”，但摘下老人的头盔，周良看到了一大片乌紫，更加确信事情不简单。经过他一番苦口婆心地劝说，付喜华终于同意到医院检查。

“检查发现，脑部几个地方都在出血”

付喜华一进宝石花医院，就被急诊医生送去做了CT。报告还未出来，急诊科主治医师袁涛看片子就发现了问题的严重性：创伤性脑挫伤、蛛网膜下腔出血、硬膜下血肿，“也就是说，脑部的几个地方都在出血”。

急诊室第一时间给付喜华用上了止血药物，并请来神经外科医生会诊，最终得出的结果是：建议转到重症监护室。而此时的付喜华，已经出现相应症状——呕吐、癫痫、昏迷，袁涛说，病情发展得十分迅速，“如果送来再晚哪怕几分钟，后果会比现在严重很多”。令人欣慰的是，经过两天多的救治，目前老人生命体征平稳。

陈小洪和付刚夫妻在7号早上接到父亲付喜华电话的时候，一家人正在赶场买菜。彼时父亲意识尚清醒，电话里还在说“问题不大”，但等9点多两人赶到医院时，付喜华已经开始抢救了。付刚说，父亲大半辈子任劳任怨，老实本分，唯恐给儿女、给别人添麻烦，“如果不是交警那么认真负责又有经验，可能现在我们已经在办父亲的后事了……”话未说完，夫妻二人泣不成声。

“当了十几年交警，生命大于天”

帮老人“抢”回一命的交警周良，在16年从警生涯中有11年是交警，而在事故预防处理大队也已经工作5年有余。12月7日早上接到交警指挥室指令出事故现场的时候，当值的他已经上了快24小时的班。不管是对事故车辆痕迹的判断，还是冒雨对受伤老人的寻找，他说，“都是我的职责所在，生命大于天”。

民警周良，为你点赞！

（资料来源：人民网公众号，2021-12-11）

第二，保持对本职工作的信念并追求岗位的社会价值。随着社会分工越来越细，职业也越来越多，每一种职业都有其特定的意义和价值，职业没有高低贵贱之分。

邓子恢同志生前是国务院副总理，中共中央农村工作部部长。他对孩子们要求很严，要求他们像普通家庭的孩子一样爱岗敬业，为人民服务。1969年底，他的小儿子建生参加了中国人民解放军。到部队后，建生被分配到养猪场工作。邓子恢知道后，马上给建生写了一封信，勉励儿子要爱岗敬业，做好部队交给的任务，并找了一些记载养猪模范的先进事迹和科学养猪经验的书籍寄给建生。建生看了父亲的信，深受教育。他在养猪的岗位上踏踏实实地做了起来，成为一名优秀的养猪能手。

由一个人对职业的态度可以看出他的品性。

第三，造就精诚协作、相互尊重、共同提高的合作关系。人们虽然从事着不同的职业，在不同的岗位上工作，但这些职业岗位都是紧密联系在一起的。

尤其在工作繁忙、劳动强度大的时候，更能体现出从业人员这方面的道德水平。

下例中的“领班”即是因工作繁忙而疏忽大意最终导致客人投诉的：

一辆进口大型豪华面包车在华北某一刚被评上三星级的新饭店门前停下。车上50余位德国客人鱼贯而下。大堂里接待员、行李员、保安员互相配合，客人很快被一一安排进了房间。

20分钟后，大堂副理接到612房一位老太太打来的电话，投诉说洗手间马桶水箱里没水。大堂副理答应马上派人前去修理。大堂副理做出修理安排后又立即与客房部联系，了解该房情况，后查明此系一领班的责任——把非OK房报了OK房。

这支德国团团队早在两周前就在该饭店预订了房间，前厅部在前一天已做了安排。612房原住着一对西班牙夫妇，中午前办了离店手续。早上服务员清扫过房间后，领班也按程序检查过了，但他未发现抽水马桶水箱无水的问题，便报告说这间走客房一切正常。中午客人走后，前厅部又一次通知客房部，证实612房确为走客房，要求再检查一遍，岂知领班又把水箱给疏忽了。领班再次查房均未发现洗手间的问题，最后导致客人投诉。事后，大堂副理赶到612房，再次郑重向德国老太太致歉，同时要求客房部按程序再检查一遍所有客房，并把该事情经过写进当天的大事记录本中。①

“爱岗敬业”对任何行业都非常重要，尤其是对涉及他人生命、财产安全的行业，更是“重中之重”。

（二）诚实守信

中华民族历来就有崇尚诚实守信的美德，认为它是道德的基础。诚实守信具有丰富的内涵，并能渗透到社会生活的各个领域，从而派生出其他的道德品行。诚实守信渗透到社会各个行业之中，就形成了美好的职业道德。

诚实守信在职业行为中的最基本的要求，就是诚实劳动；讲信用，重信誉。诚实劳动是与社会主义“按劳分配”原则一致的。诚实劳动是职业劳动者获得报酬的先决条件。“多劳多得、少劳少得、不劳不得”。信誉，既有个人的信誉，也有集体的信誉。劳动者既要维护个人的信誉，也要维护集体的信誉，更要维护国家的信誉。信誉是行业立足之本，是社会主义职业道德的内在要求。

一诺千金，用诚实守信来成就事业。孔子就反复告诫他的弟子，要“谨而信”“与朋友交，言而有信”“人而无信，不知其可也”。现代社会也是如此，一个人如果不讲

① 范运铭．客房服务与管理案例选析．北京：旅游教育出版社，2000.

信用，他就不能与他人正常交往，在社会中就难以立足。

在市场经济条件下，遵守契约、言而有信，是每一个经济主体得以在市场竞争中立足的基本条件。在经济活动中，任何违约毁约、偷工减料、以次充好、以假冒真的行为，都会对事业造成毁灭性的严重影响。

职业活动中的诚信包括多方面的内容，但概括起来，一是必须保质保量地为客户提供产品和劳务；二是必须按时为客户提交产品和劳务，按时缴付所欠款项；三是严格遵守诺言，严格履行合同；四是不欺诈不蒙骗客户。

❖案例分享

星巴克被约谈

据江苏无锡市场监管微信公众号消息：昨日（13 日），针对媒体曝光无锡两家星巴克门店有“更换配料标签使用过期食材”的问题，市场监管部门高度重视，立即组织工作专班全面开展核查处置工作。

无锡市、区两级市场监管部门对涉事的星巴克震泽路店、昌兴大厦店进行了重点检查，初步核实相关企业有更改食品原料内控期限标识、使用超过内控期限原料的行为，已责成 2 家涉事门店停业整改。市场监管部门同步对全市其他 82 家星巴克门店开展排查，发现从业人员未戴工作帽、加工区物品摆放零乱、消毒记录不全等 15 处问题，均已责令整改。市市场监管局对星巴克（中国）华东北区进行了行政约谈，要求公司对存在的食品安全问题进行全面自查、落实整改。

下阶段，无锡市市场监管局将继续组织市、区两级力量，对 2 家涉事星巴克门店进行深入调查，依法严肃查处。从即日起，在全市部署开展以打击虚假标注生产日期、保质期为重点的食品安全专项整治行动，全力保障市民食品安全。

13 日晚上 10 点，@星巴克中国 再次致歉称，经过调查，已确认 12 月 13 日媒体报道的两家无锡门店的伙伴（员工）确实存在营运操作上的违规行为。@星巴克中国表示，已于第一时间采取了以下行动：

（1）两家涉事门店已闭店进行调查与整改；

（2）中国内地所有星巴克门店立即启动食品安全标准执行情况的全面自查；

（3）立即组织对所有门店零售伙伴的重新培训，严格落实公司食品安全制度；

（4）针对所有门店，增加来自内部及第三方的定期检查与突击检查频率与范围；

（5）强化食品安全问题的伙伴内部举报通道；

（6）积极探索更多技术手段，减少人为操作因素的干扰，争取从源头杜绝此类事件的发生。

（资料来源：湖北日报公众号，2021 年 12 月 14 日）

（三）办事公道

办事公道，是一种追求公正、公平、公开的道德行为的体现。它要求各行各业的从业者，在本职工作中要以国家法律、法规、各种纪律、规章以及公共道德准则为标准，秉公办事，公平、公正地处理问题。

办事公道，强调对服务对象应一视同仁，不因民族和阶层、性别和年龄、职位高低、贫富差别而有所分别。办事不公道实际上是把那些应服务于全社会、全体人民的职业，变成只服务于社会某一部分人的职业，甚至变成谋取私利的工具，使这些职业的社会性质发生根本的扭曲和改变。

办事公道就要坚持原则、秉公办事。坚持原则是办事公道的指导思想。只有坚持原则，办事才能公道。坚持原则，秉公办事是维护国家和人民利益的需要。从业者只有在法律和纪律要求的范围内行使职权，履行职务，才能保证社会的经济、政治、文化生活秩序上的有条不紊；保证国家、集体、个人三者利益的协调一致。只有坚持原则，才能扶持正气，顶住歪风。否则，正不压邪，也就丧失了公道。

办事公道就要廉洁奉公、不徇私情。廉洁奉公、不徇私情是指公职人员不借职权职务之便损公肥私、多贪多占。只有廉洁奉公，不徇私情，才能任人唯贤，才能办事公道，才能深得民心。

❖特别提示

毛泽东同志也有“未便再荐”的故事——中华人民共和国成立后不久，杨开慧烈士的朋友、柳直荀烈士的遗孀、在长沙当中学教员的李淑一，托人找到毛泽东，要求调到文史馆。毛泽东知悉后，于1954年3月2日，专门就此事写了一封信给秘书田家英，信中说：“有人求我将她荐到文史馆当馆员，文史馆资格颇严，我荐了几人没有录取，未便再荐。拟以我的稿费若干为助，解决这个问题，未知她本人愿意接受此种帮助否？”李淑一曾作诗《菩萨蛮·惊梦》赠予毛泽东。毛泽东因此写下著名的“我失骄阳君失柳”《蝶恋花·答李淑一》一诗，以寄托他对杨开慧和柳直荀的哀思。对于这样一个人物，毛泽东却“未便再荐”，给人留下诸多感慨。

（资料来源：人民网，2010-11-17.）

办事公道不仅是对有权力者的要求，也是对每一个从业人员的要求。只有办事公道才能保证企业正常运行；只有办事公道才能抵制行业不正之风；只有办事公道才能提升劳动者的素质。办事公道，要求做到坚持真理、公私分明、公平公正、光明磊落。

（四）热情服务

热情服务是为人民服务的道德要求在职业道德中的具体体现，是国家机关工作人员和各个服务行业工作人员必须遵循的道德规范。我们所从事的各项正当的职业都是为人民服务，为社会服务。服务人民作为职业行为的本质是有着具体要求的，这就是要热情服务。如何才能做到热情服务？

首先，树立为人民服务的思想。在生活中，有人有一种误解，以为“为人民服务”是领导干部、党员的事，跟自己无关。在我们国家，人人都是为他人服务的，人人都是服务的对象。在为他人服务的同时，也享受别人为自己的服务。这就是“人人为我，我为人人”。

2013 年 11 月，习近平总书记来到湖南湘西十八洞村考察，当不识字也不会说“官话”的苗族大妈石爬专问他怎么称呼时，他自我介绍说：“我是人民的勤务员。”

其次，以热情服务作为座右铭。用它来指导、约束自己的言行。

再次，热情服务，就要一切为服务对象着想。要服务周到、说话和气，急服务对象之所急，想服务对象之所想，帮服务对象之所需。

最后，热情服务要求尊重服务对象。尊重服务对象是热情服务的基础。

❖案例分享

心随客动

陈先生来到酒店商务中心查询第二天到南京的航班，接待员小张为其预订了从广州出发的航班，并建议他乘坐 6:30 或者 7:10 珠海到广州的机场快线。

12 月 20 日（第二天）6:30，前台接待员小王上早班，她习惯性地将前一天的交班记录翻开阅读。当看到陈先生的订票信息后，她迅速查询了陈先生所住的 2502 房，发现直到现在尚未退房。小王想客人可能睡过了，便立刻拨打了 2502 房的电话，电话铃响了一会儿后才听到客人睡意浓浓的声音：“喂。”小王忙提醒他：“陈先生，您好！我是酒店前台，因查询到您订购了今天 10:55 到南京的航班，但直到现在仍未见到您办理退房手续，所以…”

小王的话还没有说完，陈先生就匆忙说道：“啊，现在已经 6:30 了，谢谢，谢谢。”电话随即挂断了，小王连忙放下电话，开始为客人忙起来。首先，小王叫来行李生：“小赵，有位客人急着赶飞机，麻烦你帮忙先为他叫一辆出租车，他很快就下来了。”接下来，小王将客人的入住信息从电脑中调出来，并打电话通知客房服务员，请她们安排人员在 2502 房旁等候，一旦客人出门，立刻开始查房，确保客人可以赶上机场快线。10 分钟后，陈先生拖着行李匆匆来到前台办理退房手续，说“多亏了你啊。”小王一边操作退房程序，一边笑着说：“陈先生，这是我们应该做的，您不要着急，我已经为您安排了出租车，您一定可以赶上 7:10 的机场快线的。”

说话间，小王已经将所有手续办理完成，并引导陈先生来到了门口早已等候的出租车旁。陈先生边上车边激动地说：“多亏了你，你们的服务很不错，真是感谢！”小王笑着说："不用客气，期待您的下次光临。"陈先生说："一定，一定。"

（资料来源：中国旅游饭店业协会．会员饭店报刊集锦［Z］.2010（5）.）

（五）奉献社会

人的价值具有二重性，具体表现为个人的社会价值与自我价值。人的社会价值的大小，取决于个人对社会所作奉献的多少；人的自我价值是指在社会生活和社会活动中，社会对个人和自己对自己作为人的存在的一种肯定。自我价值是社会价值的必要前提，社会价值是自我价值的外在体现。一个完全脱离社会，不为社会做任何奉献，一味强调社会、他人对自己尊重，强调个人需要的满足，这是不合理的，也是不能实现的。

袁隆平，是我国研究与发展杂交水稻的开创者，也是世界上第一个成功利用水稻杂种优势的科学家。袁老的毕生追求是"发展杂交水稻，造福世界人民"。为实现这一宏愿，他长期致力于促进杂交水稻技术创新，并将其推广至全世界。毕其一生，专注田畴，播撒智慧，收获富足。为"稻粱谋"，为民生计，袁老无愧侠之大者、国之仁士。2021 年 5 月 22 日，袁隆平院士逝世。习近平总书记要求广大党员、干部和科技工作者向袁隆平同志学习，"学习他热爱党、热爱祖国、热爱人民，信念坚定、矢志不渝，勇于创新、朴实无华的高贵品质，学习他以祖国和人民需要为己任，以奉献祖国和人民为目标，一辈子躬耕田野，脚踏实地把科技论文写在祖国大地上的崇高风范"。这是对袁老的最好纪念。

❖特别提示

在有些人的心目中，奉献是英雄和模范们的事，不是普通人所能做到的，奉献就是只讲牺牲，高不可攀，可敬而不可为、可羡而不可行。这是对奉献的一种误解。奉献既是一种高尚的情操，也是一种平凡的精神，既包含着崇高的境界，也蕴含着不同的层次；奉献既表现在国家和人民需要的关键时刻挺身而出、慷慨赴义，也渗透在人们日常的工作和生活中。李大钊为追求真理而捐躯，董存瑞为人民解放而牺牲是一种奉献；吴天祥将万家忧乐挂在心头是一种奉献；在汶川大地震中广大军民救死扶伤、热心捐助是一种奉献；在本职岗位恪尽职守、埋头苦干也是一种奉献。就像鲁迅先生所说的那样："能做事的做事，能发声的发声。有一分热，发一分光。"

在职业道德规范中，爱岗敬业是社会主义主人翁精神的表现，诚实守信是职业生活的基本规范，办事公道是职业行为的重要内容，热情服务是社会主义道德的重要内容，奉献社会是人生价值的具体体现。

第二节 旅游职业道德的形成与发展

一、旅游职业道德的形成与发展

旅游业是旅游职业道德产生的基础，旅游职业道德是随着旅游业的发展变化而发展的。

旅游业产生的前提是人们的旅游活动。人类开展旅游活动的历史，可以追溯到帝王将相的巡视狩猎、文人学士的观光游学、宗教信徒的朝圣取经等。现代旅游活动的内容则更加丰富，通常包括游览、观光、度假、疗养、体育、娱乐、考察、探亲、交友以及公务、商务、宗教事务等活动。开展旅游活动，能够扩大见闻，增长知识，调剂生活，陶冶性情，增进健康，推动政治、经济、文化和科技信息的交流，无论对个体还是社会的发展，都具有积极的意义。所以，旅游活动是人们普遍喜爱的一种社会活动。但是，在以往的历史条件下，旅游活动的广泛开展是不可能的，因而也不可能形成一种独立的旅游业。

旅游业的兴起，是与群众性的旅游活动相联系的；而群众性旅游活动的开展，则是以现代文明为基础的。例如，随着国民经济的增长，劳动收入普遍有所提高，人们手中的“闲钱”也相应增多；随着现代科技突飞猛进的发展与广泛采用，交通距离缩短了，时空概念发生了变化，闲暇时间增多了；随着生活条件的改善，人们在物质和精神方面的需求更高了。而旅游活动则普遍被认为是追求生活享受和丰富精神生活的有效途径之一。这样，旅游活动不但为人们所喜爱，而且具有很大的开展可能性了。第二次世界大战以后，随着国际和平环境的来临，世界经济的日益繁荣和国际交往的不断扩大，旅游业迅速发展起来，成为世界上最大的产业。

人们在长期的旅游实践活动中概括、总结、提炼出了许多调节旅游活动中人与人之间关系的准则，如“顾客至上，服务第一”“顾客是衣食父母”“诚实无欺，信誉至上”“微笑服务”等。这些规范就是旅游职业道德的基本要求。在2016年，旅游业荣登五大幸福产业之首。为了保证旅游业的高质量发展，旅游职业道德必须注入新的内容。

二、社会主义旅游职业道德的形成与发展

社会主义旅游职业道德是在以新中国旅游业的发展为客观基础，同时批判地继承历史上各种职业道德的优良传统上而形成和发展起来的。

在我国古代，旅游活动就十分丰富活跃，如帝王巡游、士人漫游、商务旅行、宗教旅行等。与此同时，出现了反映旅游活动中人与人之间关系的道德意识、道德情感和道

德规范，如“在家靠父母，出门靠朋友”“与朋友交，言而有信”“有朋自远方来，不亦乐乎”“海内存知己，天涯若比邻”“热情友好，礼貌待客”“主随客便，宾至如归”等。同时讲究“招呼周到，主动推销；操作利索，生财有道”等规则。但是，由于受当时社会经济条件的限制，旅游服务没有形成独立的行业而是附属于商业，因而这些道德意识和规范也都从属于商业道德。

到了近代，特别是辛亥革命以后，中国逐渐由封闭走向开放，内外交往日益频繁，旅游业应运而生。1923 年上海一位银行家创办了中国第一家旅行社。随后，北京、武汉、广州、南京、天津、沈阳等大城市也相继成立了旅行社，并且建有较豪华的大饭店、大酒楼、餐厅、酒吧、舞厅等，并形成了一套相当完整的服务手段和接待方式。如为客人代购车、船票，代订旅馆床位，组织短程包团游览，为留学生和出国人员代办出境手续，提供各种旅游信息和旅行指导等咨询服务。他们还学习了西方的服务方式，对西餐的服务规程和制作技术都相当了解，服务人员还能使用几种外语来服务。当时各旅行社的营业宗旨是“导客以应办之事，助人以必需之便”。这实际上就明确了当时旅游接待工作中服务人员应遵循的行为准则。

我国的社会主义旅游业是在中华人民共和国成立后开始建立起来的。当时，各地旅行社、饭店和车队都遵循这样的经营原则：为我国的外事总方针服务，讲究政治效果，取费低廉，服务周到。当时旅游业的工作方针是：宣传自己，了解别人，促进交往，发展友谊，争做朋友。在接待方面要做到：热情友好，不卑不亢；积极宣传，扩大影响；细致周到，内外有别。在宣传方面要做到：实事求是，不强加于人，求同存异。对外事接待人员的要求是：政治素质过硬、外语过关、业务过硬；要起到导游员、宣传员、联络员、保卫员的作用。这些方针和原则在实践中收到了很好的效果，为我国现代旅游职业道德的形成打下了基础。但是，从总体上看，当时我国的旅游业以政治接待任务为主，作为经济行业的职能还不健全，所以，在职业道德规范方面也不够全面。正当世界旅游业以前所未有的速度飞速发展的时候，我国刚刚起步的旅游业又经历了“文化大革命”十年浩劫，旅游接待工作处于瘫痪状态，道德规范也遭到了歪曲和破坏。党的十一届三中全会以后，我国的旅游业出现了新的生机与活力。尤其是“对内搞活，对外开放”政策的贯彻，使我国年轻的旅游业飞速发展起来。旅游业从单纯的政治接待、友好往来发展为经济事业，从不计成本、只讲政治影响的外事工作的一部分，转变为讲求经营管理的经济活动。这就为进一步发展和完善我国社会主义旅游职业道德明确了方向和要求。

改革开放以来，随着我国旅游业的迅速发展，日益增多的旅游者已不满足于一般的服务，对服务态度、服务质量的要求愈来愈高。这就对我国旅游业提出了新的要求。目前，我国的旅游业已改变了过去“硬件”设施太差，不能满足国际旅游者需要的状况；同时，充分重视“软件”建设，注意改善服务态度，提高服务质量，始终把客人的需要放在第一位，尊重客人，做到“热情友好，宾客至上”，并在日常工作中加强对从业人员的职业道德教育，使我国旅游业逐步建立起一整套适合我国国情的旅游职业道德体系。

第三节 社会主义旅游职业道德的特点

旅游职业道德是职业道德的一个组成部分，具有职业道德共同的特点；同时，根据我国旅游业的特点，它还具有进步性、崇高的目的性、广泛的适应性、高度的自觉性和实践性、多层次性五大特点。

一、进步性

首先，社会主义旅游职业道德批判地继承了历史上优秀的道德遗产，最能代表人民群众和广大旅游者的利益。

任何先进的职业道德都不可能是孤立地产生和形成的，它必须借鉴和吸取以往道德的优秀成果。社会主义旅游职业道德也不例外，在我国现行的社会主义旅游职业道德规范中，就吸取了许多传统性的道德成分。例如，礼貌待客、文明服务、诚实守信、买卖公平以及助人为乐、济人所难等，都是人们在旅游工作中从过去的道德遗产中批判地继承下来的。

从我国旅游业职业道德的形成和发展情况来看，社会主义旅游职业道德规范主要是旅游工作者在长期的旅游实践活动中总结、概括出来的。如在旅游工作中要热爱社会主义旅游事业，全心全意为旅游者服务，发扬集体主义和爱国主义精神等，这些都直接反映了人民群众和旅游者的利益。所以，它是代表多数人利益的一种职业道德，是一种先进的职业道德。

其次，它最能适应和推动社会主义旅游业的发展。

我国的社会主义旅游事业是建立在公有制基础之上的，创造良好的经济效益是它的主要任务。它的道德规范是在集体主义原则指导下的社会主义道德“五爱”要求的具体化和补充，从根本上摆脱了拜金主义、利己主义、唯利是图等反映旧道德观念和行为规范的羁绊，为社会主义旅游业的发展提供了道义上和行为上的支持。我国旅游业的大力发展需要统筹规划、团结协作。只有社会主义旅游职业道德才能够提倡识大体、顾大局，才能够妥善地调整行业之间和行业内部的关系，正确处理个人利益、集体利益和国家利益三者之间的关系，最终实现三者利益的根本一致，从而进一步加强旅游业的内部团结，增强社会主义旅游业的向心力和凝聚力，推动社会主义旅游业的顺利发展。

❖拓展知识

利己主义，是指把利己看作人的天性，把个人利益当成高于一切的生活态度和行为准则。其特征是：从极端自私的个人目的出发，不择手段地追逐名利、地位和享受。追逐个人名利，历来是一切利己主义者的人生目的。利己主义是个人主义的表现形式之一。其基本特点，是以自我为中心，以个人利益作为思想、行为的原则和道德评价的标准。利己主义一词源于拉丁语“ego”，意为“我”。利己主义思想产生于私有制社会，有些学者认为，中国先秦时期（前21世纪—前221年）的杨朱“拔一毛而利天下不为也”的主张，是古代利己主义思想的典型。近代西方资产阶级革命时期，利己主义被发展成为一种系统、完整的道德学说。资产阶级的思想家从抽象的人性论出发，把几千年来剥削阶级信奉的“人不为己，天诛地灭”的道德观念，看作是人的不变的利己本性，并作为一种普遍的道德原则。

利己主义是一种公开形式的个人主义。它曾经被资产阶级作为反对封建道德和宗教禁欲主义的思想武器，在资本主义上升时期起到过积极的作用。其目的在于使资产阶级损人利己的剥削本性合理化，使资产阶级个人主义合法化。在资产阶级成为统治阶级之后，特别是在现代资本主义社会，利己主义的主要作用在于为资本主义剥削制度辩护。

二、崇高的目的性

社会主义旅游职业道德的这一特点，主要是通过职业道德规范与职业目的、职工地位、职工利益的一致性体现出来的。

（一）职业道德规范和职业目的的一致性

在以私有制为基础的一切旧的服务行业和资本主义旅游业，人与人之间是不平等的，老板与雇员的利益是根本对立的，其职业目的是赚钱，为了少数人发财致富，这决定了他们的职业手段必然带有投机取巧、损人利己、唯利是图的因素。例如，一些资本家，为了赚钱，采用“黄”“赌”“毒”等手段来招揽生意；与同行和其他行业是你死我活的竞争。虽然他们口头上也大讲“诚实无欺，信誉至上”等，但是，他们中不少人的行为往往与此相反，只要能赚钱就无所不为，充分暴露其虚伪性的一面。

而社会主义的旅游业则不同，它的根本宗旨是全心全意为旅游者服务。社会主义旅游业的基本方针是：友谊为上，经济受益。这决定了它的职业目的是既获得经济效益，又获得社会效益。我们提倡的旅游职业道德与我们的职业目的是完全一致的，我们努力为客人提供尽善尽美的服务，赢得客人对我国旅游业的信赖，既广交朋友，又赚取利润，为国家创造经济效益。这是我们职业道德的要求，也是旅游业的职业目的。因此，只有社会主义旅游职业道德才具有崇高的目的性。

（二）职业道德规范和职业地位的一致性

在过去，人们对服务行业认识不足，带有偏见，认为服务行业是低人一等的。旅游业也不例外，常被看作是伺候人的工作，甚至有"有福之人人服侍，无福之人服侍人"的说法。这种观念反映了人与人之间的地位不平等，也是过去旧的封建等级观念在生活中的表现。受这种观念的影响，旅游业从业人员是不可能全心全意为旅游者服务的。

社会主义旅游业，既能为国家建设积累资金，推动国民经济的发展，又能通过接待工作，对外宣传、广交朋友，让世界各国人民了解社会主义中国，从而提高我国在国际上的地位。旅游工作者对自己担负的这一重任，应该感到自豪和光荣。因此，热爱社会主义旅游事业，努力做好本职工作，为发展我国旅游事业做贡献，也就成了旅游工作者的自觉要求。所以，道德规范和职业地位的一致性，是社会主义旅游职业道德崇高目的性的又一表现。

（三）职业道德规范和职工利益的一致性

在私有制条件下，职业集体内部的个人和集体的关系，实质上是被支配的从业人员的私人利益和支配职业集体的人的私人利益之间的关系，因此，在职业道德调节职业集体内部的关系时，重点是两种私人利益的分配问题，并以这种利益的分配来制约人们的职业活动。在社会主义社会里，劳动者是国家的主人，职业集体内部个人利益和整体利益虽有矛盾，但不再是根本对立的，而是一致的。集体利益不仅包含着每个从业人员的个人利益，而且不论是职业集体利益还是职业集体内部个人利益的发展，往往取决于全体从业人员的劳动和工作情况。我国的旅游业是建立在公有制基础之上的，全体旅游工作者的命运都与旅游业的兴衰休戚相关，旅游业的发展，也取决于全体旅游工作者的工作情况。旅游工作者是企业的主人。这种主人翁的地位，反映在职业道德上就是要有主人翁精神。正是这种主人翁精神，大大提高了员工们的自觉性和自信心，增强了他们的责任感和义务感，使他们在工作中能自觉、真诚地对待每一位旅游者，做到热情友好、文明礼貌、谦虚谨慎、不卑不亢。在企业内部，虽有上级和下级之分，但为了共同崇高的目的，只是分工不同、岗位有别，大家在政治上是一律平等的，大家都有管理、监督和改进自己企业的权利和义务。这样，在旅游业中就形成了相互尊重、相互关心、相互帮助、相互爱护的新型人际关系。而这些本身就是社会主义旅游职业道德的主要规范，是全体工作人员的自觉要求和职业活动的需要，充分体现了社会主义旅游职业道德的崇高目的性。

三、广泛的适应性

同其他行业的职业道德相比，社会主义旅游职业道德包含更多的社会公德。这一特点是由下列因素决定的：

（一）服务对象的多样性

旅游业的服务对象是国内外广大的旅游者。在这些旅游者中间，他们的身份、年龄、国籍、政治态度、宗教信仰、风俗习惯、语言文字、品德修养、兴趣爱好、消费水平等各不相同。要接待好这些旅游者，为他们提供优质服务，除了需要过硬的专业技能以外，还需要有高尚的职业道德。不论哪一类旅游者，他们离家去旅游，都有一个共同的愿望，那就是受到热情友好、一视同仁的接待。作为旅游工作者，只要站在工作岗位上，无论对任何客人，都要做到宾客至上，竭尽全力使客人感到方便、舒适、满意、愉快。这就是旅游职业道德对我们旅游工作者的基本要求，而绝不允许员工带着个人情绪上岗，或见钱眼开、以貌取人、厚此薄彼，以致做出有损国格、人格的事情来。

❖特别提示

服务对象的多样性，要求从业人员必须具备丰富的知识，只有这样，才能提供针对性的服务，否则就可能会弄巧成拙，甚至惹来麻烦。

比如，在孟加拉国不要拍打人的后背，因为他们认为这是一种极不礼貌和不尊重人的行为；也不要不经他们同意就给他们拍照，不要做跷拇指这个手势。他们视其为不礼貌的举止。再如，伊拉克与其他所有的伊斯兰教信仰为主的国家一样，忌讳左手传递东西或食物，视左手为肮脏之手；他们讨厌蓝色，忌讳黑色；忌讳别人送的礼物中带有星星的图案；忌讳客人赴宴餐毕不及时洗手告辞，认为餐毕不走是贪吃和不礼貌的表现。新加坡人忌讳乌龟、讨厌男子留长发，在泰国不能随便摸小孩子的头……

（二）服务内容的多样性

旅游业的服务内容是由旅游活动的内容决定的。旅游活动的内容极为丰富，有观光游览、探亲访友、学习考察、商务旅游、国事访问、朝圣拜佛、民间交往以及体育比赛、登山探险等。其中，消遣性的旅游占了很大比例，据近年来世界旅游组织的有关统计表明，大约占 70%。这就要求我们的旅游职业道德具有广泛的适应性。

（三）服务方式的多样性

旅游业的主要任务是要为旅游者提供食、住、行、游、购、娱等一条龙服务。这就必然牵涉到很多行业，形成许多分工细致的部门。如旅游业由旅行社、旅游交通、旅游饭店三大支柱构成，三者缺一不可，互相依赖。其中旅游饭店内部又有许多部门，如餐饮、娱乐、客房等各部，它们也是相互依存、密不可分的。旅游工作者就是通过不同岗位来满足旅游者各种不同的需要，使他们在整个旅游活动中感到方便、舒适和愉快。

四、高度的自觉性和实践性

社会主义旅游职业道德是正确处理人与人之间关系的新型职业道德，是在从业人员高度自觉性的基础上建立起来的、共同遵守的道德规范，具有高度的自觉性和实践性。

在社会主义制度下，旅游从业人员是国家的主人、企业的主人，他们应有强烈的责任感。当然，社会主义旅游职业道德不是自发形成的，而是通过良好的社会熏陶、职业道德教育和每个从业人员的努力逐步形成的。它一经形成，就会产生极大的道义力量，成为旅游从业人员在自己的职业活动中自觉遵守的行为准则。

五、多层次性

在社会主义初级阶段，我国的经济结构是多层次的，因此作为上层建筑的社会主义社会的职业道德必然表现出多层次性，社会主义旅游职业道德也不例外。一方面，我们在旅游职业活动中要引导从业人员树立正确的人生观、价值观，增强抵制个人主义、拜金主义、享乐主义等腐朽没落思想侵入的能力，在市场经济条件下，让集体主义成为社会主义旅游职业道德的主旋律，做到：上岗勇于竞争，为人注重清廉，竭诚互助，以保证企业朝着文明健康的方向前进，保证旅游从业人员向着更高层次发展。另一方面，目前我国尚处于社会主义初级阶段，人们的觉悟和道德水平有待进一步提高。我国的旅游业从业人员来自四面八方，不少人文化素质不高又没有经过正规专业的教育培训，所以还没有培养起较为规范、完整的旅游职业道德，也缺乏遵守旅游职业道德的深刻认识。在实际工作中，许多从业人员各行其是，爱怎样干就怎样干，直接影响了服务质量和行业声誉。正因为如此，我们必须积极提倡社会主义精神文明，大力加强旅游职业道德建设，使旅游从业人员的思想和行为不断跃上新的台阶，成为情趣高尚、有明确奋斗目标的强者，以崭新的道德风貌为社会主义旅游事业做出更大贡献。

国家旅游局关于在全国旅游行业开展向韩滨同志学习的决定

旅发〔2016〕84号

各省、自治区、直辖市旅游发展委员会、旅游局，新疆生产建设兵团旅游局：

韩滨同志是焦作市友谊旅行社有限公司的一名导游。2016年7月1日下午14时26分，韩滨同志受旅行社委派接待来自北京的49人旅游团队，在310国道河南省三门峡市境内发生严重交通事故，造成1人死亡，6人重伤。事故发生时，坐在离车门最近的韩滨同志被变形严重的汽车挤压卡住，双腿骨折，内脏出血。他在身受重伤的情况下，不忘导游职责，第一时间喊话安抚大家，组织游客有序撤离，提醒游客用安全锤砸开车窗逃生自救，在生命垂危之际及时报警，并向单位报告车祸情况。虽经当地医护人员全力救治，但韩滨终因伤势过重不幸辞世，年仅34岁。获救的47名北京游客联合签名，感激和赞扬导游韩滨在生命垂危时刻不顾个人安危、全身心为游客安全着想的感人事迹，自发制作了“最美导游”锦旗。

韩滨同志是一位从业13年的资深导游，他在危急时刻用生命履行了职责，树立了坚守岗位、舍己为人的光辉榜样，是新时期涌现出来的“平民英雄”，是游客眼中的“最美导游”，是践行社会主义核心价值观的楷模。为大力弘扬韩滨同志的先进事迹，国家旅游局决定，在全国旅游行业特别是导游队伍中开展向韩滨同志学习的活动。

向韩滨同志学习，就是要学习他舍身忘我、忠诚履职的高尚情操。韩滨同志忍受着巨大的伤痛，把岗位职责履行到生命的最后一刻。韩滨的感人事迹，凝聚了他对人民的热爱、对事业的忠诚和对社会的责任，体现了舍己为人、无私奉献的精神境界，彰显了旅游从业人员高贵的职业道德和操守。

向韩滨同志学习，就是要学习他临危不惧、处置果断的职业素养。韩滨同志在遭遇突发事故身负重伤的情况下，临危不惧，沉着履职，绝不是偶然的，而是他职业品德修养铸就的。韩滨在长期带团过程中养成的职业技能和极强的应变能力，才能在关键时刻展现出职业素养的强大力量。

向韩滨同志学习，就是要学习他爱岗敬业、尽职尽责的优秀品格。韩滨同志十三年如一日守职尽责，在平凡的岗位上创造了不平凡的业绩。韩滨为人忠厚质朴，对安排的工作不“挑肥拣瘦”，始终把游客满意作为第一目标，为游客提供优质服务。

向韩滨同志学习，就是要学习他热爱生活、助人为乐的可贵精神。韩滨同志始终保持乐观向上、乐于助人的生活态度，在家里是一个好儿子、好丈夫、好父亲，在单位是一个好同事、好职员、好导游，经他传帮带的新导游超过200人，在工作中助人为乐、热心援助的善举不胜枚举。

各级旅游主管部门要充分认识开展向韩滨同志学习活动的重要意义，精心组织，统筹安排，把学习韩滨同志先进事迹与“两学一做”学习教育结合起来，与推动旅游业发展结合起来，不断提升服务质量，提高行业整体素质，树立良好的行业形象。希望全国旅游从业人员以韩滨同志为榜样，始终保持爱岗敬业、奋发有为、干事创业的精神状态，为把我国旅游业培育成为国民经济的战略性支柱产业和人民群众更加满意的现代服务业提供强大精神动力。

国家旅游局

2016年7月8日

（资料来源：国家旅游局下发决定，开展向韩滨同志学习活动．中国旅游报公众号，2016-07-14）

又见云南导游发飙 怒骂“41个游客都是行李吗?”

目前正值暑假，不少父母趁着假期带孩子出去旅游。山东烟台的娇女士也趁这个假期带孩子到云南玩了一趟，但这一趟玩回来娇女士一家一点都不开心，还憋了一肚子气。原来，导游整天带着娇女士一家子到处购物，全程就没个好脸色，要是不买或者买的不多，导游就在车上一通发火。原本应该心情愉悦的这趟旅行，成了被导游训斥的日子。

云南某旅游公司的这个导游到底是怎么骂人的？有一位游客用手机录下了她发飙的音频。音频一开始，这位自称“小刘”的导游对游客好一番讽刺挖苦：“你昨天要是觉得一说普洱茶，你们家满山都是普洱茶，一说植物精油，你们家炒菜都是植物精油，一说翡翠你们家镯子一地都是，你就不喜欢戴而已，一说银子你们家银子都可以成筐的话，那你昨天就该交够费用，别到今天再来害我。”

接下来，这位导游开始强行对游客“推介”当地销售的银器。“我问一下在座的各位贵宾，咱们对银器感兴趣吗？感不感兴趣？”这时，大多数游客都以沉默相对，只有一位女游客勉强地说了句“还行”。这样的效果显然令导游“小刘”不满，她大声质问道：“只有一个姑娘回答吗？小刘我带着42个人，只有一个美女回答我的话，剩下41个人都是行李吗？”接下来，她提高音量又问：“感不感兴趣？”游客的回应仍然稀稀拉拉：“感兴趣。”

看到游客们对她敢怒不敢言，小刘继续发飙：“在这个地方你要愿意消费的你就跟我进去，你要不愿意消费的，师傅待会把行李箱打开，拿着你的行李箱爱去哪去哪，好不好，下车！”

旅游团里有个游客在车上就打了一会盹，结果被导游生生给喊醒，然后奚落了一顿。“姐姐，别睡了，我还真佩服你，这么多路程，小刘我说话声音这么大，摇晃的那么厉害。”

游客弱弱地回答：“闭目养神”。导游小刘却不依不饶：“不是闭目养神，我现在都到十八里堡了。第一天我就跟大家说过，我拿话筒的规矩是不是，我要你睁开眼睛看着我，我才知道你对我讲的东西感兴趣，我才知道我还有没有必要站在这里。”

这哪里是去旅游啊，简直就是听那位导游训话。据娇女士说，因为他们身在异乡，人生地不熟，又怕出危险，所以全车人也不敢吱声，就由着那个导游在那发飙，大气也不敢出，但是回到家里越想越憋屈，觉得我好容易出去旅个游，我花钱买罪受啊。

（资料来源：国家旅游局严肃查处云南辱骂游客导游涉事企业．中国旅游报公众号，2015-08-19）

第四节　社会主义旅游职业道德的作用

社会主义旅游职业道德的作用，是道德功能在旅游职业范围内的具体表现。它对旅游业的发展，对我们从业人员的素质提高，以及对社会良好风尚的形成有重大作用。随着改革开放的深入发展，职业道德的作用也表现得更加明显。社会主义旅游职业道德的具体作用有其自身的特点：

一、有利于提高旅游专业队伍的素质，推动旅游业的高质量发展

旅游业的发展离不开“硬件”与“软件”的建设，经过艰苦努力，我国旅游业的“硬件”建设已有了很大的发展，特别是饭店建设的规模和质量已达到了相当的水平，有了长足的进步。但是，“软件”建设却存在着明显差距，这种差距已成为制约我国旅游业发展的主要因素之一。旅游业的竞争，归根结底是人才的竞争，而人才竞争的实质是人才素质的竞争。所以，提高旅游专业队伍的素质，提高全行业的职业道德水平，是加强旅游业“软件”建设的关键。

要提高旅游专业队伍的素质，必须从德、智、体、美、劳诸方面着手。而“德”又是第一位的，它包含政治素质和品德素质，而品德素质是对一个合格的旅游工作者的基本要求。旅游专业队伍基本素质的提高很大程度上取决于加强旅游职业道德的教育，培养良好的道德品质，使员工具有职业道德观念和行为，能自觉地“表里如一”和“始终如一”地履行自己的岗位职责和职业道德规范。

马克思主义伦理学充分肯定了社会实践在道德品质形成过程中起着决定性的作用。但是，人们不可能在社会实践中自发地形成良好的道德品质，而是需要在马克思主义道德理论的指导下，接受职业道德规范教育，将自己的道德行为在职业活动的实践中反复磨炼，养成良好的行为习惯并使之成为自觉的行为方式，从而形成良好的道德品质。对每一个旅游工作者来说，他们的实践就是本职工作中的实践。因此，在实践中，加强社会主义旅游职业道德教育也就成了培养旅游工作者良好的道德品质的重要途径。社会主义旅游职业道德可以充分发挥其教育功能，提高旅游工作者的道德意识，陶冶他们的道德情感，锻炼他们的道德意志，培养他们的道德习惯，并通过道德评价和自我道德修养，从多方面促成良好道德品质的形成，从而帮助他们正确认识自己的社会责任（职业责任）和道德义务（职业义务），树立崇高的职业理想和职业道德，激发他们对本职工作的热爱和业务技能的钻研。在旅游职业活动中，提高从业人员素质的关键在于加强职业道德教育。只有这样，才能逐步形成具有良好品德素质的旅游专业队伍，旅游业才能冲破瓶颈，更快地向前发展。

❖拓展知识

国务院印发的《“十四五”旅游业发展规划》指出，“十四五”时期要以习近平新时代中国特色社会主义思想为指导，坚持稳中求进工作总基调，以推动旅游业高质量发展为主题，以深化旅游业供给侧结构性改革为主线，注重需求侧管理，以改革创新为根本

动力，以满足人民日益增长的美好生活需要为根本目的，坚持系统观念，统筹发展和安全、统筹保护和利用，立足构建新发展格局，在疫情防控常态化条件下创新提升国内旅游，在国际疫情得到有效控制前提下分步有序促进入境旅游、稳步发展出境旅游，着力推动文化和旅游深度融合，着力完善现代旅游业体系，加快旅游强国建设，努力实现旅游业更高质量、更有效率、更加公平、更可持续、更为安全的发展。

二、有利于改善经营管理，提高经济效益和社会效益

随着现代化旅游业的迅速发展，旅游市场竞争愈加激烈，旅游者已不仅仅满足于一般的旅游服务，他们对旅游业的服务态度、服务质量提出了更高的要求，这为现代化旅游业的经营管理提出了新的课题。如何使旅游业的管理机制正常而高效地运转，除需要很多经济法则和行政手段外，在很大程度上还需要管理者有高度的协调艺术。经营管理需要内部关系的协调与外部关系的协调，要靠集体的努力和协作才能成功。具体地说，搞好旅游业的经营管理，必须正确处理好企业与旅游者的利益关系、旅游企业与其他行业的利益关系以及旅游业内部的关系，建立良好的人际关系和公共关系。任何一个环节的关系没理顺，出了问题，都将影响整个旅游业的经营管理。

社会主义旅游职业道德对于调节这种复杂的关系起着重要的作用，往往比法律手段、行政手段范围更广泛，影响更深刻。社会主义旅游职业道德要求我们旅游企业的每个员工，必须认真履行“热情友好，宾客至上”“真诚公道，信誉第一”等道德规范，因为它们具体体现了旅游企业与旅游者之间的正确关系，保证了企业和旅游者的共同利益；而“团结协作，顾全大局”“遵纪守法、廉洁奉公”等道德规范又把行业与行业间的相互利益统一起来，这些道德准则为旅游业的经营管理提供了良好的条件。

总之，旅游业的经营管理仅仅依靠规章制度、奖惩条例是不够的，必须结合旅游职业道德教育，让员工树立起职业责任心、道德责任感，做到敬业、乐业，在服务工作中发挥自己的积极性和创造性，这样才能有助于改进管理，提高旅游业的社会效益和经济效益。

三、有利于改善服务态度和提高服务质量

当今世界旅游业已呈现出从观光型向度假型发展的趋势，在目前人们的旅游意识日益强烈和逐渐成熟的情况下，人们已将旅游作为寻求物质享受和精神享受的一种新的消费方式，因此对旅游过程中的食、住、行、游、购、娱提出了更高的要求。我国的旅游业应顺应这一潮流，改善服务态度，提高服务质量，增强服务意识，把优质服务放在首位。无论饭店业、旅游运输业，还是旅行社接待业、景点景区服务业，都应该坚持为旅游者提供多层次、全方位的优质服务的原则，拉开合理、合法、合情的服务档次，并相应提高服务水准，以适应国内外不同类型、不同层次旅游者的需求。在旅游者面前，旅

游从业人员就代表旅游企业，其一言一行，关系到企业形象。

在这个过程中，除需要物质条件和技术要求外，重要的还是如何处理好旅游工作者和旅游者的关系，即主客关系。调节好二者之间的关系，是社会主义旅游职业道德极其重要的一项任务。所以，要发展我国的旅游业，必须充分发挥职业道德的调节功能，首先处理好主客关系，把努力改善服务态度和提高服务质量作为中心环节来抓。社会主义旅游职业道德要求旅游工作者必须全心全意为旅游者服务，时时处处为旅游者着想，始终把旅游者的需求放在第一位，做到宾客至上，把旅游者的满意看作是自己的工作目标。如果旅游工作者能始终如一地做到这一点，服务态度、服务质量就一定能上一个新台阶。即使我们的“硬件”还有某些不足，也同样能创造第一流的服务水平。旅游业一句俗话说的“‘硬件’不足，‘软件’补够”，是有一定道理的，“电扇加上优质服务”，会起到空调的效果。

四、有利于建设社会主义精神文明和推动良好社会风气的形成

精神文明建设是社会主义建设的重要目标之一。邓小平同志一再强调，建设有中国特色的社会主义要坚持物质文明和精神文明建设，“两手一起抓，两手都要硬”。精神文明建设的根本任务是要培养有理想、有道德、有文化、有纪律的社会主义事业的建设者，提高整个中华民族的思想道德素质和科学文化素质。

在精神文明建设中，我们要把中华民族历史上一切优秀的思想道德文化成果继承下来，发扬光大；同时，也要把世界各国各民族的一切优秀思想和文化成果吸取过来。当然，对历史文化的继承，不是颂古非今；对外国有益文化的吸取，不是全盘“西化”。无论对历史文化，还是外国文化，都要“取其精华，去其糟粕”，使之融汇于社会主义的精神文明之中。

旅游业接触面广，流动性大，常被人们称为“面向世界的窗口”。旅游业是社会主义事业的重要组成部分，是社会主义精神文明建设的重要领域之一。旅游活动带来的人际接触和文化交流对社会有很大的积极作用，可以促进民族文化的发展，推动科学技术的交流，丰富人民群众的精神文化生活，开阔眼界，了解世界，为发展社会主义精神文明做出贡献。但是，需要指出的是，在改革开放的新形势下，某些消极因素和腐败现象也会乘机滋长蔓延，侵蚀旅游业员工队伍，所以必须引起高度重视，大力加强旅游职业道德建设，充分发挥它的教育功能，提高旅游工作者的是非鉴别能力，增强防腐能力，形成一支具有良好道德水平的旅游专业队伍。

从广泛而深远的意义上看，职业道德功能的发挥，会促进社会道德风尚的形成和完善。因为我们每个人一生有 1/3 的时间都在从事职业活动。职业生活是人们社会生活三大领域中的主体，职业道德也是整个社会道德的主体。高尚的职业道德，能直接带动整个社会道德的提高。旅游业是面向世界的窗口行业，“窗口”的含义主要表现为：首先，

它是企业形象的代表；其次，它是一个国家、一个城市形象的缩影；最后，它是社会风气的反映。人们从它那里能看到社会风气的现状，反过来它又影响着社会风气。旅游职业道德是社会状况一个侧面的反映，又给社会许多方面以巨大的反作用。可见，社会主义旅游职业道德不仅关系到我国旅游业的兴旺发达，而且直接影响到我国的社会风气和国际声誉。所以，社会主义旅游职业道德教育不仅可以提高每个员工的道德品质，而且还可以通过职业道德的教育对形成良好的社会风气产生直接的、积极的影响，从而提高整个社会的道德水平，促进社会主义精神文明建设。

五、有利于抵制精神污染和反对、纠正带有行业特点的不正之风

人类社会的各种职业活动往往都同一定的权力、财富、利益相联系。因此，社会上的种种不正之风也常常和一定的职业活动有关，带有行业的特点。国际旅游业的发展，一方面对社会产生积极的作用，但同时也带来了某些消极影响，使我国优良的传统道德受到冲击，出现了拜金主义、个人主义、享乐主义的思想和言行。比如，降低服务档次，向游客索要小费，与游览地商店老板勾结在一起坑害游客等。这不仅扭曲着一些人的灵魂，影响着人际关系的协调，而且严重地制约着旅游业的发展和社会的进步。面对这些问题，必须开展旅游职业道德教育，抵制旅游业的不正之风，抵御一切腐朽没落思想对旅游从业人员的腐蚀和毒害，帮助职业学校学生识别真假、善恶、美丑。坚持社会主义旅游业的正确方向，不仅对我国，而且对国际社会都有着重要的现实意义。

❖特别提示

现代社会使现代人普遍地享受到了高度的物质文明，丰富的社会物质财富及日益方便的社会生活和日益多样的满足人们需求的手段等，正像法兰克福学派的代表人物——马尔库塞所说的那样："工人和他的老板欣赏同一电视节目并游览同样的娱乐场所"。"打字员打扮得像她的雇主的女儿一样花枝招展"。物质生活的富裕已经变成了普遍的事实。但在这种情形下，人们并没有因此而获得真正的幸福，而是相反。人们反而变得更加痛苦了。其原因，就在于人们在物质资料的消费中，变得为消费而消费，成了消费主义者。

弗洛姆说："一瓶可口可乐在手，我们喝的是漂亮的少男少女在广告上畅饮的那幅景象，我们喝的是瓶上那条'令你精神百倍'的标语。"人们"在消费上，永远感到饥饿。购买最新发明的玩意儿、市场上最新式的任何东西，是每个人的'梦想'，而真正的'用'，相形之下倒是次要的了。"

马尔库塞还说："高生产和高消费处处都成了最终目的。消费的数字成了进步的标准。结果，在工业化的国家里，人本身越来越成为一个贪婪的、被动的消费者。物品不

是用来为人服务，相反，人却成了物品的奴仆，成了一个生产者和消费者。”

为消费而消费，为享受而享受，甚至喊出了“白天死过去，晚上活过来”的口号。人人都寻求快活，今朝有酒今朝醉，“而寻求快活就是通过消费得到满足”，消费变成了人的唯一真正的目的。但是人们发现“消费者的天堂并没有给予它所允诺的快乐。”“人正在面临着一股自己根本无法控制的力量，与这股力量相比，人只是一粒尘埃罢了。”

（资料来源：马尔库塞，弗洛姆.痛苦中的安乐——论消费主义.昆明：云南人民出版社，1998.）

❖案例分享

接待意大利旅游团

某年夏天，北京的导游员温小姐接待了一个8人的意大利旅游团。该团由一个叫乔瓦尼的家庭组成。他们对中国的民俗风情和文化艺术很感兴趣，总是提出很多问题。针对客人的要求，温小姐便结合一些与中国有关的意大利历史人物给他们讲解。例如，在参观卢沟桥时，介绍了马可·波罗；在参观南堂时，提到了利玛窦；在故宫的绘画馆又详细介绍了郎世宁的作品风格。客人对这些内容产生了浓厚的兴趣。

他们在旅游活动中总是显得好奇心很强，有时还表现得很好胜。在去长城的路上，他们总是要求司机提高车速，超过前面的车。温小姐便用一句意大利谚语对他们讲：“谁走得慢些，就安全，就会走得更远些。”听了温小姐的话，他们表示可以理解。在用晚餐方面，客人总是要求晚一些吃饭。温小姐告诉他们，旅游团的晚餐是事先预订好时间的，况且中国人吃晚餐的时间比较早，如果时间太晚，一些餐厅就会关门了，所以希望他们“入乡随俗”。

在接待中，温小姐发现，客人们都听从乔瓦尼先生的指挥。他在整个团队中有家长的威严。因此，她事事与乔瓦尼先生商量，征得他的同意。乔瓦尼先生对此感到很满意，有时主动帮助温小姐解决一些问题，起到了领队的作用，减少了温小姐的不少麻烦。

由于温小姐事先对客人的风俗习惯和要求有所了解，服务周到，热情、耐心，因此得到了客人的信任和理解。临别时，大家都很满意，并表示今后还要再来中国旅游。

[评析]

意大利素有“艺术之乡”的美称。意大利人也有周游列国的习惯。因此，了解他们的风俗习惯，对于接待该国的旅游者来说，是十分必要的。

意大利人多数信仰天主教，性格热情、爽直，比较好接触。

在游览方面，比较喜欢中国的古建筑、艺术品和风土人情，喜欢娱乐性强的活动。

意大利人的家族观念比较强，导游员在接待家庭旅游团时应注意搞好与家族代表的关系。由于存在文化上的差异，客人对所见到的东西很好奇，经常提出问题。导游员对待客人提出的问题要耐心解答，有时还要重复讲解，讲解中可用意大利人常用的谚语。

（资料来源：程新造．导游接待案例选析．北京：旅游教育出版社，2004.）

思考与练习

1. 社会主义职业道德的基本内容有哪些？
2. 社会主义旅游职业道德是如何形成和发展起来的？
3. 社会主义旅游职业道德有哪几大特点？
4. 社会主义旅游职业道德对提高从业人员素质有什么作用？
5. 社会主义旅游职业道德对形成良好社会风气有什么作用？

第三章　旅游职业道德的核心、基本原则和要求

引　言

任何一种道德体系，必须有它的精髓——道德核心，在此基础上还必须由道德的基本原则和基本规范构成。本章将阐述旅游职业道德的核心和基本原则。

❖教学目标

· 阐述旅游职业道德的核心与基本内容
· 阐述旅游职业道德的基本原则
· 说明社会主义旅游职业道德的基本要求

❖案例导入

多省万人大团游瘦西湖，
坚持游客为本，服务至诚

春风十里扬州路，卷上珠帘总不如。这样耳熟能详的诗句回荡在耳畔，秀美旖旎的扬州风光好似浮现在眼前，怎么能不亲自去寻找这心动的感觉呢？

3 月 26 日上午，来自河南、河北、江西、湖南、湖北、山西、陕西、山东、安徽等地的近万名游客来到扬州，畅享瘦西湖的春光美景，西门停车场的车辆和游客数量达到了小高峰，蔚为壮观。

3 月起，扬州旅游进入持续高峰期，扬州瘦西湖每逢周末都会迎来旅游旺季团队和散客游览的小高峰，为了避免万人大团与散客客流高峰集聚于瘦西湖西门广场，出现排队时间较长、大量游客滞留广场的现象，扬州旅游营销中心与瘦西湖景区携手合作，提前制定接待预案，确保团队安全有序地停车入园。

早上 5 点多，营销中心市场部、电商部、景区票务科、安保科、特勤等工作人员全部到岗，为万人大团游客协调大巴车停车场，开辟 VIP 绿色通道，节省游客入园时间和加快入园速度，不因团队游客量大而降低服务标准，保证景区服务质量始终保持优良，提升游客对瘦西湖景区的旅游满意度。通过 VIP 绿色通道，游客进园后可直达熙春台并

合理分流，遍览瘦西湖美景。扬州旅游营销中心与瘦西湖景区通力合作，携手并肩，做好车辆停放、团队确认、协助入园、秩序引导等事宜，为了保证此次万人大团的游览秩序，努力做到接待预案切实可行，旅游秩序安全有序，保障工作充分得力，协调机制运营有效，营造良好旅游环境，将主动服务意识贯彻到实处，时刻为游客提供更人性化、更高标准的服务，保证让每位团队游客在出游过程中安心、省心和舒心。

自 2013 年 10 月 1 日起，扬州旅游营销中心充分发挥市场机制，积极挺进“华东线”旅游市场，扬州首次正式加入这条黄金旅游线，为扬州旅游打开更广阔的发展局面，进一步拉近与更多、更远客源地的距离，改变扬州客源地分布结构和比例。华东团队的游客量，从一开始的单线单点对接，好似缓缓小溪，到如今四面八方游客如江海汇聚涌入扬州。3 年多的时间，扬州瘦西湖的大型团队接待能力逐步提升，扬州作为旅游目的地的辐射半径也在不断拓展，更重要的是“扬州瘦西湖，精致慢生活”的品牌吸引力已经慢慢深入人心。在旅游步入“散客时代”、营销进入“口碑为王”的新形势下，通过团队游客的口碑传播，为扬州带来更多的自由行游客，发挥扬州跻身华东线带来的长期效应。

（资料来源：沈伟 . 新华社公众号，2017-03-27）

第一节　旅游行业核心价值观

中国旅游行业核心价值观是“游客为本，服务至诚”。“游客为本，服务至诚”是国家旅游局在社会主义核心价值观的引领下，经过反复酝酿，由上而下、由下至上的充分沟通，于 2013 年 10 月 16 日向全行业推出的旅游行业核心价值观。

国家旅游局关于在旅游行业大力开展践行行业核心价值观工作的通知

“游客为本”即一切旅游工作都要以游客需求作为最根本的出发点和落脚点，是旅游行业赖以生存和发展的根本价值取向，解决的是“旅游发展为了谁”的理念问题。

“服务至诚”即以最大程度的诚恳、诚信和真诚做好旅游服务工作，是旅游行业服务社会的精神内核，是旅游从业人员应当树立的基本工作态度和应当遵循的根本行为准则，解决的是“旅游发展怎么做”的理念问题。

“游客为本”和“服务至诚”二者相辅相成，共同构成旅游职业道德核心价值观的有机整体。“游客为本”为“服务至诚”指明方向，“服务至诚”为“游客为本”提供支撑。二者完美地结合在一起，体现了对服务对象的承诺，是社会主义核心价值观在旅游行业的延伸和具体化，指引着旅游行业巩固作为国民经济的战略性支柱产业地位和满足小康社会民众的美好生活的刚性需求的高质量现代化服务业两大战略目标更好地前进，并在这个过程中实现从业人员、旅游者、企业、社会等多方面利益相关者的共赢。

国家旅游局号召全国旅游行业向杨京红同志学习

2014 年 5 月 19 日“中国旅游日”，国家旅游局下发了《关于在全国旅游行业开展向杨京红同志学习活动的通知》，号召向“华山卫士”——好司机杨京红同志学习。

据了解，《通知》号召全国旅游行业的广大干部职工要以杨京红同志为榜样，忠于职守、爱岗敬业、勇于拼搏、乐于奉献，大力弘扬和践行社会主义核心价值观和“游客为本，服务至诚”的旅游行业核心价值观，全心全意为旅游者服务，以积极向上、奋发有为的精神面貌，扎实做好各项工作，为把我国旅游业建设成为国民经济战略性支柱产业和人民群众更加满意的现代服务业、为促进旅游业持续健康发展做出更大的贡献。

3 月 9 日下午，杨京红在驾驶旅游车由华山索道返回游客中心途中突发脑出血，面对前有急转弯道、右有深沟的紧急情况，杨京红以坚强的毅力紧握方向盘，将车平稳停靠在安全地带，确保了全车 31 名游客的安全，自己最终因抢救无效献出了年仅 39 岁的宝贵生命。他在昏迷前留下的最后一句话是：“我不能开了，你们放心，我会叫人把你们安全送到目的地。”在危急时刻，杨京红同志忠于职守，不辱使命，不惜用自己的生命履行了一位旅游车司机的神圣职责。

（资料来源：人民网）

第二节 旅游职业道德的核心

旅游行业核心价值观是旅游业从业人员的行动指针，也是旅游职业道德建设的方向指引。

全心全意为旅游者服务，是社会主义旅游行业的根本宗旨。从伦理学的角度说，它是社会主义道德基本要求之一“爱人民”的具体化和补充，也是对老一辈无产阶级革命家倡导的全心全意为人民服务的光荣传统的弘扬。

一、社会主义旅游职业道德的核心

中华人民共和国成立以来特别是改革开放以来，社会主义道德建设不断进步，社会主义道德的核心和原则等也逐步建立，在培养全体人民的道德品质、提高全社会道德素质、提升社会道德水平方面发挥了重要的指导作用。

一般来说，核心是指一个事物的最主要的部分，是一个事物的灵魂，居于一个事物的中心，处于决定的地位，其他方面的取向都由此确定。道德的核心，也就是道德的本质含义、道德建设的灵魂，总是同它的根本出发点和根本目的联系在一起的。因此，道德核心问题，实质上就是一个为什么人的问题，是一个根本的问题。世界上各种对立的道德观念之间的根本区别，归根结底表现为究竟是为什么人的问题。自古以来，一切剥削阶级的道德核心都是为少数人服务，只有无产阶级的道德核心才是为广大人民群众服务的。党的十四届六中全会《决议》第一次明确提出："社会主义道德建设要以为人民服务为核心。"《新时代公民建设实施纲要》也强调："坚持马克思主义道德观、社会主义道德观，倡导共产主义道德，以为人民服务为核心，以集体主义为原则，以爱祖国、爱人民、爱劳动、爱科学、爱社会主义为基本要求，始终保持公民道德建设的社会主义方向。"

社会主义经济基础和人际关系是为人民服务的前提和基础。在我国，以公有制为主体和以按劳分配为主体，是为人民服务的根本制度保证。在此基础形成的团结互助、平等友爱、共同进步的人际关系是为人民服务的基础。

为人民服务是社会主义经济的健康发展的要求。市场经济条件下，市场主体只能通过劳动向社会提供服务甚至是优质服务，才能实现其利益。这就要求每个市场主体都要有为人民服务的思想，自觉把自身的利益同国家和人民的共同利益紧密结合。

为人民服务是先进性和广泛性的统一。为人民服务，既伟大又平凡，既高尚又普通，可以通过不同层次不同形式来体现。毫不利己、无私奉献是为人民服务，互相关心、互相帮助也是为人民服务，见义勇为、助人为乐是为人民服务，遵纪守法、诚实守信也是为人民服务。为人民服务不只适用于党员干部，也适用于全体人民。

为人民服务作为社会主义道德的核心，是社会主义道德区别于和优越于其他社会形态道德的显著标志。大学生践行为人民服务，就是要尊重理解别人、关心他人、为他人为社会多做贡献、多做好事。

旅游者的含义是相当广泛的，既包括中国的旅游者，也包括世界各国的旅游者，他们都是旅游业的"上帝"，永远是旅游企业生存和发展的关键。因此，全心全意为旅游者服务也是旅游行业的性质、任务的要求。

❖特别提示

"旅游者就是上帝"是对旅游者的最高尊称。旅游从业人员要真正做到尊重上帝就必须对上帝有一个正确认识。

"上帝总是对的"并不是对客观存在的事实所做的判断，只是对旅游从业人员对游客服务的要求。上帝是平等的。每一位旅游者都是上帝的化身。我们在为他们提供服务时应一视同仁。旅游从业人员和旅游者在人格上是平等的，但由于社会分工的不同，客人有权利要求服务人员为自己服务，而服务人员有义务按照客人的要求提供服务。

二、社会主义旅游职业道德核心的基本内容

要理解、把握全心全意为旅游者服务这一核心，并在职业活动中实践它，必须从以

下三方面进行：

（一）热心为旅游者服务

接待服务是旅游工作的主要特点，旅游工作的服务对象是广大旅游者。热心为旅游者服务，关心和爱护每一位旅游者，尽可能满足他们的合理需求，是员工热爱旅游事业和本职工作的具体表现，也是员工为人民服务精神的具体表现。旅游业的干部职工应当牢记，广大旅游者是我们工作的主要对象，为他们提供服务则是我们工作的主要内容。

就旅游服务接待来说，越是高级的饭店、信誉好的旅行社，越强调为旅游者服务的服务之心。很多饭店常常通过各种途径来培养服务精神。对优良的服务而言，服务之心要比服务条件、服务技巧重要得多。饭店业之所以被称为 Hospi-tality Industral，是因为 Hospitality 即为“招待”之意，而热心为客人服务是饭店业的基本精神，是优质服务之本。

服务之心淡薄的员工，不仅会使客人失望，而且会给企业和我国旅游业带来不良影响，甚至会损害国家的形象。从下面所举案例，可以看出不同的服务之心、服务意识所产生的不同效果。

某年，某旅行社一位导游带一个由 18 人组成的新加坡旅游团，其中有一位 81 岁的老人偕女儿同行。他是下肢瘫痪的残疾人。该团由 × 城入境，当老人坐着轮椅出机场时，该城的一位地陪见了大为惊讶：“你怎么这副样子来旅游？让我怎么办？为什么不早来呀？！……你就待在宾馆吧！”这位先生听了这番话顿时脸色变白，显得十分难过。到 × 城的第一天下午，他就一个人默默地在房间里度过。

当晚全陪到客房去看望老先生。老人深情地告诉全陪：“41 年了，这是第一次批准我父女俩回祖国观光。我有个心愿，在我走前一定要看看长城，不到长城心不死啊，可是……”全陪听罢，对老先生说：“您克服这么大的困难，不远万里来祖国观光，我一定设法使您尽量多看看。”一路上，全陪不厌其烦地与各城市的机场、饭店联络，要求提供轮椅和方便，并不怕劳累地满足老人的心愿：在西安，她亲自推着轮椅带老人看兵马俑；在北京，当汽车抵达长城脚下时，她先带领全团客人登上长城，然后又跑回来，找了四位解放军战士，向他们说明情况请求帮助，战士们听了深受感动，欣然把老人连同轮椅一起抬上长城第一层敌台楼。老先生感激得说不出话来，但见他老泪纵横，目击者无不为之感动。待全团客人到齐，留影并拍摄录像时，老先生坐在中间，拉着全陪的手，热泪满面地笑着说：“这样好的导游员只有中国才有，此次来祖国真正感受到了人间的爱……”领队将录像带回了新加坡，作为宣传中国导游优质服务的见证。

从另一个角度讲，旅游业是一项社会公共事业（包括经济、文化和民间往来等），具有广泛的全民性。我们的职业责任和道德义务是为全体旅游者服务，即为全社会服务。只要是旅游者，都应该不分性别、年龄、民族，职业、宗教信仰等一视同仁，给予热情接待，使他们在旅途中感到安全、方便、舒适、愉快。当然，热心为旅游者服务，关心和爱护他们，是从职业责任和道德义务方面来说的，并不是无原则的私人亲热或迁就。

总之，我们在对待旅游者的态度上，要牢固树立为旅游者服务就是为社会服务、对旅游者负责就是对社会负责的道德观念。

❖特别提示

“服务是一种职业”。旅游从业人员要从内心体现出对旅游者的热情。这一点与现在流行的“耍酷”是格格不入的。但是，热情也必须注意把握好“度”，过度的热情，无孔不入的热情，会让旅游者感到不自在，结果就会事与愿违。

（二）加强职业责任心和道德义务感

要真正做到全心全意为旅游者服务，还必须加强职业责任心和道德义务感。职业责任心是个人对实现职业责任所持的态度；道德义务感是个人对履行某种道德要求的高尚情感。二者都同责任、义务等有关。

一个对社会有价值的职业的从业人员，只有正确认识本行业在整个社会生产中的地位、性质、职责、意义、服务对象与手段，才有形成和提高自身道德品质的思想基础。有了这样的思想基础，从业人员才会自觉地让自己的道德行为合乎规范，产生达到职业道德的要求和做好本职工作的强烈责任心。

北京建国饭店保洁员王文苗，在单调乏味的卫生间的工作岗位上，冲水、擦地、擦台面，为客人提供周到的服务，没有任何怨言。他总是以热情服务和浓浓爱心使客人感到家庭般的温暖。强烈的职业责任心和尽心尽职为旅游者服务的精神，使他赢得了许多中外客人的尊敬和赞扬，被评为建国饭店的最佳员工。

道德义务感的建立，主要取决于对“人生价值”的理解。现代著名科学家爱因斯坦就曾说过：“一个人对社会的价值，首先取决于他的感情、思想和行动对增进人类利益有多大作用。”“人生价值”主要取决于对社会的贡献，也就是个人能为满足社会需要而做出什么样有益的事情。服务工作是由许许多多小事构成的，看似平凡，却又不平凡。正是许多默默无闻的旅游业员工，以自己的无私服务精神和自觉行动，使旅游者能愉快顺利地进行旅行游览活动，为集体和国家赢得声誉。

北京台湾饭店曾出现过动人的一幕：一家入住的外国客人，妻子是全身瘫痪的残疾人，也许由于疾病心情不好，不肯吃饭，弄得丈夫愁、孩子哭。看到这种情景，中餐厅一位年轻的服务员走上前去，接过饭碗，一遍又一遍地、耐心地用英语鼓励、安慰客人，一次又一次地把饭送到她紧闭的嘴边。终于，女客人张开嘴笑了，一口、两口……服务员代替她的亲人喂她吃完了饭。

事后，有人问年轻的姑娘：怎么会走上前去？这位服务员回答：看到这不幸的一家，我从心里感受到他们的痛苦，忍不住流下同情的泪水，一股强有力的力量推着我上前帮助他们。“这强有力的力量”，就是道德义务感，就是高尚的爱心。

如果我们从道德义务的高度看问题，就应该在工作中更好地对待自己的服务对象，全心全意地为每个旅游者服务，从客人的快乐中寻找自身的价值和人生的乐趣。

（三）努力改善服务态度，不断提高服务质量

全心全意为旅游者服务，不只是一个道德意识问题，更是一个重要的道德行为问题。也就是说，必须把为旅游者服务具体落实到服务态度和服务质量上去，做到优质服务。服务态度，是指服务人员在接待服务对象时所持的神情、举止表现，通常包括心理状态、面部表情、形体动作、语言表达和服饰打扮等。服务质量，是指服务人员为服务对象提供服务的优劣程度，一般应包括服务的准备工作、服务设施的状态、产品或商品的性能、操作的技巧性和工作的效率等，这些都可以从服务过程中的许多细节体现出来。

湖北旅游景区微笑服务标准正式实施

例如：在客房，见到客人在往电梯走时，上前一步，为客人按亮电梯开关，并微笑致意；服务员整理房间做清洁时，顺便将客人的皮鞋擦拭干净；看到年老体弱的客人，主动上前搀扶；碰到客人生病时，服务员主动问候并联系医生等。在餐厅，当客人酒杯的酒还有 1/3 时，服务员主动将酒加满；宴席气氛热烈，客人说话声音越来越大时，服务员悄悄将背景音乐的音量调低一些；包间中，酒过三巡菜上五味、客人精神松弛时，服务员稍稍将空调开大一点；海鲜上席，骨碟渐满时，服务员很快撤碟换盘，并在桌上悄悄放一块方巾，等等。

在旅游服务中，讲求服务态度和服务质量具有特别重要的意义：

首先，旅游服务是一种“面对面”的服务，格外需要感情交流。其次，旅游服务的对象大多是一些追求较高层次需要的旅游者，他们在物质享受和精神享受方面的需求，不但比一般服务行业的客人要高，而且比他们自己在平常生活中的要求高得多，特别需要人格的尊重和生活方面的关心、照料。再次，旅游服务产品往往是在提供和销售的同时就被旅游者享用，如客房、餐厅和交通方面的服务，具有不可储存性。最后，旅游服务受人为因素影响很大，具有不可捉摸性，而且旅游者的多样性和流动性，以及旅游服务手段的复杂性，也增加了服务的难度。

总之，旅游业是“态度行业”，服务质量是旅游业的生命。作为一名旅游工作者，应当怎样来改善服务态度和提高服务质量呢？这就必须靠努力学习和刻苦锻炼来提高自己的素质了。我国旅游工作者的基本素质，包括思想品质、文化知识、技能技巧以及身体、心理等方面，其中尤以思想品德最为重要。一个员工的成长，无论是文化知识和技能技巧的提高，还是身体素质和心理素质的培养锻炼，都离不开理想、道德的支配，离不开坚定的意志和信念。当然，其他方面的提高也能反过来促进思想品德的提高。

综上所述，由于旅游活动具有综合性、多样性、流动性和享受性等特点，旅游服务需要灵活、快速、准确、多样和有的放矢，因此要确保服务质量是很不容易的。在很多情况下，单靠规章制度和行政措施是难以保证的。例如，餐具的消毒和客房的卫生要求，服务中的人情味和超常性，有时就很难用规章制度来检验或衡量；像旅游者的衣物、财产等在途中不慎遗失等，也很难用规章制度或行政手段去追究服务人员的直接责任。因此，要保证旅游服务质量，常常需要借助于服务人员的责任心、良心和义务感等道义方面的力量，也就是要发挥道德原则和道德规范的作用。由此可见，旅游职业道德在改善服务态度，尤其是在提高和保证服务质量方面，确实具有特殊的功能和作用。

第三节　社会主义旅游职业道德的基本原则

道德原则是调整个人与集体关系的核心议题，在道德规范体系中具有普遍的约束力。职业道德的基本原则，是从业人员进行职业活动时，应该遵守的最根本的行为准则，是进行职业活动的总的指导思想。它主导着旅游职业道德的一切规范，是衡量旅游工作者的最高道德准则。

一、集体主义是社会主义旅游职业道德的基本原则

（一）集体主义的含义

集体是相对于个体而言的。个体就是独立存在的个人，集体是由相互依存的个体构成的有组织的社会有机体。不是任何一群人都能称为集体的。集体不论其人数多少，不论其时间长短，都有一个根本特点，即构成集体的个体与个体之间，存在着一种相互依存、谁也离不开谁的关系。在这种相互依存的关系中，共同的目的、共同的利益、共同的组织，把这个联合体中的所有人紧密联系起来，形成一个整体。集体存在状态多种多样，性质各异，范围不同，小至家庭、班组、各种社会团体、各个单位，大至民族、阶层、政党、国家以至整个人类，都可称为集体。

集体主义这个术语最早由拉法格在《集体主义——共产主义》这篇文章中明确提出，不过，当时还未把集体主义作为道德原则来理解，而是作为政治信仰和社会理想。首先从道德意义上使用集体主义这一概念的是斯大林，1939 年他在同美国作家赫·乔·威尔斯的谈话中说道：

“个人和集体之间、个人利益和集体利益之间没有而且也不应该有不可调和的对立。不应有这种对立，是因为集体主义、社会主义并不否认个人利益，而是把个人利益和集体利益结合起来。社会主义是不能撇开个人利益的。只有社会主义才能给这种个人利益

以最充分的满足。此外，社会主义社会是保护个人利益的唯一可靠的保证。”[①]

在我国，国家利益、社会整体利益和个人利益在根本上是一致的，长期以来，集体主义已经成为调节三者关系的基本原则。社会主义集体主义，从伦理道德上看，即作为道德的基本原则来理解，主要包括以下几方面内容：

1. 集体利益处于首要地位

如果说社会主义社会是一个完整统一的大集体，那么，在这个大集体中，由于在社会主义初级阶段，由于社会生产力还不够发达以及现实中存在多种所有制经济成分等因素，以及种种具体情况和利益的区别，又可以分为许许多多个范围不同、层次不同的小集体。而一个个的个人则是集体中的“细胞”，没有一个个的个人，集体就成为抽象空洞之物，也无所谓集体了。这样一来，在现阶段社会主义社会中，实际上存在着三个层次的利益问题：一是宏观上有最广大人民群众共同拥有的根本的、长远的社会整体利益，这是社会主义社会中最为重要的利益。离开了它，就意味着背离了社会主义方向，背弃了我们的政治立场和原则。二是中观上有各种层次的小集体所要求的自身利益。三是微观上又有个体的个别利益。上述三种不同层次的利益，虽然在根本上是一致的，但并不完全等同，还存在着一定差别，也会发生矛盾。这就需要用集体主义原则加以调节和解决。集体主义原则强调社会整体利益高于局部的、个人的利益。在特定条件下，当局部利益、个人利益与社会整体利益、人民群众的根本利益发生矛盾时，要求局部利益、个人利益服从社会整体利益和人民群众的根本利益，甚至暂时做出必要的牺牲。在这个问题上，一定要保持清醒的头脑，分清轻重、主次、先后的关系。

2. 尊重个人正当利益

党的十一届三中全会以来，人们愈来愈清楚地认识到，我国正处于社会主义初级阶段，大多数人还不可能越过自己的基本利益去追求道德崇高，缺乏正当个人利益导向就难以发展自己，应该承认合法追求个人利益的正当性。我国实行经济体制改革，必然要求价值观念的更新。在发展社会主义市场经济中，要十分重视个人的物质利益原则。它不仅公开承认商品经济的直接目的都是取得价值，而且强调商品生产者和经营者的利益独立性。从一定意义上说，经济利益就是市场经济的发展动力。改革开放以来，轻利斥商的观念正在被克服，大力发展市场经济，提倡劳动致富，极大地促进了生产力的发展。20多年来，我国经济的大发展充分表明，承认“利”的合法性是何等重要。因此，在新形势下，集体主义原则在强调社会整体利益首要地位的前提下，同时也强调要充分尊重个人的合法利益，鼓励各地区、各企业以及个体劳动者通过合法经营、诚实劳动获取正当利益。并且国家还要尽量使个人的正当利益得到满足，为个人的全面发展提供应有的条件。集体主义原则既要求人们心向集体，以集体利益为重，又要求集体关心爱护

① 《斯大林选集》下卷，第354~355页

它的每个成员，充分发挥他们的才能和积极性、主动性、创造性。

3. 强调集体利益和个人利益的辩证统一

这种统一是以集体利益为基础的，但其形成既有两者直接统一的一面，也有两者经过一定中介和过程，迂回地达到统一的一面。新形势下，集体利益和个人利益的辩证统一这种义利并重的价值取向正在逐步取代重义轻利的价值取向。“义”的内涵已起了很大的变化。它不再是与“利”尖锐对立的旧道德观念的残余；也不再是脱离实际历史条件的空中楼阁式的道德理想。事实上，也只有提倡合理的“义”，才能正确地解决好个人利益、集体利益和国家利益之间的关系，从而对“利”起着指导作用。当然，特殊的情况下，为了人民的根本利益作出牺牲，不仅是必要的，而且是高尚的，应当大力提倡。在充分照顾个人正当利益的同时，我们更应当把集体主义作为调整个人利益与社会利益或他人利益的最根本的道德准则。

这正如邓小平所指出：“在我国，国家、集体和个人的利益在根本上是一致的，如果有矛盾，个人的利益要服从国家和集体的利益。为了人民大众的利益，一切有革命觉悟的先进分子必要时都应牺牲自己的利益。”①

因此，我们要重视和发挥社会主义道德原则的内在价值的作用，结合新的实际，正确认识和处理国家、集体、个人的利益关系，引导人们在把国家和集体利益放在首位的前提下，合法、合理、正当地拿取和实现个人的利益，加强个人利益应当服从集体利益的教育，反对以个人为本位的形形色色的利己主义，进一步搞好社会主义道德建设。

由上可见，社会主义集体主义原则包含着三个相互联系而又层次递进的含义。集体利益的首要性、个人利益的正当性、集体利益和个人利益的结合性。这个原则的基本点，就是从人民群众的根本利益出发，把社会整体利益摆在高于一切的位置，坚持个人利益服从集体利益，局部利益服从整体利益，眼前利益服从长远利益；在保障社会整体利益的前提下，实现个人利益和社会整体利益的有机结合，尊重个人正当利益；当个人利益和社会整体利益发生矛盾时，自觉地使个人利益服从于社会整体利益。这个原则的实质，就是通过社会、集体和个人利益关系的合理调节，最充分地体现人民群众的最大利益，达到为人民服务的目的。这是一种在集体利益和个人利益一致的基础上，在集体利益高于个人利益的前提下，充分重视个人的正当利益，力求发挥个人能动性的道德原则。

当前我国正处于社会主义初级阶段，从广大人民群众的一般道德水准出发，根据发展社会主义市场经济的需要，对人们的道德要求应当具有层次性。作为社会主义道德原则的集体主义也是这样，它在人们的道德实践中，大体上可分为三个层次：

一是无私奉献的最高层次，它要求人们时时处处严于律己，自觉地为他人、为社会

① 《邓小平文选》第2卷，第377页。

多做贡献，不计报酬，具有共产主义的劳动态度。二是先公后私的普遍层次。它要求人们在坚持社会整体利益高于个人利益的前提下，来谋取个人的正当利益，自觉做到先公后私、先人后己。三是义利兼顾的基础层次。它要求人们通过正当途径和合法手段来追求自己的物质利益，"君子爱财，取之有道"。要合法经营，诚实劳动，"以礼待人，以义应事"，"见利思义"，"义然后取"，"不以其道得之，不处也"。[①] 要顾全大局，正确处理国家、集体、个人三者之间的利益关系。

以上三个层次的集体主义要求，如果说第三个层次是对每一个公民所提的应有的基本道德要求，是起码的道德行为限度，第二个层次是对广大工人、农民、知识分子所提的普遍要求，那么，第一个层次就是对党员干部和先进分子所提的要求。作为党员干部，就是要弘扬无私奉献精神，贯彻集体主义道德原则，不断提高自己的道德境界，逐步养成高尚的道德品质。尽管我们仍处在社会主义初级阶段，但党员干部对于共产主义道德要坚定不移地身体力行，努力培养自己的共产主义劳动态度，全心全意为人民服务，站在时代潮流前面，成为精神文明建设的模范。只有这样，才能把广泛性道德要求和先进性道德要求更好地结合起来，在道德上不断进步。

❖案例分享

集体主义绽放新光芒

从道德层面观察中国战疫，能得到怎样的启示？不妨先看看几个感人事例：

大年初一，山东省肿瘤医院护士于亚群报名支援湖北。对于自己的孩子冲锋在前、尽职尽责，作为党员的父亲说，"国事为大，不用操心家里"。

火神山医院动工之初，急缺人手。项目负责人说，已经休假的员工纷纷请战，"疫情严峻，必须一齐面对，共渡难关"。

重庆市璧山区，何厚元是乡镇卫生院院长，丈夫徐峰是120急救车驾驶员。在抗击疫情中，夫妻二人一个加紧摸排病患，一个随时待命转运病人，聚少离多却彼此鼓励，"大家平安，小家才安心"。

……

在突如其来的新冠肺炎疫情面前，人们没有退缩避让，而是团结起来、行动起来。有人来不及道别，留给孩子一个背影；有人没时间寒暄，留给亲人一封家书；有人顾不得疲惫，收拾包裹奔赴一线……无论在哪个工作岗位、无论何种职业身份，无数人舍小家为大家、舍小我顾大局。一切为了战胜疫情，冲锋不畏难；为了克服一切困难，奉献不言苦。全民战疫，众志成城，守望相助，成为集体主义的生动写照。

---

① 《论语·里仁》。

从在一穷二白基础上“建设一个新世界”，到克服种种困难成功研制出“两弹一星”；从战洪水、防非典、抗地震，到抗击新冠肺炎疫情，面对困难与坎坷，中国人民总能迸发出“人心齐，泰山移”的集体伟力。这是团结一心、同舟共济的伟大团结精神的彰显，充分见证社会主义所特有的道德属性、中华民族所高扬的人文价值。在社会主义的中国，无论谋发展、搞建设，还是应对各类风险挑战，集体意识与集体精神从未缺席，也永不过时。

马克思说，“一个人的发展，取决于和他直接或间接进行交往的其他一切人的发展”。集体是个人成长的沃土，集体利益也是个人利益的依托。疫情面前，没有人是一座孤岛。党员干部说，我们不向前冲谁向前冲，这个重担我们不扛谁来扛；医务人员说，我责无旁贷要去奋战，才能保护更多的人；企业职工说，必须不惜代价，不讲条件，不惧困难……当个人价值、集体利益、国家安危融为一体，战胜疫情就有了坚不可摧的精神堡垒。有困难挑战不可怕，个人、集体与国家协调一致、同心同向，就能踏平坎坷成大道。

一滴水只有放进大海里才永远不会干涸。马克思主义认为，集体主义不会遮蔽个人价值，而会为个人成长搭建更广阔舞台。一位教育家说得好，集体愈大，个人也就愈美，愈高尚。在这场人与病毒的较量中，无数张奋战的面孔为人们深深铭记，他们在阻击病毒蔓延中实现了个人的社会价值，在为国为民奉献中成就了大我。集体主义可以增强一个人恪尽职守、担当任事的责任心，可以激发一个人面对困难和危险不退缩的战斗力，赋予一个人光辉的人格、英雄的风范。

习近平总书记指出，战胜这次疫情，给我们力量和信心的是中国人民。我们紧紧依靠14亿中国人民，让集体主义绽放新光芒，指引新奋斗，一定能取得抗击疫情的胜利，一定能战胜前进道路上的一切艰难险阻。

（资料来源：李洪兴 . 集体主义绽放新光芒 . 人民日报评论，2020-04-15）

（二）集体主义是旅游职业道德的基本原则

1. 集体主义原则是全心全意为旅游者服务这一核心的保护带和转换机制

仅有道德核心，而无道德原则和道德规范对核心的转换、破译，道德核心在职业生活中是难以发挥作用的。旅游者是一个相当大的社会集团，但集体的概念在外延上比旅游者要广泛得多，因此，道德核心必须经过集体主义原则的转化，才能真正起到调节人们行为的作用。

2. 集体主义原则正确解决了道德与利益、个人利益与集体利益的关系，是调整个人与集体之间关系的基本原则

无论哪种类型、哪个领域的道德规范体系的基本原则，都必须从不同的社会侧面和社会领域上，直接或间接地体现和回答道德的基本问题。社会主义旅游职业道德体系的

基本原则——集体主义，在道德的根源上，坚持利益是道德的基础，物质利益决定道德的核心、基本原则和主要规范。在道德调节的价值取向上，集体主义原则以追求和维护社会整体利益为基础来调节个人利益和社会利益之间的关系，而不是以追求个人利益为基础来调节个人利益和社会整体利益之间的关系，因而科学地回答了道德的基本问题，解决了个人利益与集体利益的关系，既使集体利益得到巩固和发展，也满足和照顾了正当的个人利益，真正实现了个人利益和集体利益的辩证统一。

3. **集体主义原则对旅游企业及每个成员具有普遍的约束力和指导性**

在社会主义社会，由于消灭了剥削制度，建立了生产资料公有制，社会主义集体网中的各种集体不再是所谓“虚构的集体”“冒充的集体”“虚幻的集体”，而是真实的集体，饭店、旅行社等旅游类企业当然也不例外。在这种真实的集体中，个人利益和集体利益、相关集体的利益、大小集体的利益在根本上是一致的，这样，社会主义集体主义原则对社会主义集体网中的各种集体以及各种集体中的每个成员，都具有普遍的约束力和指导性。

二、集体主义在旅游职业活动中的体现

旅游工作涉及范围较广，接待服务随机性大且琐碎，分工越来越细，各部门、各岗位相互之间的关系越来越密切，团结协作的要求越来越高。那么，旅游工作者在旅游职业活动中如何体现集体主义的原则，正确处理好国家、集体、个人利益的关系呢?

（一）严格的组织纪律观念

从整个社会到我们工作或学习的具体单位，都是一个有机的整体。既然是一个整体，就得有严格的纪律，用以约束集体中的每个成员，使大家的活动互相协调，使集体发挥出更大的作用；否则，一个集体，就会像一盘散沙，无法进行集体活动。这就是说，集体所要求的严格的组织纪律，既是为了保护集体的利益，又符合集体中每个成员的切身利益。严格的组织纪律观念，是集体主义精神的具体表现，是每个社会成员应有的基本品德。

严格的组织纪律是搞好旅游服务接待工作的保证。这是因为：

第一，旅游工作是为人民服务的工作，旅游者构成的多样性和复杂性等特性使旅游部门在实施服务的过程中，需要一定的组织纪律来约束员工的言行；第二，旅游工作的分工很细，不同岗位、不同部门的工作内容、要求不同，需要一定的组织纪律来统一和协调；第三，旅游业，特别是饭店，属劳动密集型行业，人员众多，如何使员工按照规范要求进行工作，也需要组织纪律来保证。所以，旅游工作者应具有严格的组织观念和法制观念，自觉遵守规章制度和员工守则，尤其要注意培养严于职守的工作作风和自觉的服从意识。

严于职守，是指员工要认真遵守工作纪律和管理条例，一丝不苟、严谨认真地按岗

位规范要求履行职责，保证工作质量，维护旅游者的人身、财产安全。

以饭店为例，其工作质量包括两个方面：一是环境设施的整洁舒适，这是可见的、有形的，如典雅的餐厅环境，光洁无迹的水杯、餐具，卫生、舒适的客房，光亮明洁的卫生间，平整无尘的地毯，秀美柔和的色彩，安静清新的自然环境等；二是无形的服务，即员工对客人的态度。态度是一个人心灵的窗户。客人掏钱买服务、花钱做“上帝”时，总是十分注重饭店对他们的态度，总希望把他们作为贵宾对待，从而得到身心的满足和愉悦。对于本职工作，员工应该从这两方面努力，掌握操作标准和服务技能，做到“有人无人一样，有领导无领导一样，检查不检查一样”。[①]

❖案例分享

严格入住登记制度，降低客户投诉率

傍晚，前厅传来了一位客人的吵闹声，大堂经理赶紧走上前询问。客人称他是2106房住客，他和另一位住客是同事，一起来此地出差。今天他们两个人分头去办事，说好那位拿着房卡的朋友先回来，谁知那位朋友还没有回来，他想去房间休息，就要求客房服务员帮其开门，客房服务员以客人没有房卡为由而拒绝开门。他想在前厅再配一张房卡，而前厅接待员则以该客人的身份证号码及姓名与登记者均不一致，所以拒绝。

大堂副理在僵持不下的情况下，先请客人到酒吧小坐，一边稳定他的情绪，一边向他解释前厅这样做的目的是为了住客财产的安全，请他谅解。然后提议由他拨打登记入住的同房间客人的电话，征得对方的同意并报一下身份证号码，如身份证号码与登记的相同就可以开门。但该位客人的情绪非常激动，不予配合，在茶吧内又吵起来，“我就是2106房的住客，为什么不给我开门……”大厅内不能这样喧哗，大堂经理只好采取另一种解决办法，请前厅复印了客人的身份证，补上登记，并迅速引领客人离开大厅，后通过观察及核实，保安部利用录像对房间进行监控，才给客人开门，平息了此事。

上述案例因前厅服务员登记时未能严格按照酒店相关规定执行入住登记手续才造成的麻烦。据了解一些酒店为了获取所谓的“经济效益”，基本都采取了简化登记手续，不论标准间还是普通间都只登记一个人，发一张房卡，造成了管理上的漏洞，从而也为一些不法分子提供了方便。

服从意识是员工的基本思想品质之一，常常和服务意识并列，被称为员工的两个基本思想意识。能否自觉遵守管理规则，自觉服从工作的安排调度，是衡量一个员工素质高低的重要标准。意识是人的头脑对客观世界的反映，是感觉、思维等心理活动过程的

① 旅游服务案例教程．中国劳动社会保障出版社，2016：48-49.

总和。服从意识是指员工一进入工作环境，便能自然地产生一种自觉遵守组织纪律和自觉接受任务安排的意识并能付诸行动。服从意识是组织纪律在员工头脑中的反映。我国饭店大多采取直线式或以其为基础的组织结构，在管理上都很强调标准化的经营和行为准则，强调一致行动，强调下级服从上级，实行由上而下的垂直式的监督形式。所以，从组织原则和整体工作安排出发，员工即使暂时对工作或其他问题有意见，也应从全局出发，服从上级安排，认真履行职责。

❖拓展知识

服从，是指受到他人或者规范的压力，个体发生符合他人的或规范要求的行为。

服从是组织观念的一种表现形式。既然要服从，往往就需要放弃个人的想法或自由，而一心一意地执行上级的命令和指示。如果从个人利益与集体利益关系的角度来审视的话，服从实际上是利益得失的问题。一个人若能以集体利益为重，便会自觉服从上级的命令和指示。

服从是有责任感的表现形式。美国西点军校提出了这样一个观点：只有具有服从品质的人，才会在接受命令之后，充分发挥自己的主观能动性，想方设法完成任务；即使完成不了也能勇于承担责任，而不是找借口来推脱责任。

服从是认同上级、尊重上级的表现形式。很多管理者都抱怨员工对他们不尊重，当对下属下达命令和指示的时候，员工就开始和他们讲条件、讲价钱，对各种规章制度也喜欢“变通”，使得正常的工作指令不能及时得以贯彻执行。

服从也是领导能力的表现。如果你希望向组织中的更高层级发展，获得一个更高的职位，就必须学会服从。因为，无论处于什么层级，都需要对另一个更高的领导负责，学不会服从，也就学不会领导。

（资料来源：http：//wenku.baidu.com.）

（二）团结协作精神

团结协作，是集体主义的另一个重要内容。其基本含义是：同事之间、部门之间、上下级之间，要相互理解，相互支持，顾全大局，积极合作，共同实现优质服务。

影响团结协作的因素很多，主要有：本位主义太重，缺乏顾全大局的精神；彼此之间缺乏尊重与体谅；员工训练不够，不知怎样协作；说话缺乏技巧等。针对这些因素，员工应该在思想上树立一种意识：一个服务班组就像一支球队，需要每一个员工的积极努力和相互支持，为了一个共同的目标而工作。为此，各个部门和每一位员工都要有强烈的整体意识和主人翁精神，相互理解、相互支持、相互帮助，为客人提供整体优质服务。在服务中难免发生不及、不尽和不周之处，这时，不论何人都应快速补位，防止服务事故的发生：遇到宾客投诉，人人都应主动受理，虚心接受批评意见，主动承担责任，绝不能因为与已、与本部门无关而敷衍塞责，爱理不理，甚至把责任一推了之。下面这个案例就是一个没有整体意识的典型事例。

饭店少给两间客房　引出导游配合问题

导游小颜是从事导游工作时间不长的小伙子，一次正值旅游旺季，他出任全陪带一个26人的旅游团去黄山。依照计划，该团在黄山住××饭店，客房由黄山地方接待社代定。下了车进了饭店，小颜把游客安顿在大厅，就随地陪、领队来到总台拿客房钥匙。地培刚报完团号，总台小姐就不好意思地跟地陪、小颜及领队说："对不起，今晚饭店客房非常紧张，原定13间客房只能给11间客房，有4个游客要睡加床，但明天就可以给13间客房。"山上饭店少，附近没有其他饭店，而此时天色已晚，若下山找饭店，因索道已停开，也不太可能。小颜是个急性子，这种情况又是第一次碰到，转过身来对站在自己后边的地陪说道："你们是怎么搞的，拿客房能力那么差！"地陪听了这话，马上针锋相对回了一句："有本事，你们社可以自己订！何必委托我们订房呢？"说完，就离开了总台，赌气地在大厅沙发上坐了下来。

领队看到小颜、地陪闹意见，也没多说什么，拿了11间客房的钥匙，把游客召集到一起，把情况和大家说明，然后态度诚恳地说："各位，情况就是这样，希望大家相互体谅，也能帮我的忙，有愿意睡加床的客人请举手。"说完领队自己先举起了手，跟着好几位游客都举起了手。就这样领队轻而易举地解决了一个让小颜恼火、为难，又让地陪赌气的问题。

（资料来源：《旅游服务案例教程》中国劳动社会保障出版社2016年8月第一版62–63）

导游工作集体三成员间的关系告诉我们：全陪、地陪、领队只有"协作共事"才能摆脱困难，才能完成任务。本案例中因为组团社委托地方接待社订房，但结果饭店少给了两间客房，责任似乎在于地方接待社。但是地方接待社作为组团社的合作伙伴，恰恰是经过组团社认可的，地方接待社方面出了问题，组团社也有责任。小颜作为组团社方派出的全陪也要勇于承担。

责任正确的做法是：小颜应该和地陪、领队紧密配合，商量问题的解决办法了。应该说领队的做法是给小颜和地陪上了一课。埋怨、赌气不但无济于事情的解决，反而会加剧双方的矛盾，这种做法是绝对不可取的。

（三）爱护公共财物的品德

在日常生活中，大家都深有体会：一个关心集体、热爱集体的人，都具有爱护公共财物的品德。爱护公共财物，是职业道德的基本要求。在我国，公共财物是全体成员共同利益的物质保证，同时也是满足劳动者个人利益和当前利益的物质保证。爱护公共财物，集中体现了社会主义时代的集体主义精神，体现了集体利益和个人利益的一致性。正是基于这一点，毛泽东同志在中华人民共和国成立初就把“爱护公共财物”列为国民公德之一。

爱护公共财物，是员工必备的基本品德，是勤俭节约、勤俭持店精神的体现。饭店产品是由“硬件”和“软件”构成的，“软件”指管理与服务，“硬件”是指设施和设备。饭店的设施物品、设备装置等都是饭店的公共财物，是饭店提供服务的基本条件。正是凭借这些装备，形成饭店舒适的环境和物质条件，成为饭店向客人出售的产品。

然而，再好的设施装备，也只有通过员工的辛勤劳动才能发挥作用。如客房，只有通过客房服务员的打扫、整理、布置、物品更换等环节后，才能作为产品出售。饭店的设施物品种类多、数量大，而且很多是易损、易耗、易磨、易坏物品。要爱护这些公共财物，要求员工做到三点：

第一，工作要细心，要有责任心，对饭店的设施要保持其先进性、完美性和整洁性，并注意日常性的维修保养；第二，认真了解设备物品的特性和使用注意事项，严格按要求操作，如有的饭店卫生间的脸盆、浴缸、便器表面粗糙、泛黄，失去原有的光泽和使用效果，原因就是清洁剂使用不当和清洁方法错误；第三，养成勤俭节约的良好习惯，不要认为饭店“家大业大，浪费点没啥”，不能对“长流水”“长明灯”及其他浪费财物等现象视而不见，更不能公私不分、化公为私，因为这是违背职业道德的原则问题。损坏了公共财物，对集体是损失，个人也会受到一定的损失。

（四）反对利己主义

利己主义是同社会主义集体主义原则对立的道德原则。这种原则把个人的特殊利益凌驾于社会整体利益和他人利益之上，把他人利益、社会整体利益作为实现个人利益的手段，主张个人利益高于一切，个人利益是一切行为的出发点和最终归宿。损人利己、损公肥私是利己主义的特征。

从历史和现实生活中的情况来看，利己主义的表现形式是多种多样的，主要有以下几种：

1. 极端利己主义

这种利己主义，对个人利益的重视，超过了对社会的整体利益和周围人的利益，把对个人利益的谋取凌驾于他人和社会整体利益之上。一事当前，先替自己打算，斤斤计较个人利益的得失，把个人利益看得高于一切，以致不惜损害他人或社会利益来满足个人利益。这种形式的利己主义，是人们很容易感觉到的。

2. 集团利己主义

这种形式的利己主义，是指家庭的、家族的、企业的、行业的、地区的、阶级的、民族的利己主义。这种以某种“社会整体”出现的利己主义，往往打着为了集体利益的旗号，把自己集团的利益置于其他社会集体和更大范围的社会整体利益之上，甚至不惜采取不正当手段，损害和否定社会整体利益。这种集体主义表面上不是为了个人的私利，但实际上包含了极端的利己主义，是“放大”了的利己主义。

3. 绝对平均主义的利己主义

这种形式的利己主义，是手工业和小农经济的产物。在实际生活中表现为个人吃企业的大锅饭，企业吃国家的大锅饭；在分配上表现为干多干少一个样，干和不干一个样，收入分配绝对平均。从表面上看，这种利己主义好像要求人人均享同等利益，实际上是抹杀人们在贡献上的差别，否认个人利益之外还有社会的公共利益，掩盖了利益上的实际不平等，实际上不过是以抹杀他人的贡献的方式，损害社会整体利益，以此使自己谋取某种非分的个人利益。

4. 合理利己主义

这是一种所谓“不损人范围内的利己主义”。这种利己主义认为，人的本质是自私的，个人利益是一切行为的出发点和最终归宿；而人人生来平等，都有追求个人利益的同等权利，所以每个人在追求个人利益的时候，必须克制自己，兼顾他人利益，不能通过使别人受到损失的办法来为自己取得利益，个人利益和社会利益相结合是道德的尺度，而结合的基础是个人利益。这种利己不损人的利己主义虽然比极端利己主义要进步一些，但它以个人与他人、个人与集体不发生冲突为前提，因而对人们行为的调节是有限的，不能保证在任何情况下都能正确处理个人与他人、个人与集体的利益关系。

作为窗口行业的干部职工，要发扬集体主义精神，反对拜金主义、利己主义等腐朽思想，正确处理好局部利益与整体利益、眼前利益与长远利益的关系，处理好个人利益与集体利益、国家利益的关系。

第四节　社会主义旅游职业道德的基本要求

以全心全意为旅游者服务为核心、以集体主义为基本原则的旅游职业道德，还要求旅游工作者热爱旅游事业，在旅游实践中发扬爱国主义精神。

一、热爱旅游事业

热爱本职工作，是一切职业道德最基本的道德原则。它要求员工明确工作的目的和意义，热爱自己从事的工作，要“干一行，爱一行”，忠实地履行自己的职业职责。热爱旅游事业作为旅游职业道德的一项基本要求，其具体内容包括三项：

（一）正确认识旅游事业的性质和任务

“十三五”时期，在以习近平同志为核心的党中央坚强领导下，全国文化和旅游行业坚持稳中求进工作总基调，贯彻落实新发展理念，坚持文化和旅游融合发展，加快推进旅游业供给侧结构性改革，繁荣发展大众旅游，创新推动全域旅游，着力推动旅游业高质量发展，积极推进旅游业进一步融入国家战略体系。旅游业取得了举世瞩目的成就：

旅游业作为国民经济战略性支柱产业的地位更为巩固。“十三五”以来，旅游业与其他产业跨界融合、协同发展，产业规模持续扩大，新业态不断涌现，旅游业对经济平稳健康发展的综合带动作用更加凸显。

旅游成为小康社会人民美好生活的刚性需求。“十三五”期间年人均出游超过4次。人民群众通过旅游饱览祖国秀美山河、感受灿烂文化魅力，有力提升了获得感、幸福感、安全感。

旅游成为传承弘扬中华文化的重要载体。文化和旅游深度融合、相互促进，红色旅游、乡村旅游、旅游演艺、文化遗产旅游等蓬勃发展，旅游在传播中华优秀传统文化、革命文化和社会主义先进文化方面发挥了更大作用。

旅游成为促进经济结构优化的重要推动力。各省、自治区、直辖市和重点旅游城市纷纷将旅游业作为主导产业、支柱产业、先导产业，放在优先发展的位置，为旅游业营造优质发展环境。

旅游成为践行“绿水青山就是金山银山”理念的重要领域。各地区在严格保护生态的前提下，科学合理推动生态产品价值实现，走出了一条生态优先、绿色发展的特色旅游道路。

旅游成为打赢脱贫攻坚战和助力乡村振兴的重要生力军。各地区在推进脱贫攻坚中，普遍依托红色文化资源和绿色生态资源大力发展乡村旅游，进一步夯实了乡村振兴的基础。

旅游成为加强对外交流合作和提升国家文化软实力的重要渠道。“十三五”期间，出入境旅游发展健康有序，年出入境旅游总人数突破3亿人次。“一带一路”旅游合作、亚洲旅游促进计划等向纵深发展，旅游在讲好中国故事、展示“美丽中国”形象、促进人文交流方面发挥着重要作用。

❖拓展知识

旅游业在服务领域的定位变化：

1. 隶属于外事领域

从中华人民共和国成立到改革开放以前，我国旅游业属于外事工作的补充，虽从事着接待活动，但政治性因素和色彩较重，体现不出真正意义上的服务业特征。

2. 外贸创汇的重要领域

从20世纪70年代末至90年代初，党和国家虽未从服务业或第三产业的角度对旅游业进行定位和部署，但从期望和重视程度来看，旅游业在第三产业中具有十分重要的地位。党中央、国务院把旅游业作为改革开放的突破口和增创外汇的三个来源之一，随着从事业接待型向经济型的转轨，旅游业作为服务业的特征和作用得到了充分释放。

3. 第三产业的发展重点

20世纪80年代中期至90年代末。1986年旅游接待和创汇指标被列入第七个五年计划，表明旅游业在经济社会发展计划中有了户头；1991年在“八五”计划纲要中，旅游业被列为加快发展的第三产业的重点；1992年党中央、国务院《关于加快发展第三产业的决定》，把旅游业作为第三产业的重要行业；1995年，在党的十四届五中全会上通过的“九五”计划中，把旅游业确定为第三产业中要“积极发展”的“新兴产业”序列的第一位。

4. 需求潜力大的“服务性消费”

1998—2008年，这个时期，第三产业的概念在国家和有关部门文件中，更多地被各种服务业概念取而代之。旅游在服务业中的表述也有所变化，总体来说，一是属于有别于生产性消费的“服务性消费”；二是需求潜力大。2000年10月，党的十五届五中全会召开，要求加快发展服务业。国家计委在2001年12月《“十五”期间加快发展服务业若干政策措施的意见》中，把旅游视为“需求潜力大的行业，形成新的经济增长点”的产业。

5. 现代服务业

在2007、2008年的《政府工作报告》中，把旅游作为现代服务业。

（资料来源：高舜礼.我国旅游业在服务业中地位的变迁.中国旅游报，2009-03-26.）

（二）培养敬业、乐业的道德情感

热爱旅游事业作为一项道德基本原则，不仅是道德认识方面的要求，更重要的是道德情感方面的要求。因为仅仅知道旅游事业的重要性，并不等于真正热爱它，只有当我们在思想感情上发生了深刻的变化，达到了以从事旅游业为荣、以做好本职工作为乐的思想道德境界，才称得上是真正热爱旅游事业。这就必须解决“敬业”和“乐业”的问题。

敬业，就是敬重我们自己所从事的旅游事业，即职业荣誉感。以业为荣，就是除了要明确我国旅游事业的性质、任务、社会作用和道德价值外，还必须在职业实践中不断克服各种陈腐偏见，树立劳动光荣、旅游服务工作光荣等新的道德观念。

的确，在现实中存在着服务人员的认识问题和心理平衡问题，还存在着角色转换问题。例如在餐厅，服务人员面临的是“客人坐着，我站着；客人吃着，我看着”这一实际情况。经常听到有些酒店员工发牢骚说：“服务这碗饭难吃。”这主要是指员工常在客人面前受委屈，常常横竖不讨好、里外不是人，自尊心受到严重挫伤。有些年轻人爱到高档酒店去当服务员，以为越是高档酒店就越享受、越舒服。事实恰恰相反：对于服务人员来说，酒店越高档纪律越严，劳动强度越大，受委屈越多。因为那豪华漂亮的酒店不是供你享受的，而是要你更加竭尽全力为宾客服务的。

从服务角色而论，酒店员工是不能要求与客人“平等”的，只要客人不违反酒店规定和社会法规，就应“得理让人”。旅游接待服务这种特殊性质的工作，似乎在人格上有许多不平等。但是，如果从宏观的角度来看，旅游业的职工作为社会的成员，既是生产者，又是消费者。当我们以生产者的身份为客人提供服务时，就要处处为客人提供方便，使我们的商品——服务让客人满意；当我们以消费者的身份——饭店的客人去饭店时，也同样会受到“上帝”般的礼遇，人与人之间只有相互提供帮助和服务，才能促进社会的进步与发展。所以，旅游服务工作是一项高尚的事业，绝不是降低人格的行业。

我们还应该认识到，在当今社会里，劳动是每个社会成员的职责和义务，并被看成是一种美德；任何一种对社会有益的劳动都是光荣的；劳动是衡量每个人的社会价值的尺度。以上这三点，是我国旅游工作者敬业的思想基础，也是社会对每个旅游工作者的道德要求。目前，有一些青年职工轻视服务工作，“在岗不爱岗”“导游不爱导”“服务不爱干”，正是缺乏这种敬业精神的表现。

乐业，就是以主人翁的姿态，热爱旅游事业，乐于为广大旅游者服务，并且以做好本职工作作为自己最大的快乐，即职业幸福感。世界一流饭店，关于员工提高个人素质和培养积极态度的工作要点中，第一点就是热爱本职工作。只有这样，才能自觉遵守饭店的规章制度和岗位规范，认真履行职责，真诚热心地为旅游者服务，不断提高工作效率和服务质量。

乐业精神，体现在职业活动中就是能够正确对待苦与乐、劳动与报酬的问题。

正确对待苦与乐，实际上是一个人生观问题。作为社会的一员，应该把为人民服务、为社会多做贡献看成是人生价值所在和人生的最大乐趣，而不应该追求金钱、权力和个人享受。不论何种行业、何种岗位，都是有苦有乐的。应该不怕吃苦、乐于吃苦，在奋斗中实现自己的人生理想。

唯物辩证法告诉我们，苦与乐是相对的，是相比较而存在的；苦与乐又是对立的统一，是可以相互转化的。就以饭店的工作规则和内部规章而言，作为员工，必须遵守一定的规则，譬如上下班打卡、严守轮班时间、严禁打私人电话、保证在规章允许的范围内行动、不串岗、按规定着装、站立服务等。这些初到饭店工作的人会感到不习惯，随着工作时间的增长和对环境的逐渐适应，大多数人会养成自觉的习惯，并且乐于遵守这样的规章制度。饭店服务是全天候、全方位服务，甚至包括托婴、天气预报、修补等服务内容。因此，即使心情不好时，仍要面带微笑、彬彬有礼地对待客人。服务工作劳动强度大、重复性强，甚至还要忍受个别客人的无理指责，这些都是旅游工作的“苦”。

但是，每当我们的工作得到客人的理解、称赞、感谢时，每当我们的辛勤劳动为国家、集体赢得荣誉，取得很好的社会效益与经济效益时，工作本身便成了乐趣。

正确对待劳动与报酬，实际上是个劳动态度问题。在实行按劳分配的过程中，我们应当承认并肯定在分配方面的差别，同时鼓励人们发扬集体主义精神和奉献精神，但绝不能搞平均主义。我们要认识到，旅游业的分工复杂，每个员工的岗位不同，工种不同，体力、智力、技术、经验等也因人而异，这就很难做到每个人所分配的劳动量和所得的报酬绝对合理，而只能做到基本合理、相对合理。员工绝不能因此而强行向客人索取小费或其他酬劳，因为这首先同我们旅游职业道德的宗旨是格格不入的。

（三）发扬勤业、创业的优良传统

热爱旅游事业这一道德原则，还体现在勤业、创业的道德行为和习惯上。有了明确的道德认识和高尚的道德情感，必然会见之于行动；同时，只有见之于行动的道德认识和道德情感，才具有真正的道德价值。道德行为的特点是自觉性和习惯性。带有普遍性和长期性的道德行为和习惯，即为道德传统。勤劳勇敢、艰苦创业是我国人民的优良传统和高尚品德，每一个旅游工作者都应该加以继承和发扬。

勤业，就是要为发展我国的旅游事业刻苦学习，勤奋工作；在平凡而琐碎的旅游服务过程中，兢兢业业，尽心尽责；在职业实践中养成忠于职守、克勤克俭的良好习惯。从客观条件讲，服务工作复杂、细致，员工既要具有良好的服务观念，又要具有熟练的服务本领。由于旅游行业的服务工作琐碎、细小，技能技巧要求高，员工只有勤奋努力，认真对待，在细微深处下功夫，才能确保优质服务。从主观因素讲，“业精于勤，荒于嬉”。许多劳动模范、先进工作者和杰出人物的事迹，都证明了“勤业”是他们的共同美德，也是他们成才和取得优异业绩的关键。

旅游业是我国对外开放的窗口。在接待广大中外旅游者的过程中，旅游服务接待人员是祖国和本地区人民的代表。因此，其一举一动、一言一行，都会给企业、地区乃至国家的声誉带来这样或那样的影响。良好的职业道德，勤奋的工作作风，主动、热情、耐心、周到的服务态度，必然会给旅游者留下深刻的印象，也会为企业和国家赢得良好的声誉和较大的经济效益；反之，不仅会损害个人的形象，也会败坏企业和国家的声誉，在政治上和经济上造成很大的损失。所以，每个旅游工作者都必须努力增强主人翁责任感，兢兢业业地做好本职工作。

所谓创业，就是要以高度的主人翁精神，进行创造性的劳动，并积极参与企业管理，推动改革开放，使我国的旅游事业得到更大、更健康的发展。抓住机遇，加快发展，尤其需要发扬积极开拓、继往开来的创业精神。

二、发扬爱国主义精神

中华民族是富有爱国主义光荣传统的伟大民族。爱国主义是动员和鼓舞中国人民团结奋斗的一面旗帜，是推动我国社会主义历史前进的巨大力量，是各族人民共同的精神支柱。爱国主义所反映和调节的是人们对中华民族和国家的整体利益的关系和行为，是集体主义对待中华民族和国家利益的准则，是旅游职业道德的基本要求之一。

（一）培养爱国主义情感

一名旅游工作者，首先应是一个坚定的爱国主义者。这就要求我们每一个旅游从业人员必须牢固树立国家主人翁的责任感，把个人利益与国家的前途、命运联系起来，正确处理国家、集体、个人三者之间的利益关系，爱祖国、爱家乡、爱集体、爱岗位，立足本职，为国家多做贡献。而要做到这一切，必须具备高尚的爱国主义情感，这就要求我们旅游业从业人员从以下几方面培养爱国主义情感，热爱社会主义祖国。

文化和旅游部关于加强旅游服务质量监管提升旅游服务质量的指导意见

1. 认真学习中国共产党党史、中华人民共和国国史和我国改革开放史

历史是最好的教科书，也是最好的清醒剂。

2. 了解中华民族悠久的历史

我国人民的爱国主义精神是在中华民族漫长的历史进程中产生和发展起来的。要通过中国历史特别是近代史、现代史的教育，使人们了解中华民族自强不息、百折不挠的光辉历史和革命传统，了解我国各族人民对人类文明的卓越贡献；了解一百多年来我们民族的深重灾难和反帝反封建的英勇斗争，尤其要了解中国共产党领导全国人民为建立新中国而英勇奋斗的牺牲精神和光辉业绩。

3. 了解中华民族优秀的传统文化

中华民族在创造灿烂中华文明的过程中，形成了具有强大生命力的传统文化，其内容博大精深，不仅包括了哲学、社会科学、文学艺术、科学技术等方面的成就，而且蕴含着崇高的民族精神、民族气节和优良道德；不仅孕育了无数杰出的政治家、思想家、文学家、科学家、教育家、军事家，而且留下了丰富的历史文物、经典著作，这笔丰富的文化遗产是进行爱国主义教育的宝贵资源。

4. 了解我国国情

了解我国国情，可以帮助我们系统地了解我国经济、政治、军事、外交以及社会、文化、人口、资源等方面的历史与现状，了解我国现代化建设的目标、步骤和宏伟前景，并从中国和世界其他不同类型国家的对比中，看到我国的优势和差距、有利条件和不利因素，增强使命感和社会责任感，更好地发扬艰苦奋斗、勤俭建国的创业精神。

5. 学习社会主义民主和法制

我国的宪法和法律是广大人民意志和利益的体现，通过广泛深入的民主和法制学习，可以帮助我们了解我国的政治制度、经济制度和其他各项制度，增强国家观念和主人翁责任感，养成遵纪守法的习惯，在正确行使宪法和法律规定的公民权利的同时，忠实履行宪法和法律规定的公民义务，坚决维护国家利益。

6. 认真贯彻和执行“和平统一，一国两制”的方针

要全面、正确地宣传党和政府在祖国统一问题上的基本立场和方针政策，使他们了解我们为祖国统一所做的贡献，宣传海外侨胞和海外归来人员爱国、爱乡的事迹。

7. 加强国家安全和国防相关知识的学习

深入学习宣传总体国家安全观，自觉维护政治安全、国土安全、经济安全、社会安全、网络安全和外部安全。关心国防、热爱国防、建设国防、保卫国防。

（二）爱国主义的基本要求

发扬爱国主义就是要求每个旅游工作者既要增强民族自尊心和自信心，关心社会主义祖国的前途和命运，热爱本职工作，为建设祖国和保卫祖国而英勇奋斗，又要尊重其他国家和民族的独立、自主和领土完整，支持人类一切正义斗争和进步事业。其基本要求可概括为六个方面：

1. 坚持祖国利益高于一切

要在思想上和实际行动上，自觉地把个人命运和祖国命运联系在一起，使个人的发展和前途融合于祖国的发展和前途中。在个人利益同国家利益不一致时，要无条件地服从国家的利益。

2. 要自觉维护祖国的独立、领土完整、统一和尊严

为保卫祖国的独立和维护民族的尊严，不惜牺牲自己的一切。要严厉谴责一切叛变、出卖祖国、玷污祖国的言论和行为。

3. 要自觉维护各族人民的安定团结

对我国人民来说，最根本的就是要坚持社会主义道路，坚持人民民主专政，坚持共产党的领导，坚持马列主义、毛泽东思想。我们的言论和行为，都要紧紧围绕“四项基本原则”。

4. 要自觉为祖国的繁荣昌盛奋发进取

每个人所从事的工作不同，虽然能力有大小、境遇有顺逆、条件有优劣，但都应无例外地为使祖国具有高度物质文明和精神文明而振奋精神，努力工作，做出应有的贡献。

5. 要有民族自尊心和自信心

热爱自己的民族，热爱自己民族繁衍生息的土地山河，尊重祖国的优良传统和优秀文化，珍视祖国的光荣历史和对人类的贡献。坚信自己的祖国无愧于世界各民族，有能力进入世界先进的行列。在任何大国、强国、富国面前，绝不妄自菲薄、卑躬屈膝，更不崇洋媚外。

6. 尊重、关心和支持其他民族和国家的人民，坚持爱国主义和国际主义的统一

尊重别国的独立自主和民族利益，同情、支持人类一切正义斗争和进步事业，同一切国家的人民平等往来、友好相处，反对霸权主义，维护世界和平。

在旅游工作中，加强爱国主义教育，培养员工的爱国主义精神不仅必要而且迫切。随着我国对外开放、旅游业的迅速发展，崇洋媚外和民族虚无主义侵蚀了一些员工的思想，使少数人抵御不住金钱及腐朽生活方式的诱惑，做出一些有损国格、丧失人格的行为。对此，我们不能等闲视之，要在旅游职业队伍中加强爱国主义教育和职业道德教育。在旅游职业活动实践中发扬爱国主义精神，已成为我国旅游业对员工基本思想素质培养和“软件”建设的重要内容。

❖特别提示

大学生中存在的爱国误区：

1.“激进爱国主义”

大学生正处于青春时期，接受新事物与感知新事物的能力要比一般的人敏锐。当今社会，信息传播迅速，再加上大学生群体是网络的主要生力军。对于网络上的信息，他们会积极表达出自己的见解，有时会做出很激进的貌似爱国的事情。这些事情在很大程度上，不但没给国家带来利益，反而在某种程度上损害了国家利益。比如，奥运圣火传递期间，有些大学生抵制某外资大型超市，更有甚者说不抵制就是不爱国，就是典型的爱国误区。

2.“爱国虚无主义”

部分大学生过着懒散的生活，对国家的大小事不闻不问。

3.“口号爱国主义”

还有一部分人，整天喊着爱国，但从来没有亲身实践过爱国主义。

大学生应该克服爱国误区，做到理性爱国、忠实爱国、实践爱国。

（资料来源：http：//wenku.baidu.com）

❖案例分享

接待残疾人旅游团

某年 9 月，北京的导游员孙先生接待了一个 17 人的美国残疾人旅游团。此前听说每个残疾人都有一位亲属照顾。但到机场见面后才知道，8 位残疾人，只有两位能用双拐站立走几步，其他都是高位截瘫。几位亲属只能在宾馆房间内照顾一下，出了宾馆基本上就帮不上什么忙了，搬搬抬抬全靠孙先生和两个全陪、司机 4 人。其中最重的一位高位截瘫者体重近 300 磅，只有双臂可以动，腿和脚都需导游员给摆好。由于中型旅游车的门太窄，无法抬他上去，司机只好拆去车扶手。每次抬他上下车都需要半个多小时，把他们累得气喘吁吁、汗流浃背。其中几位残疾人胸部以下无知觉，常小便失禁，身上味道难闻，可又得贴身抬他们。为了使该团的旅游和生活能够得到保证，旅行社特为这个团多派了一个行李员当全陪。上车后其他服务人员可以坐下来休息，只有孙先生还要站着作导游讲解。这样一天下来累得他饭都吃不下去。在旅游景点则要更加耐心、细致、缓慢地为他们进行导游讲解。由于孙先生等人的热情服务，旅游结束后客人们非常满意。坐在轮椅上的客人握住孙先生的手，久久不放。孙先生听到他们激动人心的感谢话语，也感到非常满足。

[评析]

导游人员在接待残疾人旅游团时，往往比接待普通团劳累很多，报酬也不会增加。因此需要凭认真负责的精神和强烈的工作责任心坚持下来。当我们看到这些残疾人行动不便，能够理解他们不远万里、克服困难来到中国的艰辛时，就会产生一种多为这些不幸的人提供一些帮助的精神，就会通过自己的辛勤劳动让他们体会到旅行社的优质服务，体会到我们中国人民的友好情感。这种精神实际上是一种任劳任怨的精神，是一种以人为本、认真负责的敬业精神。

思考与练习

1. 社会主义旅游职业道德核心的内容有哪些？
2. 严于职守的基本含义是什么？在旅游接待工作中，它有哪些具体要求？
3. 什么叫服从意识？为什么饭店员工必须具有服从意识？
4. 为什么要爱护公共财物？如何才能做到爱护饭店公共财物？
5. 你是怎样看待服务工作的性质和意义的？你选择旅游职业的动机是什么？
6. 怎样才算真正热爱旅游事业？为此你应该如何努力？

第四章　旅游职业道德精神

引　言

职业道德精神是基于一定职业所反映出来的员工或群体的特有价值观（宗旨）和精神面貌。旅游职业道德精神是在宏观旅游业环境的影响下，基于一定的专业、技能水平所反映出的从事旅游业经营管理人员和服务人员全心全意为旅游者服务的价值观（宗旨）和整体精神面貌。它是旅游职业道德的核心内容，也是旅游业持续发展的动力所在。

旅游职业道德精神主要包括：人文精神、敬业精神、团队精神、忠诚精神、主人翁精神和服务精神等。本章将通过对上述旅游职业道德精神的含义，重要性和要求等问题的分析，结合大量的真实案例，理论联系实际，使学生对其有更加全面、深刻的认识，有助于学生形成良好的职业道德精神。

❖教学目标

详细说明旅游职业道德精神中的人文精神、敬业精神、团队精神、忠诚精神、主人翁精神和服务精神的主要含义、重要性及具体要求。

❖案例导入

“使命光荣，责任重大”——记中旅汽车北京冬奥会交通服务保障团队

北京冬奥会赛程逐渐接近尾声，在运动员们为梦想拼搏的背后，还有一群默默为冬奥会付出的奋斗者。其中，来自中国旅游集团投资和资产管理有限公司旗下中旅旅游汽车有限公司（以下简称“中旅汽车”）的近300名一线驾驶员和后勤人员，一直奋战在冬奥会交通服务保障一线。

圆满完成首场任务

为做好冬奥会交通服务保障任务，中旅汽车共派出279台车辆。

北京冬奥会开幕当天，中旅汽车出动106台车辆，运送7420名观众和工作人员到达指定地点，圆满完成了开幕式运输任务。

记者了解到，执行开幕式观众运输任务的车辆于2月3日12时抵达集结地点，接

受排爆检查后封车。2月4日12时，司机准时集结，17时出发前往开幕式现场；18时，在前线驾驶员和后方指挥人员的通力配合下，任务车辆将开幕式观众及工作人员安全运抵鸟巢。

开幕式运输保障任务涉及的车辆和人员众多，北京冬奥会开幕式交通服务保障指挥中心大屏幕的画面时刻牵动着工作人员的心。2月4日18时，当全部车辆安全准时抵达开幕式指定地点时，指挥中心一片欢腾。随后，指挥中心工作人员又投入开幕式结束后的返程工作准备中。2月5日3时，屏幕上显示任务车辆安全返回停车场，此次任务圆满完成。

全力保障毫无怨言

因运送人员多、车辆多，虽然在每次运送开始之前，司机师傅和车辆维护人员一再对任务车辆进行检查，但仍难免突发故障。此外，由于冬奥会交通服务保障任务的特殊性，车辆和驾驶员需要进行闭环管理，不得与外界接触。为此，当车辆发生故障时，保障人员只能自行解决。

在采访中，中旅汽车工作人员向记者说起了日前突发的一次车辆故障。当时，车辆不知何故不能启动，某任务前线副指挥长、组长兼保障车辆驾驶员仝超得知后，在不能破坏闭环、工具紧缺的情况下，冒着严寒边打电话请教“场外指导”边修理，一个多小时后终于将车辆修好。

这样一心只想保障运送任务顺利完成的事还有很多。比赛期间，中旅汽车某任务一组全部23台车辆出勤前往鸟巢执行保障任务。当日0时左右，完成任务的车辆陆续返回驻地，驾驶员们也准备休息。此时，一名驾驶员在工作群中发布了一条紧急求助信息：车辆驶入停车场途中左后轮陷入坑内无法前行。消息一出，全体驾驶员瞬间困意全无。原来，由于北京持续降雪，停车区内某处路面出现塌陷，导致车辆左后轮陷入。

得知消息后，在返程途中以及已返回酒店的驾驶员们迅速抵达现场。搬石头、搬枕木、用撬棍、支千斤顶……伴随着刺骨的寒风，经过近3个小时的努力救援，车辆终于成功开出了陷坑。当晚气温已降至零下12摄氏度，参与“救援”的驾驶员们有的手被割破，有的衣服被划破，却没有丝毫怨言。

仝超说，此次冬奥会保障任务我们虽然身体上很辛苦，且整体运力紧张、工作强度大，但看到开幕式的烟花在眼前绽放时，看到被服务对象肯定的眼神时，自己感到无比自豪和骄傲。

克服困难默默奉献

中旅汽车交通服务保障团队发扬“支部建在连上”的光荣传统，成立了临时党支部。

李洋身为组长，扛起了临时党支部书记的重任，在执行任务过程中连续70多天不能与家人团聚。而他的妻子作为一名社区防疫工作人员，持续在岗进行核酸检测筛查工作，为北京冬奥会疫情防控工作筑起防线。

即使孩子即将参加高考、年迈的父母需要照顾，李洋夫妻二人仍克服重重困难，毅然决定进入支援冬奥会的“战场”。“已许国，难许家；使命光荣，责任重大。”信念已深深地根植在李洋夫妇心中。

截至目前，中旅汽车已出动2500余台车辆执行冬奥会交通服务保障任务，安全运送6万余人次抵达指定地点。这期间，参与工作的人员都像仝超、李洋一样坚守岗位，无私奉献，默默工作。奋斗在一线的驾驶员们有的因为紧急任务具有极大不确定性，经常赶不上吃一口热饭；有的因为闭环管理要求，冒着零下十几摄氏度的严寒在车里一等就是几个小时。后方保障人员则为了研究车辆调度方案、防疫物资补给等工作开会到深夜……中旅人一直保持着攻坚状态，用心、用情持续做好冬奥交通服务保障工作。

（资料来源：唐伯侬．“使命光荣，责任重大”——记中旅汽车北京冬奥会交通服务保障团队．中国旅游新闻网，2022-02-17）

思考：1.你认为职业精神是什么？

2.你认为旅游工作者应该具备哪些职业精神？

第一节　人文精神

旅游职业道德中的人文精神，就是要求旅游企业要做到以人为本，将满足游客的需求放在首位，同时做到游客满意，员工满意和社会满意。

❖案例分享

美团：让老年人不再为线上订票犯难

打开美团APP，进入“美团门票”页面，输入景区名称，进入“线下门票预订关怀版专区”……68岁的张女士顺利地预订了周末去云南丽江古城的门票。“关怀版页面字体更大，价格、预约时间这些关键信息也很突出。以前看孩子操作要分好几步才能完成预约，现在简化了不少，基本是‘一步搞定’。”张女士说。

2021年3月，美团推出了一套景区线下购票适老化流程——“美团线下门票预订关怀版”。相关数据显示，截至2021年年底，“美团线下门票预订关怀版”累计服务近90万老年人。“不戴老花镜也能看清了”“不用总点‘下一步’，选项少了，一个页面就能购买门票，省心”……在美团的评论区，记者看到，不少老年人表示关怀版界面简洁、字大清晰、重要信息位置醒目，更加便捷和人性化。

随着移动互联网的迅速普及，智能手机已经成为日常生活的一部分。一项调查数据表明，老年人通过手机 APP 完成订票、叫车等行为时，所需时长是中青年用户的 2~3 倍，且误操作概率较大。疫情防控常态化下，大部分旅游景区都需要线上预约或购票，如何让技术更有温度，让老年人和年轻人一样，享受互联网带来的便利，成为不少在线企业努力的方向。从 2019 年开始，美团陆续对各条业务线进行适老化改造升级，希望解决老年人线上预订难题。

事实上，开发适老化项目并没有想象中那么简单，首先需要了解老年人的需求，从他们的视角出发，解决他们出游中遇到的难点与痛点。美团门票线下产品团队在调研中发现，老年游客的核心痛点分为三类：一是意愿问题，许多老年人认为线上预约存在信息泄露风险，他们更习惯在线下窗口购票；二是能力问题，主要表现在老年人不会或不习惯操作智能手机；三是流程问题，缺少老年人专属通道、缺乏专职人员引导，导致老年游客排队入园困难。换句话说，在线旅游企业研发适老化产品，首先需要解决老年群体对智慧旅游产品不会用、不想用、不敢用的问题。

"我们调研了做得比较好的行业，如打车、阅读、广场舞等相关软件产品，并根据调研结论及老年游客数据分析，规划了门票适老化项目改造的方向，确定了'三步走'：第一步，线上建设关怀版门票预约流程，线下提供老年人专属服务；第二步，实现智能化引导，具体包含视频教程、语音引导及图形指引；第三步，培育代预约能力，实现同行人或工作人员协助老年人完成门票预约。"美团门票线下产品团队相关负责人说，历经多轮打磨，"美团线下门票预订关怀版"终于推出了。

不仅如此，适老化项目还要线上线下并行改造。老年游客的手机类型及触网情况不一，单一方向的改造无法满足所有老年游客的需求。所以，适老化项目除了改造线上软件流程外，还要推动线下服务与设施改造，包括动线设计、物料摆放、专属通道增设及社会化服务人员配备等。美团门票线下产品团队相关负责人介绍，美团联合全国 20 余家景区，启动了适老爱心改造试点工作，在景区入口处为老年人设立专属入园通道，协同社会服务工作者为老年人提供人工帮扶、信息引导等服务。

当然，在产品迅速更迭的互联网时代，随着景区智慧旅游建设持续推进，适老化产品也需要根据老年人的身体素质、智能手机使用情况等不断进行优化提升，持续满足不同阶段不同环境下老年人的需求。"目前，美团门票线下产品团队迭代优化了 5 个版本，在推动'美团线下门票预订关怀版'迭代优化和景区落地实施过程中，根据老年人的反馈不断更新，提供更适合他们的服务。"该负责人说。

（资料来源：王玮．美团：让老年人不再为线上订票犯难．中国旅游报，2022-02-17.）

一、人文精神的含义

人文精神一词，源自西方，也可称作“人文主义（Humanism）”，简单说来，就是以人为本和对人的全面发展的终极关怀。从历史的角度看，人文精神有广狭二义，狭义特指欧洲文艺复兴时期反对封建专制和宗教蒙昧与禁欲主义，相对于宗教宣扬的神性，更加追求人性的解放和张扬人的个性的精神；广义则指所有的重视人的价值和人的发展的文化精神。从社会的角度看，人文精神主张人生而平等，人的价值高于一切，要保证人的肉体和精神的自由，维护人的尊严。从个人角度来看，人文精神主张人要完善心智，净化灵魂，懂得关爱，提升精神境界，提高生活品位。

古汉语中人文一词主要是指礼乐教化，《易·贲》中有说道：“观乎天文以察时变，观乎人文以化成天下。”亦泛指人世间事。李贤对《后汉书·公孙瓒传论》批注：“人文尤人事也。”其本义为致力于人的利益而非神的利益的思想体系。这种思想并不要求人们排除对神的信仰，而只要求人们在处理天人（或神人）关系时以人为本。中国古代史学中的人文精神，指的就是反映这种思想的思维活动。

现代人文精神可以说是一种自由的人文精神，是一种尊重人的价值和尊严，维护人的权利，实现人的目的和理想的人本意识。但这种自由的人文精神必须建立在有序的社会规则平台上，这是每个人都应遵循的规则。在这个规则中，人文精神能为自己、自己的行为树立一个道德法则及目标，以此来约束并激励自己。

二、人文精神的重要性

旅游不光是从一个地方到另一个地方的空间位移，它更是“人”的一种情绪体验，是人们满足自己较高层次的身心需求和享受。因此，旅游的灵魂就是以人为本，就是要做到重视游客，争取在交通、住宿、餐饮、景点、娱乐等各方面做到满足游客的需求，给游客一个愉悦的享受。

同时，旅游业是服务型产业，提供的产品是员工对顾客面对面的服务，“人”的因素在旅游企业中起着非常重要的作用。无论是作为服务者的员工还是作为服务对象的游客，旅游企业都要对他们展开人文关怀，尊重他们的价值，注重他们的感受，维护他们的权利。只有员工满意了，才能对游客提供优质的服务。

旅游企业中的人文精神的重要性还体现在旅游产品的开发，旅游企业的经营管理与服务都要坚持以人为本。传统的等顾客上门的经营方式已经不适应现代市场的需求了。现代市场营销学表明，在买方市场的环境下，产品的开发，销售等一切环节都必须要以消费者的需求为出发点。也就是说，开发产品前要先确定目标消费群体，然后根据其特点再去开展一切经营活动，以求最大限度地接近和占据目标市场，只有这样才能在激烈的市场竞争中站稳脚跟。

三、人文精神的具体要求

（一）要做到游客满意。

游客是旅游业的“上帝”，不被旅游者认可的旅游产品是没有价值和意义的。所以，旅游开发、经营和服务都要围绕游客的需求这个中心，以游客为本，尊重游客、关注游客，按照游客的需求来设计产品，提高游客的满意度。只有旅游企业所提供的服务和产品能够满足游客的需求，才可以增强企业的竞争力和生命力。

❖拓展知识

“顾客满意”推进的产生是在20世纪80年代初。当时的美国市场竞争环境日趋恶劣，美国电话电报公司（AT&T）为了使自己处于有利的竞争优势，开始尝试性地了解顾客对目前企业所提供服务的满意情况，并以此作为服务质量改进的依据，取得了一定的效果。与此同时，日本本田汽车公司也开始应用顾客满意作为自己了解情况的一种手段，并且更加完善了这种经营战略。

在80年代中期，美国政府建立了"马尔科姆·鲍德里奇国家质量奖"（Malcolm Baldrige National Quality Award），以鼓励企业应用"顾客满意"。这一奖项的设立大大推动了"顾客满意"的发展。当然，它不只是单纯考核企业顾客满意度最终得分，而是测评企业通过以"顾客满意"为中心所引发的一系列进行全面质量管理的衡量体系。IBM、MOTOROLA、FEDEX、先施等都是这一奖项的获得者，但至今为止，全球每年获得这一奖项的企业没有超过五名。

90年代中期，顾客满意度调查在大陆的跨国公司中得到迅速而广泛的应用。原因之一是跨国公司总部要求按照本部的模式定期获得大中国区市场的顾客信息，以应对全球化进程中的计划与挑战；二是日趋激烈的竞争中，优秀的服务成为企业获得并保持竞争优势的重要诉求；三是主管需要对员工的工作绩效进行量化评估，这需要来自顾客的评价。

顾客满意级度指顾客在消费相应的产品或服务之后，所产生的心理满足状态等次。对这种心理状态也要进行界定，否则就无法对顾客满意度进行评价。心理学家认为情感体验可以按梯级理论进行划分若干层次，相应地可以把顾客满意程度分成七个级度或五个级度。

七个级度为：很不满意、不满意、不太满意、一般、较满意、满意和很满意。

五个级度为：很不满意、不满意、一般、满意和很满意。

管理专家根据心理学的梯级理论对七梯级给出了如下参考指标：

1. 很不满意

指征：愤慨、恼怒、投诉、反宣传

分述：很不满意状态是指顾客在消费了某种商品或服务之后感到愤慨、恼羞成怒难以容忍，不仅企图找机会投诉，而且还会利用一切机会进行反宣传以发泄心中的不快。

2. 不满意

指征：气愤、烦恼

分述：不满意状态是指顾客在购买或消费某种商品或服务后所产生的气愤、烦恼状态。在这种状态下，顾客尚可勉强忍受，希望通过一定方式进行弥补，在适当的时候，也会进行反宣传，提醒自己的亲朋不要去购买同样的商品或服务。

3. 不太满意

指征：抱怨、遗憾

分述：不太满意状态是指顾客在购买或消费某种商品或服务后所产生的抱怨、遗憾状态。在这种状态下，顾客虽心存不满，但想到现实就这个样子，别要求过高吧，于是认了。

4. 一般

指征：无明显正、负情绪

分述：一般状态是指顾客在消费某种商品或服务过程中所形成的没有明显情绪的状态。也就是对此既说不上好，也说不上差，还算过得去。

5. 较满意

指征：好感、肯定、赞许

分述：较满意状态是指顾客在消费某种商品或服务时所形成的好感、肯定和赞许状态。在这种状态下，顾客内心还算满意，但按更高要求还相去甚远，而与一些更差的情况相比，又令人安慰。

6. 满意

指征：称心、赞扬、愉快

分述：满意状态是指顾客在消费了某种商品或服务时产生的称心、赞扬和愉快状态。在这种状态下，顾客不仅对自己的选择予以肯定，还会乐于向亲朋推荐，自己的期望与现实基本相符，找不出大的遗憾所在。

7. 很满意

指征：激动、满足、感谢

分述：很满意状态是指顾客在消费某种商品或服务之后形成的激动、满足、感谢状态。在这种状态下，顾客的期望不仅完全达到，没有任何遗憾，而且可能还大大超出了自己的期望。这时顾客不仅为自己的选择而自豪，还会利用一切机会向亲朋宣传、介绍推荐，希望他人都来消费之。

总结：五个级度的参考指标类同顾客满意级度的界定是相对的，因为满意虽有层次之分，但毕竟界限模糊，从一个层次到另一个层次并没有明显的界限。之所以进行顾客满意级度的划分，目的是供企业进行顾客满意程度的评价之用。

（资料来源：360 百科）

（二）要做到让员工满意

在知识经济的时代，基本所有旅游企业都认识到“顾客就是上帝”的概念，个别旅游企业还开展了 CS（Customer Satisfaction 顾客满意）战略，而不少条件较好的旅游企业甚至提出了 ES（Employee Satisfaction 员工满意）战略，也就是提升员工满意度的战略。“问渠哪得清如水，为有源头活水来！”只有先提高员工的满意度，才有机会加强客户对企业的满意度。如果企业员工有不满情绪，就难免带着抱怨的心情工作，这样就会导致生产出无法让顾客满意的产品，或者提供客户不满意的服务。特别是在旅游企业，员工的不满意会让他们将怨气都发泄到旅游产品中，直接影响到游客的旅游体验，造成客户忠诚度的丧失，最后影响企业的长远发展。只有提高员工的满意度，才能和谐企业与顾客之间的关系。

❖案例分享

邹勇文：疫情后稳定旅游从业人员队伍的应对措施

新冠肺炎疫情的突发，使得对社会经济发展环境具有高度敏感性的旅游业，遭受深远影响和全面打击而成为重灾区。这次影响链和冲击波的背后，还有千千万万的旅游人，包括旅行社导游、宾馆和餐饮服务技术员、营销推广与策划创意人员等等。其中，影响最突出的当数导游，因为导游与旅行社劳动关系不确定，没有固定基本工资，大部分导游的收入水平比较低、收入结构不合理，这也是部分导游与游客二次消费挂钩、强制购物事件频发而导致导游职业形象备受诟病的重要原因。不难想象，广大的一线导游群体在这次疫情后，要么只能忧心的期待旅游产业的尽快恢复，要么只能忍心的辞职转行或转岗。如此一来，旅游从业人员的流失问题，又将对疫情后旅游业的复苏与振兴造成二次损伤。

诚然，这次疫情也给了中国旅游业一个集体反思和自我休整的窗口，业态产品、管理理念、运营模式等方面或许都将出现一个新局面。然而，“黑天鹅”并未飞走，复工潮又处于渐启中，旅游行业在对人才吸引力有限的情况下，如何稳定现有旅游从业人员队伍、凝聚涉旅企业员工人心，从而为旅游业能实现健康有序发展蓄力储能，依然是一个必须引起高度重视的老课题。我想，有以下几点应对措施供参考。

一是政府部门出台扶助政策。政府及旅游主管部门要切实担负起管理和引导职能，为涉旅企业安排专项扶持资金、及时兑付奖补资金，依法实施税收减免和缓缴；强化金融支持，降低融资成本，加大信贷力度缓解旅游企业资金压力，出台针对旅游从业人员的个人奖励政策。

二是行业协会制定帮扶机制。各地旅游协会等组织尽快构建和完善导游等旅游从业人员的大数据库，精准的为旅游企业和人员排忧解难；与旅行社协调，鼓励其建立弹性雇用机制，给正式导游底薪和社保，切实解决导游群体的实际权益；建立旅游从业人员的帮扶机制，免除导游个人会费，发挥协会组织的资源和优势做好一本“帮扶账”；加快成立旅游志愿者组织，扩充旅游服务队伍，提升旅游产业形象。

三是旅游企业主动担当履责。在疫情和产业复苏期间，利用公益学堂等方式多开展线上心理辅导，激励员工荣誉感，对职业前景抱有信心；及时支付工资和福利，甚至调升薪酬安抚员工情绪；通过互联网和大数据技术开展线上技能素质培训，强化旅游人才的培养与储备。

通过各层面打出稳定旅游从业人员和凝聚人心的“组合拳”，缓解旅游从业人员的生存问题，消除旅游从业人员的后顾之忧，提高旅游从业人员关键时期的“适疫性”和免疫力，将有利于形成良好的旅游人才生态圈，提升旅游产业的队伍力量、服务质量和贡献分量。

（邹勇文，江西省旅游文化研究会副会长，江西财经大学旅游与城市管理学院院长，江西财大江西旅游发展研究中心主任，教授）

（资料来源：江西文化旅游网，https：//tour.jxcn.cn/system/2020/04/01/018832704.shtml）

（三）要做到社会满意

旅游企业不仅要做到让旅客和员工满意，还要承担一定的社会责任，做到让公众满意。企业的社会责任意味着一个企业不仅要为自己的经营者创造一定的利润，为顾客带来一定价值的产品，还要为社会带来一定的财富和影响。换句话说，旅游企业的社会责任是多方面的，它不光反映在企业的经济效益上，还表现在资源保护、生态环境、社会公益等社会影响上。目前我国判断一个企业的社会责任标准主要是明礼诚信，产品货真价实，缴纳税款，节约资源，保护环境，公共产品等的责任，此外还包括大众通常认识的狭义的扶贫济困，发展慈善事业等。

❖特别提示

旅游经营者必须坚守企业社会责任

"只要2500英镑就能体验难民生活，感受国家破产的滋味"

——英国《卫报》2018年

最近，英国媒体《卫报》因推出"围观"深受经济危机和难民危机困扰的希腊民众生活的旅游产品而遭到国际社会谴责，最后以宣布下架相关产品并发表声明道歉而告终。

今天，旅游业已成为颇受追崇的服务业，被誉为"创造幸福"的产业，有着良好的发展前景，设计精良、管理有方的旅游业在促进经济社会发展、增加就业等方面发挥着积极作用，这也是各国政府积极支持旅游业发展的重要原因之一。

随着大众旅游时代的来临，旅游需求更加多元，为满足日益增长的旅游需求，面对激烈的多重竞争，旅游经营商自然对社会需求变化更加敏感，不断创新产品以创造独特的旅游体验，不少企业更加重视"定制旅游"，推出深度游产品，以期提高自身竞争力、赢得丰厚的商业利润。从商业角度来说，这似乎是天经地义、无可指责。

然而，有一点需要注意，旅游经营商在满足消费者需求、赢得相应收益的同时，必须清醒地牢记履行一个重要的义务，那就是企业的社会责任。在旅游活动过程中，无论是旅游者，还是旅游目的地和当地社区，都不能受到冒犯和侵害，唯利是图、违反道德标准的经营活动应受到政府的限制和社会谴责。

上述英国媒体的做法就是一个例证。英国《卫报》组织旅游者在希腊从萨摩斯岛至雅典一线，参观难民营，与民众接触，深入了解普通家庭在经济危机中的窘困状况，公开"消费"希腊之"凄惨"，美其名曰"破产观光游"。这对希腊人来讲，无异于伤口撒盐，而旅游者则是把自己的欢乐建立在当地人的苦难之上，的确如舆论所说，这是一种"缺德旅游"。这样的旅游同对自然环境造成危害和破坏的活动一样，都是有害的，甚至危害程度更严重。

近年来，在世界一些地方不时出现所谓的"黑色旅游"热潮，当然，不同地区或经营者对"黑色旅游"有其自己的定义或诠释。如果一些企业组织旅游者到火山爆发现场、龙卷风发生地、洪水流经地或战争激战前沿体验"黑色旅游"，或组织"赌博旅游"等，这是某些人的自愿冒险，其受害者多是旅游者本身，组织者的义务在于事先陈明危害，申明旅游者必须承担可能遇到的风险。

有的旅行社打着体验民俗风情的幌子，以猎奇为诱饵，组织游客到一些特定民族国家或地区，参观当地人的"丧葬过程"，有的要求按照游客的时间举办丧事，更有甚者还提出"重演"丧葬礼仪。不少强调死亡、灾难、暴力与悲伤的"黑色旅游"，打着"教育”“慈善”“爱心”和“真实体验”的幌子，实质上是带有明显政治歧视的“娱乐活动”，这些旅游活动的组织者往往多来自发达国家和地区，把这些具有变态心理的特殊游客引向欠发达国家或蒙受灾难危机的地方。这样的活动应当受到严格的限制和谴责。

无论在任何时候、在任何地方，旅游经营商都不应当把一些人的痛苦和苦难当作另外一些人寻欢作乐的目标，不能赚这样的昧心钱。那些卖弄智商的行家里手，更不应当用这种歪点子，去亵渎和侵蚀为人类创造幸福的旅游业。

（资料来源：张广瑞 .https：//www.360kuai.com/pc/9eb22ce2ae8e3dd23？ cota=4&kuai_so=1&tj_url=so_rec&sign=360_57c3bbd1&refer_scene=so_1）

第二节　敬业精神

旅游职业道德中的敬业精神就是要求旅游从业者以高度热情投入到工作中，全心全意为游客服务，以提供最优质的服务和产品为追求目标。

❖案例分享

北京冬奥　服务有我

北京冬奥日益临近，进驻各大赛区的服务保障团队也已进入“实战”状态，其中有不少旅游工作者。他们以饱满的精神状态、务实的工作作风，坚守岗位、备战奥运，为祖国争光、为冬奥添彩。

敬业专业 精益求精

在冬奥赛区，旅游人以敬业的精神、专业的服务、温暖的笑容成为一道亮丽风景。

出生于 1999 年的张旭东在酒店行业已经工作 3 年。他主动报名参加张家口冬奥村服务保障工作并成为场馆配餐团队成员。一进入冬奥村，他就与大家一起上阵，卸货、搬运、布置桌椅，从早忙到晚。

张家口的冬天天寒地冻，雪没膝盖。“有一天，在大货车上卸货时，我的脸竟然被寒风吹伤了，温度一高就疼。”他说，“大家都很关心我，同事给我找了婴儿油、面膜，让我保护好自己。冬天很冷，但有爱就会暖。”

今年 50 多岁的酒店工程师郝希彬，是第一批进入冬奥村的工作人员之一。接到服务保障冬奥任务时，他爱人的膝关节意外摔伤，家里还有 98 岁高龄的老母亲需要人照料。作为一名老党员，他毅然选择“舍小家顾大家”，将老母亲和妻子托付给亲戚，踏上开往张家口的高铁。

初到张家口，郝希彬和同事们要对 1760 个卫生间逐间检查。他们记录下大量的精准信息，为冬奥村施工提供了依据，缩短了施工时间。“虽然工作强度很大，但是作为老党员，要发挥先锋模范作用，在全力保障冬奥的关键时期，我不能有一丝懈怠。”郝希彬说。

蔡胜华和妻子鲁冰香，是冬奥服务保障的“夫妻档”，二人都是资深酒店餐饮从业者。蔡胜华在冬奥村担任运动员餐厅“世界厨房”主管，鲁冰香是运动员餐厅饼师。

“能够一起参加冬奥服务，我们感到格外幸运和自豪。”蔡胜华说，“运动员餐厅对菜单要求非常高，我们斟酌每道菜做法、测试菜品品质，目的只有一个：让参加冬奥会的运动健儿们享用新鲜、美味、可口又安全的中国菜。”

“当得知要参加冬奥会服务保障工作，我十分激动，同时又很紧张——怕自己经验不足，不能胜任。”酒店从业者、张家口冬奥村客房主管董娅红说，进驻冬奥村后的房间开荒工作繁重辛苦，每天大约要步行2万步，两只手也因为打扫卫生经常沾水而起皮，室友笑称她的手像土豆，但她觉得充实、快乐。

（资料来源：李志刚．北京冬奥　服务有我．中国旅游报，2022-01-05）

一、敬业精神的含义

敬业精神（Professional Dedication Spirit）是人们基于对一件事情、一种职业的热爱而产生的一种全身心投入的精神，是社会对人们工作态度的一种道德要求。它的核心是无私奉献意识。具体地说，敬业精神就是在职业活动领域，树立主人翁的责任感、事业心，追求崇高的职业理想；培养认真踏实、恪尽职守、精益求精的工作态度；力求干一行爱一行专一行，努力成为本行业的行家里手；摆脱单纯追求个人利益的狭隘眼界，具有积极向上的劳动态度和艰苦奋斗精神；保持高昂的工作热情和务实苦干精神，把对社会的奉献和付出看作无上光荣；自觉抵制腐朽思想的侵蚀，以正确的人生观和价值观指导和调控职业行为。

中国自古以来就比较注重敬业精神的弘扬和继承，强调“术业有专攻”“业精于勤而荒于嬉”。春秋时代，孔子认为人应该“执事敬”“事思敬”“修己以敬”。孟子说：“天将降大任于斯人也，必先苦其心智，劳其筋骨，饿其体肤，空乏其身，行拂乱其所为，所以动心忍性，增益其所不能。”朱熹主张“专心致志以事其业”，告诫人们要用恭敬严肃的态度对待自己的工作，专心致志，一心一意。敬业的精神基因，早已深深融铸在中华传统文化的血脉里，成为中华民族的民族特性。在漫长而悠久的历史长河中，涌现出无数敬业爱国的典型人物和感人至深的事迹，如璀璨星河，熠熠生辉。从遍尝百草的神农到三过家门不入的大禹，从“路漫漫其修远兮，吾将上下而求索”为国献身的屈原到“我自横刀向天笑，去留肝胆两昆仑”慷慨赴义的谭嗣同，从忍辱负重写出史家绝唱的司马迁到鞠躬尽瘁死而后已的诸葛亮，无不体现着中华文化中的刻苦勤奋、无私奉献的精神。

新时代敬业精神的时代内涵既源于传统文化中的敬业美德，又来源于市场经济背景下岗位职责的要求和提升职业生涯的需求。在时代发展的过程中，随着社会职业竞争的不断激烈，敬业精神呈现出不同的层次：有低级的为了谋生而敬业，这种敬业精神主要是受利益的驱使，为了生存和应对社会竞争，不得不珍惜已有的工作岗位；也有高级的为了兴趣和自我精神满足而敬业，这种则是出自内心真正对工作的热爱，在工作中更加重视所获得的成就感和愉悦感，追求自我和社会价值的实现。

二、敬业精神的重要性

敬业，是最基本的职业道德精神，也是一个人成就人生的关键所在。当代毕业生普遍追求自我价值和社会价值的实现，都谋求一份能施展手脚，成就自我的事业。据调查，在 14 种不同的职业素养中，有 85% 的企业认为，敬业精神的重要性是排在第一位的，并以此作为选人用人的标准。通用电气公司的总裁杰克 . 韦尔奇曾说过："任何一家想竞争取胜的公司必须设法使每个员工敬业。" 由此可以看出，敬业精神无论是对于个人的成长来说，还是企业的生存发展来说，都是极为重要的。

（一）敬业精神是人生成功的秘诀

现代社会竞争日益激烈，每个人都想获得他人的尊重和社会的认可，要做到这一点，首先要有一份被社会认可的工作。作为刚毕业的大学生，找到一份自己心仪的工作，在自己的岗位上大展拳脚，做出一番成就，这基本就是每个人对成功人生的设想了。那么，找到一份好工作，全心全意地投入到这份工作中，对自己的工作保持虔诚敬仰之情，勤勤恳恳，尽职尽责，不断钻研，一丝不苟，精益求精。具有这种敬业精神的人，他们会对自己的工作抱有使命感和责任感，无论职位高低，从事的工作是不是自己所爱，都会兢兢业业、全心全意地投入。因此，敬业精神是优秀员工的职业准则，是职场从业者的基本素养和信念。具有敬业精神的人，才能在工作中实现自己的人生价值，才能获得社会的认可，实现自己完美的人生。

❖案例分享

学习先进典型　汲取榜样力量

北海银滩游客安全的守护人

——记"全国文化和旅游系统劳动模范"唐瑞鸿

头顶布帽、身穿一身火红的工作服，不停地在游人如织的海滩上巡逻，观察海面上的游客……这是"全国文化和旅游系统劳动模范"、广西北海银滩景区管理有限公司救生队队长唐瑞鸿的日常工作。作为救生员，唐瑞鸿和队友们每天都在救援站执勤，利用瞭望塔巡视，成为银滩上让游客安心游玩的“一抹红”。

唐瑞鸿今年36岁，2011年进入银滩景区工作，成为一名救生队员，担负遇险游客救助任务。在救生岗位，唐瑞鸿深知责任重大，时刻把游客的安全放首位。他常常头顶烈日执勤，眼观六路，耳听八方，不停地在海边巡查，劝阻游客不安全行为、拯救溺水者，同时积极参加红十字会组织的急救培训和演练活动，努力为游客营造一个安全的游玩环境。

唐瑞鸿说，救生工作的难点是有些游客不听劝告，天黑后还要在海里玩，这时最容易出现危险。“有一次，我在巡逻时发现一名游客在救生点对面的海域遇险，当时天已经暗下来了，能见度低，又是涨潮，情况不明，我马上和当班同事一起展开营救。我们开着摩托艇在海面上搜寻，经过一番搜寻，成功在海里找到已经处于昏迷状态的游客。经过及时抢救，游客脱离了生命危险。”

“从事救生工作有十年了，每天坚持做着同一件事，但是每天都有不同的收获，单位给了我家一般的依靠，让我的生活更充实。”唐瑞鸿说。正是凭着这份信念和执着，他在平凡的岗位上做出了不凡的业绩。

唐瑞鸿深知自己的业务素质关系到游客的安全甚至生命，必须严肃对待。在进入救生队后，他认真对待工作中的每一件事情，用心学习救生知识与工作内容，虚心请教前辈，培养良好的工作习惯，努力提高工作效率和业务能力。经过不懈努力，唐瑞鸿于2018年当上了救生队长。

2021年11月1日，唐瑞鸿与几名同事在海滩巡逻时，发现一名男士在救生点对面海域遇险，情况十分危急。他与同事没有畏惧，冒着夜色在海浪中搜救溺水者，经全力营救，成功在海里找到已经处于昏迷状态的游客并救上岸。这时，唐瑞鸿突然发现少了一个队员，大呼：“他是不是还在海里？”于是，他再次率先跳进海里，在夜色完全覆盖的海里继续搜寻，终于找到已经昏迷的队友，并将他拉回岸边。原来这名队友在营救过程中因体力不支，昏迷过去了。最终，游客与队友及时获得抢救，脱离生命危险。

唐瑞鸿和队员们时常得到被救游客的感谢，他总是摆摆手说：“这是我们的工作职责，不算什么。”领导想给他特殊表彰，他总是婉拒。在唐瑞鸿的带领下，银滩景区海上救生队伍形成了舍己为人、勇于奉献的工作作风，在日常工作中传播着正能量。

多年来，银滩景区救生队在唐瑞鸿的带领下，救助遇险游客90余人次，协助寻找失散游客2000多人次。一开始，唐瑞鸿的家人十分担心他的安全，但他总是解释说：“我的工作很安全，只要认真做好营救准备，就不会有危险。”最终，唐瑞鸿获得了家人的理解和支持，他的儿子更是视他为“超人”。

北海银滩景区管理有限公司、景区管理部部长陈志杰介绍，银滩救生队成立于1992年，那个时候只有10个人，救援装备也以救生衣和救生圈为主。现在，救生员们已经告别了“徒手救人”的方式，发展为一支拥有40人的专业救援队伍，建立起一套海陆协同、声光一体的安全巡防和预警宣传机制。

目前，唐瑞鸿正在打算针对景区不同时间所产生的不利于安全的各种因素，制定相应的措施。同时，作为队长的他，定期对救生员进行职业道德教育和组织救生员进行救生技能训练，检查和督促救生员遵守景区的各项规章制度，总结历年救生经验，提高救生工作水平，带领队员更好地完成景区安全保障任务。

“如果身体和精神状况允许，我会一直做下去，认真对待这份工作，用自己专业的救援知识去保障每一位游客的安全。”唐瑞鸿说。

（资料来源：孟萍．中国旅游报，2022-02-14）

（二）敬业精神是企业生存发展的根本保证

企业是由不同岗位的人组成，每个岗位上的人都各司其职，各司其事，企业才能顺利地运转，经营发展下去。任何一家想要在竞争中取得优势的企业都必须想方设法地使自己的员工热爱自己的工作，将企业的利益当作自己的利益去维护，在工作中获得成就感和幸福感。因此，是否具有敬业精神已成为用人单位挑选人才的一项非常重要的指标。一个员工能力再强，如果他不愿意付出，对自己的岗位没有责任心，他就不能为企业创造价值，甚至可能对企业产生危害；同样，一个愿意为企业全身心付出的员工，即使能力稍逊一筹，也能够为企业创造最大的价值。一个人的能力固然重要，但最关键的还是这个人是否具有敬业精神，是否具有责任心，能否为企业所用。对一个企业来说，员工是最重要的资本，员工创造了一切，员工的敬业态度是企业顺利发展的保证。没有敬业精神的员工，做事漫不经心、缺乏斗志、敷衍了事，这些消极的因素都会在企业生产，销售和为顾客提供服务的过程中表现出来，最后只会导致产品不过关，销售不满意，服务不达标，影响企业的长远发展。

❖案例分享

最傻的员工成功了

杨丽是一个只有高职学历的女孩，令人吃惊的是，她竟然只用了短短三年的时间，就从普通的前台接待成为部门经理。让她迅速脱颖而出的，正是她身上那种“傻乎乎”的精神。

第一点“傻”：别人都怕吃亏，而她却是主动找“亏”吃。

杨丽刚到这家人才云集的大公司求职时，最后一轮考查要求她在人力资源部实习三天，任务是将公司去年的部分文件整理归类并在电脑里建档保存。然而，就在杨丽忙碌了一天之后，下班前却传来了坏消息，总公司紧急通知暂停招聘新员工。这个消息让参加实习的其他人都很愤愤不平，而杨丽却心平气和地继续工作，并对部长说："这些文件我都整理了一半了，如果换成别人又要从头开始。活儿没干完心里不踏实，我明天再来，一个上午就足够了。"第二天，杨丽果然又来到公司，把剩下的工作认真完成后才离开。

公司都已经明确表示不会招收她为员工了，她居然还不赶紧去找工作，而是白白给人家做工，相信大多数人看到这里都会觉得杨丽实在是很傻。但是故事的发展出人意料，两个月后，当这家公司完成调整，重新招聘员工的时候，部长第一个电话就打给了"傻乎乎"的杨丽。于是，杨丽这个"最傻的求职者"正式迈入了这家公司的大门。

第二点"傻"：别人在应付，她却下苦功。

一开始，杨丽在公司里的职位是前台接待。在大家眼里，这是公司里最"垃圾"的岗位，平时只要接听电话、做个来客登记就行了，虽然轻松，却毫无前途可言，这种工作只要应付一下就可以了。然而，杨丽却毫无怨言，她给自己立下了目标，要"问不倒、答得快"。不仅是公司所有的电话号码和房间号，甚至连公司的各种信息她全部背了下来。而且她还多做了不是一般的前台会做的工作：详细记录每次例会、年会时各个部门报告的业务情况。这样，无论客户在电话里提出什么问题，她都能够立即解答，做到让客户满意。为了给来访客户最好的印象，她每天中午都把大厅打扫得干干净净。为了不错过客户的电话，她还少喝水，减少去厕所的次数。

知道的人都说她这么做简直是在犯傻劲，不值得。到底值不值得，她用成绩回答了这些人。在一次接待客户的时候，杨丽发现客户对公司的业绩不大了解，就礼貌地把公司的业绩等情况一一介绍清楚。客户觉得一个前台接待员都能把公司的业绩说得这么详细，可见这家公司的确值得信赖，由此增加了合作的信心。

正是以这样出色的工作表现，仅仅一年的时间，杨丽便获得了优秀员工的称号和丰厚的奖金。

对没有前途的工作采取应付的态度，大概是很多"聪明人"都会做的事。但是，只有最好的执行者才能想到：没有不重要的工作，只有不重要的人，即使是不起眼的工作也要做到最好。

第三点"傻"：别人走过场，她却加倍认真。

按照公司的要求，年末的时候，每个员工都要写一份年终述职报告，大家都觉得上千份报告摆在老总面前，老总肯定没时间看，所以都敷衍了事。

而杨丽却不这么想，她觉得自己工作这一年确实有很多的感想，而且她也想借此机会向公司提出自己的意见和建议。

于是，她精心制作了一份图文并茂的年终总结，分别阐述了自己的工作经验和对公司的看法、建议，每一部分都有详细的数据和直观的图表来作为依据。

这份报告获得了老总的赏识，结合这一年来杨丽的工作表现，他认为这个犯傻劲的员工应该在更适合的岗位上成长，决定大力提拔她。

杨丽没有让老总失望，在新的岗位上她一如既往地以“傻乎乎”的精神把每项工作都努力做完、做好，很快就担任了部门经理这样重要的职务。

（资料来源：吴甘霖，邓小兰．做最好的执行者［M］．北京大学出版社，2010）

（三）敬业精神是建设社会主义国家的精神动力

我国现在正处于经济快速发展，社会变革日新月异的关键时期，而社会的进步，国家的发展，离不开各行各业人们的协同合作。可以说，没有一代又一代人的团结努力和奋斗拼搏，就没有我们今天美好的生活。这种凝聚人心的精神力量就是推进国家发展的精神动力，是爱国主义的具体表现，其中敬业精神起着非常重要的作用。正是因为国家的发展，社会的进步给人们提供了稳定的工作环境，优渥的生活和工作条件，而敬业的人们也会以自己的力量回报祖国的培养，将自己的祖国建设得更加繁荣富强。一个国家，一个社会的发展，绝不能缺少敬业精神，它是动员、鼓舞和推动社会发展的无形力量。

❖案例分享

“能为冬奥会提供服务，我们真的很荣幸”

——记中旅旅行冬奥服务团队

“做好冬奥参赛人员的签证工作，是我们为祖国贡献的一份微薄力量。”“看见开幕式那么精彩，我们都很自豪为这场盛会服务过。”“能为冬奥会提供服务，我们真的很荣幸。”2月4日，2022年北京冬奥会开幕，精彩赛事的背后凝聚着无数幕后工作者的付出，其中就有中旅旅行冬奥服务团队的身影。

签证办理热情高效

1月31日，波兰华沙，农历除夕的中午，正准备吃饭的中旅旅行所属波兰签证公司总经理王晓童接到了当地使馆的一通电话，说波兰总统将赴北京参加奥运会开幕式，希望他们能为随行团队办理签证。“接到通知之后，我第一时间联系了波兰方面有关负责人，我们的员工也很给力，虽然已经放假，却没有一个人推托。”王晓童说。

从农历除夕一直到正月初二，王晓童和同事们一直忙着，与对方反复沟通，帮助他们准备签证所需的材料、核查人员名单等。“2月2日9时，我们准时为随行的27人办好签证，并且在12时之前做好签证。”她说。

从2018年9月赴波兰任职至今，王晓童已经有两年多没有见过自己的孩子了，平时只能通过视频沟通。“坚守波兰也是出于一份责任，公司信任我，给了我这个岗位，我就要站好岗。何况我还是党员，更要坚守职责。”谈到为奥运参赛人员提供签证服务时，她说：“为他们办理签证时，我能感受到运动员的那份喜悦，真的很有感染力，也算弥补了我没办法回北京感受奥运氛围的遗憾吧，全力做好奥运参赛人员的签证工作，也是我们为奥运会尽了一份微薄之力。”

为了更好地完成签证工作，中旅旅行所属波兰签证公司会根据参赛人员的时间提供专场服务。“一方面是为了提供更高效的服务，另一方面是出于疫情防疫工作需要，希望在签证办理这个阶段减少参赛人员与外界的接触，降低风险。”截至目前，王晓童所在的波兰签证公司已经为80多位参赛人员提供了签证服务。因为服务热情周到，她和同事们还与波兰雪橇队建立了深厚的友谊。

北京时间2021年10月7日10时，参加残奥会的意大利冰壶国家队参赛人员走进了中旅旅行所属意大利签证公司米兰办事处。“之前接到申请需求时，我们就对接待残障人士的相关服务设施做了检查，并做了相关准备。但是，我们发现他们没有准备申请签证所需的表格。按照流程，这些需要申请人提前准备好。”中旅旅行所属意大利签证公司总经理张东晖告诉记者，这批参赛人员来自意大利北部城市，凌晨3时就从当地出发了，要去北京参加奥运会前期的相关比赛，时间很紧张。为了不耽误他们的时间，张东晖和同事及时帮他们填写表格、上传、打印……

“冬奥会万众瞩目，我们把它当成一项光荣的使命来完成，服务上更加细致周到。”张东晖说。对这位有着30余年工龄的老旅游人来说，从2021年5月7日到意大利任职那天起，就是在尽一个旅游人的职责。

服务专业细致

春节假期，中旅旅行创新业务部副总经理朱莉带领冬奥外围服务团队一直奋斗在工作岗位上。这种忙碌的工作状态，从去年9月开始一直持续到冬奥会开幕式结束。他们要为参加冬奥会开幕式的演职人员及全国楷模、火炬手等贵宾，提供食宿、代订机车票、接送站、用车服务等保障工作。

“去年9月，经过几轮竞争，我们凭借高效专业细致严谨的优势从众多竞争者中脱颖而出，获得了这次为奥运会服务的机会。”朱莉说：“为了更好地服务北京冬奥会，我们制订了详细的服务保障工作手册和突发事件应急预案。截至目前，我们已经为1000多位相关人员提供了服务。”

服务对象多，需求也多，朱莉和她的团队必须打起十二分精神，有针对性地提供服务，确保在这个环节不出现问题。

“比如在酒店的筛选上，冬奥会提倡节俭，我们为了找到更具性价比的酒店，筛选了100多家酒店，最终挑出了6家。每次服务的前期准备工作非常烦琐。客人入住前，我们会逐一检查酒店客房、餐厅、楼道、电梯、停车场等设施，确保所有环节万无一失。我们还会跟酒店前台、保安细致沟通，告诉他们需要注意的事项，每次服务都力求完美。”朱莉说。

服务过程中，用车是一大需求，并且有很多用车需求是临时提出的。“春节期间，北京冬奥组委临时提出送返演员至山东莱州市、山东郓城市、河北张家口市、河北保定阜平县的16辆用车需求，我们服务团队迅速响应，与冬奥组委、客户方、中旅旅游汽车有限公司协力向北京市交通委、朝阳区运管局申请省际旅游证，保障车辆顺利、按时出返京。为了确保安全，每辆车都安排了两名司机，防止疲劳驾驶。”朱莉说，春节前，他们还接到了另一个临时用车需求。“开幕式大联排的前一晚八点半，客户方给我打电话，说第二天需要80辆大巴车。这么大的用车量协调起来非常困难，我先联系了我们集团所属的大巴车公司，又联系了其他合作公司，最终满足了客户的需求。虽然最终因行程调整，客户方并没有用车，但是，我们给客户方留下了非常深刻的印象，获得了他们的信任。”

谈到工作中的艰辛，朱莉笑着说：“所有服务于冬奥会的幕后工作者都很辛苦，但我们乐在其中，觉得能有这样一个服务于冬奥会的机会，是一件无比光荣的事情。整个项目服务下来，大家都是抱着一种社会责任感、一种旅游人的担当去做的。”

责任担当获得点赞

“感谢你们协助轮椅冰壶国家队运动员填写签证申请表，让他们能顺利获得签证，前往北京参加冬残奥会该项目的A组资格赛。”在为意大利轮椅冰壶国家队队员办理签证之后，张东晖收到了来自意大利冰上运动联盟、意大利国家奥林匹克委员会认证联盟秘书长发来的感谢信。

采访中，记者了解到，中旅旅行所属意大利签证公司的经历并非个例。在对冬奥会相关人员提供服务的过程中，旅游人频频被客户方点赞，朱莉她们还因此获得了大量后续业务。“演职人员的餐饮服务、用车服务等，都是后期增加的。”她说。

中旅旅行总经理助理张克雄表示，“近5个月的服务过程中，冬奥服务团队坚守安全底线，把疫情防控、住宿安全、食品安全、交通安全等放在首位，有力保障冬奥会开幕式各工作组彩排及演出任务顺利进行。同时，为了保障各国参赛人员顺利递送签证，伯尔尼、苏黎世、米兰等多地签证申请中心开设了签证办理专场、加急通道等，服务了25个国家和地区的1940位参赛及赛事相关人员，收到我驻外使领馆、各国体育协会和代表团感谢信20余封，以专业的态度展现了央企的责任担当。”

（资料来源：张宇．能为冬奥会提供服务，我们真的很荣幸．中国旅游新闻网，2022-02-14）

三、敬业精神的具体要求

首先，要有牢固的专业知识和技能。牢固的专业知识和技能是做好本职工作的前提和基础。求职者在找到属于自己的本职工作后应全身心投入到工作岗位中，并严格要求自己，不断磨炼自己的技艺，不断挑战自己，提高自己。

其次，要有强烈的事业心，将工作中所取得的成就看作是成功人生意义所在，要对工作始终保持旺盛的进取心，持之以恒，不断创新，精益求精。

再次，要有责任心和勤勉的工作态度。要爱岗敬岗，在岗位上要兢兢业业，尽职尽责，工作勤勉不倦怠。

最后，要有使命感和无私奉献的精神，大公无私，全心全意在岗位上发光发热，为社会贡献自己的一份力量。

第三节　团队精神

旅游职业道德精神中的团队精神就是要求所有团队成员互相信任，互相支持，相互协作，将团队的利益放在个人利益之上，为实现团队的共同目标而协同作战。

❖案例分享

一日晚上，KX酒店突然迎来了一个散客团队。恰好是王霞和张云当班，由于来的客人比较多，并且需要完成复印证件、办理房卡和收取押金等手续。张云一个人快要应付不过来了，很担心自己会出现工作失误。张云看王霞在一旁无动于衷，就主动请求王霞过来帮忙。王霞看到人这么多，而且前台的工作责任重大，就不想掺和进去。因此，她就以一会儿要接待其他散客为借口，拒绝提供帮助，仍四平八稳地坐着。张云明显有些应付不了了，房卡的发放和客人的名字都对不起来，看起来越来越混乱。有客人看不下去了，认为酒店的服务太慢了，耽误了他们的休息，将自己的不满投诉到了酒店。

点评：案件中酒店前台员工王霞在看到张云在接待一个工作量较大的团队时，首先想到的是自己掺和进去会有责任风险，使用借口拒绝为同事提供帮助。因人多事杂，以及张云自身服务技能的欠缺，导致手续办理时间漫长而出现了混乱，最后遭到了客人的投诉。从王霞的心理活动和表现来看，不难发现这个团队的服务意识相当的薄弱，缺乏团队精神的支撑。

（资料来源：https：//v.qq.com/x/page/u0512mx3sdx.html）

一、团队精神的含义

团队精神（Teamwork）是支撑团队成员向团队目标不断进发的强大动力，简单来说就是大局意识、协作精神和服务精神的集中体现。团队精神的基础是尊重个人的兴趣和成就，核心是协同合作，最高境界是全体成员的向心力、凝聚力，反映的是个体利益和集体利益的统一，并进而保证团队的高效率运转。团队精神的形成并不要求团队成员牺牲自我，相反，挥洒个性、表现特长保证了成员共同完成任务目标，而明确的协作意愿和协作方式则产生了真正的内心动力。团队精神是组织文化的一部分，良好的管理可以通过合适的组织形态将每个人安排至合适的岗位，充分发挥集体的潜能。如果没有正确的管理文化，没有良好的从业心态和奉献精神，就不会有团队精神。

有人说中国人没有团队精神，不懂得团队协作，这种观点是片面的。其实，中国古代是最讲究团队精神的，也知道怎么样才能培育团队精神，比如说君臣关系中的“一荣俱荣，一损俱损”，《易经》中的“二人同心，其利断金”。当然，最有名的当数《孙子兵法》关于用兵的想法。其中《始计篇》中的五计“道天地将法”说的就是团队的建设和团队的凝聚力。其中“道”就是指的团队领导者，要求得民心，有领导才能；“天地”指的就是团队所处的客观环境，包括天文和地理；“将”指的是团队中的中层管理者或执行者，要求“智信仁勇严”；“法”指的就是团队管理的规章制度，无规矩不成方圆。故团队的建设“修道保法，胜败之政”“令之以文，齐之以武”“号令要明，赏罚有信”“求之于势，不责于人”。

❖拓展知识

孙子兵法——始计篇

孙子曰：兵者，国之大事，死生之地，存亡之道，不可不察也。

故经之以五事，校之以计而索其情：一曰道，二曰天，三曰地，四曰将，五曰法。道者，令民与上同意也，可以与之死，可以与之生，而不畏危。天者，阴阳、寒暑、时制也。地者，高下、远近、险易、广狭、死生也。将者，智、信、仁、勇、严也。法者，曲制、官道、主用也。凡此五者，将莫不闻，知之者胜，不知者不胜。故校之以计而索其情，曰：主孰有道？将孰有能？天地孰得？法令孰行？兵众孰强？士卒孰练？赏罚孰明？吾以此知胜负矣。

将听吾计，用之必胜，留之；将不听吾计，用之必败，去之。

计利以听，乃为之势，以佐其外。势者，因利而制权也。兵者，诡道也。故能而示之不能，用而示之不用，近而示之远，远而示之近；利而诱之，乱而取之，实而备之，强而避之，怒而挠之，卑而骄之，佚而劳之，亲而离之。攻其无备，出其不意。此兵家之胜，不可先传也。

夫未战而庙算胜者，得算多也；未战而庙算不胜者，得算少也。多算胜，少算不胜，而况于无算乎！吾以此观之，胜负见矣。

现代企业管理中，团队精神就是企业的灵魂。在市场竞争日益激烈的今天，一个企业如果不能成为一个有绩效的团队，就是一盘散沙；一个团队如果没有良好的团队精神，就不会有统一的意志和行动，也不会有好的绩效；一个企业如果没有灵魂就不会有生命的活力，更不会具有竞争力和战斗力。团队精神作为企业文化的一部分，实际上就是一种组织内部信息的传递与诠释，它是一种文化氛围，一种精神面貌，它能为员工创造一个良好的工作氛围，极大地释放员工潜在的才能，能让员工在感到被尊重被重视的同时自觉地找到最佳的协作方式，并为一个统一的目标而协同奋斗。

二、团队精神的重要性

（一）团队精神能推动团队运作和发展

在团队精神的作用下，团队成员产生了互相关心、互相帮助的交互行为，显示出关心团队的主人翁责任感，并努力自觉地维护团队的集体荣誉，自觉地以团队的整体声誉为重来约束自己的行为，从而使团队精神成为公司自由而全面发展的动力。

（二）团队精神培养团队成员之间的亲和力

一个具有团队精神的团队，能使每个团队成员显示高涨的士气，有利于激发成员工作的主动性，由此而形成的集体意识，共同的价值观，高涨的士气、团结友爱，团队成员才会自愿地将自己的聪明才智贡献给团队，同时也使自己得到更全面的发展。

（三）团队精神有利于提高组织整体效能

通过发扬团队精神，加强建设能进一步减少内耗。如果总是把时间花在怎样界定责任，应该找谁处理，让客户、员工团团转，这样就会减弱企业成员的亲和力，损伤企业的凝聚力。

❖案例分享

一位中国留美学生的老父母去美国探亲旅游。在洛杉矶的儿子替二老已购好了从旧金山到洛杉矶的机票。旧金山的机场很大，登机入口有近八十个，其中还有分岔。两老初来乍到，有点晕头转向。机票上写的登机口是45A，但老人却误入了45号门，登错机，飞机飞到赌城拉斯维加斯去了。二老一下机就发觉不对头，也见不到接他们的儿子。一问不是洛杉矶，就慌了，二老赶快去机场大厅找U.A.航空公司的签票服务台，说明原委。接待小姐马上代表航空公司彬彬有礼地向老人表示歉意，并安慰老人静下心来，接着就告诉老人，立即安排他们转乘坐本公司从拉斯维加斯去洛杉矶的航班。老人提出，儿子在洛杉矶接不到人，肯定会着急万分。接待小姐又马上挂通洛杉矶机场的电话，请机场出口处广播通知他儿子，请他安心，并告诉老人抵达洛杉矶的航班和确切时间。两老在一场虚惊后对U.A公司的服务赞不绝口。此后，他们在美国旅游就只坐U.A的飞机。实际上，美国各航空公司竞争激烈，在服务上都很不错，并非U.A一家，但U.A的优质服务抓住了回头客。

对此实例细细分析，如果严格追究个人责任的话，这件事与接待小姐毫不相干。或者说是老人自己有责任，明明写清45A门，你们走错了门，怪谁？或者说是飞机上的航空小姐有责任，她没有看清旅客的票，把上洛杉矶的客人放了进来。反正，接待小姐可以把责任推得一干二净。责任推干净，她就最轻松，不必有那么多善后工作处理。然而，U.A公司也就会失去两名回头客。接待小姐表现了强烈的整体服务意识，她把一切责任揽到了自己头上，并以公司代表的身份为老人们处理他们所需要的一切。

（资料来源：https：//wenku.so.com/d/1f259b1e99c35f70d6faab32e535dfad）

三、团队精神的具体要求

团队精神是个人与企业发展的基石，是取得优异成绩的基础，旅游工作者要主动培养，增强团队精神，积极融入团队。而培育团队成员的团队精神，需要做到：

（一）要有明确的共同目标

明确具体可行的共同发展目标，是成员最好的航船方向，目标方向越明确越具体，由此激发团队效力也就越大。因此，要做到将团队的发展计划，目标和员工的薪金增长计划，岗位晋级方式等都告诉员工，将集体的利益和成员的个人利益有机地结合起来，让员工看到希望，才能劲往一处使，产生向目标奋进的内在动力。

（二）培育团队共同的价值观

企业的制度和规范，只能在有限和常规情况下，告诉员工“干什么”和“不干什么”，这些往往是不够的。只有利用价值观等内在道德规范来培养员工良好的道德修养以及正确的三观，从内在去约束员工的行为，才能成为制度和规范的有力补充。

（三）要增强成员的归属感，激发成员的参与热情

团队精神有赖于员工的参与，只有增强员工的归属感，使其全方位地参与到团队的建设中，把个人的命运与团队未来的发展捆绑在一起，员工才会真心真意地关心团队，才会与团队结成利益共同体和命运共同体。

（四）要营造相互信任的环境，培养团队成员之间的默契

团队的默契，源于团队成员之间自觉的了解和熟悉，而彼此之间的了解、熟悉又以相互信任为基础，这也是形成团队精神的必要条件。

（五）唤醒危机意识和忧患意识，加强团队的凝聚力

危机意识和忧患意识是团队精神形成的外在客观条件，也是加强团队凝聚力的有力保障。长期安稳的外部环境会导致团队缺乏危机意识从而人心涣散，在危急关头就会因缺乏应变能力而发挥不出应有的战斗力。居安思危才能保证团队长远健康地发展下去。

（六）加强团队内部间的沟通和交流

真诚平等的内部沟通和交流是创造和谐工作氛围的基础。团队成员之间的交流和沟通可以加强团队的一致性，密切团队成员之间的关系，从而达到增强团队凝聚力的作用；成员与团队领导之间的交流和沟通，能使成员知己知彼，动态掌握自己在团体行动网络中的位置，从而达到最佳配合效果，发挥出最强战斗力。

团队精神需要一个培育的过程。一支具有良好的团队精神的团队，应该具有以下特点：团队风气上，能够容忍不同的观点，团员之间关系和睦；团队成员各有所长、配合默契，并且爱岗敬岗，对团队忠诚；所有成员目标一致并有着共同的价值观并愿意为之付出努力；在合作时能坦诚交流等等。但是，这样的团队要有一个长期的培育和合作过程，不可能一蹴而就。

❖案例分享

从海底捞的运营模式看团队建设

海底捞做服务的思路是怎么来的？餐饮什么最重要？很多人会说好吃最重要。在接受采访时，海底捞董事长张勇的看法是：好吃肯定重要。但好吃并不值得拿出来说。

张勇从来不觉得味道好是餐饮竞争的一个核心问题，因为口味南北方差异很大，就是在某一个家庭里面都有很大的差异，有些人喜欢咸一点，有些人喜欢淡一点，属于众口难调。而且如果你是一个大牌子的话，你让每一个人都说它很好，那几乎不可能。

比如一个四川人，跑到上海去吃海底捞，突然发现这跟他想象的火锅不一样。但是对于我们来讲，不可能要求成都人、上海人、新加坡人和美国人都吃一样的味道，没有人做得到的。海底捞的具体做法是按照十一个味区，根据对油的接受程度，对辣的接受程度，根据味区来做。在口味研发上已经精细化了。

以上是海底捞董事长被采访时，对于餐饮味道和服务之争的回答，从这段话里我们能总结出什么呢？问大家一个问题，如果让你说出服务做得好的餐饮企业是哪一家，你会想到什么？如果让你说出最好的吃的餐饮企业是哪一家，又会有多少答案呢？

餐饮企业要走向全国，必须解决一个问题——让大多数人喜欢你的产品！但是，如果要让大多数人喜欢，必须去除掉地方个性的口味，四川火锅以“麻辣”闻名天下，可是，其他地方的人不喜欢这个味型怎么办，口味可是教育不出来的。因此只能在口味特性上做减法，在其他方面做加法。

餐饮企业要扩张，归根结底是要创造一个大多数中国人喜欢的味型，而不是创造地方口味，走遍全国。无数的地方餐饮企业扩张的时候，都会调整味型迎合市场。所以出现一个现象，当地人吃当地连锁餐饮品牌，却说这个品牌的味道不正宗！实际上海底捞不是不会做餐饮的味道，而是非常善于调整味道，只是他调整的视角放在一个叫作大多数的角度。

餐饮行业要做好，必须要吸引新客户，留住老客户，服务既是开发新客户的策略，又是留住老客户的策略。做出产品味道好的口碑，当然会为企业招来客户，可是为什么有那么多味道好的地方老店，就是跨不出扩张这一步？很重要的一个原因是，味道是很难标准化的，厨师不同，食材不同，配比不同……都会大大影响味道。加之，不同的年龄也会对口味有不同的喜好，就更加难以统一了。即使餐饮企业可以保持恒定的味道，但客户还有另一个“喜新厌旧”的特性，他们会吃腻，会去不断尝试新品类新口味，不断研发推广菜品，也成了餐饮业头痛的问题。

然而，做服务的口碑就完全不同了，首先是可复制，你会发现无论哪个城市的海底捞，做的细节服务都是那么的细心感人。其次是故事性，海底捞是如何做服务的故事，在网上已经泛滥成灾了，而去过海底捞的客户不但自己先脑补一下海底捞的故事，还会把自己的亲身体验，在网络和生活里传播开去，甚至涌现出一大批网络的段子手，什么送车，送肾，送女友，虽不是事实，却也成了让人津津乐道的话题！热情体贴的服务和新式菜品不同，贴心的服务是永远不会过时的。靠服务吸引大量新客户，留住了老客户，何乐而不为呢！

另外，大多数客户下定决心不再光顾，往往不是因为味道，而是因为服务不到位造成的。生活中确实有很多客户，奔着海底捞服务好的名头来用餐，但是却不会有客户愿意生一肚子闷气吃美食，无论那道美食有多特别，多美味！

从这里我们就可以看出，海底捞为什么会在服务上下这么大的功夫了。海底捞能走向全国，走出中国，不得不说，在做味道还是做服务的方向上，起到了至关重要的作用。海底捞的“变态式”服务从这个思维上拓展开来，渐渐使海底捞的服务体系长成了参天大树。

海底捞董事长张勇说：餐饮是一个完全竞争的行业，消费者体验至关重要。我们在很早的时候就非常重视顾客满意度，而顾客满意度是由员工来保证和实现的。所以，我们确立了“双手改变命运”的核心理念来凝聚员工。想借此传达的是，只要我们遵循勤奋、敬业、诚信的信条，我们的双手是可以改变一些东西的。员工接受这个理念，就是认可我们的企业，就会发自内心地对顾客付出。我们在服务上的创新都是员工自己想出来的，因为他们深受“双手改变命运”这个核心理念的鼓舞。

这个价值观一旦确立，我们的制度体系就会围绕这个理念来设计。比如，我们员工的职业发展规划，其实就是建立在这个理念基础上的。海底捞一般不从外部聘请管理人员，并不是说外面的管理人员不好，而是从外面聘人，把好的职位都留给外面的人，我们说的和做的就不一样了。我们告诉大家双手改变命运，实际上却把大家的路给堵死。所以，我们的职业发展路径一定是从基层一级一级往上走，不能坏了规矩。

海底捞不断发展的核心是做好客户的体验，他们是从环境、味道、菜品、价格、服务五个方面来不断完善客户体验的。只是服务对于大多人来说，印象太过深刻，其他方面反而没什么印象了。既然要做好客户体验，真正能把这些体验做到位的，就需要团队的全力以赴，于是，海底捞开始着手解决员工的面临的所有问题。

薪酬体系——解决员工的收入需求

晋升体系——解决员工的未来出路

奖励体系——解决员工的心态问题

培训体系——解决员工的能力问题

员工宿舍——解决员工的生活问题

福利待遇——解决员工的人性化需求……

当企业把员工面临的所有问题都给出出路，那么员工能做的就是，按照企业设计的方向全力以赴做事，得到企业承诺给予的结果！

熟悉海底捞的人都知道，有一本书叫《海底捞你学不会》，后又有人写了另外一本书，叫《海底捞你学得会》。其实，最根本的问题是，怎样根据海底捞的运营模式，设计自己开疆拓土的运营模式。海底捞正是因为找到“变态式服务”这种模式，开始了向全国扩张的道路。

海底捞的服务细节没有任何一项，是其他餐饮企业学不会的，实际上也有很多餐饮企业模仿过，客户的细节服务和团队的薪资待遇，都去海底捞学习模仿过，甚至去海底捞挖人，但是却模仿的四不像。

企业如何运营模式、团队、财务、产品和文化，每个版块要根据客户的需求和自身的切入点建设。肯德基、呷哺呷哺、外婆家，众多餐饮企业没有海底捞这么多的细节服务，可是照样可以很好地发展。而且这些企业虽然能够提高细节服务，但是永远不会像海底捞那样对服务追求极致。他们会根据自己公司的规划把规划执行好，同样可以得到市场的认可。

南派餐饮代表品牌云味馆，多开在商超、综合体、地铁口等人流密集之处，其中一家200平方米的店年营业额高达1000万元。很多人对他家的评价是产品味道好，性价比高，认为口味是其核心竞争力。米线哥迟焕涛却说得很实在：什么口味不口味的，供需关系是核心。当你刚从地铁站奔波而来，我能把一碗热腾腾的米线快速端到你面前，你是不是感动得快哭了？客户要的刚需其实是高效。

现在我们可以得出结论了，为什么海底捞会这样对待员工，一切源于客户的需求，客户的需求是什么？切入点不同，员工的薪酬、晋升、培训……也会完全不同。海底捞的员工服务顾客相对于其他餐饮企业，是需要付出更多的体力和精力的，所以收入高出其他餐饮企业，也是理所当然的。如果不提供那么多的保障，谁愿意在和别人收入持平，却需要付出更多努力的地方工作呢?

所以，员工需要多大的工作量，细节做到什么程度，需要怎样的能力，展现什么样的态度，拿到怎样的薪酬，提拔什么样的人才，都是企业根据整体布局设计的结果，设计越合理，执行越到位，市场就会越喜欢你！

（资料来源：http：//www.canyin168.com/glyy/glcl/tdgl/201706/69597.html）

第四节 忠诚精神

忠诚是美好的品德，也是人的立身之本、发展之基。旅游职业道德中的忠诚精神要求旅游从业者将旅游工作当作一项事业来做，把自己的职业生涯与工作联系起来。如此，员工就会觉得自己所从事的是一份有价值、有意义的工作，并且从中可以感受到使命感和成就感。

❖案例分享

吉林文旅事业的守护人

——记“全国文化和旅游系统先进工作者”张立军

一张张奖状、连续8年被评为优秀公务员……诸多荣誉的背后，是吉林省文化和旅游厅革命文物处处长张立军在吉林文旅行业长达20多年的坚守。“我只是在做好自己的本职工作。”谈及此次荣获“全国文化和旅游系统先进工作者”称号，张立军坦率而真诚。

在担任革命文物处处长之前，张立军坚守安全生产岗位二十余年。安全生产工作责任大、担子重，“保证文旅行业安全平稳有序，才能让每一个游客玩得舒心。”张立军说。

突如其来的疫情，对文旅行业来说是巨大考验。在这场看不见硝烟的战争中，时任安全生产监督处处长的张立军，一直奔走于行业安全生产、疫情防控工作的前线。全省文旅行业疫情“零感染、零传播”的背后，是张立军和同事们夜以继日地工作。

2020年春节，张立军坚守岗位，每天都要无数次接听来自因疫情滞留吉林的湖北游客的求助电话，并妥善安排滞留游客的服务保障工作。“把手机号码留给游客，他们给我打电话是对我的信任，力所能及地为游客提供帮助和服务是我的职责所在。”张立军的耐心与热心，在寒冬里温暖了游客的心。

2021 年 3 月，吉林省文化和旅游厅成立革命文物处，专门负责吉林省革命文物保护与红色旅游工作，张立军转任革命文物处处长。

守着一大堆“宝贝”，到底如何开发，这是张立军思考的首要问题。“革命英雄留下的遗迹、遗址，是留给我们宝贵的物质和精神财富，我们一定要保护好、开发好、运用好。”这个思路也是吉林文旅人的共识。

为在庆祝建党百年之际交上一份合格的答卷，张立军带领团队全面整合、梳理红色资源：将分布在各地的红色资源连点成线，把红色旅游线路从原来的 3 条扩展到 30 条，实现了将旅游资源向旅游产品合理转化；从历史价值、文化内涵、资源禀赋、开放能力、影响力等不同维度，梳理、设计出百佳红色旅游地（旧址）；评选出百佳红色故事和讲述人；组织开展“初心如磐”系列推广活动、百名红色讲解员讲百年党史宣讲活动等，激发了全民参与红色旅游的热潮。

经过短短 4 个月的时间，张立军带领团队尽心尽力，为红色文化“活”起来、革命文物和红色旅游“火”起来贡献了力量。

初心不改，丹心一片。张立军身上充满昂扬的工作热情、对吉林文旅事业的热爱和忠诚。许多像张立军这样的吉林省文旅人在平凡中坚守，在岗位上默默奉献，推动着吉林省文旅产业的蓬勃发展。

（资料来源：刘冬雪．吉林文旅事业的守护人．中国旅游报，2022-02-07）

一、忠诚精神的含义

旅游职业道德中的忠诚精神（Loyalty）讲的是职业忠诚，职业忠诚是对事业的献身精神和忠诚意识；是对职业追求的责任心和使命感。是每位工作者都应具备的一种品质。它要求职业工作者必须热爱自己所从事的工作和所献身的事业，竭诚地为之奋斗，并将自己的一生与其所从事的事业联系起来，在事业的成功中实现人生的价值。

最早对“忠”进行阐述的可追溯到孔子“忠也，尽己之谓忠”，即孔子把忠看作是为人立世的一种态度，也就是说，一个人如果能够坚定不移、竭尽全力，没有任何私意的为人处世，并把内在情感和外在行为统一起来，便叫作忠。《说文解字》里“忠也，敬也”，表明忠是主体对客体的一种敬重的情感。朱熹说“发己自尽为忠”要求内在情感与外在行为的统一。易言之，忠既是在敬重与选择的基础上竭尽全力，尽其所能，为其效力或效劳的一种行为；又是一种坚持不懈、永不放弃的道德规范，这便是忠的最高体现。

“诚”在《说文解字》也有阐述：“所谓诚者，不自欺不欺人也”。正如孔子所说的“言而有信”，即把说话算话，诚实守信以及表里如一看作为人立世的基本道德规范。就现代意义而言，“诚”主要是主体在对客体价值判断的基础上进行心理表达和行为表现，具体表现为诚实守信，表里如一。也就是说“诚”有显性和隐性之分，隐性的“诚”只是做到不自欺，也就是心里明白是什么，但是由于外部因素的压力而没有表现出相应的言行；显性的“诚”则是做到不自欺不欺人，始终表里如一，言行一致。

通过对“忠”与“诚”的语义学分析，我们可以看出两者之间既相互联系又相互区别。“忠”更加侧重对象的指向性和外在行为，即“为谁尽忠”，而“诚”则是个泛指，更加侧重内在情感，即内在真情实感，诚实守信的道德品质。

由于忠诚本身具有指向性，即“忠于谁的问题”，基于此，当人们把忠诚的对象指向职业领域，职业忠诚的概念便应运而生。老一辈人对职业的选择往往非常慎重，因为条件的限制，他们干一行可能就是干一辈子，甚至家里祖祖辈辈就从事一件事，手艺和责任一代一代的相传下去，这样经过数代的积累，出了不少大师级人物。而现在人们将工作更多的是看作谋生的手段，工作机会较多加上职业规划不明确，导致很多毕业生在选择工作时只注重眼前利益，“跳槽”“转行”现象频频发生，已引起社会的广泛关注。

❖特别提示

导游跳槽成风，难觅“行尊”

广东至今无“特级导游”，导游薪酬与职称不挂钩，三五年纷纷转行。

本报记者许静、通讯员田得宏报道：“时下跳槽转行最频繁的职业是什么？做个统计，第一名很可能是导游。”广东中旅一名从业30年的资深导游昨日不无痛心地指出。“三五年就转行”的普遍现象，导致广东高素质导游的数量远远供不应求。记者从昨天（4月12日）召开的2004年度广东省中、高级导游人员研讨会获悉，目前广东高级导游只占全国总数4.4%，而特级导游至今仍未实现“零的突破”。

高级导游寥若晨星

旅游总收入占全国1/4强的广东省，导游数量和素质都显示出巨大的落差！省旅游局监察专员徐岱明介绍，目前广东共有持证导游21533人，占全国总数不到10%，其中，中级导游473人，占全国9.9%，高级导游45人，占全国4.4%，而全国12个特级导游中，广东一个也没有。“去年全省旅游总收入1600亿元，外汇收入53亿美元，广东导游从数量和整体素质上，都与广东旅游大省的地位不相称。”

“广东省导游总数量增加很快。”省旅游服务中心凌丽莉告诉记者，“每次的导游资格考试，都给广东省增加两三千名持证导游。”然而据了解，目前广东省中、高级导游却数量紧缺且增长缓慢。尤其是特级导游员，多年来都没能实现零的突破。

导游跳槽家常便饭

整体素质不高，不仅是游客对导游行业的普遍印象，就连一些导游也对这一职业缺乏认同。“绝大部分从业者都将导游作为过渡性的工作。”广东中旅的高级导游郑文丽指出，“现在不少人都认为做导游是吃青春饭，但实际上，在欧洲北美等旅游业发达地区，都有相当多的‘银发导游’，做导游熟练的技巧、渊博的知识、成熟的性格、得体的谈吐以及遇变不惊的能力，都需要时间的打磨和实践锻炼。”

据悉，我国主要是把导游员分为初级、中级和高级，鼓励导游员在取得初级资格证书以后，积极晋升中高级，但从现实来看，成效不尽如人意，“绝大部分导游员，干上三五年就转行，哪有时间考虑晋级？”

高级导游收入不高

“鼓励导游员积极晋升中高级导游，必须建立合理的导游晋级制度！”在昨天的研讨会上，数名导游员代表不约而同强烈呼吁。

郑文丽认为，导游晋级难以得到广大导游员的认同，根本原因在于这种晋级与我国的职称制度并不挂钩，不管是中级还是高级，在旅行社都难以获得相应的工资报酬。“这使得从业人员对提升职业技能缺乏内在动力，‘导游职业化’成了一句空话！”

“会计师、厨师、律师、主持人、教师等行业的晋级制度日趋完善，这些行业越来越受到青睐，是因为其晋级制度与受社会承认程度、收入水平密切相关。”导游刘艳红指出，导游晋级制度如果能把各级导游的工资福利待遇、带团补贴标准拉开差距，就会产生激励作用，导游队伍的整体素质也会相应提高。

（资料来源：南方网，2005-04-13）

二、旅游职业道德中忠诚精神的重要性

在当今这样一个竞争激烈的社会，谋求个人利益，实现自我价值是天经地义的事。但是，遗憾的是很多人没有意识到个性解放、自我实现与职业忠诚和敬业并不是对立的，而是相辅相成、缺一不可的。许多年轻人以玩世不恭的态度对待工作，他们频繁跳槽，觉得自己工作就是在出卖劳力，只要钱多，卖给谁都一样。他们甚至会鄙视那些工作兢兢业业，认真负责的人，蔑视敬业精神，嘲讽职业忠诚，认为那些是老板盘剥、愚弄下属的手段。却不知，人生是需要积累的，工作和职业不同。工作可以是谋生的手段，而职业是人生的成就和意义所在。频繁的跳槽，只是在挥霍自己的青春，没有职业忠诚，没有工作经验的积累，可能一辈子都找不到自己的社会定位，最终只会被社会淘汰，沦落为社会底层。

忠诚是职场中最应该得到重视的美德，无论是对企业忠诚，还是职业忠诚。对于一个职业人来说，忠诚于自己的职业，忠诚于自己的职业发展和能力提升，对自己所从事的工作认真负责，时刻保持工作热情并愿意为自己的事业奉献终身的这种精神，无论是对他所在的企业来说，还是对他个人的人生成就来说，都是至关重要的。

❖案例分享

佟华龄：为国家旅游事业奋斗终身

1963年，经过党组织两年多的考察，还是北京外国语大学俄语系大三学生的佟华龄成为一名正式的中国共产党党员。

“成为一名共产党员是我一直以来的想法，大一刚开学我就向党组织递交了入党申请书。当时想法很简单，就是想跟党走，为党的事业奋斗终身。”谈起入党初心，已到耄耋之年的佟华龄神采奕奕，目光坚定。

“我能成长起来全靠党的培养。我认为党员最重要的品质就是忠诚于党，尽职尽责，为党分忧，把自己的一切献给党。”

在四十多年的职业生涯中，佟华龄始终坚守初心，担当实干，在工作岗位上奉献青春和汗水，伴随中国旅游业一同发展壮大，见证了中国经济实力和国际地位的快速提升。

“成为一名旅游人是我的光荣”

1963年，佟华龄从北京外国语学院毕业后入职中国国际旅行总社（以下简称国旅总社）翻译处工作。国旅总社是1954年在周恩来总理的关怀下成立的，起初是隶属国务院的外事接待单位。那时的中国百废待兴，需要与各国建立友好关系，国旅总社像一扇连接世界的窗口，让其他国家的人们通过旅游更好地认识中国、了解中国。

在国旅总社担任翻译的几年中，佟华龄接待过许多国家的领导和团队，也遇到过一些突发状况，但无论面对什么样的问题，他都凭借过硬的专业技能和对工作的高度责任感，尽职尽责地完成各项任务。

1974年，菲律宾工商界代表团来华访问，外交部安排佟华龄负责接待工作。

“代表团到中国的第一天，团内一个人便找到我，希望把一封菲律宾总统马科斯写的亲笔信交给中国领导人。”事发突然，佟华龄在仔细了解情况后立刻向总理办公室汇报。

“当时周总理的外事秘书给我打电话，说总理看过信后非常重视，决定第二天在人民大会堂接见这个代表团。这次接见为一年之后中菲正式建交打下良好的基础。”

这段经历让佟华龄记忆犹新。他表示，早期旅游发展和外交事务紧密相关，自己从事旅游翻译和接待工作，深感责任重大，不敢有丝毫懈怠。

“20世纪70年代，中国跟西方国家的交往逐渐增多，许多国家对中国的发展也比较好奇。因此，申请来中国旅游和访问的外国代表团越来越多。”

佟华龄曾接待法国访华团，团队中包括当时的法国文化部部长和卢浮宫馆长。“我们去参观故宫，大概一天半的时间，每个大殿都看得很仔细，看完之后他们感到非常震撼，对中国的历史和文化特别感兴趣，表示也想到其他城市去看一看。但中华人民共和国成立后很多城市都不对外开放，每年的接待名额也有限制。直到1978年，这种情况发生了彻底改变。”

“为国家旅游产业发展贡献力量”

党的十一届三中全会以后，党中央确立对外开放政策，决定把工作重心转移到经济建设上来。

“改革开放对中国经济发展影响深远，意义重大。邓小平同志非常重视旅游产业的发展，使广大旅游从业者备受鼓舞。”

1979年，邓小平针对加快发展旅游业多次发表重要讲话。“旅游事业大有文章可做，要突出地搞，加快地搞”“要把旅游业作为一个综合性的经济性产业来发展”。在一系列政策方针的指引下，旅游工作实现了从“政治接待型”到“经济经营型”的转变。旅游业推动国家经济发展的作用得到了充分肯定，一种开放的、有活力的新的发展模式逐渐形成。

然而，随着来中国旅游的外国人越来越多，一些问题也逐渐暴露出来。

“当时国内能达到接待西方人标准的酒店非常少，不仅房间数量不够，相应的配套设施也很不完善。有些国外旅行团来了之后只能在大堂休息，为了解决这个问题，中央领导决定采用合资方式建设北京国际饭店。”

1982年7月，佟华龄被任命为北京国际饭店总经理，负责北京国际饭店的建设、管理工作。

“从我接手到最后酒店建成大概花费三年时间，这期间我带领团队到国内外做了大量的考察工作，对酒店的设计、装潢、预算等各个方面进行把关，深入了解国外酒店设计、管理的先进理念。”

佟华龄表示，酒店建设完成不是最终目的，如何将其更好地、持续地运营下去，推动国内旅游产业快速发展是他当时最关心的问题，而其中最紧要的就是服务人员的培训工作。

“成立之初，北京国际饭店大概有1500名服务人员，这些人大多是从社科院、国际关系学院、北京外国语学院等几所高校的毕业生里选拔出来的，还有一部分是从北京饭店等几家大型饭店的餐饮部调派的人手以及社会招聘人员。我们先在国内针对英语和电脑设备对他们进行培训，之后再送到美国、墨西哥坎昆、菲律宾马尼拉、日本、意大利等地的五星级酒店学习那边的管理经验，还开办了一些职业高中，作为酒店的后备人才储备库。”

与此同时，佟华龄去美国和法国考察时发现，当地五星级酒店会对餐食进行营养分析，中国在这方面研究很少。于是，佟华龄回国后决定在北京国际饭店设立营养分析室。

"我从北京大学请来研究相关领域的专家，针对川菜、淮扬菜、粤菜、山东菜等几大菜系以及全素菜做营养分析，并在烹饪方式和食材选择上不断改进，使其更加符合高端五星级酒店的餐饮服务标准，满足不同游客的饮食需求。"

在担任北京国际饭店总经理的几年中，佟华龄积极发挥带头作用，立足实际、善于学习、勇于创新，体现了一名党员干部迎难而上、锐意进取的优秀品质。就像他自己说的："我要为党的事业奋斗终身，在工作岗位上为国家发展贡献自己的力量"。

"年轻党员要干一行、爱一行、专一行"

1990 年，佟华龄调回原国家旅游局担任办公室主任，为加强旅游管理信息化建设，他在工作之余筹备设立信息中心。同时，组织召开全国旅游系统办公室主任会议，对系统流程、工作流程进行辅导，详细解答电脑办公的疑点、难点问题。此后，佟华龄还担任过原国家旅游局的新闻发言人，直到退休前依旧奋斗在岗位一线，为中国旅游事业的发展持续贡献光和热。

"能将一生奉献给国家的旅游事业，为党和国家做出一点贡献，我感到非常自豪。"佟华龄说。

"虽然现在退休了，但我永远心系党和国家的发展。中国从积贫积弱的困境中走到今天，经济实力和国际地位显著提升。无论是打赢脱贫攻坚战还是面对新冠肺炎疫情时的有力举措，都让我由衷赞叹，也更加为自己共产党员的身份感到骄傲。"

被问到对年轻党员有什么期许时，他表示，年轻党员要树立远大理想，敢想敢干，不断学习，掌握更多的知识和技能。作为党和国家事业发展的主力军，年轻党员要坚定信仰、立足实际，在日常工作中踏实勤恳、真抓实干，做到干一行、爱一行、专一行，在工作中践行共产党员的初心和使命。

（资料来源：王莹 . 佟华龄：为国家旅游事业奋斗终身 . 中国旅游报，2022-02-14）

三、旅游职业道德中忠诚精神的具体要求

（一）忠诚于旅游业

旅游从业人员要时刻对自己所从事的事业保持极大的热情和强烈的进取心，要将旅游业作为自己的终身事业去追求，去创造，去奉献，并从这份事业中不断感受到荣誉感和成就感，这就是旅游职业道德中的忠诚所在。旅游工作确实很辛苦，日晒雨淋，工作繁重，但不要忘了当初选择这份工作时的初心和愉快，从繁重的工作中苦中作乐，并用工作中取得的成就感和荣誉感不断激励自己奋勇前进。

（二）忠诚于旅游企业

企业和员工的关系是相辅相成的，员工为企业创造价值，是企业生存和发展的基础；企业为员工提供施展才能和提升自我的平台，让员工能实现自我价值和社会价值。旅游从业人员除了要对旅游这个职业忠诚外，还要做到对它所依托的旅游企业忠诚。只

有获得员工的忠诚，旅游企业才能在激烈的竞争中获得优势，做大做强。反过来，只有企业强盛起来，才能给员工提供更加广阔的发展平台。

（三）忠诚于旅游者

游客是旅游业的服务对象，这是旅游业的根基所在。在为游客提供服务的过程中，始终要从游客的需求出发，维护游客的利益，真心实意地为他们提供优质服务，不能弄虚作假，欺瞒、欺压游客，要始终做到诚实守信，真诚公道。

❖案例分享

我喜欢工作，我爱做导游——记全国模范导游甘玲

桂林有7000多名导游，资深的旅游客车司机大多认识甘玲。他们都记得她年轻时非常漂亮，对于她获得全国模范导游员的荣誉都不意外，因为他们知道她工作很卖力，客人也很喜欢她。旅游界以外的很多市民对她也很熟悉，因为甘玲此前已于2014年被评为桂林市劳动模范，2014年被评为广西壮族自治区劳动模范、广西十佳导游员等。2014年，广西还组成劳模和先进工作者先进事迹巡回报告团到全区各市宣讲，更多的广西人因而了解了这位桂林旅游行业先进代表的成长历程和心路。

因时尚和自由而做导游

甘玲“劳模路”的最初几步，其实充满着理想色彩。她学英语，是因为“学英语时尚”，做导游，是因为导游“时尚而且自由”。1985年她如愿地考上广西大学外语系，毕业后也如愿地来到广西旅游发达城市桂林，成为桂林中国国际旅行社一名导游，先后在英语部、散客部任导游翻译。为了更自由，甘玲于1997年离开了国旅，接受桂林市导游公司较为松散的管理，主要为广西中青旅接团。

甘玲走上工作岗位之后，对工作的极端负责和敬业精神逐渐取代了原先的浪漫情怀。她充分感受到了导游这一中国新兴行业的时尚，也深深体会到这一职业的辛苦，同时为此付出了很大的代价。

甘玲认为，一个好导游必须有精湛的技艺，能够为游客提供优质的服务。在刚刚工作的几年，她就取得了中级翻译和中级导游资格。除了练就了精准、流利的英语，磨炼耐心，保持认真负责、耐心细致的工作态度等基本功之外，她还大量学习、吸纳各种知识，全方位提高服务水平。她甚至还学习了营养和保健知识，并在美国AIA保险公司深圳分公司接受培训并工作半年，获得了全国保险从业人员资格证书。而这些学习，拓展了她的视野，不少知识还运用到接待当中，收到很好的效果。

一次，甘玲接待的团队中有一对年近80的英国夫妇。老夫人在北京游长城时摔了一跤，加之不适应北京气候，在北京和西安游览的一个多星期一直咳嗽，到桂林时连游览都感到困难。甘玲见状就安排他们休息，并凭经验帮她购买能修复喉部和肺部受损组

织的药物。经过服药和休息，到客人离开桂林时，已经停止咳嗽。临行前，他们紧握着甘玲的手说：“你是我们这次旅程中最好的导游，你把我们照顾得非常好。”

98%的游客评价她“优秀”

在平时的接待工作中，甘玲不仅耐心、细心，不厌其烦地讲解，还为游客提供个性化服务，形成了独特的讲解风格，为不同国家、不同地区、不同职业的游客带来了欢乐。

近年来，单身或者离婚的旅游者比较多，他们常一个人来旅游，心情不好，性格孤僻。甘玲在为他们提供服务时，不是光顾自己讲，还注意他们的反应，想办法让他们多说话，让他们能够宣泄自己的郁闷，她的努力收到很好的效果，许多客人感觉在桂林的日子非常愉快。

一次甘玲接待了一个以色列旅游团，客人对桂林前面的中国三个城市的地陪都不满意，并且发生过争执。到桂林后，甘玲以诚恳的态度、热情的服务、客观的介绍，给客人很好的感受。例如在往返龙脊的路上，客人七八次要求停车照相，甘玲都能做通司机工作，请司机配合停车，在确保安全的情况下满足客人需要。以色列领队和客人都非常满意甘玲的工作，写信到旅行社要求甘玲以后专门接待以色列团，以后许多重要的以色列团也指名要甘玲接待。

从毕业到现在，甘玲已经做了21年导游，接待过多批海外游客，他们大多来自世界各地的英语国家，甘玲优质的服务深得外宾的喜爱，年年都得到大量的表扬。每次旅游结束评价导游服务，客人在《意见表》上大多数填写的都是“优秀”，优秀率高达98%。

（资料来源：http：//www.haoword.com/syfanwen/xianjinshiji/65287.htm）

第五节 主人翁精神

党的十九届四中全会提出：“中国之治，在于坚持和完善人民当家作主制度体系。”人民当家作主就是主人翁精神在政治上的完美体现。在企业，则体现在职工的积极主动精神上。广大的企业职工作为企业的主体发挥能动作用，只有在责任心和使命感的驱使下，积极主动地发掘所有的潜在力量，才能推动企业的永恒发展。

❖案例分享

以主人翁心态“店小二”姿态掀文旅融合新风
——访龙泉市文化旅游委员会主任胡武海

“对于成立不久的市文旅委而言，正切合从零开始、翻开新篇的关键时刻。结合文旅委工作实际，归零翻篇就是以主人翁的心态、店小二的姿态和奋发向上的状态去投入工作。”3 月 9 日，市文旅委主任胡武海接受记者采访时说。

胡武海表示，“归零翻篇开新局”大讨论对市文旅委来说就是一场“及时雨”，市文旅委也正在寻求定位、谋划思路，动员全体干部掀起大讨论，目的不是就讨论而讨论，而是围绕 2016 年度以及“十三五”期间的工作，找短板、找机遇、找措施、找项目。

随着丽水高铁正式开通、龙泉市与萧山实现山海协作、“嫁接武夷山”工作全面启动等一系列利好的出现，我市旅游业将带来新的发展机遇。有机遇，就有挑战，要实现培育百亿大产业的规划蓝图，胡武海认为，做思想上、行动上的先行者，才能成为大赢家。

首要工作是抓文化旅游项目建设。据胡武海介绍，当前，全市 66 个重点项目建设中涉及文化旅游的有 12 个，市文旅委自上而下都觉任重而道远。然而有压力就有动力，市文旅委将全力推动龙泉山二期、特色小镇建设等龙头项目的开发建设，并借此刺激其他项目发展，带动我市旅游项目投资强劲增长。

插上“互联网 +”的翅膀，补齐宣传短板。“只有运用好、运用活微应用、微技术，做好宣传营销，才能实现跨越式发展。”胡武海介绍，市文旅委将开发龙泉旅游平台，打造兼具信息发布、咨询互动、订票支付等功能的旅游自媒体。借力知名平台，通过嫁接携程、途牛等知名网站，发布龙泉文化旅游信息，实现推广效果。

以文化促旅游，借旅游传文化，使二者真正融合。市文旅委正努力挖掘、整理可传唱的龙泉故事，让“有文化的龙泉”成为“有故事的龙泉”，赋予文化附加值，从而转化为生产力。通过文化激活民宿，将文化元素融入旅游发展。

胡武海希望形成人人都讲文化故事、推介旅游品牌的好氛围，人人都成为共创文化旅游事业的践行者和实干家。

（资料来源：http：//lqnews.zjol.com.cn/lqnews/system/2016/03/09/020255866.shtml）

一、主人翁精神的含义

主人翁精神（Ownership），最先由精细管理工程创始人刘先明于 2001 年提出的创新性思想，指符合企业相关岗位要求的职工在进入该份岗位工作之后，按照工作岗位的具体要求与工作流程，认真履行自身的职责与义务，并与其他工作岗位保持密切的联系与沟通，从企业利润最大化的角度出发实现自己的人生价值与社会价值，进而实现企业的长久与可持续发展。主人翁精神，顾名思义，便是企业职工放弃掉“打工者”的思维，不将企业或岗位职责当成一个硬性的工作任务或自身负担压力，而是将企业当成是自己的家，通过归属感将企业的事当成自己的事，并积极主动、无私奉献地尽自己最大能力去做好每一份工作。

职工的主人翁精神对企业的长久与可持续发展至关重要。只有通过培育职工的主人翁精神，职工才会将企业当成自己的家，并将企业的未来与自己的命运紧紧相连；只有通过培育职工的主人翁精神，才可以发展职工对企业的忠诚度与奉献精神，从而形成职工对企业本身的责任感与使命感。如果一个企业的职工缺乏主人翁精神或者企业不注重职工主人翁精神的培养，那么企业生产的产品质量、技术与工艺的研发、企业业务的扩大与转型、营销策略的制定与实施、市场的开拓与壮大都无法得到保证，更无法为顾客提供可靠的产品、优质的服务，并且职工还极有可能在企业发展前景黯淡的时期选择“跳槽”来另辟蹊径。因此，职工的主人翁精神对一个企业的长久与可持续发展来说是至关重要的。

关于新时代下的主人翁精神，北京大学人本管理研究执行中心高贤峰教授在他的《新主人翁精神》一书中做了详细的诠释，书中采用大量案例结合哲学、管理学和心理学的理论知识，以主人公小 D 的职业发展生涯为背景，以其对“为什么要做主人翁”和“怎样做主人翁”的思考与行动为主线，揭示了“将岗位看作股份制公司，员工以人力资本入股，因此是岗位主人”的逻辑。通过将少干事“精员工”和多干事“傻员工”进行对比，看最终投资回报率的高低得出“自己是岗位的主人，因此应该以主人的心态从事岗位工作”“即便是打工的，也首先是为自己打工”的道理。

❖特别提示

高贤峰教授在《新主人翁精神》一书中提到员工可以将自己的岗位看成是一个股份责任制公司，这个公司有两个股东，一个是老板，他以货币资本入股，希望得到利润作为回报；一个是员工，以人力资本（知识，经验和技能）入股，也会得到知识，经验和技能作为分红的回报。两人都是股东，只是分大小，老板投入较多，所以他是大股东，员工投入少，只能当经理。如果员工有 20 个，那么这 20 个员工中自然会有“精”的和“傻”的。老板布置 3 个任务，这 3 个任务有一个简单，两个困难，没有考核标准。那些“精”员工自然会选择做简单任务，拿到 600 元的工资；而那些“傻”员工不但会将自己的 3 个任务兢兢业业做完，还会主动完成别人留下的 2 个任务，最终虽然也只拿到 600 元的工资，但是知识经验技能的回报却是那些“精”员工的 5 倍。一轮下来，他们的知识经验技能分红差 5 倍，长此以往下去，老板就会发现在那些“傻”员工身上的投资回报率更高，下一步要追加投资是自然会将资本倾斜在那些投资回报率高的“傻”员工身上。结果就是“傻”员工工资越来越高，职位越来越高，福利越来越好，荣誉越来越高，不断得到发展，不断得到老板的器重。而“精”员工得不到老板的追加投资，最后越干越小，直到自己的岗位制股份公司倒闭，也就是下岗失业了。

按照岗位股份制公司这个理论进行推导，得出“精傻辩证法”，即“傻”的“精”，“精”的“傻”。

传统标准下过于“精明”的员工，往往“精明”反被“精明”误，把很多机会拱手让给了“傻员工”。“精明”的员工看上去总是在小事上占了便宜，而在大事上他永远没有机会。反过来看“傻员工”，他们“傻人”有“傻福”，总是在小事上吃点亏，但是在大事上他们总是被机会给缠住。“傻”员工成功的秘诀就是他们在干任何事的时候都是懒得算计，先干好再说。只有把活干好了才有资本说任何话，活干不好，任何话都是多余的。

通过上述大家可以明白，主人翁精神就是把工作当作自己的家务事，为自己工作。虽然有时候你的付出和物质回报不等，但是你要明白，在物质回报以外你还得到了什么回报？甚至这些回报会比物质回报更有价值、更加有用，那就是知识经验技能。希望每个大学刚毕业的同学都能抱着当个“傻员工”心态投入到工作岗位中，不要被眼前的得失迷了双眼，要知道人生需要积累，成功需要铺垫，个人的自我价值和社会价值也会随着积累而得到升华。

二、旅游职业道德中主人翁精神的重要性

主人翁精神是企业生存和发展的需要，同时也是个人获得成功的基本条件。前面已经提到职工的主人翁精神对企业的生存和可持续发展的重要性，接下来谈谈主人翁精神对职工个人的重要性。

对于职工个人来说，成功的人生莫过于求有所得，个人的自我价值和社会价值得到最大限度发挥，这样的人生才是有意义的人生。而求有所得的首要条件就是要有所追求，或者说明确地知道自己想要什么，这些都少不了“主动”心态，好多毕业生毕业之后随波逐流，被动地选择到手的工作，然后再随便跳槽，直至最后一事无成，这些都是没有树立主人翁精神，缺乏主动性造成的。只有在明确自己追求的到底是什么后，并愿意为之付出不懈的努力才能获得成功的人生。

明确自己的追求，找到合适的工作岗位后，就要珍惜工作机会，在岗位上培养自己主人翁精神，将工作看作既是自己的责任和义务，更是提升自己能力的机会，永远保持主动率先的精神，即使在没有旁人的要求下，也要付出超乎工作预期和原有层级的努力，不断挑战自己的极限，争取做到超出旁人对你的期许，或者达到自己设定的最高标准。做到这些，那么升迁晋级也将指日可待。

当然机遇对于成功者来说也是极为重要的，但是，把握住机遇却不是每个人都能够做到的。成功是能力和机遇的结合，但是这只适合少数人，大部分人即使机会送到眼前，也只能无可奈何、眼睁睁地看着机会从指间溜走。究其原因，还是因为他们太被动了，一味地等待机会的到来，一味地期待着上天的眷顾，却忘记提升自己的能力，殊不知，机会只会留给那些有准备的人。竞争环境越激烈，被动的人所经受的打击就会越多，只有主动才可以占据优势地位，获得更多的机会，创造更大的成功。

因此，做自己人生的主人，主动寻求目标，自发做事，时刻记得提升自己，把握住机会，同时能为自己的所作为所为承担责任，这就是一个人能否成功的基础。

❖案例分享

金牌导游风采

卫美佑：因为热爱才会不断追求

金牌导游卫美佑是第三届全国导游大赛金奖获得者，一位来自四川广元的90后，四川导游技能大师工作室领办人。从业10年，她说："因为热爱，所以才会不断追求，希望能在这个岗位上绘出自己的画卷。"

在大赛中闪光

"对我来说，2017年举办的第三届全国导游大赛，既是一个自我展示的平台，更是一个新的起点，职业生涯中非常重要的起点。"在那届导游大赛中，卫美佑从60多名来自全国各地的选手中脱颖而出，获得了金奖。"比赛之后，我对自己的职业生涯有了更多思考、有了新的规划。"

"这个过程，像是又经历了一次高考，知识储备有了质的飞跃。"卫美佑告诉记者，四川省内选拔和全国导游大赛期间，相关主管部门会对参赛选手进行集训。"我觉得，这个模式很好。入选国赛之后，我先在四川参加了为期一周的封闭集训。比赛前，包括我在内的60多位选手又参加了为期3天的集训，内容涉及时事、礼仪、导游业务等等，让我获益匪浅。"

2013年，卫美佑大学毕业后，开始了导游职业生涯。地接导游、全陪导游、出境游领队，她怀着满腔热情投入到工作中。"2017年，得知要举办全国导游大赛，我觉得应该去试试，我想站在更高的舞台上，跟更多优秀导游切磋。"为了全力备战，卫美佑停止带团，从协会选拔到市级比赛、省级比赛，一步步走进了全国比赛的赛场。

采访中，卫美佑提到了一件让她记忆犹新的事情。"比赛的时候，一位老师在现场点评时提到了一个细节，他建议我在讲解时多一些交流互动、站姿多注意脚步的走位。他说，那样，你的仪态会更加好看。我非常重视老师给出的这些建议，这些都是前辈积累下来的经验。我把它记在心上，应用到我的实际工作中。"

当记者问到夺金有没有什么经验时，卫美佑笑着说："心理素质，强大的心理素质和抗压能力。"那次比赛，进入最后一轮10强赛时，10位选手中只有卫美佑一位女性。"得知这个结果，我的压力达到了顶点，一度觉得撑不下去了，回到房间我哭了很久，但整理好情绪之后，我告诉自己不能放弃。"

"赛场上，主持人问我：'跟9位男生一起比赛，会不会有压力？'我笑着回答：'感到紧张的应该是男生吧，万一输给了一个女生，他们压力会很大吧。'"卫美佑说，"经过那次比赛，无论是身体上还是精神上，我都获得了极大的进步。”

在传帮带中探索

“那次比赛后，我入选首期国家金牌导游项目，并于当年12月赴厦门参加培训。”卫美佑回忆，那次培训让她见到了很多优秀导游，“我意识到，入选金牌导游，不仅是对过去某个时段成绩的肯定，更是一种新的使命，那就是要把你知道的、积累的分享给更多人。”

“培训中，大家经常在一起交流，其中就包括怎样将优秀导游聚集起来做更多事情，成立工作室的想法油然而生。”卫美佑说。

2018年，“卫美佑国家金牌导游工作室”正式成立。

“其实，工作室成立之初我也很茫然，只知道要将更多经验分享出去，于是进行了很多探索。”卫美佑说，成立金牌导游工作室，她的母校——成都职业技术学院给予了大力支持。她开始以“金牌导游进校园”的形式，不定期地在母校办讲座。

2020年，四川省文化和旅游厅推荐卫美佑申报省级导游技能大师工作室。这是目前四川旅游行业唯一的一个技能大师工作室，卫美佑在业务上的探索也越来越深入。

“每年，工作室都会列出工作计划表，主要工作放在传帮带上，包括三方面内容：一是培训讲座，去年累计开展了10场以上的专题讲座，培训人次超过2000。其中，既有针对学生的，也有针对在职导游的培训。二是公益性的服务，在完成传帮带的同时，做一些正能量的宣传。三是人才定向培养，我们会和企业、院校签订人才培养合作计划。比如说每年为企业培训多少人次等。”她说。

眼下，卫美佑还在母校担任客座教授。“每年，我会在学校开两场针对学生的专题讲座，同时工作室还承担了学生的岗前培训，尤其是实训指导。引导他们更好地进入旅游行业，是金牌导游的责任。这算是工作室的一个创新，效果很好。”她说。

守初心向未来

今后有什么打算？卫美佑说，今年，她有两个小目标。“一是成立一支专业的导游志愿者队伍。因为我越发感觉到文明旅游工作需要志愿者去推动，这个志愿者包括我在内，我们要把热爱旅游行业的人聚集起来，为行业做更多贡献。二是打造一支导游主播队伍。四川有很多优秀导游，但是，大多处于自我发展状态。我希望以工作室为纽带，将这些优秀的导游聚集到一起，打造一支耀眼的导游主播队伍，反哺旅游业。”

谈到工作室的未来发展，卫美佑告诉记者：“我们的优势在于有一线工作经验，旅游院校的学生们非常渴望从书本上获取知识的同时，多了解一些行业的实际情况。我们的工作室找到了合适的着力点。此后，为学生办讲座、搞培训，将行业的实际需求传达给院校，是工作室发力的重要方向。”

导游是卫美佑热爱的事业。2021年，她获评首批天府旅游名导。她说：“导游是我的本业，我会坚守本业，将更多知识分享出去。一线带团不但能锤炼技能，还能更深入地了解市场需求。只有深入市场，工作室才能得到更好的发展。”

“无论何时，一线带团对我来说都是非常重要的一项工作。到目前为止，我依然保持着一个月带 2~3 个团的频率。去年 12 月底我还在杜甫草堂带团讲解。”她说。

（资料来源：张宇 . 金牌导游风采 . 中国旅游报，2022-02-17）

三、旅游职业道德中主人翁精神的具体要求

培养主人翁精神的关键是树立主人翁意识，以主动、积极、负责、奉献、坚持的精神态度投入工作中。具体说来，要做到以下几点：

（一）工作中要有主见和创造性，要树立正确的工作理念

在接到上级工作安排时，既不能随波逐流敷衍了事也不能故步自封不听取他人意见，而是要有主动性和创新力。工作中无论做任何事都要深刻领悟和理解上级的指示和理念，然后用“岗位主人翁精神”把上级的正确意图贯彻下去，这样自己的创造能力才会不断发展和提升。

❖案例分享

途牛旅游网 CTO 汤峥嵘：在技术团队管理上推崇主人翁精神

对技术团队考核，相信这是很多 CTO 的重要工作之一，那途牛旅游网怎么做？汤峥嵘介绍到，技术考核当中，有部分是可以量化的，比方说某人负责的系统，可用性就是一个考核指标。

汤峥嵘进一步指出，这是量化层面，但是量化层面不能彻底反映问题，所以在考核中还推崇员工主人翁精神。就是在途牛旅游网整个技术体系中，让技术人员参与到整个系统的开发流程中，比如产品的需求设计阶段。这个是必须参加的，不能说你只是机械地执行，因为你本身也是途牛旅游网的一个用户，产品设计的功能究竟好不好，你有权否定，也必须要有想法。这样做的好处是效率会很高，因为没有大量的文档需要写了（核心的还是会写），第二个好处就是让途牛旅游网所有的研发人员，觉得自己也很重要，对这个产品他有把控权，并且这样也可以很大程度上去提升他改进的欲望。汤峥嵘总结到：“我们是通过这些层面，以这样最终的结果来考核、来做一个评价。他是不是对做的产品有主人翁的精神、有 Owner 的感觉？如果没有，他的技术再好，可能也不会被打高分。”

第三个途牛旅游网还进行严格的 271 考核，把 20% 优秀的人识别出来，把资源倾斜给他们。而尾端的 10%，则要被淘汰。或许这对他们是比较残酷，但是在这个高速发展、高速增长、高度竞争的今天，汤峥嵘认为对员工是好事情，这样会倒逼剩下的员工

会更积极努力，发展得更快。同时汤峥嵘还表示，途牛旅游网还对进来入职的人进行比较严格的筛选，包括技术层面。面试结果以后，会分级，因此除了公司这套大的 HR 体系之外，研发中心还成立专家委员会，对专业程度去进行评估。

（资料来源：http：//www.uml.org.cn/itnews/2014112509.asp）

（二）工作中要学会换位思考，有全局观、大局观

换位思考，就是设身处地地为他人着想，是一种处理人际关系的思考方式。懂得换位思考的人，会将自己放在他人的位置上，想他人所想，急他人所急，以他人的利益为先，想方设法帮助他人解决问题，从而比旁人更加容易获得和谐的人际关系，这点对于服务行业的旅游业来说，显得尤为重要。

1. 要学会站在老板的角度思考问题，掌控全局

老板作为公司企业的掌控者和管理者，要时刻站在公司的全局角度考虑问题，因为公司里的事往往牵一发而动全身，涉及太多人的利益，自然要思考全面。然而，仅凭老板一人站在全局看问题是不够的，作为下属，要时刻领会老板的意图，领悟公司的发展战略，与老板打好配合战，也需要具有一定全局观。只有部门上下配合默契，上令下达顺畅，员工各尽其职，协调一致，才能使企业健康地发展下去，创造更大的价值。同时，员工具有了大局观还会明白只有把集体的利益放在个人利益之前，将集体的价值最大地发挥出来，把蛋糕做大，个人才会有更好的发展。

2. 要学会站在游客的角度思考问题

现在是买方市场的时代，游客需求应该是放在第一位的，了解游客的需求就要学会站在游客的角度思考问题，以维护游客的利益为己任，千万不能做欺瞒欺压游客的“一锤子买卖”。要知道在市场营销盛行的今天，游客之间的口碑效应是非常重要的，臭名远扬的企业在竞争激烈的市场上是没有生存空间的。因此，在与游客打交道时，必须真诚地让对方感受到你是站在他的立场上考虑问题，真正在为他着想，在不侵犯他个人权益的同时，为对方解决一些他自己难以解决的问题，或者找出对双方都有益的解决方式。总之，在向游客推销产品前要先推销自己，要让游客喜欢你，信任你，这样他们才会购买你的产品和服务，并和你保持长期合作关系，为你的企业带来更大的利润。

❖案例分析

增强广大员工主人翁意识

“企业核心价值观：积极、执着、稳健、公信”“集团愿景：乘文化之舟，旅心灵静地”……近日，（安吉）县文旅集团党政办正在梳理一批关于企业文化理念的语句，并将其分门别类，有些站位较高，有些十分接地气，而这些语句均出自集团普通员工

之手。

为建立健全企业文化体系，增强广大员工的主人翁意识，进一步形成全体员工认同的企业文化核心理念，前不久，县文旅集团一改往常邀请广告公司策划的传统模式，决定向广大员工征集企业文化理念，短短2天下来，17名员工纷纷递交自己心中的“企业核心文化理念”，另外，集团还有1名副总经理也积极参与进来。

“本次征集活动主要分企业核心价值观、集团愿景和集团使命三大类。”据县文旅集团党政办负责人黄偲介绍，“企业核心价值观”聚力“概念”，可以凝聚人心；“集团愿景”是希望达到某种目的，而“集团使命”就是要告知大家该怎么践行。“这次征集没有提供主题，让大家立足集团定位，自由发挥，力求以精练、准确的语言描述符合集团改革发展实际，集中反映体现全体员工的共同价值观，展现广大员工健康向上的精神风貌的企业文化理念。”黄偲说。

在集团监察审计部副经理蔡叶茂看来，一个企业的核心在于拥有新理念，所以她这次递交的企业核心价值观取名为“高质量、新理念、新空间”。“全县社会经济发展都在聚焦高质量，而旅游行业发展需要更大、更高的空间，最后我想到了这三个词。”她说。财务管理部员工葛桂红认为，文旅集团的使命就是要做到“资产优良、服务优质、业绩优秀”，她用3个“优”很好地诠释了一个国企的职责和使命。

“文化是企业发展的精神驱动力。”县文旅集团党委副书记张丽琴表示，这次通过集思广益的形式，目的就是为了充分调动员工的主动性和创造性，让大家投身到企业文化建设中来，共同助推公司软实力的提升和企业文化氛围的营造。“接下来，我们将对征集来的这些语句认真梳理，择优录取，计划在集团新大楼张贴，真正让企业精神渗透到每一位员工心里。”她说。

（资料来源：http：//ajnews.zjol.com.cn/ajnews/system/2018/09/01/031114958.shtml）

（三）工作中要学会把握原则问题，注重细节，培养自己的责任感

要做到爱岗敬岗，积极主动地承担自己的岗位职责，在把握原则，坚守自己的职业道德操守的同时，也不能忽视工作中出现的一些细枝末节，因为往往细节决定成败。总之，我们要带着“岗位主人翁意识”去工作，凡事都做到精益求精，培养自己的责任心和使命感，坦诚做人，真诚做事。

❖案例分享

从交谈到贺礼

夏日，南京某饭店大堂，两位外国客人向大堂副理值班台走来。大堂倪副理立即起身，面带微笑地以敬语问候，让座后两位客人忧虑地讲述起他们心中的苦闷：“我们从

英国来，在这儿负责一项工程，大约要三个月，可是离开了翻译我们就成了睁眼瞎，有什么方法能让我们尽快解除这种陌生感？”小倪微笑地用英语答道：“感谢两位先生光临指导我店，使大厅蓬荜生辉，这座历史悠久的都市同样欢迎两位先生的光临，你们在街头散步的英国绅士风度也一定会博得市民的赞赏。”

熟练的英语所表达的亲切的情谊，一下子拉近了彼此间的距离，气氛变得活跃起来。于是外宾更加广泛地询问了当地的生活环境、城市景观和风土人情。从长江大桥到六朝古迹，从秦淮风情到地方风味，小倪无不一一细说。外宾中一位马斯先生还兴致勃勃地谈道：“早就听说中国的生肖十分有趣，我是1918年8月4日出生的，参加过二次大战，大难不死，一定是命中属相助佑。”

说者无心，听者有意，两天之后就是8月4日，谈话结束之后，倪副理立即在备忘录上做记录。8月4日那天一早，小倪就买了鲜花，并代表饭店在早就预备好的生日卡上填好英语贺词，请服务员将鲜花和生日贺卡送到马斯先生的房间。马斯先生从珍贵的生日贺礼中获得了意外的惊喜，激动不已，连声答道：“谢谢，谢谢贵店对我的关心，我深深体会到这贺卡和鲜花之中隐含着许多难以用语言表达的情意。我们在南京逗留期间再也不会感到寂寞了。”

（资料来源：http：//www.canyin168.com/glyy/yg/ygpx/fwal/201705/69285.html）

（四）工作中要互帮互助，相互监督，多为公司企业建言献策

同事间除了友好相处，还要互相监督，针对公司可能存在的问题要勇于提出自己的建议，要发扬“一家人、一条心、一股劲、一个目标”，用家的温暖去关心和帮助身边的同事，共同学习共同提高。每个公司员工都有义务和责任去抵制和监督一切不利于公司发展、不利于同事发挥的不正常事情发生，绝不能姑息迁就，更不能“事不关己，高高挂起”。要知道“覆巢之下，焉有完卵”。公司面临危机，员工的前途必将受到影响，公司的兴衰人人有责。

❖案例分享

长白山景区管理有限公司积极开展合理化建议征集活动

新冠肺炎疫情发生以来，长白山景区管理有限公司上下一心，采取一系列应急举措，积极加强对新型冠状病毒感染的肺炎疫情防控工作，取得了阶段性的胜利，当前正值新冠肺炎疫情防控关键时期，公司大部分员工都居家隔离进行自我防护。

万众一心齐抗疫，群策群力话发展。疫情的发生给紧紧依靠旅游的长白山景区公司带来了极大的损失，但疫情带来的困难是暂时的，公司发展是要持续的。日前，为了集思广益，听取景区广大员工意见建议，景区公司倡议：所有员工在家做好疫情防控的同时，积极开展“科学发展在身边，我为景区献良策”合理化建议活动。要求所有员工围绕景区安全管理、景区服务质量提升、景区降本增效、景区开发增收等方面的难点、热点问题为集团公司和景区公司今后的发展集思广益，群策群力，建言献策。公司将该活动纳入到绩效考核中，对表现较好的员工从提拔使用、评先表彰方面予以优先考虑，对被采纳的合理化建议给予一定的现金奖励。

致景区公司全体员工的一封公开信
（关于为集团公司、景区公司发展献计献策的倡议书）

景区公司全体员工同志们：

让我们众志成城，坚决打赢这场疫情防控攻坚战！

新冠病毒疫情发生以来，长白山景区公司上下一心，采取一系列应急举措，积极加强对新型冠状病毒感染的肺炎疫情防控工作，取得了阶段性的胜利，现正值新冠肺炎疫情防控关键时期，全体员工同志们更要认真贯彻执行集团公司及上级相关部门要求，积极做好防护隔离工作，以实际行动为防控疫情贡献力量，坚决打赢疫情防控攻坚战。

长白山景区公司自 2005 年成立至今已走过了不平凡的 15 年。一直伴随着集团公司发展和壮大，是集团公司的主力军和生力军。2020 年是集团公司深化国企改革激发企业活力的攻坚之年，也是长白山景区公司崭新的开局之年。因为疫情，现北、西、南景区处于关闭状态，公司大部分员工都居家隔离进行自我防护。同志们，疫情是暂时的，但是我们的事业是长久的，公司发展是要持续的，所以公司倡议：所有员工在家做好疫情防控的同时，积极开展“科学发展在身边，我为景区献良策”合理化建议活动。请大家围绕景区安全管理、景区服务质量提升、景区降本增效、景区开发增收等方面的难点、热点问题为集团公司和景区公司今后的发展集思广益，群策群力，建言献策，具体内容如下：

一、管理方面

（1）景区设施设备方面。按照现在景区资金压力紧张的实际情况，景区还有哪些必要的设施、设备需要低成本、高利用率的增设和维修维护。

（2）景区工作人员用工方面。设定怎样的景区合理用工模式，减少用工成本。

（3）安全管理方面。安全管理工作预防为主，制定怎样的景区安全管理体系和制度；如出现安全事件，有哪些应急措施；责任怎么区分；怎样的奖惩制度。

二、服务质量方面

什么好的办法能使员工发自内心地做好服务，“微笑服务”也就自然形成了；出现（未出现）旅游服务投诉怎么处理。奖惩措施。

三、降本增效方面

以景区为家的理念怎么形成。各项管理费用节省和超出的，设立怎样的奖罚措施，例如……

四、各项管理创新方面

有什么样的“新、奇、特”创新管理方法或制度，要合情合理，符合公司的综合运营。

五、景区经营项目开发

北景区内现有“VR 体验”项目，可拓展思路，还有什么效益好的项目可以引进（可合作，可独资经营）到景区内。要有可操作性。

六、员工奖励机制

哪些工作需要建立员工奖励机制，什么标准，能达到什么样的效果，例如……

七、其他利于集团公司或景区公司发展和建设方面。

征求的合理化建议和办法，可根据自身景区工作经验，结合国内优秀景区好的管理措施，扩展思路，为集团公司、景区公司的良好发展献言献策。请大家将“合理化建议稿”形成文本模式。

电子版发至邮箱 ****

联系电话：********

公司将该活动纳入到绩效考核中，对表现较好的员工从提拔任用、评先表彰方面予以优先考虑，对被采纳的合理化建议给予一定的现金奖励。

吉林省长白山景区管理有限公司

2020 年 2 月 10 日

（资料来源：http：//www.cbskfjt.com/news/news_newsone？ news_id=5343）

因此，作为旅游工作者，为了旅游业的发展，也为了自身的前途，一定要发扬主人翁精神，把岗位当作自己的责任和使命，把任职的企业当作自己的家一样去维护，积极主动地为旅游业的发展奉献出自己的一份力量。

第六节　服务精神

在现代市场营销中，产品的概念不再仅仅只限于特定的物质形态，而是囊括了所有能满足消费者需求的有形物品和无形服务。也就是说服务也成为决定消费者去留的重要因素。甚至现在有种说法：一流的企业卖服务，二流的企业才卖产品。这对于经营特殊商品——旅游产品的旅游企业来说，服务简直是决定其企业生存和发展的根本所在，所以培养员工的服务精神，为广大游客提供最优质的服务是每个旅游企业应有的追求。

❖特别提示

旅游企业聚焦服务创新 上百个案例展现“中国服务”

11月27日至28日，由中国旅游协会主办的“中国服务”旅游产品创意案例发布及创新大会在北京举行。本次大会旨在助力旅游供给侧改革，促进广大旅游企业打造出更多更好的旅游产品，满足人民对美好生活的向往。

中国旅游协会会长段强在创新大会上表示，中国旅游协会开展创意案例征集活动的初衷，不仅仅是要推举出几个案例在全国树立样板，而是希望通过此项活动，推动市场良性运行，更好地解决旅游发展中不平衡不充分的问题，持续提高服务供给的质量和效益，满足人民对美好生活的向往，进而提升全行业的国际视野，促进跨界合作，打造“中国服务”品牌，向世界讲好“中国服务”的故事，让“中国服务”像“中国制造”一样具有影响力，成为展示中国形象，弘扬中华文化的载体。

据了解，中国旅游协会从7月开始到9月共征集到144个案例。这些案例全景式地反映了近年来广大旅游企业在供给侧改革创新中的最新成果，凝聚着众多旅游从业者的智慧和心血。在此次活动中，故宫博物院院长单霁翔以“匠者仁心——让故宫文化遗产资源‘活起来’”为题分享了故宫博物院近年来的创意追求。高德、碧水湾、腾讯、中国金钥匙、美团点评等企业的负责人分别以“做好一张地图，让出游更美好”“亲情服务 始终如一”“微信支付 连接－改变”“您生活和旅途中最可信赖的人”和“帮大家吃得更好 生活更好”为题讲述了各自企业的创意服务故事。同时还有来自跨界领域的专家学者进行现场点评。

此外，中国旅游协会与故宫博物院在会上还举行了签约仪式，双方将在文化旅游传播、数字化建设、文创产品开发等方面展开合作，共同打造“中国服务”标杆产品；共同挖掘历史文化元素，研发旅游文化精品，整合旅游文化资源，提升文化内涵，提升产业价值，获得可持续发展。

（资料来源：人民网－旅游频道，2018-11-28）

一、服务精神的含义

服务（service）是指履行职务，为他人做事，并使他人从中受益的一种有偿或无偿的，不以实物形式而以提供劳动的形式满足他人需要的活动。服务业是随着工业社会出现了人口向城市集中的城市化和劳动分工体系的专业化而产生的。随着经济社会的发展，社会分工的不断细化，服务业在国家经济体制中的地位越来越高，现已经成为支撑国家经济的第三大产业。

其实，在现代社会中，我们每一个人都承担着一个社会角色，都以这样或那样的形式为社会提供服务来换取生活需要和社会认可。可以说，我们每个人对别人而言都是服务者，服务的方式是以每个人的社会角色而定。例如，教师提供的是教育教学服务，医生提供的是救死扶伤的服务，军人提供的是保家卫国的服务，而作为旅游行业的从业者，提供的就是满足游客在其旅游活动过程中始终保持一种愉悦，满意的情绪体验需求的服务，说白了，就是让游客“玩得开心，玩得满意”。

由此，服务精神应运而生。所谓的“服务精神”，实际上就是服务人员要时刻保持的一种服务意识，也就是要时刻谨记自己的社会角色和社会责任，以自己的职业为出发点，尽职尽责地为他人提供良好的服务，实现双边共赢的精神、意识。这种精神包含了敬业精神，忠诚精神等职业道德精神在内，是旅游从业者职业道德精神的集中表现。

❖拓展知识

金钥匙（国际金钥匙组织）起源于法国巴黎，自 1929 年至今，是全球唯一拥有 80 年历史的网络化、个性化、专业化、国际化的品牌服务组织。

自 1995 年被正式引入中国以来，并覆盖到 1200 多家高星级酒店和高档物业，2000 多名金钥匙会员，金钥匙服务已被国家旅游局列入国家星级饭店标准。

2008 年国际金钥匙组织中国区荣幸地受到第 29 届奥运会北京奥组委的邀请，作为唯一的品牌服务机构参与到运动员村和媒体村的接待服务，百年奥运首次展现金钥匙的服务。

大家知道，钥匙是开锁的，一把钥匙开启一把锁，如果我们把“钥匙”比喻为“方法”，“锁”比喻为“困难或问题”时，一种方法只能解决一种难题。“金钥匙”是万能钥匙，能开启各种各样的“锁”，解决各种各样的难题。

在中国的酒店和高档物业里，可以看到这样一群年青人。他们身着考究的深色西装或燕尾服，衣服上别着一对交叉的“金钥匙”标记，彬彬有礼，笑容满面为客人提供委托代办服务，帮助客人解决各种需要、难题的年青人——他们是中国金钥匙。

金钥匙是一个国际的服务品牌，拥有一个先进的服务理念和标准；是一位服务的专家，服务的榜样；也是一个服务的网络。

两把金光闪闪的交叉金钥匙，一把用于开启企业综合服务的大门；另一把用于开启城市综合服务的大门。金钥匙是企业内外综合服务的总代理，是个性化、极致化服务代表。“金钥匙是大酒店的小管家，小酒店的大管家，物业服务的贴心管家”。秉承“金钥匙”理念，中国金钥匙集酒店、物业、景区及高端服务企业的品牌服务经理人组成了一个网络化、个性化、专业化、国际化的服务组织 。

（资料来源：360 百科）

二、旅游职业道德中服务精神的重要性

旅游服务是旅游活动的“软件”设施，相对于旅游设施和旅游景点等“硬件”来说，它是占据主体地位的，是旅游业中最为本质的东西。因此服务性是旅游业的本质特征。游客在消费旅游产品时，直接面对的就是旅游从业者的服务，服务者的每一个细节，甚至一个微笑，都是一种服务，都包含在旅游产品之中。这个特点决定了旅游从业者的个人素质的高低、服务态度的好坏都会对旅游产品、对游客的旅游体验产生极其深刻的影响，甚至决定着一次旅游消费活动的成败。事实证明，旅游服务人员热情周到的服务甚至可以在一定程度上弥补旅游硬件设施上的不足。

❖特别提示

美国现代营销学之父菲利普·科特勒在其《旅游市场营销》一书中曾写到：“旅游企业的外部营销把顾客吸引到酒店或旅游地，但如果企业员工提供的服务达不到顾客的预期水平，再好的外部营销也是白费。”

因此，为了向游客提供最为优质的服务，必须倡导服务精神，培育员工的服务意识，端正员工的服务态度，提升员工的服务质量。

三、旅游职业道德中服务精神的具体要求

对于优质的服务而言，服务之心或者说服务精神要比服务技巧重要得多。每个服务行业对于自己的员工都有一系列从业标准，大到待人接物，小到妆容服饰。有的企业在上岗前还会对从业人员进行相关服务技巧的培训，并定期考核。做这么多就是希望能为顾客提供一个较高水平的服务，但还是没有企业能做到让顾客 100% 的满意。究其原因，规矩是死的，人是活的，没有对应的服务之心，不能保持积极主动的服务精神，是无法应对顾客千变万化的需求的。那么要培养从业人员的服务精神，就要做到以下几点。

（一）树立服务意识

服务意识是指企业全体员工在与一切与企业利益相关的人或企业的交往中所体现的为其提供热情、周到、主动服务的欲望和意识。即自觉主动做好服务工作的一种观念和愿望，它发自服务人员的内心。由于每个人的认识程度不同，服务意识有强烈与淡漠之分，有主动与被动之分。

具有积极主动服务意识的人，能够把自己利益的实现建立在服务别人的基础之上，能够把利己和利他行为有机协调起来，常常表现出“以别人为中心”的倾向。因为他们

知道，服务别人，才能体现出自己存在的价值，才能得到别人对自己的服务，达到互利共赢的局面。他们常常会站在别人的立场上，急别人之所急，想别人之所想；为了别人满意，甚至不惜自我谦让、妥协并做出一定的牺牲。而缺乏服务意识的人，则会表现出“以自我为中心”和自私自利的价值倾向，他们把利己和利他矛盾对立起来。在这些人看来，要想满足自己的需要，只有靠掠夺或损害他人的利益，他们不相信社会上会有人会主动为自己付出。从本质上说，这违背了文明社会里人与人之间需要与被需要、服务与被服务关系的规律，这种人越多，社会就越不和谐。

旅游服务人员必须带着“服务是我的工作职责”这样积极主动的服务意识去工作。每个员工都要做到抛弃“以自我中心”，认识到服务理念的重要性，认识到服务是实现个人价值和展现个人才华的方式，从内心深处认同服务的价值，积极主动地服务于游客。对员工来说，服务就是自己的工作，让游客满意是自己永久的追求，要在服务的过程中不断提升自己，达到游客满意，自己成长的双赢局面。

❖案例分享

给客人一个惊喜

酒店1306房的Matthew先生已入住有两天了，每天早出晚归，房间的衣服总是扔得到处都是。服务员小袁做卫生时都会不厌其烦地帮他把衣服整理好，放在衣柜内。

小袁发现房间里的茶杯每天都原封不动的放在那里。通过向中班服务员打听后，小袁得知客人每次送茶都不喝，但是他每天都会买一瓶矿泉水。第三天上午，1306房来了一个朋友，小袁想他朋友可能和他一样不喜欢喝袋装茶叶，于是抱着试试看的心理用散装茶叶为他们泡了两杯茶送进房。过了不人，小袁看见客人和朋友出去了，为了弄个明白，她马上进房去查看，发现两个茶杯都空空如也，原来他们爱喝散装茶。于是，小袁高兴地在常客卡上记录了这一条，又为他泡了一杯茶，用英语给客人留了一张条：“It’s the tea for you!Wish you like it！”

下午，Matthew和他的朋友大汗淋漓地从电梯里面出来，手里抱着个篮球，老远就冲小袁“Hello”，小袁连忙跑过去。客人把球放在服务台。小袁接过球一看，黑乎乎的，客人用手比画着指酒店的布草房。“Take it in workroom？”“Yes，yes”“这么脏，还是洗一下吧？”小袁自言自语道。于是，小袁便将球拿到消毒间用刷子刷干净。第二天下，客人又出去打球，当他从小袁手中接过干净如新的篮球时，竖起大拇指，并且在昨天的那张留言下写着“Thank you”。

点评：酒店给客人提供袋装茶叶，客人不喝，这在很多酒店都是常事。但本案例中服务员小袁对此却非常上心，并试着给客人泡上散装茶，结果赢得了客人的满意。另外，在应客人要求把篮球放在酒店的布草房后，又帮客人洗刷干净，给客人带来意外的惊喜。这两件小事都充分显示了这位服务员良好的服务意识和服务态度。

（资料来源：https：//wenku.baidu.com/view/075bdb164431b90d6c85c74c.html）

（二）端正服务态度

服务态度是指服务者为被服务者服务过程中，在言谈举止方面所表现出来的一种神态。它可以由面部的细微表情，也可以由言语用词和声音高低，甚至是细微的肢体语言表现出来。良好的服务态度可以给人如沐春风，身心愉悦的体验；恶劣的服务态度则会产生激烈的矛盾；严重影响游客的旅游体验和旅游企业的声誉。因此，要为客人提供优质的服务，就必须做到：

1. 认真负责

态度要认真，就是要发自内心地为顾客着想，认认真真地为顾客办实事，将顾客的需求当作自己的责任，积极地为顾客排忧解难。

2. 积极主动

事前要有准备，工作要有计划。事先对可能遇到的问题做到心中有数，在旅途中积极引导游客，时时刻刻关注游客，照顾游客的需求，做到处处关心、事事周到、时时关怀。

3. 热情耐心

工作前心态要调整好，不要把不良情绪带到工作中，工作时要时刻保持耐心并以饱满的情绪，面带微笑，轻声细语，态度和蔼，热情诚恳的为游客服务。

4. 细致周到

要了解自己的游客，善于观察和应对游客的情绪和需求的变化，设身处地为游客着想，妥帖地为游客解决问题。

5. 文明礼貌

工作中要保持衣冠整齐，规范用语，举止端庄，谈吐文雅，待人接物不卑不亢。

6. 宽容厚道

工作中要保持心胸宽广，遇事不急不躁，千万不要和游客争吵。游客有意见，虚心听取；游客有情绪，要尽量安抚。

总之，要牢记“游客是上帝”，“游客永远是对的”，永远也不要和游客争吵，更不能将自己的负面情绪发泄到游客身上。时刻保持平静、宽容和耐心是旅游服务人员必须修炼的心境和职业素养。一个优秀的旅游服务人员甚至应该把游客的指责当作是自己上升的空间，从无理中找出道理，把不满意的游客变成满意的游客。

❖案例分享

一天早上刚刚上班，某饭店餐饮部的预订员孟小姐接到了某大公司总经理秘书赵先生打来的预订电话。对方在详细询问了餐厅面积、餐位、菜肴风味、设备设施、服务项目等情况后，提出预订一个三天后200人规模的高档庆典宴会。孟小姐热情地向客人介绍了餐厅的具体情况后，双方开始约定见面的时间。

赵先生提议道："孟小姐，请你下午3点到我们公司来签一下宴会合同，并收取订金。"

"真对不起，今天我值班，不能离岗，还是请您抽空到我们饭店来一趟吧，我还可以带您看看场地，行吗？"孟小姐答道。

最后，赵先生同意下午来查看场地，并签订合同。

放下电话，孟小姐感到十分高兴，暗自寻思：没想到今天预订的生意这么好，这已经是第十个预订电话了，看来完成这个星期的预订任务是没有问题了。

此后，孟小姐又接了几个预订电话，都是小宴会厅的中、低档预订。孟小姐对待他们的态度显然没有那么热情了，接电话也不那么及时了。这些电话中有一位山西口音的李先生，要求预订当地淮扬风味的8人家庭宴会，每人标准100元。孟小姐很不耐烦地告诉他，预订已满，请他到其他饭店预订。

下午，孟小姐一心在等赵先生的到来，没想到却只等到一个回复电话。

"对不起，孟小姐，我要取消上午的预订，我们李总不希望在你们饭店举办宴会了。"赵先生说。

"为什么？是不是需要我亲自到你们公司去一趟。"孟小姐急忙问。

"不必了。我们李总今天在你们饭店打电话预订了8人宴会没有成功，他对贵饭店没有信心。他说连8个人的家庭宴会都接待不了，还谈什么200人的大型宴会呢？所以他指令我把宴会订到其他饭店。"赵先生含着歉意地解释着。

"这……"孟小姐顿时感到茫然。

点评：饭店餐厅的预订面向社会各个阶层，对待不同消费者都应一视同仁，热情接待。本例中，由于预订服务员没有一视同仁地对待客人，在电话预订中缺乏主动推销和热情服务的意识，结果导致了预订生意得而复失的尴尬的局面。

（资料来源：http：//www.canyin168.com/glyy/yg/ygpx/fwal/201305/53452.html）

（三）提升服务质量，追求卓越服务

卓越服务是指随着游客期望值不断地提高，始终保持向游客提供超越期望值的服务，带给游客不断的"惊喜"。卓越服务的核心是不断追求超越，使服务质量由"标准"提升到"无可挑剔"，是一种使游客愉悦的艺术。

哈佛大学教授特德·莱维特曾说过："没有商品这样的东西，顾客真正购买的不是商品，而是解决问题的办法。"也就是说，游客真正想要的是期望，是否满足游客的期望决定了游客是否会再次购买商品。因此，企业追求卓越，就是要最大限度的满足游客的期望，留住游客。因为从成本上看，留住一个游客的代价远远小于吸引一个新的游客，而且已经和企业建立起信任感的游客还会通过口碑效应，给企业带来源源不断的新游客，这是一种很有效的软推销。这样看来，老游客所带来的利润也是远远大于新游客的。所以，企业要不断提升服务质量，尽最大可能地建立和维护自己的忠实游客群。

❖拓展知识

二八定律又名80/20定律、帕累托法则（Pareto's principle）也叫巴莱特定律、朱伦法则（Juran's Principle）、关键少数法则（Vital Few Rule）、不重要多数法则（Trivial Many Rule）、最省力的法则、不平衡原则等，被广泛应用于社会学及企业管理学等。

二八定律是19世纪末20世纪初意大利经济学家帕累托发现的。他认为，在任何一组东西中，最重要的只占其中一小部分，约20%，其余80%尽管是多数，却是次要的，因此又称二八定律。

贵宾法则

给一个公司带来80%利润的是20%的客户。按照这个原则，如果能把这20%的客户找出来，提供更好的服务，使其成为"老顾客"，对于公司的发展和业绩的增长无疑是最大的帮助。

（资料来源：360百科）

卓越服务是长期的，应该要始终如一的保持。任何一个服务员都应该知道，服务游客不是一朝一夕的，更不能做损坏消费者利益的"一锤子买卖"。一个受过良好培训、能提供优质服务的员工会珍惜每一次与游客接触的机会。他们会牢牢把握住机会，争取将眼前的游客变为自己的"长期游客""老主顾"。他们会与游客保持长期联系，始终为他们提供温馨，周到的服务，不断满足他们的期望，赢得游客的信赖，形成自己的口碑，为公司带来持久的利润。

❖特别提示

游客体验度差，11家4A级景区被摘牌

近日，由于景观和服务质量退化、服务设施缺失、厕所设施滞后、游客体验度差、旅游功能弱化，又有11家4A级旅游景区被摘牌。

11 家被摘牌 4A 级旅游景区分别是：山西省晋城市丹朱岭旅游区、内蒙古自治区呼伦贝尔市扎兰屯吊桥公园、吉林省四平市伊通牧情谷景区、江苏省苏州市西园寺景区、浙江省宁波市大桥生态农庄景区、江西省九江市瑞昌红木博览城、湖北省荆州市洪湖蓝田生态旅游风景区、广东省韶关市银山户外运动养生景区、广西壮族自治区柳州市贝江景区、贵州省贵安新区车田景区、青海省果洛州玛多黄河源旅游区。

（资料来源：中国网－旅游中国，2018-11-01）

近年来，旅游的热度不减，但是景区的毛病却是层出不穷。要知道，一个景区的优劣好坏是各方面综合的结果，无论是景色的优美程度还是设施的完善程度都要达到一定标准，才能吸引来更多游客。

为了进一步树立 A 级旅游景区品牌形象，各地不断加大 A 级旅游景区动态管理力度，除了硬件的基础设施建设，软件建设也越来越被游客和相关部门重视起来。

来自人民旅游微博、12301 及黑猫投诉等平台提供的相关数据显示，广大网友对景区管理与服务方面的关注与投诉不在少数，人民日报客户端旅游频道为大家整理了部分网友投诉的存在管理与服务问题的重灾景区。

其中，就有管理混乱、遭遇欺诈、投诉无门、服务人员态度差、信息公告缺失等问题，相信不少游客都曾不幸在景区遇过这样糟心事。

说到宰客，不得不说的便是日前被央视点名批评的“明码标价宰客”的雪乡，据悉，雪乡对景区酒店和部分旅游项目最高限价进行了公示，一些网友对此提出质疑认为定价过高，一时间引发广泛关注。有网友计算，如果将雪乡的 35 个雪上项目都玩一遍，价格在每人 5350 元，再加上吃住行，一家三口要准备 2 万块钱。许多网友吐槽：这是从私下“宰客”，变成明码标价的“宰客”啊。从法律角度说，雪乡的明码标价最后成了“明码天价”，在本质上并没有逃脱宰客的嫌疑。只不过是从暗中宰客变成了公开宰客罢了。

说到信息缺失，首当其冲的大概就是丹江大观苑了，这里作为亚洲第一水库丹江口水库建成后衍生出的旅游景点，这里的建筑却被网友吐槽有着非凡的仿造风格，除了指示标志不明确的让人诟病以外，工作人员对于游客的疑问，解答却完全不统一也显示出了景区管理和培训的不到位。

享有“豫南明珠”的信阳南湾湖景区也因为服务差和管理不到位遭到网友吐槽，南湾湖景区曾在母亲节当天对所有女性免门票，但却出现观光车、游艇超载的问题，有工作人员服务态度差，游客服务中心成为摆设，导游人数不能满足游客需求，多次买票浪费游客时间，暴露了景区管理及布局设置存在的巨大问题。

素有中国长城“三大奇观之一”与“天下第一关”之称的山海关，因为管理不到位，导致多起价格欺诈游客的事件发生，环境变得越来越差，卫生脏乱、景区的设施破损普遍、服务质量严重下降，让网友对山海关景区的服务与管理问题早就颇有微词。

遭到投诉的还有广东省帽子峰景区，一名网友反映在离开景区的必经之路上有一辆货车侧翻在一边，景区却视若无睹；游客数量完全超过了交通可以顺利疏散的程度，大量人员滞留山上的候车处，存在安全隐患。无独有偶，湖南省岳麓山和橘子洲景区也因为景区服务不成熟，在交通疏散方便被网友批评效率低下。

统计了大量的投诉信息之后发现，网友对于工作人员恶劣的服务态度的愤怒程度是最深的，例如四川省毕棚沟、江苏省南京市中山陵、河南省云梦山等景区皆是榜上有名。

太多的网友投诉在景区遭到了态度极其恶劣的服务，毕竟旅游是为了吃喝玩乐去的，谁也不愿意出来游玩却面对一张张冷漠而不尊重的嘴脸。

景区给游客带来的旅游体验的好坏，直接决定了自己的名声，在信息传播如此便捷与快速的当下，无论景区的宣传如何天花乱坠，但若是去过的游客对其服务和管理，没有一个不说“坑”。那么再多的“天下第一”，再多的“所谓美誉”，都会成为“臭名昭著”。

（资料来源：人民日报，2018-11-30）

思考与练习

1. 旅游职业道德精神的内涵与主要内容是什么？
2. 旅游企业的人文精神的要求有哪些？
3. 旅游从业者应该具备哪些职业道德精神？
4. 怎样培养员工的主人翁精神？
5. 怎样培养员工的团队精神？
6. 怎样提升旅游服务人员的服务质量，追求卓越服务？

第五章　旅游职业道德规范

引　言

道德规范在道德体系中占有十分重要的地位，它是道德基本原则的补充和具体化，是衡量人们道德行为的具体标准。它赋予了道德评价具体的内容，为道德教育和修养指明了方向。旅游职业道德规范既是每个旅游从业人员在职业活动中必须遵循的行为准则，又是评价和判断他们职业道德行为的标准。凡是符合这些规范的行为，就是高尚的行为，是值得人们予以肯定和赞扬的；凡是不符合这些规范的行为，就是不道德的，应当受到社会公众的批评和谴责。旅游职业道德规范，除了前面已经详细阐述过的“遵纪守法”“敬业爱岗”等，还主要包括以下内容：

一视同仁　优质服务　保护环境　持续发展　文明礼貌　团结协作　钻研业务　精进技能　改革创新　抓住机遇

❖教学目标

阐述“真诚公道、信誉第一”“热情友好、宾客至上”“一视同仁、优质服务”“保护环境、持续发展”“文明礼貌、团结协作”“钻研业务、精进技能”“改革创新、抓住机遇”这七种规范的含义、重要性及具体要求。

❖案例导入

西安宾馆：坚守“四心”文化　擦亮老店品牌

企业文化对于现代酒店企业和现代酒店管理而言都是不可或缺的。众多酒店企业通过明确经营宗旨、注重创新意识、树立企业形象、加强员工培养、丰富员工生活等方式，不断加强企业文化建设、完善企业文化体系，并通过企业文化的宣贯践行，统一员工思想，提升员工的服务意识和服务质量，推进酒店服务标准化建设。作为陕西省第一家旅游酒店，西安宾馆坚守初心，让老酒店永葆青春。

西安宾馆于 1982 年 3 月 18 日正式营业，是陕西省第一家旅游酒店。宾馆开业 30 多年共接待海内外宾客上万人次，接待过 40 多位国家元首及领导人，多次被评为陕西省旅游行业“最佳单位”。

常态化疫情防控和不确定性交织叠加的情况下，怎样使西安宾馆这颗曾经璀璨的明珠再放光彩？西安宾馆提出了坚守“四心”，以文化打造西安宾馆品牌特质的思路，使宾馆抗风险的免疫力和竞争力得到进一步增强。

坚持“国宾馆”品质　守初心

西安宾馆1982年初对外营业，曾是塑造国家形象、展示中国服务的一道亮丽风景线，接待过英国女王伊丽莎白、美国前国务卿基辛格、印度前总理拉吉夫·甘地、日本前首相竹下登等外国元首、政界要人，一直扮演着“国宾馆”的角色，全国各地宾馆酒店企业纷纷来西安宾馆进行学习交流。

坚守30多年形成的品质，是西安宾馆的金字招牌。一是严守标准。西安宾馆曾是陕西旅游饭店高星级标准的示范标杆，几十年来严格执行《旅游饭店星级的划分与评定》内的各项要求，不懈怠、不取巧。几十年始终如一日，特别是长期坚持的“一进、二开、三关、四铺、五洗、六抹、七检、八补、九吸、十登”的“十级”工作法和员工自查、领班检查、主管和经理抽查、前厅部排查的客房“四查双控”制度，保证了清理客房卫生无空当和监管无缝衔接。这些拙以守成的服务流程，成为西安宾馆在疫情期间吸引宾客的品质和口碑。二是追求极致。坚守“国宾馆”的品质就是要精益求精，追求极致。承办会议和宴会，摆台时每排间距1.5米，椅子距离桌子20厘米，椅子间距10厘米，桌椅成直线。用传统瓦工、木工的“吊线”手法，以保证桌椅横成行、竖成列。总结提炼出了标准摆台工作法和准确、轻盈、利落、甜美的专业姿势以及会议舞台工作法。客房部在床铺的标准规范基础之上，推出了创意布置项目，并为客人手写温馨提示卡片，展示西安宾馆服务、西安宾馆标准，备受宾客的赞誉。三是开拓创新。多年来，西安宾馆始终把改革创新作为保持品质的不竭动力，不断打破传统经营格局，开发闲置资源，构建多元化经营。2013年，西安宾馆只有地面车位87个，根本不能满足日常经营之需。通过市场调研，宾馆与通达公司签订了停车场租赁协议，由通达公司出资在旧锅炉房处为西安宾馆修建立体车位220个，原停车场则租赁给通达公司建造电子大楼，签署5年租赁合同，每年租金100万元。合同到期后，电子大楼归西安宾馆所有。随后，宾馆又与“烤什么名堂”“飞鸿肉夹馍”等知名社会餐饮店先后签订联营合同，每月按营业收入比例抽成。将长期亏损的南大堂酒吧、北一楼啤酒吧、迎宾便利店及大厅酒吧、大厅门面部位对外承包经营，增加宾馆收入和客流量。为进一步发掘宾馆经营潜力，宾馆又积极与陕西师范大学后勤部门进行接洽，迈出对外拓展的第一步，承接了陕西师范大学长安校区上林广场教工餐厅服务与管理，为宾馆创收159万元，净利润高达33%。

秉持人文情怀　传匠心

西安宾馆有两大特色优势，一是成为社区的“老街坊”。很多客人当年就是在西安宾馆办的结婚喜宴，几十年过去了，举办孩子的婚宴，这些老顾客都会选择西安宾馆。特别是疫情防控期间，宾馆严格落实疫情防控措施，推出的温馨住房及特色外卖吸引街坊邻居纷纷前来订购。这不仅是传承情怀，更是对酒店安全保障及服务品质的信赖。酒店也适时延长产业链，推出适应社区需求的产品，特别是特色菜肴和高规格办会吸引了不少社区街坊。二是“国宾馆”品质的传承。宾馆在以前服务国家元首、政界要人的诸多项目中遴选了一批富有特色、适合批量制作的产品，结合市场特点进行改良，把宴请国家元首的菜肴、仪式复制出来，实现情景再现，把希望探究国宴秘密的食客和游客请进来，品尝还原“名人宴”的氛围，不断赢得新老顾客。这些创新形式不仅是技艺的坚守，更是对西安宾馆文化的传承。

服务超越期待　赢芳心

“老酒店”如何永葆青春？改造提升是关键，极致服务是法宝。一是让老顾客找到当年的回忆。西安宾馆有很多老员工，从饭店开业就在这里工作，不少已成为客人的“老朋友”。实际工作中，凡接待老顾客，酒店全部让老员工参与其中。客人入住时，所有的陈设都按照客人以前的喜好布置，客人喜欢吃什么水果，喝什么样茶都提前备好。客人来餐厅吃饭，服务人员要提前留好客人喜欢坐的位置，准备好客人喜欢的饮食，使老顾客始终感到宾至如归。二是让“老宾馆”有新体验。西安宾馆是最早与这座古城同名的酒店，宾馆挖掘历史沉淀，从硬件设施到酒店理念不断顺应时代与市场变化，注重情怀和体验的打造。在装饰上把经典与现代、传统与时尚相融合，让客人有视觉震撼。在房间布局上有“私密，不被打扰的空间”，在个性服务上，设立“金钥匙”小管家服务和市内旅游义务向导的体贴服务。让员工积极主动地讲解西安市的发展和宾馆变迁的历史故事，让客人真正有“入住一间房，拥有一座城”的感受和收获。三是让传统服务有新活力。宾馆历来重视礼宾礼仪，对礼仪进行“二维动态”升级，在时间维度、空间维度两个方面全程关注宾客住店的每个“节点”，专门设立迎客送客信息群、在店客人有价值信息通报群、客房硬件难题解决群，以保证信息的及时传递，提前提供最及时有效的服务。做到凡是客人看到的必须是整洁美观的，凡是客人提出的合理要求必须是高兴满意的，凡是提供给客人使用的设备设施必须是安全有效的，凡是饭店的员工见到客人都必须是亲切微笑的。这不仅是对顾客的承诺，更是西安宾馆人始终坚持的待客原则。

强化党建引领　聚人心

西安宾馆之所以能坚守老店品牌，得益于陕旅集团党委的指导支持。宾馆始终以党建工作为引领，以党建促经营、促管理、促服务，形成了一套成熟稳定的管理体系和有效的管理制度，打造了一支有担当、知使命、干事业、务实创新、顽强进取的专业队伍。

西安宾馆党委结合“不忘初心、牢记使命”的宗旨，聚焦“宾馆满意”“员工满意”“社会满意”的目标，开展了“三亮、三比、三评”活动。即党员要亮身份、亮承诺、亮绩效，要比学习、比奉献、比服务，要领导点评、党员互评和群众测评，促进了大家在业务上比赶超，在技能上精益求精，坚守“国宾馆”的品质。

实践再次证明，党建做细了就是凝聚力，做实了就是竞争力，做强了就是影响力。西安宾馆在政府的一些重大活动中，展现出了政治可靠、品质优秀、服务周到的较高专业水准。2020 年上半年成为抗击新冠肺炎疫情政府指定隔离观察住宿点，出色的服务接待受到省卫健部门的充分肯定和赞扬。之后宾馆又成为“十四运”的签约饭店。充分发挥党支部的战斗堡垒作用，讲政治，顾大局，敢担当，有作为，在“十四运”接待服务中展示了西安形象、集团水准、西宾服务。

特定的文化才能传承独特的品牌。西安宾馆 30 多年来一直致力于以“四心”文化塑造企业品质，保留着与西安文化深深交融的魅力。在“四心”品牌文化的引领下，宾馆服务管理水平及经营效益均取得了较大的提升。

（资料来源：中国旅游报．选自文化和旅游部市场管理司编写的《星级饭店管理与服务典型案例汇编》，2021-11-11）

思考： 你认为西安宾馆永葆青春是因为坚持了哪些职业道德规范？

第一节　真诚公道　信誉第一

“真诚公道、信誉第一”，集中体现了旅游行业核心价值观之“服务至诚”，是旅游职业道德的重要规范。俗话说：“人无信不立，店无信难开”，“诚招天下客，誉从信中来”。注重信誉，讲究信用，既是优良的商务传统，也是旅游行业起码的职业道德要求。旅游工作者只有诚实守信，维护行业声誉，才能吸引广大顾客，保持生意兴隆，从而提高企业的社会效益和经济效益。

❖特别提示

一名顾客走进一家汽车维修店，自称是某运输公司的汽车司机。“在我的账单上多写点零件，我回公司报销后，有你一份好处。”他对店主说。但店主拒绝了这样的要求。顾客纠缠说：“我的生意不算小，会常来的，你肯定能赚很多钱！”店主告诉他，这事无论如何也不会做。顾客气急败坏地嚷道：“谁都会这么干的，我看你是太傻了。”店主火了，他要那个顾客马上离开，到别处谈这种生意去。这时顾客露出微笑并满怀敬佩地握住店主的手说："我就是运输公司的老板，我一直在寻找一个固定的、信得过的维修店，你还让我到哪里去谈这笔生意呢？"

面对诱惑，不怦然心动，不为其所惑，虽平淡如行云、质朴如流水，却让人领略到一种山高水深。这是一种闪光的品格！

一、真诚公道、信誉第一的道德含义

在旅游职业活动中，真诚就是真心诚意，讲究信用，信守诺言，遵守合同条款，不弄虚作假，不欺骗和刁难旅游者。

公道，即公平合理，买卖公道，价格合理，赚取利润合法、合理，在不损害企业利益的前提下，自觉维护旅游消费者的合法权益。

真诚、公道在宣传、质量、价格、服务等问题上表现得最直接、最敏感，所以，每一家旅游企业、每一个旅游工作者必须本着认真维护旅游者的实际利益的原则，为旅游者提供的产品及服务，要做到货真价实、质好量足、质价相符，严格遵守同质同价、次质次价、按质论价的原则，做到真诚相待、经营公道。

信誉是企业的生命，信誉第一就是必须把企业的声誉放在第一位。旅游行业只有真诚公道地对待每一个旅游者，向他们提供优质的服务，才能树立起良好的信誉和形象，才会稳定和扩大客源市场。

二、真诚公道、信誉第一的重要性

（一）"真诚公道、信誉第一"是衡量旅游企业经营管理水平的重要尺度

一个企业进行组织与管理时，如果不将信誉放在第一位，不维护顾客的利益，仅一味地强调经济效益，忽视社会效益，是不可能有强大的生命力的。例如，最近几年，随着开放搞活，一些不法商贩钻空子，把一些既无厂名也无商标的劣质商品，经过改头换面，冠以"名牌""正宗"旗号，投放市场，欺骗顾客，使得这些企业的声誉和形象严重受损。面对这些情况，企业如果无动于衷，不积极采取措施挽回形象和声誉，重塑名牌产品新形象，那么必将随着产品逐渐失去顾客而失去拥有的市场。反观那些严格管理、注重企业形象和信誉的企业，它们本着真诚为顾客着想，对客人负责到底的宗旨，认真了解和解决客人在售前、售中、售后遇到的各种问题，始终如一地为顾客提供全面、全程、诚实、优质的服务，真正让顾客满意、放心，因而也获得了丰厚的市场回报。海尔集团在短短的数年间，在家电行业全线出击，以其高品质、合理价位进军世界家电市场，其崛起速度令人惊叹。这与其管理者"信誉第一"的经营理念是密不可分的。可以说，海尔集团的成功，是科学管理的结晶。

（二）“真诚公道、信誉第一”是评价旅游行业员工道德水平高低的重要尺度

旅游行业员工职业素养的高低，很大程度上取决于能否做到以宾客的利益为中心，时时、处处、事事都能自觉地维护企业的信誉；在自己的工作范围内，从商品的质量、数量、价格等方面保证货真价实；介绍商品实事求是，不言过其实、胡夸乱吹、滥用“第一”“最优”“最低价格”等名词欺骗、误导消费者；对顾客的任何承诺要保证兑现。

（三）“真诚公道、信誉第一”是我国旅游业经营原则的具体体现

我国旅游业的经营原则之一是“按质论价，收费合理”。这是全心全意为旅游者服务的宗旨在价格问题上的体现，是直接关系到旅游者经济利益和我国旅游业声誉以及客源的敏感问题。每个企业、部门和每个旅游工作者，只有认真、自觉地履行“真诚公道、信誉第一”这一规范，才能使我国的旅游业真正赢得信誉，在竞争激烈的国际旅游市场中求得生存与发展。

（四）“真诚公道、信誉第一”是通过建立良好的企业形象和声誉，最终求得企业经济效益快速增长的有效途径

诚信无欺，买卖公平，历来是搞好经营、取信于顾客的重要手段，也是旅游企业获取经济效益的正当途径。

买卖公平要求在商品交换活动中相互平等。旅游从业人员在接待与服务工作中应当做到童叟无欺，对待客人一视同仁，不能让消费者因年龄、相貌、穿戴、贫富、贵贱、城乡的差别而受到不平等的待遇。

衡量一个旅游企业管理与服务水平高低的一个十分重要的因素即为旅游者的“回头率”。能让客人“回头”，本身就证明了该企业在旅游者心目中具有良好的信誉，企业以真诚公道赢得了客人的信任。反观有些企业，却只讲求眼前的经济效益，而不顾社会效益。

1999年国庆节，由于假期相对集中，很多人选择了旅游的方式度假，一时各旅行社客人爆满。有的旅行社，明明客人已趋于饱和，根本没有剩余的接待能力，但为了一时的经济利益，强行接纳客人，结果在旅游途中，擅自缩短游览线路，降低游客食宿标准，临时聘用缺乏导游经验的人充当临时导游，游客怨声载道，纷纷向新闻媒体投诉，使得企业的形象和信誉受到了严重的损害。随着企业信誉的丧失，原有的客源市场也急剧缩小。

据有关部门统计，大凡国庆节游客投诉较多的旅行社，到2000年元旦即一个新的旅游高潮到来之时，客源都明显不足。由此可见，一个企业的信誉，对该企业的生存与发展是何等重要。英国旅游协会调查发现，1个旅游者平均要影响9个人，如果把一家旅游企业1年的接待人数乘以9，这是一个非常可观的数目。企业信誉无论是好是坏，都将影响众多的潜在客，并直接关系到企业的社会效益和经济效益。

三、真诚公道、信誉第一的具体要求

（一）以满足顾客需要为中心，以维护顾客利益为前提

“真诚公道、信誉第一”这一职业道德规范在旅游接待与服务工作中较为集中地体现在旅游从业人员能否在实际工作中做到以顾客的需求为中心，以维护顾客利益为前提，如在向客人介绍、宣传产品时，是否只顾及到企业产品的推销和企业赢利，而忽略客人的具体需求、实际的经济承受能力等因素，或者是否一味夸大产品的优点，对产品的缺陷、不足避而不谈，甚至诱导客人走入消费误区。

（二）诚实可靠，拾金不昧

诚实可靠就是真诚踏实地工作，使旅游者感到旅游企业和每个旅游企业职工是诚实可信的。旅游者出门旅游，人地生疏，加上随身带有一定数量的钱和贵重物品，因此，确保安全对于他们而言是最为重要的。而能够让他们拥有这种安全感的，除了我们的旅游接待与服务部门给他们提供安全、可靠、舒适的环境，另一个十分重要的方面则是我们的接待与服务人员通过实际工作中的一言一行在客人心目中建立起信任。因此，每个旅游工作者都应以真诚踏实的工作，赢得旅游者的信任。

❖特别提示

拾金不昧历来是中华民族的传统美德，并在潜移默化中不断传承。拾金不昧实际上是道德的底线，是法律的起码要求，否则，就是非法侵占。

《中华人民共和国物权法》第一百一十二条规定：权利人领取遗失物时，应当向拾得人或者有关部门支付保管遗失物等支出的必要费用。这种规定是否会让拾金不昧变味？实际上，我国《物权法》只是对此做了一个原则性的规定，至于支付多少，须根据双方当事人的协商而定，但主动索要报酬的行为是对拾金不昧这一传统美德的重新考量！

拾金不昧是获得客人信任、建立企业信誉的重要方面。有这么一则案例很能说明这一问题：

北京××饭店1127房间港客吴先生匆匆离店，11楼客房服务员查房时，发现挂衣杆上还有一件灰色西服上衣，再细查，发现口袋内有名片册和2000元人民币。服务员立即与总台联系，但为时已晚，吴先生已乘出租汽车去了飞机场。

大约45分钟以后，刚到机场的吴先生给饭店楼层服务台打来了电话，询问是否发现一件灰色西服上衣。当得到肯定答复后，他的焦急心情顿时平静下来。但当他抬手一看手表，发现离班机起飞时间仅差7分钟，要亲自取回衣物已来不及了，不由得又焦急

起来。

客房部服务员在电话中先安慰了他几句并告之暂不要登机，可在关口等待，饭店马上派人将衣物送到机场。

当已验过机票，焦急地等待在海关入口处的吴先生接过服务员递过来的西服和装有2000元人民币及名片的信封时，高兴地说："贵店帮了我的大忙了！"

从此以后，这名客人成了该饭店的常住客人，并为该饭店介绍了很多高消费的商务客人，成了饭店产品的积极宣传者和义务推销者。

这一案例充分说明旅游企业良好形象和信誉的建立，并不一定要靠大张旗鼓、轰轰烈烈的广告宣传；每一个员工如果都能继承和发扬拾金不昧的优良传统，旅游者同样能从"失而复得"的惊喜中，感受到中国旅游业和饭店业的良好风貌。

（三）广告宣传，实事求是

借助媒体进行广告宣传与促销，是旅游行业扩大社会影响和企业知名度及推销产品的一项十分重要的措施。但我们的宣传一定要实事求是，恰如其分，不得弄虚作假或夸大其词，欺骗和愚弄消费者。言过其实的宣传虽然会一时取悦于旅游者，但最终会带给旅游者更大的失望，久而久之，必然失信于客人，从而失去客源市场。

（四）严格履行承诺，信守合同

合同是买卖双方或发生其他经济关系的双方，在平等原则下，为维护自己的合法权益，保证经济活动顺利进行而缔结的一种契约。它受法律保护，一经签订，必须严格履行。旅游企业在组团、采购、供应、调拨等业务活动中经常要签订一些合同。为维护企业信誉，旅游从业人员应当严格遵守合同规定，忠实履行所承担的义务；否则，企业的形象和声誉就会受到影响。至于口头承诺，虽不具有法律效力，但"一诺千金"乃是取信于人的根本。尤其是旅游企业的管理者，一旦承诺，则必须说话算数，履行诺言，这样才能树立和维护企业的形象和信誉。

（五）按质论价，收费合理

按质论价、收费合理是"真诚公道、信誉第一"这一职业道德规范的具体要求。切实维护旅游者的利益主要表现在收费上能否做到按质论价。收费合理，不仅是一个经营方法问题，而且是一个职业道德问题。旅游职业道德要求每个旅游工作者在保证质量的前提下，一定要自觉做到严格执行物价政策，不随意提价或变相提价，更不能乱收费或者用其他方式克扣旅游者的财物，搞见利忘义的"一锤子买卖"。

总之，我们要靠真诚公道、价格合理来建立社会主义旅游业的信誉，提高中国旅游业在国际旅游市场中的竞争能力。

❖特别提示

酒店“卫生门”再上热搜，顽疾怎么治?

三亚某酒店有客房马桶里外没刷干净，漱口杯没有清洁更换；上海某酒店床垫留有大片黄色污渍；上海某酒店客房内6个枕头有3个没有换枕套，茶杯也没有更换……3月15日，一条题为“超五星酒店卫生乱象测评”的视频登上了新浪微博热搜榜。

从该视频中可以看出，此次测评机构用的依旧是隐性图章测评法，既将肉眼看不见的隐形图章盖在物体外表作为标记，如果物体被清洗或更换过那么这些隐性图章标记将不复存在，反之，用手持荧光灯便能照出痕迹。在这样的测试下，这些酒店都暴露出了未能根据公共场所卫生管理的相关规范，做好客房客用品的“一客一更换”“一客一清洁”的问题。

同样的测评方式，蓝莓测评2017年就在多家高端酒店中使用过，3年多的时间过去，同样是在知名高端酒店，测评机构换了，可检测的结果却惊人相似。只是如今网友的留言已经不再像当年那样觉得此事不可思议，而是用“如今哪怕住高端酒店，依然水壶不敢用，水杯不想使，马桶圈垫上纸，床单自己带……”留言表达着无奈和失望。

保障卫生安全是酒店的底线，然而这一底线却频频失守，经不起第三方测评机构的“试探”。2017年9月蓝莓测评曝出北京多家高端酒店存在不换床单、不刷马桶、不清洁浴缸等卫生问题。当年12月一段名为《五星酒店大揭秘》的视频在网络广泛流传，视频中，哈尔滨几家国际品牌高端酒店的保洁人员用泛黄的马桶刷刷茶杯、用浴巾沾马桶水擦地；2018年11月，知名自媒体人“花总”用隐藏摄像头拍摄并曝光了多家国际品牌酒店的卫生问题；去年11月，一段“深圳某酒店服务员用浴巾擦马桶的视频”又在网络上引发网友热议……如今酒店“卫生门”已经成为社会公众关注的热点。与此同时，也有不少人质疑，高端国际品牌酒店搞好卫生真有这么难吗？截至记者发稿前，此次视频中的三家涉事酒店均没有给出公开回应。

“造成此类问题的原因和解决之道，行业内探讨的也非常多，但直到目前依然没有根治的办法。”有业者坦言，酒店屡现“卫生门”，主要的问题集中在规范的执行层面，每一家酒店对客房的卫生清洁都有标准作业程序，但随着酒店行业的利润普遍下降，为了做好成本控制，一部分酒店将客房清洁外包给第三方劳务公司，或者压低一线员工的工资，减少了培训，服务人员的专业素质和责任心均难以保证。加之打扫房间数是考核客房清洁员业绩的核心指标，清洁员为提高效率，重“量”不重“质”，应付了事的现象屡屡发生。

在杭盖旅业负责人顾晓春看来，这些问题也并非完全无解。比如把毛巾、杯子等客用品塑封在可降解材质的包装袋内，浴袍也可装在袋子中，客人需要时撕开取出使用，这样就能判断出哪些物品是客人已使用的，哪些是未用品。酒店清洁人员可以将已经使用过的物品进行处理，未使用的依然留在远处。不仅为酒店合理节约了一定成本，也让客人在入住过程中更加放心。对客房的床垫、沙发、靠垫，酒店应该定期做密封包装的臭氧消毒杀菌，这样也不会影响物品的材质。此外客房的热水壶也应进行定期消毒，最好能做到每 3 天一次。酒店可以聘请一些素质较高的员工对已经清洁过的客房进行查缺补漏，甚至按照第三方机构的查验方式来自检。“对于第三方机构访查结果酒店首先不要一味地回避，应该欢迎有这样的机构来为行业‘敲响警钟’。另外针对访查结果，酒店应认真梳理，主动修订部门或班组流程，整改管理架构和程序。”

北京第二外国语学院旅游科学学院院长助理李彬认为，再完善的规章制度都需要人来落实。如果出现落实不到位的情况，不仅是一线员工的问题，相关负责人也应承担起监管责任。很多问题都是因为执行方不太重视所导致的，如何让基层管理者在服务质量的把控上不跑偏是值得酒店深入探讨的。

“完全杜绝类似问题目前看来确实存在一定困难。”中国旅游研究院研究员杨宏浩表示，此问题仅靠政府有关部门、行业协会以及酒店自身通过人力来监督，成本很高，难免有遗漏。应该发动客人和社会力量来监督、曝光这些问题，还可以通过新技术手段进行监管。

国内知名酒店收益管理专家祖长生也认为，我国酒店数量庞大，仅靠卫生监督管理部门的制约是不现实的，还需要酒店自身完善管理。要想有效解决多次出现的高端酒店卫生质量问题应该从酒店项目建造和行业引导入手。目前我国高端酒店的投资存在一定的失衡问题，这可能会导致部分酒店建成后经营业绩不佳，最终出现为降低经营成本而没能守住卫生与服务底线的情况。应赋予行业协会更多对酒店的约束和监管权力，业界应该弘扬对客服务的工匠精神，引导酒店中重视最基础的服务。

四川大学旅游学院教授李原在接受中国旅游报记者采访时表示，如果上述视频内容完全属实的话，酒店没有任何推卸责任的理由。随着时代的发展，酒店行业整体的运作机制，包括生产机制、保障机制、监督机制均存在滞后的问题，长此以往，酒店将无法在现有条件下确保稳定、高效、有质量地为客人提供产品。酒店行业亟待转型升级，需要从最基本的生产模式变革做起，从产品最核心的要素入手。如果最基本的产品品质都无法保障又何来品牌之说。

（资料来源：王玮 . 中国旅游报，2021-03-18。）

第二节　热情友好　宾客至上

“有朋自远方来，不亦乐乎！”2000多年前孔子的这句话一直广为流传，它集中地体现了中国这个古老的东方民族热情好客的优良传统。正是这些传统美德，为中国赢来了“礼仪之邦”的美誉。

“热情友好、宾客至上”，是旅游接待服务工作的精髓，集中体现了旅游行业核心价值观之“游客为本”。

一、热情友好、宾客至上的道德含义

热情友好，是一种道德情感。它要求我们的旅游从业人员在对客服务工作中应当投入积极的个人情感，对每一位客人内心怀有一种感激之情，并由衷地欢迎客人的到来。这种情感会转化为我们的具体行动，例如，主动热情，面带微笑，耐心、周到地为客人提供优质服务，宾客就能从服务人员的一言一行、一举一动中深切感受到自己受到欢迎、得到尊重，从内心享受到旅游度假带给自己的轻松与快乐。

❖特别提示

热情友好要把握好“度”。这个“度”就是一切都以不影响对方、不妨碍对方、不给对方增添麻烦、不令对方感到不快、不干涉对方的私生活为限。过度的热情会导致对方的不快。

要做到“关心有度”“举止有度”。

如果遇见臂缠黑纱的客人，该怎么提供服务呢？微笑着迎上去显然不合适。

宾客至上是指在旅游接待与服务工作中，一切都要以宾客为中心，宾客的任何一点需求，我们都有责任尽全力去做好。一切为宾客着想，一切服务均为使宾客满意，是每一个旅游从业人员应尽的职业责任和道德义务。在世界旅游发达的国家和地区，作为员工行为指南的座右铭有三条：

其一，客人就是上帝。

其二，客人永远都是对的。

其三，永远不要对客人说“不”。

这三条座右铭，集中体现了宾客在被接待与被服务中的地位。也正是因为客人享受到这种待遇，他们才乐意在旅游这个特殊行业里，支付他们的时间，支付他们的金钱，享受其中的快乐。而旅游企业也正因为有了这些慷慨付出的旅游者，才有发展，才有林立的高楼大厦，沉睡的山川河流才有它的欣赏者和崇拜者，历史才有人缅怀，英雄才有人凭吊……

二、热情友好、宾客至上的重要性

（一）热情友好、宾客至上是旅游企业赢得客人信赖与支持的基础

从旅游者的旅游动机分析，绝大多数的旅游者利用闲暇旅游，主要是为了调节身心，享受生活。所以，每一位旅游者都希望得到热情友好的礼遇，希望受到尊重、重视，这是旅游者最基本的情感需要。而我们的服务人员只需要用热情的话语、亲切的微笑、耐心周到的服务，竭尽全力去满足他们的合理需求，他们的这种情感需求便可以得到满足。

接待与服务工作，要赢得客人的信赖与支持，满足客人最基本的情感需求是基础。

（二）热情友好、宾客至上是旅游业在竞争中取胜的法宝

随着旅游行业的不断发展，随着旅游企业硬件设施设备的日趋完善，旅游业竞争的焦点将会集中在服务水平方面。以宾馆为例，在硬件设施档次、水平大致相当的情况下，最终真正吸引客人的都要落到服务上。一般性的服务大多能够满足客人的“物”的需求。然而，随着客人对于“物”的需求逐渐淡化，他们真正的需求则是饭店给予他们的感受，好的感受会使他们心情舒畅，从内心产生出一种满足感。而这种满足感会让客人对他所下榻的酒店情有独钟，由一次性消费客人变成永久性消费客人。一般说来，好心情、好感受需要与人分享。当客人与自己的亲人、朋友，以及社交圈里的熟人分享他的快乐的时候，我们会惊喜地发现，我们又有了一批远道慕名而来的客人。客人的宣传是一种渗透力极强的“软推销”。这种推销因为不含有功利因素，所以更能赢得别人的信赖，成功率极高。因此，热情友好是旅游企业竞争取胜的法宝。

（三）热情友好、宾客至上是旅游企业取得良好声誉和经济效益的重要保证

只要我们的旅游从业人员热情友好地接待和服务客人，千方百计满足客人的需求，宾客对我们的接待服务就会满意。宾客满意的程度越高，企业的声誉、社会形象就会越好，经济效益当然也会随之提高。

好的企业形象是一笔巨大的无形资产，它可以为企业带来无尽的财富。所以，旅游企业应当用优质的服务来获取客人的接受和认可，并不断提高社会知名度和美誉度，通过社会效益来促进经济效益。

三、热情友好、宾客至上的具体要求

旅游从业人员在对客服务中，要始终满怀对客人的高度热忱，主动、热情、周到、耐心地为宾客服务。具体要求如下：

（1）对顾客热情友好，贴心周到。想客人所想，急客人所急，预见客人需求并予以

满足，甚至客人还没想到的地方，也能提前想到并做到，这是服务质量高、服务到位的一种重要表现形式。

❖案例

为游客着想 讲好旅行故事

“在我们相处的7天时间里，范导给我们留下了深刻的印象。他不仅让我们看到甘肃、青海的大好美景，听到很多奇闻趣事，还让我们受到了一次爱国主义教育。”这是黑龙江游客姚永光在游玩甘青大环线后，写给甘肃省文化和旅游厅感谢信上的话语。信中的“范导”，便是负责带团的甘肃省旭日假期旅行社有限公司导游范刚。

今年51岁的范刚是土生土长的兰州人。早年间，他南下广州、深圳闯荡，还曾长期在海南做导游。近年来，西北旅游发展火热，范刚回到家乡，凭借多年积累的导游经验，做了一名导游，向游客讲述家乡的风景、历史人文故事，让游客领略大西北的魅力。

7月14日，姚永光与其他21名游客参加了甘肃青海大环线旅游，负责地接的导游正是范刚。在接下来的7天里，在长达3000多公里的旅途中，范刚用热忱的语言、真诚的陪伴以及细致的服务，打动了姚永光和其他游客。

“范导知识面广、业务熟练，不但把导游该讲的知识都讲到了，还引古、引传说、引名人，把甘肃、青海的景点讲活了。虽然旅途劳顿，但是很多游客都不觉得累，在大巴车上听范导讲故事听得津津有味，一点也没有睡意。”姚永光说。

在旅途中，范刚的一些细节处理让姚永光印象深刻。“每到一个地方，范导会向我们介绍当地如今的发展，讲述老百姓是如何在党的带领下，用好惠民政策和各种资源，建设美丽家园。他用事实说话，用情动人，让我们对当地的发展有了比较深刻的了解。”

范刚说，每次带团，他都会结合旅游团的实际情况，对讲解做一些对应性调整。在这次带团讲解中，他除了调整讲解词外，还准备了很多当地的图片，在向游客讲述小故事时，展示这些图片，让游客有直观印象。

行程中，范刚还不忘传递爱国等“正能量”。“范导将爱国、爱人民与当地的风景名胜、红色景点完美结合，让我们从一个个美丽动人的故事中体会到党的伟大、国家的伟大、人民的伟大，使此次旅行的意义得到了升华。”姚永光说。

行程中，在行走艰难的景点处，范刚会提醒游客注意人身安全；在人多拥挤时，他会提醒游客注意财产安全；在欣赏高原美景时，他时刻打量每位游客的脸色，确保游客没有出现高原反应；在体验当地特色餐饮时，他会提前了解游客的饮食禁忌，确保游客吃得放心、吃得开心……

“我在全国各地旅游的次数较多，也接触过很多导游，范导的服务让我觉得非常满意。一些本不是导游职责范围内的服务项目，只要游客有需要，他都会像当地朋友一样去安排，甚至游客没想到的事，他都做得很到位，让我们真正感受到一名优秀导游的职业精神和个人魅力。”姚永光说。

（资料来源：罗赟鹏．中国旅游新闻客户端，2021-08-18）

（2）尽力满足客人的要求，不怕麻烦。要善于从客人的言谈举止中发现客人的需求，并满足客人的需求。

某位客人身高2米多，所住的酒店大多没有特大号浴衣可提供，更别说预先将床铺加长了。有一次，这位客人入住某酒店办理完入住手续后，大堂副理请他到咖啡厅小坐，理由是房间正在整理，请他稍等片刻。等客人进入房间后，发现床尾部加了凳子，床铺已经接长。晚上沐浴后穿上浴衣，发现浴衣的下摆和袖子明显加长，客人十分感动。他立即打电话给大堂副理表示感谢。

酒店根据客人的个性需求量身定制“产品”，给客人制造了一个又一个惊喜，客人十分感动。

（资料来源：陈文生．中国旅游报，2019-10-10.）

（3）待客服务，仪表整洁，举止大方。

（4）与宾客交流，语言优美，谈吐文雅。

（5）面带微笑，耐心倾听。

（6）服务用语多用征询、商量式，少用祈使命令句。

（7）实际操作力求标准化、规范化。

（8）尽责尽心，服务周到。

旅游从业人员应该明白，在为宾客提供满意服务的过程中，也为企业和自己赢得了合理的利益，即我们通常所说的经济效益和社会效益，而后者更是行业得到稳定和持续发展的重要保证。

第三节　一视同仁　优质服务

一、一视同仁、优质服务的道德含义

一视同仁是指旅游从业人员在职业活动中对客人不分厚薄，一样看待、同等对待。它要求从业人员不论客人的国籍、种族、身份、贫富等，都能友好地相待，一样地尊重他们的人格、习惯以及宗教信仰等，满足他们的正当的服务需求；在任何客人面前不分厚薄，维护他们的合法权益，关心他们的切身利益，真诚地为他们服务。杜绝服务中的

两副面孔，即：对外宾热情，对内宾冷淡；对衣着华贵者热情，对普通着装者冷淡；对高消费者热情，对低消费者冷淡。

❖案例

对客应“一视同仁”

某日，某酒店迎来一位VIP客人。为了接待好这位重要客人，酒店提前数日开始准备，精心安排迎接客人的各个环节。

客人到来的这一天，酒店保安部提前预留出大片停车位，还在客人抵店前半个小时前就封闭了酒店大堂门前的回车道。而在这半个小时里，其他坐车到酒店的客人只能将车停在停车场外步行进入。其中有不少当地人因无法驱车送客人直达大堂，与拦截车辆的保安员发生争执。

按照计划，客人抵店后，除了不在总台办理入住手续外，还将乘坐专用电梯上楼，礼仪小姐也早早地将专用电梯控制在一楼等待VIP客人。而此时，正好有其他客人也要乘梯。看到电梯门开着，客人准备进入却被拦在电梯门外。一位年轻客人很生气，推搡着礼仪小姐，还大嚷道：“同样是付钱住酒店，凭什么有的人这么尊贵，还要专梯等候，而我们没少付钱却受到慢待？”一位客人随后质疑：“同样是住酒店的，还有高低贵贱之分？”引来一旁候梯的其他客人大声附和：“就是就是，找经理来。”

此时，经理们正站立在大堂门后迎接VIP客人，听到电梯门前的喧闹声，却只能充耳不闻，只希望VIP客人快点到来，尽早结束这场不愉快的迎接。

（资料来源：陈文生.中国旅游报，2019-09-12）

点评：

酒店为VIP客人提供特殊服务不是不可以，但要注意场合，若在公众场合为VIP提供特殊服务就不适宜了。为什么？因为违背了对客一视同仁的原则。大堂门前回车道、客用电梯是所有客人共用的，如果只准个别客人使用（即使只是一个时段），必然引起其他客人的不满。所以，为VIP提供特殊服务最好是在非公众场合进行，而且还不宜张扬。

有人把特殊化服务和个性化服务混为一谈，把在公众场合为个别客人提供特殊化服务当作提供个性化服务，由此导致其他客人的不满还不明所以，就不能原谅了。

美国希尔顿饭店的一位高级管理员说：“一所最佳饭店，绝不是它的楼体设计、造型和陈设，也不是它的客房床具和餐厅食品，而是那些精心、细心，使客人有一种舒适、安全和宾至如归之感的服务员。这是成为一所最佳饭店的秘密，这个秘密会使饭店成为同行业中的强者并享有盛名。”

二、一视同仁、优质服务的重要性

一视同仁是人道主义原则的具体体现，是旅游业的商业性所提出的要求。

一视同仁，是体现中国社会主义旅游业特色的一个十分重要的方面。它对创造平等、团结、友爱、合作、互助等新型的人际关系和营造和谐、祥和的道德氛围起着积极的作用。

见利忘义、厚此薄彼，是社会主义旅游职业道德规范所不齿的。它违背最基本的平等需求，在满足一部分人虚荣心理的同时，却损害了大多数人的自尊。这样做的结果，只能是顾此失彼，在客人心目中失去自己的商业信誉。优质服务是一切服务行业的共同规范，是旅游业职业义务的集中体现，是从业人员最重要的道德义务和责任。

三、一视同仁、优质服务的基本要求

（一）一视同仁、以礼相待、热情周到地接待好每一个客人

作为旅游接待服务工作中的平等原则，一视同仁、以礼相待应重点体现在以下“六个一样”上：

①高低一样

即客人无论消费高低均按标准提供服务，一样看待，不能重“高”轻“低”。

②内外一样

对外国客人和国内客人一样看待，绝不重“外”轻“内”，厚此薄彼。

③“东”“西”一样

东，主要指第三世界发展中国家的客人；西，主要指欧美等发达国家的客人。两类客人虽来自不同的国家，生活习惯不同，消费水平各异，但我们绝不能重“西”轻“东”。

④“华”“洋”一样

即对华人客人（包括华侨、外籍华人和港澳台客人）和外国客人一样看待。

⑤“黑”“白”一样

即对黑种人客人和白种人客人一样看待，不能重“白”轻“黑”。

⑥新老一样

即对新来的客人能像对老客人一样看待。

旅游职业道德要求做到一视同仁的“六个一样”，并不是机械的、绝对的，更不是在具体工作中不分先后、不分内外、不分档次；在同等条件下，我们还必须做到“六个照顾”：

①照顾先来的客人；

②照顾外宾和华侨及港澳台客人；

③照顾贵宾和高消费客人；

④照顾黑人和少数民族客人；

⑤照顾常住客人和老年客人；

⑥照顾妇女、儿童及病残客人。

在接待与服务工作中，优先原则已为旅游者普遍接受与认可，它并不违反一视同仁的道德规范。特别要强调的是照顾妇女、儿童和老弱病残客人，这本身就是社会公德的基本要求。为妇女、儿童提供专门的服务设施和服务项目，为残疾客人准备轮椅，为生病的客人免费送餐等，这既是个性化服务的要求，也是人道主义的直接体现。

（二）尊重客人

尊重他人是做人起码的社会公德，是旅游从业人员最基本的道德规范，也是优质服务的基本要求。

尊重客人，一是要尊重客人的人格、信仰以及生活习惯。因此，旅游从业人员需要深入了解东西方文化的特点、价值观念的差异和各地区人在信仰、习俗上的不同，才能在提供服务的过程中充分体现出对客人的尊重。二要注意保护客人的自尊。人往往都有虚荣心，从业人员有时会因经验不足而使客人出“洋相”，这是应当避免的。有虚荣心的客人最忌讳说自己“买不起”“吃不起”或“住不起”，他们通常都要说些冠冕堂皇的话来掩饰。对此，只能“看穿”却不能“揭穿”。如客人退房时把客房中的某件用品顺手带走时，要婉转地提醒客人说房间的某件用品不见了，请协助找一下，而自己得暂时离开，切忌直言不讳地逼客人交出来。这样既完成了工作，又保住了客人的面子。客人也会对你发自内心地感激。

要想客人所想，急客人所急，一要处处方便客人，体贴客人，千方百计为客人排忧解难。二要尽心尽责，竭尽全力，尽善尽美，周到主动服务、细致服务。从业人员要发挥自己的主观能动性、创造性，尽自己最大努力做好分内的事，做到提供的服务比客人预想的好，在服务范围、服务时间、服务项目、服务方式等方面本着满足客人的需要、方便客人的宗旨，完善旅游各项服务，让客人得到最好、最美的享受。

❖相关链接

一些西方国家饮食禁忌

1. 不吃动物内脏

中国人所喜欢的动物内脏，西方人通常不接受。当然也有例外，比如法式鹅肝酱，但由于经过加工，看不出原材料，所以不会让人觉得恐怖。

2. 不吃动物的头和脚

我国宴请客人都喜欢用全鸡全鱼。鸡鱼头对着谁也有研究。西方人则不是这样，鱼眼睛瞪着会影响食欲，当然，中式的凤爪、猪蹄、鱼头煲等就更要避免。

3. 不吃淡水鱼

淡水鱼土腥味重，刺多，不容易处理，刀叉更难对付。西方人比较喜欢吃煎炸类的海鱼，最好是去骨的鱼块。

4. 不吃宠物

猫和狗绝对不吃。在西方人的眼里，猫、狗是人类的朋友。

5 不吃无鳞无鳍的动物

主要是蛇、白鳝、黄鳝、泥鳅、鲇鱼等。

（三）做好细节服务

“泰山不拒细壤，故能成其高；江海不择细流，故能就其深。”所以，大礼不辞小让，细节决定成败。大事业往往以小事为起点，小事做不好，也就失去了做大事的机会和基础。做好细节服务，要求每一位旅游从业人员在旅游服务过程中一切从细微处做起。哪怕是一句问候，一张便笺，都应让客人感到温馨，给客人留下深刻印象。

❖案例

文明之花 景区绽放

春暖花开，人们的出游热情渐涨，各地景区持续发力，为游客提供各种暖心的志愿服务。将文明带入景区，为景区注入正能量，树立了良好的旅游形象，丰富和提升景区内涵，受到游客的信任和好评，文明之花绘就温馨动人的图景。

暖心服务感动游客

在新疆伊犁新源县那拉提景区杏花谷，游客络绎不绝，前来体验“春暖杏花谷 醉美那拉提”2021 杏花节。文明旅游劝导员加依拉·吐尔逊江注意到游客左艳梅的衣服有点单薄，她找出了自己的羽绒服给她穿上。左艳梅直夸加依拉·吐尔逊江：“那拉提不仅杏花谷美，那拉提的人更美！”

“下了点雪请慢点，路比较滑。”加依拉·吐尔逊江不停提示着游客。她说：“我们乡依托着那拉提景区开展旅游接待，大家都过上了好日子，我在上中学，趁着小长假过来当志愿者。作为文明旅游劝导员，我一方面要让人家感受到那拉提人的热情，同时也提醒游客文明旅游，不能攀折花枝。更重要的是，游客需要帮助的时候，为他们提供帮助。”

为了游客旅游安全和提升旅游服务，那拉提景区、新源县团委以及杏花谷所在的吐尔根乡的各单位组织文明旅游劝导员80多名，分布在停车场、杏花谷开幕式现场、杏花谷各个节点以及道路沿途，为游客提供周到细心的服务，并及时制止游客攀折花枝等不文明行为。

送人玫瑰，手有余香。在山东威海刘公岛景区，索道站务员一句句温暖的提醒："请按照地面脚印站好""请低头上车""小心夹手"，并细心地伸出手帮扶，让游客感动不已。这是景区优质服务的一个缩影，增强了游客的好感。

文明旅游宣传入心

景区是文明旅游宣传的主战场。甘肃张掖丹霞景区印制了《中国公民文明旅游公约》等宣传折页向游客免费发放；利用景区LED电子屏、语音广播系统反复播放文明旅游公约等内容，在景区宣传栏、观光车车体张贴"文明是最美的风景""文明游丹霞、快乐你我他"等文明旅游宣传画和宣传标语；在各观景台设置了禁止翻越、文明旅游提示牌，教育引导广大游客文明旅游、自觉保护地质遗迹，让文明旅游理念在潜移默化中入耳、入脑、入心。

"进入景区，虽然人来人往，但是环境卫生搞得很好，犄角旮旯里没有垃圾，景区洗手间非常干净，各种各样的导览指示牌，文明旅游提示牌做得非常到位，游客服务中心、卫生间在哪里一目了然，而且我还看到很多工作人员在现场维持秩序和引导游客，让大家很舒心！"一位来自北京的游客对张掖丹霞景区的细节服务大为赞叹。她说，在每一个观景台都能见到工作人员，他们耐心细致地为游客提供公园导览和咨询服务，帮助游客解决各种问题。

广西芦笛景区、象山景区、七星景区等地，均在醒目位置设置了数十块中文、英文、日文的温馨提示牌，提醒游客不随地吐痰、不乱扔垃圾等。湖南游客吴先生表示，在桂林游览期间，他发现每位游客都戴了口罩，也没有出现随地吐痰、乱扔垃圾的情况，感觉桂林群众和游客的整体素质很高。

公共文明秩序需要景区工作人员和游客的共同维护。在山东威海刘公岛景区，岛内植被茂密，森林覆盖率高达87%。为加强森林防火，推进生态文明建设，景区在宾馆、索道、国家森林公园等处张贴森林防火标语和挂画进行文明提醒；宾馆服务人员指导游客签订森林防火确认单；森林防火人员通过金属安检门和金属探测仪重点检查打火机等火源，全力避免火种进山。

近年来，刘公岛景区常态化开展文明宣传学雷锋和志愿服务活动，积极参加文明旅游公益宣传活动，组织优秀讲解员、导游员陆续走进旅游饭店、景区、社区、车站、码头等地，大力宣传和推广威海的文化旅游资源，以义工、自媒体、义务培训等方式，服务于游客、市民和导游，让来威游客深入了解威海的历史文化、风土人情；助力净化旅游市场，优化旅游环境，推介经典出行路线，引导游客文明、放心出行，带动更多的人从自身做起，从点滴做起，做文明旅游的践行者和宣传者。

“无痕旅游”观念渐强

山东崂山风景区在客服中心大厅售票窗口、停车场等处设立了“无痕旅游”宣传指示牌，普及无痕旅游相关知识。到一个地方旅游，就如同你没有到过那里一样，不留下任何痕迹，这是“无痕旅游”的本义。“无痕旅游”最基本的层级是不乱扔垃圾、不随地吐痰。第二个层级是不留下声音的痕迹，例如在博物馆、车厢、餐馆等公共场所轻声细语。第三个层级要求较高，例如在入住的酒店里做简单的垃圾清理等。

为了引导游客做到“无痕旅游”，崂山风景区增设3处景观式分类垃圾集中回收点，免费为游客提供环保垃圾袋，许多游客都自觉将垃圾带出了景区。工作人员表示，“我们既要对不文明行为进行劝导监督，也要为游客提供周到细致的贴心服务，这样才能增强游客的文明意识，为景区带来文明旅游新气象。”结合“温情崂山”服务品牌理念，志愿者们及时为老人、小孩、残疾人以及带婴幼儿出行的妇女提供轮椅服务、绿色无障碍通道、爱心妈妈屋，为受伤的游客进行初级救护提供药品服务。

不少景区工作人员在接受采访时表示，文明旅游体现在旅途中各种细节上。提升文明素养不能一蹴而就，需要逐步引导游客把文明旅游内化。

（资料来源：王思超，等．中国旅游报，2021-04-13）

（四）标准化服务与个性化服务相结合

标准化服务与个性化服务相结合是优质服务的前提。标准化服务是旅游服务质量的基础：个性化服务是使宾客满意的服务。标准化服务是每个服务员都可以做到的，但个性化服务则需要服务员细心去体察。现在的客人更喜欢符合自己个性的服务产品，有了个性化的需要，就应有个性化的服务。个性化服务就是根据宾客不同的个性需求。对每一位不同的宾客提供针对性的、超出客人期望值的服务。

❖案例

做好博物馆讲解服务 江苏在探索

近日，辽宁省博物馆开始实施《社会人士在辽宁省博物馆开展讲解活动管理办法》，规定原则上不允许社会人士（含导游、社会教育机构及其他个人）在展厅组织开展讲解活动。博物馆禁止社会人士馆内讲解，辽宁省博物馆并不是首例，在博物馆社会教育功能与观众日益多样的需求之间，博物馆的讲解服务显得有些左右为难。

苏州大学旅游管理系副教授周永博对此表示，博物馆本质上是面向公众开放的文化空间，直接采用“一刀切”的方式并不能体现先进管理理念，博物馆应直面讲解的“竞争者”，将思考重心放在如何优化讲解方式与内容上。而在此方面，江苏的众多博物馆也一直在进行着实践和探索。

坚守教育初心

“我很早就注意到在一些景区和博物馆，有些导游的讲解确实会用很多传说、戏说、胡说来迎合观众的猎奇心态，甚至会有一些封建迷信的内容，这些应该得到纠正。”无锡博物院党总支书记肖炜对辽宁省博物馆的做法表示理解，他认为，博物馆里很多展览及文物的讲解是需要一定的专业知识背景的，这样规定可能更多考虑的是对观众接受的讲解服务内容正确性的关切，以及维持展馆秩序的需要。肖炜认为，如今旅行社、社会教育机构等所服务的对象已经有一定的体量，平时的讲解可能也已经形成体系，如果他们的讲解词里有大的错漏，对观众的影响还是比较大的。

徐州市博物馆社会服务部主任杜益华也表示，从博物馆的角度而言，要考虑的是社会人士的讲解内容，有的讲解过于“随意”，尤其是在红色展馆内，戏谑或者对历史人物不尊重的情况时有发生，这样的讲解无疑会误导观众。

周永博认为，博物馆讲解肩负着文化传播的重要使命，面对同一个展品，不同的讲解可能会带来完全不同的文化体验，好的讲解能够更好发挥博物馆的社会教育功能，而差的解说则可能会对博物馆的文化价值产生“磨损”。因此，博物馆都要高度重视解说问题、认真培养讲解人员、科学设计讲解形式，针对不同的人群开发适合的解说体系。

突出因人施讲

社会教育的责任感使得博物馆在讲解上不敢马虎，但过分的严谨也可能演变成对创新的桎梏。杜益华坦言，不管是博物馆的讲解员还是讲解器，所采用的讲解词都是专家根据文物信息撰写，也有延伸之处，但是博物馆的讲解应当因人施讲，讲解服务也应多元化，针对不同年龄段、不同的社会群体，能够讲出特色。不过这对博物馆以及讲解员都提出了更高的要求，暂时还无法完全做到因人施讲。她建议，可以通过考核的方式，由馆内专家培训考核，让通过考核的社会人士能够持证讲解。

肖炜表示，当下博物馆的讲解是需要更新和改革的，需要更贴近观众的需求，要淡化学究气、摒弃学阀气，增加“烟火气”。“每年我们的讲解员、志愿者考核中，光背书流利的是得不到高分的，我们的培训中，会提供一个基本的材料，陈述一个展览及个体文物的基本内容，具体讲解中还是强调要结合自身特点以及观众需要来灵活应对。”肖炜说。目前，无锡博物院正在开展“我为锡博代言”小视频大赛，在视频网站上的话题点击量已超过 860 万。肖炜表示，无锡博物院希望通过这样的活动，选出一些有个性、有内涵、有深度、受欢迎的志愿者，一起来做博物馆、文博知识的宣传者和普及者。

李楠是徐州淮海战役纪念馆志愿讲解员，她还是全国红色故事讲解员大赛“金牌志愿讲解员”。她告诉笔者，成为志愿讲解员并不容易，首先要热爱讲解工作，从事职业也要与讲解相关，同时，还要经过重重考核，确定讲解中没有政治问题、史实错误，这样方能拿到志愿讲解员的聘书。因为自己是一名教师，李楠的受众主要集中在学生群体。在平时的讲解过程中，她会注重以讲故事的方式，把一段段红色历史转化为一个个鲜活的红色故事，让学生听得更用心。

此外，科技也成为博物馆因人施讲的加速器。南京博物院就通过构建完备的自助导览系统和智能化的咨询问答平台，打造了观众身边贴心的“讲解员”。南京博物院相关负责人介绍，目前，南京博物院自助导览系统涵盖了语音导览、智慧导览、智能导览三大类别，根据不同年龄段观众的观展需求，形成了针对儿童、青少年、成人等的“分众化”导览架构。

打磨个性服务

在越来越多元的讲解中，个性化也是不能忽略的。今年“七一”前夕，南京雨花台烈士纪念馆推出的红色文化沉浸式讲解首次亮相。由红色文化志愿者扮演的革命先烈在馆内各个重要节点，利用纪念馆中的场景，以情景再现的方式诉说雨花英烈的动人事迹。讲解员负责串联全程，引导观众参观，观众可以全程参与其中，零距离观看表演，并与演员互动。

这样的讲解方式也让观众直接变成了参与者，于先生在参观时收到了一张“民国学生”发的传单，上面写着革命先烈恽代英的演讲主题“国不可以不救，他人不去救则唯靠我自己。”于先生表示，这种在博物馆看动态展览的经历还是首次，先烈许包野与妻子叶雁苹的感人故事、晓庄十烈士展区学生与袁咨桐的对话等情节，代入感都非常强，确实做到了引人入胜。

为了满足更多观众自助参观、自我学习的需求，南京博物院还自主研发了线上咨询答疑平台——“问吧”。观众进入博物馆后，可随时通过小程序在“问吧”平台上咨询，并能在短时间内得到专业解答。据统计，2019 年，“问吧”咨询总量达 794154 次，咨询问题涵盖了文物信息、历史文化、游览路线、展览安排等，智能客服与人工答疑相结合的咨询模式让观众“问吧在手，参观无忧”。

此外，苏州博物馆让该馆金牌讲解员钟雅利录制了 81 分钟的讲解音频，免费提供给游客，游客好评不断；侵华日军南京大屠杀遇难同胞纪念馆借助科技手段，让观众与幸存者“对话”，更深切地了解历史真相；扬州博物馆与扬州乐高教育活动中心合作，乐高教育活动中心根据博物馆提出的要求进行“高级定制”，以乐高积木为载体，对历史文物知识进行解读、再创作，成为针对学龄前儿童的一种特色讲解方式……

在创新与变革中有尺有度，江苏各博物馆在坚守教育初心的前提下，正在为更好地满足观众的精神文化需求而积极探索。

（资料来源：郜子君 . 中国旅游新闻客户端，2020-11-25）

第四节　保护环境　持续发展

长期以来，旅游业被认为是无烟工业，是最环保产业。实际上，这是极其错误的。科学研究发现，旅游业是污染和破坏环境最重的行业。旅游污染主要有：

第一，由于旅游业产生的不必要甚至过度的能源消耗。旅游增加交通运输量，刺激相关产业的发展，还有各种旅游照明设施等，都需要大量使用化石能源。

第二，由于旅游业开放，各种自然环境，特别是景区环境破坏严重。

第三，人员流动大，大量旅游人员在旅游中制造了大量的污染。

一、保护环境、持续发展的道德含义

环境保护是指人类为解决现实的或潜在的环境问题，协调人类与环境的关系，保障经济社会的持续发展而采取的各种行动的总称。保护环境是人类有意识地保护自然资源并使其得到合理的利用，防止自然环境受到污染和破坏；对受到污染和破坏的环境必须做好综合治理，以创造出适合于人类生活、工作的环境。其方法和手段有工程技术的、行政管理的，也有法律的、经济的、宣传教育的等。

我国把环境保护宣布为我国的一项基本国策，并制定和颁布了一系列环境保护的法律、法规以保证这一基本国策的贯彻执行。

地球是我们赖以生存的家园，保护环境，绝不只是政府和环保部门的事情，保护环境，人人有责。

持续发展（Sustainable Development）是20世纪80年代提出的一个新概念。1987年世界环境与发展委员会在《我们共同的未来》报告中第一次阐述了可持续发展的概念，得到了国际社会的广泛共识。

可持续发展是指既能满足当代人发展的需要，又不损害人类后代满足其自身需要和发展能力的发展方式。换句话说，就是指经济、社会、资源和环境保护协调发展，它们是一个密不可分的系统，既要达到发展经济的目的，又要保护好人类赖以生存的大气、淡水、海洋、土地和森林等自然资源和环境，使子孙后代能够永续发展和安居乐业。也就是江泽民同志指出的："决不能吃祖宗饭，断子孙路。"可持续发展与环境保护既有联系，又不等同。环境保护是可持续发展的重要方面。可持续发展的核心是发展，但要求在控制人口、提高人口素质和保护环境、资源永续利用的前提下进行经济和社会的发展。

二、保护环境、持续发展的重要性

（1）环境保护对于人类目前唯一可以生存的星球而言已刻不容缓。

地球，是宇宙的奇迹，生命的摇篮，人类共同的家园。她给人类提供生存的空间和资源，使人类在这里生息繁衍。但是，这位伟大的母亲现在可以说是遍体鳞伤：大气污染、水污染、自然环境遭到破坏、垃圾成山、掠夺式的开采资源……她都只能默默地忍受。她为我们提供的空间和资源已经愈来愈少，当少到不能满足我们的需要时，我们能离“她”而去吗？

（2）环境保护是旅游业可持续发展的保障和前提。

良好的生态环境是旅游业可持续发展的物质基础。我国地域辽阔，自然条件复杂，东西南北跨度大，形成了丰富多样的自然景观，是我国旅游业发展的得天独厚的优越条件。同时，作为有着5000多年历史的多民族国家，众多珍贵的历史遗迹、人文景观以及特有的民俗风情，更加丰富了我国的旅游资源。但是，这一切资源都必须以蓝天、碧水、青山为依托，都依赖于环境保护的保障。所以我国旅游业要从注重眼前利益、局部利益的发展转向注重长期利益、整体利益的发展。只有把环境保护做到位，才能实现社会和经济的良性循环，使各方面的发展能够持续有后劲。

（3）环保意识是衡量旅游从业人员服务水平高低的重要标准。

随着旅游业的发展，旅游从业的服务意识、协作意识、服从意识等都达到了一定的水准。但在现在，具不具有环保意识应该作为考察服务水平高低的重要指标。因为他们在服务过程中给游客起着示范作用，他们的自觉环保行为会影响我们的服务对象。作为窗口行业，必须担当起这个示范角色。

三、保护环境、持续发展的具体要求

（一）树立环保意识

旅游可持续发展是一项浩大繁杂的工程，需要全民齐心协力才能做到。因此我们应加强环境保护和可持续发展的宣传教育，使全体公民树立可持续发展意识。首先应树立环境质量意识，认识到环境质量的优劣是关系人民生活质量的提高和子孙后代生存发展的大事；还要树立环境公德意识，不为满足个人私利，不为局部或眼前利益而损害他人或全局的利益，让人类与自然和谐相处。

（二）开展生态旅游

生态旅游起源于人们对旅游资源可持续利用的思考。发展生态旅游不仅可以发挥我国自然旅游资源丰富的优势，获取可观的经济效益，而且可以促进基础设施建设，增加就业机会，带动区域经济发展，更重要的是，发展生态旅游可以对旅游者进行科普教育与可持续发展教育，提高旅游者的环境保护意识。

❖案例

湖北长阳木桥溪生态旅游区成为国家 4A 景区

湖北省宜昌市长阳县卓尔木桥溪生态旅游度假区，近期正式成为国家 4A 级旅游景区。一座山水如画、充满运动韵律、配套完备的 4A 级景区在宜昌长阳，喜迎八方来客。

木桥溪生态旅游度假区位于长阳县高家堰镇木桥溪村，是卓尔控股参与长阳县脱贫攻坚的文化旅游项目。2016 年 6 月，卓尔控股与长阳县结对，以文旅产业开发推进该县精准扶贫建设。历经五年耕耘，交通不便、旅游设施零基础的贫困山村，变身为景色优美的国家 4A 级景区。

游客中心、房车营地、利巴街商业街、木桥溪餐厅、星空帐篷、户外拓展基地、长阳礼物商店等项目已相继投入使用，促进各类就业 800 多人，带动周边 30 多户村民改造房舍开设民宿、农家乐。同时，卓尔以景区为平台，开展精准扶贫行动，对流溪村、木桥溪村、青树包村等结对帮扶的贫困村实行“一村一品”产业帮扶。

木桥溪景区总规划面积 15 平方公里，总投资 5.86 亿元，利用独特的自然山水、洞穴奇观、土家族村落等旅游资源，结合旅游标准化建设和个性化服务，打造集山水观光、土家文化、户外探险、房车露营、休闲度假为一体的户外运动主题旅游度假区和土家文化体验区。景区内目前建成景观道路 20 公里，种植乔木、花卉 3000 余株，建成全长 3 公里的大溪栈道，绿道沿线绿树成荫、鸟语花香，配上天然山石河道，妙趣横生。

（资料来源：杨泽 . 新华社公众号，2022-1-19）

（三）坚持科学发展观，确保环境可持续发展

环境保护是推动经济社会全面、协调、可持续发展的关键。科学发展观的基本要求是经济社会全面、协调、可持续发展。环境保护在全面、协调、可持续发展三个方面都体现并促进了科学发展。首先，生态文明与物质文明、精神文明、政治文明一起组成社会主义文明体系，而环境保护则是建设生态文明的基础和主力军；其次，环境保护突出体现并有力促进了人与自然的和谐发展；第三，可持续发展源于环境保护，关键也在环境保护。

❖案例

推动奥运场馆赛后可持续利用 深化体育文化旅游融合发展

近日，文化和旅游部、国家发展改革委、国家体育总局联合印发《京张体育文化旅游带建设规划》（以下简称《规划》）。《规划》以科学推进冬奥遗产赛后转化利用为发

力点，以体育文化旅游融合发展为抓手，以深化区域协调发展为支撑，为京张体育文化旅游带建设中体育应发挥的作用、主要任务和实施路径进行了部署，对培育区域经济社会发展新动能和特色优势支柱产业高质量发展具有重要意义。

首先，推动奥运场馆赛后可持续利用，实现更高水平绿色发展。攻克奥运场馆后遗症是推动奥运经济社会和环境可持续发展过程中的难点，也是《规划》要解决的重点问题。《规划》明确了解决奥运场馆赛后使用效率低、综合功能不全、高能耗、低效益的具体措施，即通过打造重要赛事活动集聚地、建设冰雪运动训练基地、积极举办区域赛事活动、深化奥运场馆体制机制改革和鼓励创新运营管理机制、推进奥运场馆以及重点旅游景区度假区与交通干道的有效连接等，提高场馆使用效率；通过依托奥运场馆和设施打造会展活动新高地、串联奥运场馆打造冬奥冰雪之旅精品线路，在非雪季组织开展跳台滑草、轮滑、滑轮等与冰雪运动技能相关的赛事活动等，大力推动场馆四季运营，将场馆由单一的体育功能拓展为综合服务功能；通过引入绿色低碳可持续的业态和载体吸引更多消费者、借助智能化等现代科技降低场馆能耗，实现场馆运营的“开源节流”和效益提升。上述实招硬招的落实将切实推动奥运场馆赛后利用国际典范的打造。

其次，创新体育文化旅游融合发展模式，实现更高质量创新发展。《“十四五”旅游业发展规划》对体育文化旅游融合发展的深度和广度都提出了更高要求。《规划》紧紧围绕业态融合、空间融合、市场融合、品牌融合等方面，充分发挥体育留人、文化育人、旅游悦人的特点，以及京张地区丰富的场馆资源、文化底蕴、生态区位等优势，形成体育文化旅游更深、更广融合发展新模式。通过构建“专业赛事＋原创赛事”的精品赛事体系、开发以“冰雪体育休闲＋冰雪体育文化”为主题的体育文化旅游消费新产品、举办中国数字冰雪运动会等活动等，培育全时全季的体育、文化、旅游、科技、会展、康养等融合发展新业态；通过推动公共文化场馆在奥运场馆和旅游景区等开设分馆、建设体育公园，扩充森林、草原、湿地生态空间等，有效提升体育文化旅游空间融合；通过鼓励体育文化旅游机构和企业对接合作、优化营商环境、对新业态新领域实施包容审慎监管等，促进市场融合。《规划》还提出加强区域内各类体育文化旅游项目 IP 研发，进一步打造体育文化旅游融合 IP 形象和示范品牌。

再次，推进奥运红利惠及人民群众，实现更大范围共享发展。建设京张体育文化旅游带，发展“体育”＋“文化旅游”，是推动人民群众共享奥运红利的重要渠道。随着全民健身、健康中国等国家战略实施，以及北京 2022 年冬奥会和冬残奥会筹办举办，人民群众对冰雪运动的需求日益旺盛。《规划》有针对性地提出了若干具体措施。

一是推广普及冰雪运动。《规划》提出坚持竞技体育、群众体育、青少年体育一体推进，开展公益冰雪运动体验、欢乐冰雪季等群众性冰雪活动，建立健全冰雪运动发展政策体系，建设“带动三亿人参与冰雪运动”示范区。

二是优化全民健身服务供给。《规划》提出推动奥运场馆向公众开放和奥运场馆服务提升，改造完善场馆硬件设施，支持打造一批特色鲜明、功能完善、效益良好的体育服务综合体，补齐全民健身设施短板，打造全民健身公共服务体系建设示范区。

三是促进奥运文化传播。《规划》提出打造集文化展示、科技体验、科普研学于一体的奥运主题博物馆。加快推进北京冬季奥林匹克公园、延庆奥林匹克园区建设，拓展群众公共文化活动空间。

四是升级消费模式。《规划》提出积极培育定制消费、体验消费、智能消费、时尚消费等消费新热点，满足人民群众消费升级新需求。

最后，深化区域分工协作，实现更宽领域协调发展。区域协调发展是影响京张体育文化旅游带健康发展的关键因素。《规划》提出了四项具体措施。

一是明确产业分工协作。《规划》提出以延庆区、崇礼区奥运场馆为核心，整合各大滑雪场资源，加快发展区域特色旅游休闲等产业；依托张家口高新区冰雪运动装备产业园、宣化冰雪产业园，构建“北京研发定制＋张家口生产销售”产业链条模式，建设国家冰雪装备生产基地；承接北京研发生产应用产业转移，加强无人机产品在体育文化旅游领域的应用；发挥北京市带动作用，共建体育科技和文化创意研发制造高地。

二是加强区域人才合作。《规划》提出建立京张地区奥运场馆人才联盟和京张体育文化旅游发展智库；共建人才培养基地，制定高科技企业培育行动计划等带动引领产业发展。

三是建立联合营销机制。《规划》提出加强京张体育文化旅游带统一宣传，构建统一品牌形象体系。

四是强化组织实施。《规划》将京张体育文化旅游带建设纳入京津冀协同发展工作内容，并提出了按照“部门协调、省市负责、区县抓落实”的方式，切实推动规划实施。

（资料来源：李燕明．中国旅游报，2022-2-10）

（四）弘扬中国传统文化，发掘旅游文化内涵，开展文化旅游

文化是旅游的灵魂，旅游本身就是一项广义的文化活动，是一种高雅的文化享受。作为旅游客体的自然景观和人文景观都集中了大自然的精华，渗透着人类历史的结晶。当今随着人们对精神、科学文化需求的提高，以观赏大自然美景，游览珍贵历史文化瑰宝，获得生动的自然知识和人文知识为主的文化旅游成为一种时尚。增添文化含量将成为旅游业新的增长点和新的价值取向。因此，对旅游资源的文化内涵与特色的开发与保护必然是旅游业可持续发展的重要契机。

❖案例

游乡村寻乡愁　人们爱上“土味新年”

今年春节期间，美食节、非遗展演、灯会、“村晚”等丰富多彩的活动让各地乡村年味儿十足，满足了城里人就地旅游休闲的需求，让人们体验了“土味新年”的热闹氛围。

1月29日，山西省太原市小店区刘家堡村启动了“堡里有年味·美丽乡村过大年”活动。白天，徐沟背棍、铁棍、西华门舞狮、社火等各种非遗表演、民俗活动轮番上演；夜幕降临，璀璨夺目的花灯、动感炫酷的音乐，还有特色美食，让村里成为快乐的海洋。刘家堡村党委书记乔武平介绍，这些活动既展示了美丽乡村形象，又宣传了非遗项目，助力村民增收。

汾阳市贾家庄正在举办第五届恐龙灯会，“群仙贺岁”花灯高达30米，为游客展现出一幅天上人间的美好画面；最大的水上灯组“鲤鱼跃龙门”表达了人们对美好生活的向往。灯会期间，贾家庄还有舞狮表演、锣鼓表演、杂技表演、二鬼摔跤、伞头秧歌等民俗活动和汾阳地秧歌等非遗项目展演，让游客和村民们一起度过喜庆祥和的春节假期。

春节前夕，江苏省常州市发布了乡村休闲游攻略，推出“乡野拾趣一日游”“爱上田园二日游”“恋恋乡愁三日游”等10条乡村旅游线路，覆盖溧阳庆丰村、金坛仙姑村、钟楼安基村等30多个乡村旅游点。

溧阳庆丰村为村民和游客安排了免费电影、舞狮、走高跷、二人转等年味儿十足的活动。在茅山脚下的金坛仙姑村，村民们把自家腌制的咸货拿出来“晒冬”，游客可以在农家乐品尝茅山老鹅、仙姑咸猪手等特色美食，或是在作坊里体验非遗项目，或是前往一号农场与萌宠互动。大运河畔的钟楼安基村1月31日起举办2022运河一号首届新年中华非遗民俗年暨国潮花灯会，通过派送门票、消费券的方式，吸引游客走进“乡村大庙会”。

在南京市高淳区，一系列新春活动陆续拉开帷幕。固城湖水慢城推出了新春送楹联、福虎送红包、阿曼人偶拜年、新春忆童年、DIY元宵灯笼等活动，冬季养生宴、年味水慢城年夜饭等多种美食套餐很受欢迎。半城房车度假区、大山村、石墙围村将在2月1日至3日举办“集·国际慢城 寻·乡村年味”高淳国际慢城新春市集，市民和游客除了可以观看民俗表演、体验传统手工艺活动外，还能购买当地有机农产品，享用高淳特色美食小吃，体验高淳乡村的人文风情。

1月28日，“欢乐过大年·喜迎冬奥会——我们的美好生活”2022吉林省乡村“村晚”在延边朝鲜族自治州和龙市金达莱村上演，并通过国家公共文化云平台向网友展示金达莱村的人文风情。

“村晚”以“冰墩墩”“雪容融”两队趣味比赛的形式展开，歌舞《红太阳照边疆》《难忘的那一天》《金秋乐》《共产党的恩情唱不完》，以及朝鲜族老两口对唱、伽倻琴弹唱表演等节目精彩上演。此次“村晚”还进行了冰上哈哈哈游艺、“民俗聚盛宴、祥和过大年”朝鲜族年俗饮食等文旅特色活动，彰显了金达莱村淳朴的乡情与乡韵，展示了村民的幸福生活和乡村文化旅游产业发展的丰硕成果。

“一到春节，村里家家户户都会挂起红灯笼，村口还时不时有顽皮的孩子们点燃一挂鞭炮。红灯笼、红鞭炮是对来年红火生活的期盼。”85后王丽娜回忆春节老家风物时，描述出满满的画面感。今年没能回老家与家人团圆，王丽娜一家三口自驾前往陕西省安康市石泉中坝作坊小镇过春节。

中坝作坊小镇是陕西省级旅游示范村，环境优美。这里打造了七十二家手工作坊，充分展示独具特色的陕南农耕文化。村民们一边在作坊中忙碌着直播卖货，一边热情地招呼游客感受新年氛围。

在山东省临沂市沂南县，红嫂家乡旅游区举办了2022新春贺年会，吸引众多游人到村里过大年。景区内的常山庄村是全国乡村旅游重点村，村里专门搭建了一条长百米、由上千只大红灯笼组成的“灯笼隧道”，游人可以在“灯笼隧道”里拍照留念，感受中国年。

红嫂家乡旅游区还安排了具有浓郁沂蒙特色的大秧歌、踩旱船等民间文艺表演。唢呐震天、锣鼓喧天，气氛热烈，村民舞出了新时代沂蒙人的新生活、新面貌，扭出了红嫂家乡儿女的精气神。

另外，《跟着共产党走》《识字班》《战地救护所》《妇救会》《民兵连》等《沂蒙四季》系列红嫂故事沉浸小院演出在春节期间正常进行。演员都是当地农民和文艺爱好者，用当地话演当地事，非常有感染力。

（资料来源：许瑾，等.中国旅游报，2022-2-1）

第五节　文明礼貌　团结协作

一、文明礼貌 团结协作的道德含义

文明礼貌是社会公德的基本内容和重要道德规范，是正确处理人们之间相互关系的一种最起码、同时也是必不可少的行为准则。对于旅游业来说，文明礼貌不但是进行一般交往的手段，而且也是旅游从业人员服务态度、服务规范和服务内容的重票组成部分。

团结协作是指旅游业内部全体从业人员相互之间的团结友爱，各个工作环节和服务部门之间协同奋斗。

二、文明礼貌、团结协作的具体要求

（一）仪表整洁

仪表整洁既是个人修养问题，又是服务态度和服务质量的一部分，也是旅游从业人员重要的道德规范组成之一。旅游行业的从业人员每天要面对来自四面八方的客人，从业人员的仪容仪表会给客人留下深刻印象，在一定程度上体现了企业的形象，反映出企业的管理水平和服务水平。有位旅游管理专家曾经说过：一进饭店大堂，只要看一下员工的形象，再告诉我客房的数量，基本上能评估出这家饭店的营业收入和利润。从业人员的仪容仪表要做到：在工作岗位上要穿工作服，衣冠容貌要整洁。头发，胡须、指甲不宜过长，并要修理整齐。

❖相关链接

某酒店员工仪容仪表标准

1. 容貌

（1）头发梳理整洁，前不遮眉，后不过领。男服务员不得留鬓角、胡须；女服务员如留长发，应用统一样式发卡把头发盘起，不擦浓味发油，发型美观大方。

（2）按酒店要求，上班不佩戴项链、手镯、戒指、耳环等贵重饰物。

（3）不留长指甲，不涂指甲油，不浓妆艳抹，淡妆上岗。

（4）男服务员坚持每天刮胡须。

2. 着装

（1）着规定工装，洗涤干净，熨烫平整，纽扣要齐全扣好，不得卷起袖子。

（2）领带、领花系戴端正；佩戴工号牌（戴在左胸前）。

（3）鞋袜整齐，穿酒店指定鞋，袜口不宜短于裤、裙脚（穿裙子时，要穿肉色丝袜）。

3. 个人卫生

（1）做到“四勤”，即勤洗手、洗澡；勤理发、修面；勤换洗衣服；勤修剪指甲。

（2）上班前不吃生葱、生蒜等有浓烈异味的食品。

4. 每日自查

服务员每日上班前要检查自己的仪容仪表。不要在餐厅有客人的地方照镜子、化妆和梳头，整理仪表要到指定的工作间。

5. 站立服务

站立要自然大方，位置适当，姿势端正，双目平视，面带笑容，女服务员两手交叠放在脐下，右手放在左手上，以保持随时可以提供服务的姿态。男服务员站立时，双脚与肩同宽，左手握右手背在腰部以下。不准双手放在腰间，抱在胸前，站立时不旁倚或前扶他物。

6. 行走

步子要轻而稳，步幅不能过大，要潇洒自然、舒展大方，眼睛要平视前方或宾客。不能与客人抢道穿行，因工作需要必须超越客人时，要礼貌致歉，遇到宾客要点头致意，并说“您早”“您好”等礼貌用语。在酒店内行走，一般靠右侧（不走中间），行走时尽可能保持直线前进。遇有急事，可加快步伐，但不可慌张奔跑。

7. 手势

要做到正规、得体、适度、手掌向上。做“请姿”时一定要按规范要求，五指自然并拢，将手臂伸出，掌心向上。不同的“请姿”用不同的方式，如“请进餐厅”时用曲臂式，“指点方向”时用直臂式。在服务中表示“请”用横摆式，“请客人入座”用斜式。

8. 服务员应做到“三轻”

说话轻、走路轻、操作轻。递茶、上菜、撤菜、上饭时要轻拿轻放，动作要有条不紊；开、关门不要用力过猛，要始终保持餐厅安静。

9. 服务员的举止应做到

在宾客面前不可交头接耳、指手画脚，也不可有抓头、搔痒、挖耳朵等一些小动作，要举止得体。

10. 服务中递交物品

应站立，双手递交，态度谦逊，不得随便将物品扔给或推给客人。

（二）语言优美

语言优美、谈吐文明是文明礼貌、团结协作这一道德规范的重要内容和要求。“良言一句三冬暖，恶语伤人六月寒”。只有优美的语言、文雅的谈吐才能使人与人之间以礼相待的公共道德准则成为现实。

语言文明亲切就是做到“和气”“文雅”“谦逊”。不讲粗话、脏话，不强词夺理，不恶语伤人。和气就是心平气和，与宾客应对自然得体，语气要关切，语调要柔和，强词夺理、盛气凌人、颐指气使、高声斥骂则违反了这一要求。文雅就是文明有礼，使用文雅的语言，去掉粗鄙的语言，才显示出从业人员的修养水平。谦逊就是要尊重客人，多用讨论、商量的口气说话，服务或征询意见时多用“请”“您”等词语。

语言文明还要求讲好礼貌用语。与客人谈话时应注意：第一，说话声音不宜过大，以使对方能听清为宜，尤其注意讲话时不要喷出口水。第二，不要谈客人忌讳的事情。一般不要询问对方履历、物品价钱，年龄、女宾婚姻等，也不要谈疾病等不愉快的话题。第三，与客人谈话要实事求是。不知道的事情不要随便答复或允诺。第四，用好敬语。在接待活动中要得体地称呼客人。在国际交往中一般对男宾称先生，对女宾称夫人、女士或小姐。对外国部长以上的高级官员，按国家情况称“阁下”或“先生”。第五，与客人谈话时，不要总是自己讲，别人讲话时要双目注视对方，注意聆听，不要随便插话。宾客之间交谈时，不要趋前旁听，不要在一旁窥视，更不要插话干扰。

（三）微笑服务

微笑是热情友好的表示，真诚欢迎的象征。微笑是旅游者感情的需要，是旅游业发展的需要，是旅游从业人员对自己职业价值的肯定。俗话说“诚于内，形于外”，只要对客人真诚，为客人着想，就会有自然、由衷、亲切的微笑。

（四）团结互助

现代化的旅游业具有较强的综合性和连贯性，旅游者的流动性也较大，要在同一时间、不同空间满足旅游者多种消费需要，并提供周到的服务，是需要多部门、多环节、多岗位的众多旅游从业人员的共同努力来完成的。这就要求这些行业和部门齐心协力、和睦相处、以诚相待、相互支持，才能实现最佳的经济效益和社会效益，所有从业人员必须团结互助，以团结互助为荣，以损人利己为耻，互相支持，“心往一处想，劲往一处使”，共同完成各项任务，达到一加一大于二的效果。

2022年导游专业素养研培要点

❖案例

“流动巴扎”带货忙

“各位旅客，本次列车的‘流动巴扎’年货节开始了，欢迎各位旅客到11号车厢选购。”一趟从和田开往乌鲁木齐的7558次列车从莎车站发车后，列车广播开始响起。

走进11号车厢，火红的灯笼、喜庆的窗花、五颜六色的气球……车厢里是满满的年味，“流动巴扎”年货节在7558次列车上开门迎客。身着民族服饰的农户和列车工作人员，跳起欢快的“麦西来甫”，向旅客们推荐南疆地区的土特产和手工艺品等年货。

“快来看啊！这个用核桃木制成的木碗只要25块钱。”哈萨克族列车长坡拉提汗·普拉提带领几位身着民族服饰的农户推着售货车来到各车厢，向旅客介绍各类商品的特点，物美价廉的手工艺品和农产品得到了旅客们的青睐。

“这个小葫芦挂件只要20块钱。”在和田地区从事建筑行业的陈兵一次购买了300多元的手工艺品。

7556/7557、7558/7555次列车是中国铁路乌鲁木齐局集团有限公司开行的公益性“慢火车”，单趟1960公里，30余个小时。这趟列车途经喀什、阿克苏、库尔勒、吐鲁番等主要城市，有66个停车站点，极大地方便了南疆地区沿途群众的出行，是连接南北疆的“便民车”，也是一些游客“慢”游新疆的“便利车”。

坡拉提汗介绍，这趟列车票价便宜，沿途村民带着自家的农产品上车，比如核桃、大枣、巴旦木等，引起一些旅客的兴趣，常常有人询问购买。发现这个商机后，乌鲁木齐局集团公司库尔勒客运段于2020年3月在列车上开办了“流动巴扎”，鼓励沿线各族村民坐着火车赶“巴扎”，满足一些旅客，尤其是游客的需求。

“坐了一趟车就卖了800块钱，比在当地赶‘巴扎’卖得还多，很高兴！”和田地区策勒县博斯坦乡阿热勒力克村的麦提亚森·阿泽是最早一批在“流动巴扎”卖货的村民。2020年5月“流动巴扎”开办不久，他就把自家的特色农产品带上车，进行售卖。

“这个是‘核桃哥’，那个是‘石榴弟’，还有‘巴旦木姐妹’，都是我们的‘亲戚’。”列车长坡拉提汗热情而亲切地介绍卖货的村民。他也被农户们亲切地称为“石榴哥”，“农户们都是我们的兄弟姐妹，把‘流动巴扎’做好，就是为乡村振兴做贡献。”坡拉提汗说。

慢火车“流动巴扎”承载了塔克拉玛干沙漠边缘村民的幸福梦想，越来越多的农户来赶“流动巴扎”，“流动巴扎”的名声越来越大。列车员玛依然·赛买提是“流动巴扎”的代言人之一。她经常奔波于各地乡村，宣传“流动巴扎”。去年，她组建了“流动巴扎之家”微信群，至今已经有87位农户入驻，农户有任何问题和需求，她都会尽快回复、尽力解决。

为了帮助更多不方便乘坐火车的农户，玛依然将农户的产品信息彩印出来，一张张贴到车上的公益助农信息板。“年龄大的、行动不便的农户，通过这个平台推出产品信息后，在家就能卖农产品了。”她说。

坡拉提汗介绍，从2021年3月开始，“流动巴扎”帮助南疆四地州村民售出蜂蜜、核桃、馕饼、无花果等农产品、手工艺品累计24万多元。今后将会让更多的农户带着优质的产品走进这趟列车，通过“流动巴扎”为包括游客在内的列车旅客，提供更多的南疆土特产、农副产品、手工艺品，让这趟列车成为宣传南疆民俗风情的一扇窗口。

（资料来源：王思超，沈学武．“流动巴扎”带货忙．中国旅游报，2022-02-11）

第六节　钻研业务　精进技能

一、“钻研业务、精进技能”的道德含义

钻研业务，就是要求一切从业人员深入钻研自己所从事的专业，孜孜不倦、锲而不舍。作为旅游从业人员，只有具有丰富的业务知识和熟练的职业技能以及过硬的基本功，才能为旅游者提供优质服务，才能尽到自己的职业责任，才能为旅游业赢得声誉。

职业技能是指从业人员从事职业劳动和完成岗位工作应具有的业务素质，包括职业知识、职业技术、职业能力。职业知识是包含基础知识、专业知识，以及包括人文素养在内的其他知识。职业技术是指驾驭本职业或岗位的科学技术。职业能力包括一般能力和特殊能力，它不仅指某种与职业相关的技能，还指从业人员需要具备的综合能力，包括学习能力、组织能力、交往与合作能力、专业能力、自主性和承受能力等。

自觉钻研业务，不断精进技能不仅是一项业务要求，更是一种道德义务。作为一名接待与服务人员，如果只有做好本职工作的愿望，而缺乏做好本职工作的本领，是不符合旅游职业道德规范的。不断扩展职业知识、精进职业技术、提升职业能力，这既是向客人提供优质服务、履行职业责任、维护国家利益和为社会做贡献的前提，又是旅游工作者求得自身发展和进步的重要基础之一。

二、“钻研业务、精进技能”的重要性

社会主义的职业道德十分重视职业技能的职业意义，把努力精进职业技能作为敬业原则的一条基本道德要求。这是由于职业技能是人们履行职业职责的基础和前提。职业水平如何，直接关系到职业活动的质量优劣和效率高低以及贡献大小。因此，也直接关系到国家和企业的利益。因此，为搞好本职工作，职业工作者必须刻苦地学习各种有关的科学文化知识，不断精进业务水平和解决实际问题的能力，做到对技术刻苦钻研，精益求精。

（一）“钻研业务、精进技能”是旅游从业人员履行工作职责、实现自身价值的手段

1.“钻研业务、精进技能”是履行工作职责的重要前提

一个人不管从事何种职业，都对社会和他人承担着一定的责任，这是由职业的本质特征所决定的。一个人能否履行自己的岗位职责，不仅由从业人员的职业态度来决定，更由他的职业技能来体现。他必须掌握一定的职业技能，并通过服务于社会、服务于顾客得以充分展示出其精湛的技艺；相反，如果缺乏与职业或岗位要求相四配的职业技能，只会夸夸其谈，无论他在口头上谈自己的职业责任有多么重要，均是纸上谈兵，既

不能切实履行自己应尽的职业责任，也不能对社会发展起到任何促进作用。所以，在职业生活中，增强职业责任感、切实履行职业责任，就必须不断钻研业务，精进技能。

2.“钻研业务、精进技能”是实现自身价值的手段

美国著名的社会心理学家马斯洛认为，一个人只要活着，就希望得到社会和他人的肯定、认同和尊重，达到自我实现的目标。追求自我价值的实现，是人们行动的强大动力。自我价值的实现，主要通过个人在职业活动中履行的职业责任、为社会和他人贡献的大小来体现。一般来说，具有较高职业技能水平的人往往能够更好地履行职业责任，并为社会和他人做出更大贡献，从而能够更大限度地实现自我价值。

随着旅游业的不断发展和旅游者消费层次、消费需求的逐步提高，旅游者逐渐由主要对“物”的低层次需求向追求高层次的精神上的满足和享受转变，这就对员工的专业知识、专业技能和职业能力提出了更高的要求。如员工的文化素质和礼仪素养决定了其对宾客的服务态度，员工的语言水平决定了其能否根据客人的个性特点有针对性地为客人提供优质服务，员工的专业知识丰富程度决定了他的工作效率。所以，如果我们的旅游从业人员不去努力钻研业务、精进业务能力，就无法保质保量地完成工作任务。一名管理人员，如果没有扎实的管理知识和广博的学识以及丰富的管理经验，就难以运用科学的方法和手段进行管理。当然，管理质量也较难以得到保证了。一名翻译导游人员，如果不懂礼仪和接待规则，不会流利、准确的外语，不熟悉游览线路，缺乏有关游览景点的知识，就难以胜任本职工作，更无法实现其自身的价值。

（二）“钻研业务、精进技能”有助于增强竞争力

1.“钻研业务、精进技能”有助于增强个人竞争力

随着市场经济迅速、深入地发展，旅游市场竞争日趋激烈，当旅游设施的质量水准逐步达到国际化标准时，旅游业将逐步进入管理水平、管理能力的竞争。而人才综合素质的高低则是旅游企业管理水平高低的集中体现。旅游从业人员要在激烈的竞争中脱颖而出，必须不断精进自己的职业技能。只有掌握了较高的职业技能，才能更好地完成工作任务，取得突出的工作业绩。掌握了较高的职业技能，就更容易抓住发展机遇，踏上通往成功的旅途。

2.“钻研业务、精进技能”有助于增强旅游企业竞争力

21 世纪，以劳动密集型为特点的旅游接待与服务工作将会注入越来越多的科技含量。譬如，信息产业的发展，散客旅游群体的增加，推动了旅游饭店、旅行社建立网络宣传与营销系统，实现了旅游企业经营管理的信息化和旅游产品预订的网络化。这就要求旅游企业与时俱进，及时掌握现代技术发展动态，不断引入现代化管理理念，改进服务方式，使旅游产品真正成为“理解宾客需求”的产品，使旅游企业在不断变化的市场竞争中立于不败之地。

三、“钻研业务、精进技能”的具体要求

（一）树立明确的学习目标，持之以恒

旅游业不同于其他专业学科，旅游人才的知识结构不在精，而在博，因为旅游涉及的知识面太宽、太广。所以，有人戏称旅游人才为“杂家”，即什么都得懂一点，什么都得会一点。这样的知识结构，是为了全方位满足旅游者的各种需求而必备的。因为旅游者来自世界各地，有不同的层次和各自的特点，没有比较广博的知识就难以满足他们的要求。所以，旅游从业人员应当有明确的学习目标，凡是涉及旅游者需求的知识领域，就应当去努力学习、牢固掌握。旅游从业人员应当从以下几个方面注重自身素质的提高：

1. 要认真学习文化基础知识，打下坚实的文化基础

文化素养是一个人综合素质的基础和底蕴，扎实的文化基础能够使学习者在涉及其他学科领域时轻松自如、事半功倍。而文化基础不扎实，其理解力、悟性就会很差，会给学习专业知识带来困难，所以要全方位提高自身素质，应首先从提高文化素质入手。

2. 要努力提高自己的语言表达能力

语言是交流的工具、沟通的媒介，很难想象一个语言表达能力较差的人在旅游行业能够具备较高的职业素养。与客人交流和沟通，是旅游接待与服务工作的核心。所以旅游工作者一定要在语言能力上狠下功夫。要讲好普通话，做到准确、流畅。要掌握一些方言，如粤语、上海方言等。至少要熟练掌握一门外语，旅游从业人员，要接待来自世界各地的旅游者，如语言不通就无法和客人交流。在我们的接待与服务工作中，服务人员因为语言不通而引起的误会、闹出的笑话比比皆是，外宾为此而投诉的事件也时有发生，严重影响了中国旅游业的形象和服务质量。

3. 自觉学习礼节礼貌方面的知识

东、西方文化不同，在礼貌规范上存在着一定的差异。不同的国家、不同的民族都有本民族自身的礼貌规范。旅游从业人员应自觉地学习礼节礼貌方面的知识，使自己的接待与服务工作在行为规范上符合礼貌要求，得体大方，彬彬有礼。

4. 要加强美学知识的学习，不断提高审美能力

旅游活动的最高境界就是娱悦身心和获得旅游活动所能够给人的美感享受，因此审美修养对旅游从业人员综合素质的提高十分重要。

审美修养包括对美的感知能力、鉴别能力、理解能力和创造能力。只有懂得美，并能按照美学的原则美化我们的旅游环境，塑造我们旅游工作者健康的美的形象，才能够使客人从中获得美感享受。

❖案例

让红色纪念展馆“活”起来

我国红色纪念展馆资源十分丰富，如何让前来游览观光的观众看得清楚，听得明白，记得下来，进而让人愿意常来常看，常学常新，应该成为红色纪念展馆管理者和工作者加倍努力的方向。

如同房间的家具、卧具、厨具、洁具因排列组合不同会产生不同的视觉效果一样，纪念馆展品的陈列也并非只有一种固定的模式，完全可以根据展示的内容，展品的大小、方位，展览的时间、季节，参观者的组成等不同情况而有所变化，让静的动起来，小的大起来，旧的新起来，暗的亮起来。各纪念馆应根据现阶段观众的审美观念和消费心理，运用声光电等现代高科技手段，变单一的平面展示为平面、立体、动态、表演等各种形式相结合的方式来予以综合表现，使观众有如身临其境，做到见物、见人、见情境，让文物也能“开口说话”，达到全方位的展出效果。

每件展品背后都有一段段传奇历史和感人故事而让人兴趣盎然，讲解越详细、越通俗易懂，信息传播的效果就越好。从这个意义上说，讲解是展馆能否办“活”，能否生动，能否吸引人的关键所在。当然，要真正搞好讲解，那可绝非易事。它是建立在丰富的知识积累和形象生动的语言表达技巧的基础之上的，需要下一番真功夫和苦功夫。为此，要举办各种类型的讲解员培训班，下功夫精心培训讲解员。这种馆外功夫不可或缺。

对来自企业的参观者，忆传统，讲史实；而对中小学生，则以点带面，运用讲故事的方式，使用儿童化的语言，讲述有关历史背景。针对小学生注意力容易分散的实际，讲解的时间不宜过长，中间还可安排提问环节，把展室变成教室。讲解中注意采用表扬和鼓励的语言，来调动小学生的积极性和注意力。

（资料来源：余最玲 . 让红色纪念展馆“活”起来 . 中国旅游报，2020-08-06）

5. ***要关心时事，关心政治，关注社会热点，关注世界各个领域的风云变幻***

旅游工作者始终要注意将自己融于社会，使自己成为社会的一分子，关注一切与社会发展、进步息息相关的事情。只有这样，我们的思想才不落伍，我们才会把握时代发展的脉搏，不断更新自己的知识结构。

❖案例

用国际视野讲好佛山故事 发扬佛山文化

讲好中国故事、推进国际传播是展现美丽中国，提高国家文化软实力的重要途径。随着文旅融合纵深发展，通过文化旅游活动加快中华优秀文化“走出去”的步伐，让传统文化价值深度嵌入旅游活动成为广东佛山的工作着力点之一。作为国家历史文化名城，佛山凭借深厚的文化底蕴以及丰富的旅游资源创新激活内生动力，积极搭建对外文化旅游交流平台，以情景百态的文旅体验向世界勾勒出灵动而现代的“文化佛山”。

以旅为媒 拓宽世界“朋友圈”

10 月 26 日，2021“遇见·非遗”佛山非物质文化遗产体验交流活动在新美陶启幕。数百件构思奇美、用色大胆、具有独特艺术效果的石湾陶艺，将佛山绚丽多彩的民俗风情和博大精深的传统文化一览无余地展现给多国驻穗领事官员及其家属。咏春、剪纸、陶艺等非遗项目体验更是打开了一扇扇通往佛山千年历史的文化之门，将佛山传统文化推向世界舞台。现场，嘉宾对佛山文化的热情高涨，拿起陶瓷、剪纸便爱不释手，丰富而深厚的民俗文化让他们连连赞叹。

文化是佛山走出去的优势，旅游则是文化的良好载体。近年来，佛山市着力扩大对外交流的“朋友圈”，灵活多样地开展对外文化旅游交流项目，推动佛山与 13 个国家的 17 个城市建立国际友好城市关系，以文化和旅游交汇融合所形成的力量架起对外交流的桥梁，提升城市文化软实力。

走进佛山，祖庙博物馆、南风古灶等文化旅游景区是“打卡”胜地，逢简水乡、松塘村等为代表的古村落是品“岭南味”的热门景点。在行通济、秋色欢乐节等传统民俗节庆中尽情狂欢，旅行结束带上陶瓷、香云纱等融汇匠人心血和智慧的旅游文创产品，是外国游客在佛山旅途中的亮点。近年来，随着佛山旅游产业不断迭代更新，丰富多样的旅游产品、独特的旅游体验吸引着越来越多外国游客走进这座历史文化名城看一看、探一探。

佛山市文化广电旅游体育局局长陈新文认为，“中国每一个地域的历史演变和时代发展都在演绎中国故事，如何转变话语体系用国际化表达方式把佛山故事讲好传好，文化旅游活动是一条好路径。”

讲好佛山故事，尤需具备“借船出海”思维。佛山加入亚太城市旅游振兴机构（TPO）推动佛山文旅走出去；建设世界功夫之城、世界美食之都等城市 IP，擦亮文化名片；围绕“岭南味 佛山品”积极打造城市品牌文旅体活动，举行香港·佛山节、佛山（禅城）陶艺·建陶设计周暨陶瓷艺术周、国际设计大会（IOD）等，向世界讲述佛山故事，推进经济、创意等领域的“引进来”和“走出去”。

面对疫情冲击，对外文化和旅游交流合作面临巨大压力，佛山努力化空窗期为机遇期。除“遇见·非遗”——佛山传统文化体验等文化旅游活动以外，佛山市文化广电旅游体育局坚持对外推广与引入交流，如参加第八届澳门国际旅游（产业）博览会，接待各国驻广州总领事馆来访等，对外文化旅游交流与合作呈现了形式多样、稳定有序的发展态势。

紧握时代脉搏 讲好佛山故事

建立对外文化旅游交流体系，一方面离不开作为故事来源的佛山文化，另一方面也离不开传播基础。

自2018年起，佛山先后建设“发现佛山”脸谱、推特和照片墙专页。为贴合海外用户语言风俗习惯，佛山引入外籍专家设计制作英文视频、海报、图片，用可亲、可近的方式将佛山文化生动呈现。

疫情防控期间，佛山蓄力谋发展，通过文化旅游活动直播与图文并茂的旅游攻略，展现佛山的青山绿水古村落，突显镬耳屋、砖雕等传统元素与现代都市高楼融合交汇的城市面貌，并紧跟佛山在体育、生态人文等方面的热点资讯，对“功夫电影周”“秋色巡游”“佛山年味”等热点话题进行系列宣传，让海外网友沉浸式“云”体验魅力佛山，实现岭南文化传播地域的扩展。

如今，佛山不仅有蜚声国际的李小龙、黄飞鸿，“行通济”“秋色巡游”等传统特色文化也成了佛山的名片，“世界功夫之城”“粤菜粤厨名城”等城市形象也随之深入人心。截至目前，“发现佛山”脸谱专页粉丝数超41.5万，覆盖人数超2780.76万；推特专页的粉丝数达1.69万，页面阅读量超1492.63万。

佛山市文化广电旅游体育局相关负责人表示，经过两年多的经营，佛山的海外社交媒体平台已经汇聚了一群“佛山粉”。许多外国人在页面上表达对佛山武术、龙舟文化的向往，海外华侨也表示要回佛山开启寻根之旅。这为佛山旅游产业后续发展积攒一定的力量。

目前，佛山各大海外媒体平台已吸引了中国驻日本、土耳其、巴基斯坦等使领馆和荷兰、坦桑尼亚等驻华使领馆以及数家国际机构的关注。其中，荷兰驻广州总领事发布推文推介佛山的功夫和陶艺，表达与佛山开展文化合作的期待，并@了“发现佛山”页面。韩国安东市的官方旅游网站也刊载了佛山旅游宣传信息。

在《2020中国百强城市海外传播影响力指数报告》中，佛山市位列中国百强城市海外传播影响力第二梯队前列，以多元立体化海外传播体系扩大佛山文化、旅游、体育国际知名度和美誉度。

谋新局 打造岭南文化会客厅

在香港市中心，印有佛山旅游元素彩绘的巴士穿行在大街小巷。巴士车身以“岭南味 佛山品”为主题，佛山功夫、醒狮、双皮奶等文化符号格外醒目，吸引香港市民和访港游客来佛山赏岭南风情、品佛山美食。

为持续擦亮佛山城市形象与助力文化和旅游市场复苏，佛山持续推进港澳台入境旅游市场宣传工作，实现资源共享、合作共赢。在粤港澳大湾区旅游合作的新格局下，三地携手参加各大国际旅游展会，加强互相推介、客源互送；根据各地的差异化旅游资源，推出体现佛山独特魅力的“一程多站”精品旅游线路，打造大湾区世界级旅游目的地和游客集散地，不断提高佛山旅游的品牌知名度。

此外，佛山着力推动大湾区非遗项目合作，开展广东（佛山）非遗周暨佛山秋色民俗文化活动，并有意将之拓展成“粤港澳大湾区非遗周”，打造佛山和港澳地区文化交流甚至辐射全国的非遗展示交流平台。同时，组织开展粤港澳青年文化交流采风活动，加深其对佛山经济社会发展、优秀传统文化的了解。

在提高国际传播力方面，佛山致力将国际文化“请进来”，让人们感受中外文化的不同魅力，打造求同存异、活力开放的岭南文化会客厅。2020 年，由葡萄牙驻广州总领事馆主办的“此情 · 瓷情”葡萄牙陶瓷展在佛山新石湾美术馆举办，展出了葡萄牙民众家里常见的陶瓷制品。两个相隔万里的地方因陶艺相遇，并在文化交流中碰撞出别样火花。陶瓷展不仅吸引了商会代表、外国友人等，德国、土耳其等国驻广州领事馆总领事也前来参观。葡萄牙驻广州总领事安德烈 · 科尔代罗表示，希望将佛山的功夫文化、陶瓷文化也传播到葡萄牙，让更多人认识佛山、了解佛山。

今年，佛山跻身 2024“东亚文化之都”候选城市，凭借千年岭南文化的独特魅力、改革开放创新的澎湃动力、全域文旅融合的巨大潜力脱颖而出。陈新文表示，依托东亚文化之都的创建，佛山将不断拓展对外文化旅游交流广度和深度，在对话和交流中让源远流长的佛山文化焕发出新光彩，提高佛山城市影响力。

（资料来源：张宝桁 . 用国际视野讲好佛山故事 发扬佛山文化 . 中国旅游报，2021-11-30）

❖拓展知识

21 世纪是知识经济时代、信息时代，只有具备了比别人更多、更快、更好的能力，才能保持不变的竞争优势。一份研究资料显示：在知识更新日益加快的今天，一个本科生走出校门 2 年内，一个硕士研究生毕业 3 年内、一个博士生毕业 4 年内，如果不及时补充新知识，其所学的专业知识将全部老化。按照知识折旧定律：如果一年不学习，你所拥有的知识就会折旧 80%。其实，就一个人一生所学的知识来说，在校求学阶段所获得的知识，充其量不过是一生所需知识的 10%，而另外 90% 以上的知识都必须在后来的自学中不断获取。

这是一个知识爆炸的时代。仅仅在 19 世纪初，人类的知识还以每 50 年翻一番的速度增长。到了20世纪初，这一速度变成每10年翻一番！20世纪80年代，人类的知识每3年翻一番！20世纪末，人类文明发展的前4900年所积累的文献资料，还没有现在1年的文献资料多！

进入21世纪，知识老化速度不断加快。学科与学科之间的界限不断突破，渗透和融合不断进行，大量的边缘学科和交叉学科不断涌现。到目前为止，仅自然科学的类别就已超过2000门。

（资料来源：辽宁继续教育网）

可见，学习能力的培养、学习习惯的养成，以及终身学习观念的树立显得尤为重要。

（二）苦练过硬的基本功，不断提高专业技能

旅游从业人员为旅游者所提供的服务，多数是直接的、面对面的，所以服务技能的娴熟与否对服务质量有直接的影响。要为旅游者提供优质的服务，必须要有娴熟的技能。所以，旅游从业人员在投身工作以前，一定要练就扎实、过硬的基本功。只有熟练掌握了岗位的基本技能，才能胜任自己的工作，才能在对客服务中取得满意的服务效果，显示出良好的职业素质。

总之，钻研业务、提高技能作为旅游从业人员的职业道德规范要求，为旅游从业人员在职业素质的自我提高方面指明了努力的方向。只有刻苦钻研业务。掌握现代化科学文化知识，不断提高业务技能及职业素养，才能适应未来旅游业发展的需要，才能在优胜劣汰的竞争中经受住考验。

❖案例

董行：当好旅游宣传者

“三亚一年300多天都是晴天，这里天蓝、海清、景美，集聚着国内最时尚的潮玩体验，还有各式各样的美食，说不完的人文故事。三亚之外，还有热带雨林、温泉山谷、绿色乡野等特色美景，我希望能让所有人共同感受这份美好！”来自辽宁的“95后”导游员董行，早已成为“新海南人”，目前在海南康泰旅游股份有限公司就职，专注分享海南旅游故事。

入行 坚定目标

回想起入行初衷，董行记得很清楚。“那年大三，听说能考到导游证，工作就不用愁了。”那时，在他眼里，导游仅仅意味着毕业后有一份稳定的工作。只是没想到，后来他会如此深爱这份职业，甚至带着一些“偏执”。

2016年，还在三亚热带海洋学院旅游管理专业读大三的董行报名参加了中国旅游院校“巽震杯”第八届全国导游服务技能大赛，获得一等奖和最佳才艺展示奖。当时，老师给的评价是：“很适合做导游！”那是董行第一次在全国比赛上获奖，坚定了他从事导游这份职业的决心。

而后，他积极参加各种大小赛事，一次次精心备赛，通过系统梳理所学知识，让讲解变得更规范、更专业、更有趣，同时，抗压水平也得到了极大提升。“这些都为后来工作提供了扎实基础。”董行说，导游这份工作需要面对形形色色的人，也遇到很多突发情况或误会，强大的“抗压力”不可或缺。

“相信坚定的力量。”董行表示，凭借着对海南旅游资源的热爱，对分享故事的热爱，他成为一名导游。尽管从业过程中也曾有过迷茫的时候，冒出过多次更换“人生赛道”的念头，比如疫情来袭旅游市场“暂停”时，被游客误解时，刚开始视频点击量不佳时，带货直播间鲜有观众时……但脑海里总有个声音告诉他：“不要轻易放弃！”董行说：“除了自己热爱之外，在这条人生赛道上也获得了一些成就，实在没理由放弃。好在坚持下来了，才有了今天的董行。”

最近，董行在海口、三亚两地之间奔波，有订单了就在三亚带团，没团的时候就在海口直播带货海南旅游产品线路套餐。尽管忙碌，但也充实。

探索 专业服务

“2020年新冠肺炎疫情发生后，旅游业被按下‘暂停键’，当时很多人都懵了。”董行说，坚定目标，他很快转变思路，尝试用新方式讲述“海南故事”。这两年，他穿着缤纷鲜艳的“岛服”，出现在文昌铜鼓岭、博鳌沙美村、亚特兰蒂斯等多个景区（点），跳起欢快的舞蹈，分享他眼里的海岛美景，人们很快关注到这个有趣的海南导游小伙。

“成为网红导游算是小试牛刀，看着粉丝从几十名，慢慢增加到上万名，直播时观众数量也稳定有几千名，那种喜悦感难以言喻。”董行说，在忙着录制视频的日子里，身上被海南毒辣的太阳晒脱了三层皮，但看到观众留言点赞，“被种草”自己分享镜头下海南旅游的时候，一切都值了！

作为新媒体平台的一名“生手”，董行当时报名参加了海南百名导游网络旅游宣介培训活动，每天忙着写脚本、拍摄、剪辑。“虽然辛苦，但很充实。在这个过程中，我对海南本土旅游资源和文化有了更深入的了解，从而系统、深入地优化了自己讲解词。而专业讲解，是征服游客的法宝。”在董行看来，导游的不可替代性即在于专业性。

为了加深广大游客对海南旅途记忆，董行在本土故事的挖掘上没少下功夫：和前辈们请教海南各个旅游点的文化民俗、奇闻轶事；走进各个景区景点，和工作人员或当地居民了解一栋楼、一棵树、一座桥背后的故事……闲下来的时候，董行也习惯看一些建筑、旅游等相关的纪录片或电影，并把其中的一些知识运用到带团过程中，不仅能调动游客积极性，还能拉近和游客的距离。

让董行开心的是，他的专业讲解让不少人摘掉对导游员的“有色眼镜”，受到大量游客的认可，其中不乏60后、00后游客，覆盖“老中青”全年龄层。甚至，有的游客重游海南的时候，还会找他定制旅游线路产品。用他自己的话来讲，“还不赖”。

逐梦 优质分享

旅游推荐官、网红导游、带货主播、金牌导游……近两年，董行多了一些新身份，这是他逐梦“导游”这条人生赛道上的新挑战，也是新收获。作为充满蓬勃朝气的“95后”，董行认准一件事就努力做好，对待每一个身份他都充满干劲。

尽管年纪不大，但对这份职业的未来发展，董行已经有了许多思考。

董行认为，尽管目前散客游趋势火热，但导游的作用仍不可替代。游客之所以参团旅游，正是出于对目的地故事的好奇，以及对专业服务向导的渴求。这也是他坚持不懈汲取新知识和新技能的动力。

“2020年5月和6月，旅游业尚未开放，来自北京、苏州、重庆等10个地区的金牌导游联合举办了‘金牌导游带你云旅游’的活动，大家连线分享所在地文化、旅游、美食等内容。我有幸参与其中，并收获良多。”董行说，这是他参加第四届全国导游大赛认识的众多前辈共同出谋划策举办的公益活动。受此启发，他打开了视野，看到了这份职业的进阶道路。

董行说，导游是旅游目的地的推荐官，自己曾“扫雷式”走过海南的山林湖海，海南哪里有好吃的、好玩的、好看的、好拍的，他都可以为来自全国的游客更精细、更专业、更个性地服务。未来希望成立一个工作室，打出个人品牌，将自己所学所思传道授业，不仅可以培养更多优秀一线导游员，推出定制导游服务，还能为景区景点、旅游度假区等“量身定制”讲解培训服务，更好地宣传海南旅游文化，带领更多人感受海南的魅力。“届时还会开设一些公益课程或社会活动，将优质文旅内容介绍给更多人。”谈及未来，董行展现出一片赤诚之心。

作为2021年“金牌导游”培养对象之一，董行正向着“海南旅游代言人”这一目标迈进。

（资料来源：林雯晶．中国旅游新闻客户端，2022-01-20）

第七节　改革创新　抓住机遇

一、改革创新，抓住机遇的道德含义

改革，是社会发展的一种必然要求，因为随着新事物、新观念的不断涌入，如果不尽快摒弃、淘汰过去那些传统而不合理的、因循守旧的东西，将会严重阻碍旅游事业的

健康发展。

创新，是以新思维、新发明和新描述为特征的一种概念化过程。它起源于拉丁语。原意有三层含义：更新；创造新的东西；改变。创新是人类特有的认识和实践能力，是人类主观能动性的高级表现形式，是推动民族进步和社会发展的不竭动力。

中国旅游业要与国际旅游业接轨，必须改革创新，勇于摒弃不合理的传统，改掉因循守旧的经营管理和服务接待方式，结合不断发展的旅游大环境，追求产品创新、生产工艺创新、市场营销创新、企业文化创新、企业管理创新等，积极开创旅游业发展的新局面。

机遇，即契机、时机或机会，有利的条件和环境，具有稀缺性。抓住机遇是指旅游企业善于抓住稍纵即逝的机会，整合企业现有资源，开辟出一条新路，抢占先机，从而把企业的发展推进到一个新的高度。

二、改革创新，抓住机遇的重要性

（一）“改革创新、抓住机遇”是中国旅游业参与国际旅游市场竞争的必经之路

“逆水行舟，不进则退。”中国旅游业在持续、稳定发展的同时，面临着许多亟待解决的问题，如丰富的旅游资源还没有得到合理、充分的开发；传统旅游管理模式已经远远不能适应现代化科学管理的要求；旅游管理人员和服务人员的素质亟待提高；旅游业的接待、服务水平与发达国家相比还有相当大的距离。另外，在市场开拓、企业形象策划，对外公关意识的提高、服务观念的改变、工作效率的提高以及竞争观念、创新意识的树立等方面还有许多工作要做。要改变目前的滞后状况，只有在行业内迎难而上、改革创新，抓住机遇，才会有中国旅游业可持续发展的前景。

❖案例

数字化转型 酒店如何“破茧成蝶”

新一波疫情来袭，如今，很多酒店在应对时更从容了些。这是因为，客人在酒店“秒”办入住已成为现实，有酒店安装了“刷脸核身和无证核验”系统，客人仅需 8 秒钟就能完成身份证、健康码核验，离店时还能自动扣款、预约开票。这一改变，不仅提升了客人的入住体验，更在疫情防控常态化下，减少了客人与酒店员工的接触，保障了双方的安全。其背后既是数据与算力的推动，也是酒店数字化转型带来的成果。

在人工智能、大数据、云计算等新技术推动下，我国商业形态正在向“数字化”方向发展。推动文化和旅游市场主体数字化转型就被写入了《“十四五”文化和旅游市场发展规划》。事实上，越来越多的酒店管理者已经意识到数字化转型对于酒店发展的重

要性，尤其是在行业遭遇疫情冲击的当下，数字化变革为酒店拓宽了发展思路。

促转型势在必行

一项最新调查数据显示，目前，国内90%以上的酒店集团管理者认为数字化转型非常重要。在他们看来，酒店的数字化转型正在从多个维度优化酒店的管理和运营体系。比如，销售渠道的数字化转型有利于降低佣金成本，提高营业收入；集团内部系统数字化的搭建，可以缩减运营成本，提高运营效率；智能设备产品的有效应用能够改进产品服务，改善用户体验。总体来看，通过数字化转型可以让酒店进一步提升市场竞争力。

在中国旅游饭店业协会主办的第十八届中国饭店集团化发展论坛上，开元酒店集团副总裁朱明生表示，酒店行业作为传统服务行业在数字化转型方面起步较晚，但是只要发力方向正确、方法得当，就会有比较显著的效果。

金陵酒店集团信息中心总经理冯华东认为，数字化的主要驱动力是通过技术来计算商业模型。比如，通过模拟场景来引导酒店筹建，让酒店在开业之初便拥有核心竞争力。

对于连锁酒店集团来说，运用数字化技术建设门店筹建模型是至关重要的。

“简而言之，酒店数字化转型就是要完成‘三化’：客户在线化、管理在线化、运营在线化。”一位业者总结道。

在酒店数字化转型中，还有一些须要避开的“坑”。朱明生观察到，一些规模较大的酒店集团在数字化建设或者转型当中进入了一个误区——重营销、轻管理。“这些集团决策者认为，数字化转型的投入金额较大，在预算有限的情况下，钱要花在‘刀刃’上。于是，他们会构建会员管理系统、线上商城这些能够直接带来经济效益的系统。但是，他们往往忽略了‘向管理要效益’。每个企业内部都有25%~30%的成本费用是可以被降低、被减少的，运用数字化技术提高管理效率同样重要，不容忽视。”朱明生说。

尚美生活集团CTO兼会员与渠道中心总经理石磊发现，一些酒店管理者认为数字化转型是很容易的事情，就是买系统，建体系。他们往往忽略了一个重要的目的就是将系统数据存下来，并进行分析。“几乎所有的互联网公司都有专门的团队和数据分析中心。酒店集团也应该有，特别是在移动互联网彻底改变用户的消费行为、导致酒店会员数据逐渐失效的情况下，酒店更应该快速找到和消费者沟通的新触点，比如对微信小程序、手机端APP等渠道上的消费者行为数据进行分析等。数字化转型要根据酒店自身的实际情况寻找最贴切的方案，而不是为了数字化而数字化。”

运用技术做减法

从智能化建设到数字化转型，其实，酒店行业一直没有停下创新的脚步。在推动行业科技化进程中，有业者认为，酒店智能化和数字化是有所不同的。酒店数字化强调的是利用数字化技术，对酒店的业务模式、运营方式进行系统化、整体性变革，更关注数字技术对组织整体的赋能。同时也包括运用数字化手段挖掘客户需求、提升服务品质，从而为酒店创造更大的价值。

打通支付平台、人像核验、门禁系统等实现客人自助入住；让客人线上选房，根据客人的喜好自动匹配相应服务，客人与酒店在线实时互动；在酒店内合理布局自助系统设备，提供无接触服务；优化酒店大堂空间，将前台占地面积从12%缩至5%，进一步释放消费空间；构建数字化全渠道销售体系，客人云预订率达到60%、云支付率达到57%，APP用户数达6000万人、微信小程序用户数达3200万人；为企业大客户提供整体差旅解决方案，降低企业的差旅成本……以上就是华住集团进行的实践。如今，该集团旗下的大部分酒店，一线经营板块实现全流程数字化，完成了商业模式的创新。而这背后是酒店获客、运营、管理全方位数字化体系的打造和互联，也包括企业内部通过管理数字化解决整个供应链的业务流问题，有效管理信息流等。

通过上述案例，不少业者意识到，数字化转型是为了更好地服务于人。除了为客户带来优质体验，在疫情防控常态化下，提供更便捷的无接触服务外，为员工做减法也很关键。

盟广信息首席战略官韦志林举例道，过去，不少酒店应用的都是Opera系统，新人上手至少要学习3个月。现在，酒店运用PMS系统，简化了SOP操作流程，入职三五天的新员工就能熟练操作了。这背后既有运用数字化技术对业务流程进行梳理，也有数据的打通、系统的联通。

“酒店的本质上是经营‘人’，这其中也包括员工。因此，酒店需要靠数字化手段，将员工从重复性的工作中解放出来，让他有时间去做更好的服务。”腾讯企业微信酒旅行业运营总监杨梅说。比如，一家连锁酒店的店长可以通过收益管理系统，判断当下酒店是否需要调整价格。该系统一般是基于大数据建立回归模型，实现房量房价实时监控，系统会提醒店长什么时候酒店的客流量会增大，原来设定的房价过低或过高等。如果没有数字化运营，店长一天至少要看8张报表，还要进行分析、汇总，最后才能得出结论，耗时耗力。而实现数字化运营以后，店长有更多的精力做好客服、团队管理，服务品质提升等工作。

落地需通盘考虑

数字化转型是酒店战略转型的大项目，需要统一部署、集中投资。其中还会涉及组织结构变化、人才要求变化、营运流程变化，甚至还要考虑投资回报率。这是酒店数字化转型必须要解决的问题。

对此，上海星硕酒店咨询管理公司首席咨询官袁学娅认为，酒店数字化转型唯有突破障碍方能“破茧成蝶”。首先要解决认知障碍。数字化转型需要引进相应的软件和工具，在这方面，酒店管理层需要引起重视。其次要解决组织障碍。数字化转型不只是技术部门的事情，它是集团发展的战略转型，必须要各部门统一思想、统一步骤。最后才是技术壁垒。一些软件与工具的研发者和供应商对酒店业务不熟悉，其设计与酒店实际营运存在差距。耐心找到适合的数字化系统、与供应商一起花时间培训员工，都是酒店必须要做好的工作。

“酒店数字化运营，不是简单地通过局部的智能化管理或建立数据分析体系，就能够完成的。这是一项复杂的系统工程，需要通过数字化计划、数字化技术、数字化协作和数字化组织四个方面来完成。”收益管理专家祖长生分析道，数字化计划是指酒店为实现数字化运营所制定的战略和战术计划，包括投资预算、项目内容、完成时间、目标效果等。数字化技术是通过应用数字化互联网技术、大数据和计算机软件系统，为酒店提供运营管理服务。在数字化技术的应用中，每个部门都需要建立相应的信息化管理系统，如前台的 PMS 系统，收益管理部门的 RMS 系统，营销部门的 CRS 系统、餐饮管理系统、财务管理以及人力资源管理体系等。除此之外，酒店营销和收益管理还需要 OTA 等在线分销系统大数据的分析工具，以此来进行精准营销和灵活定价。由此可以看出，数字化技术的运营仅靠酒店自身是无法完成的，酒店需要通过设立信息化技术部门，与信息化系统制造商合作共同完成这项工作。数字化协作的重点是如何使酒店各个部门的信息化管理系统有效对接，并形成一个整体。如何打破原有固化的传统管理模式，使不同部门之间的数字化运营工作协调一致，这是酒店要解决的关键问题。而以上工作需要数字化组织来协调解决，由其负责推动数字化运营工作的开展。

采访中，有业者提出，被贴上“传统行业”标签的酒店行业在拥抱数字化的同时，需要考虑如何让数字化变得有温度。酒店在运用数字化实现增效的同时，更要用数字化的力量打造一个有温度、殷勤好客的行业。

（资料来源：王玮．中国旅游新闻客户端，2021-10-25）

（二）“改革创新、抓住机遇”是促进旅游工作者尽快成长的重要举措

传统的旅游行业用人机制往往是“从一而终”，员工提拔按部就班，管理人员能上不能下，不是唯德是举，唯才是举，唯贡献是举，而是走后门、凭关系；有的甚至搞家族裙带关系，使得许多国有企业人际关系复杂，人浮于事，企业缺乏团队精神，更不用说凝聚力和向心力，因而严重干扰和影响了旅游企业的健康发展；有的企业甚至被人际关系搞得举步维艰，旅游人才心思浮动、大量流失。

“改革创新、抓住机遇”就是要打破传统的用人机制，让能者上、不能者下，让真正德才兼备的旅游人才能够脱颖而出；让旅游人才在市场的最前沿，洞察市场百态，敏锐地把握市场脉搏，创造性地发挥主观能动性，先发制人，抓住机遇，为企业的发展壮大开辟道路，使企业在激烈的竞争中立于不败之地。旅游工作者有了发展的空间，拼搏的动力，他们在不断推进企业发展的同时，自己也快速成长为企业的骨干力量。

三、改革创新，抓住机遇的具体要求

（一）赋予创新精神

创新精神是能够综合运用已有的知识、信息、技能和方法，提出新方法、新观点的思维能力和进行发明创造、改革、创新的意志、信心、勇气和智慧。创造海尔文化的张瑞敏说过，企业不断高速发展、风险非常大，好比行驶在高速公路上的汽车，稍微遇到一点屏障就会翻车。而要想不翻车、唯一的选择就是要不断创新。创新就是要不断战胜自己，也就是明确目标，不断打破现有平衡：在新的不平衡的基础上，再建一个新的平衡。

21 世纪是高科技时代，是信息网络飞速发展的时代，这将是一个竞争更趋激烈的时代。创新精神正逐渐成为企业文化的精髓，变为企业长盛不衰的法宝，如松下电器、IBM、英特尔、柯达等百年企业，之所以生存至今，原因就在于其创新精神长盛不衰。随着外资企业的大量进入，其先进的管理理念、经营方式给中国旅游企业带来了较大的冲击。作为旅游从业者，在改革的浪潮中一定要保持奋发进取、努力争先的心态，要敢于面对一切可能遇到的困难，并努力去克服和战胜它们。在借鉴与学习的同时，时刻保持创新精神，积极发展具有中国特色的旅游业，以大无畏精神迎接来自 21 世纪的挑战。

❖案例

沉浸式体验彰显博物馆新价值

近期，博物馆围绕剧本杀开发新体验项目受到业界和公众的关注。很多博物馆的沉浸式体验以角色扮演、剧情推理等方式为载体，以体验为核心、以历史为线索，使参与者充分感受传统文化的魅力，享受沉浸历史的乐趣。这彰显了新时代博物馆公共文化服务新价值。

去年底出台的《文化和旅游部关于推动数字文化产业高质量发展的意见》提出，“支持文化文物单位、景区景点、主题公园、园区街区等运用文化资源开发沉浸式体验项目，开展数字展馆、虚拟景区等服务”，这为博物馆开发沉浸式体验指明了方向，注入了新动力和活力。

随着社会进步和时代发展，观众审美趣味也在不断提升，尤其是追求个性化的新生代崇尚品质消费，喜欢尝试新事物。新生代的看展视角，在一定程度上起到了博物馆行业“风向标”的作用。

博物馆行业在数字化展示、情景式布展、交互设计等方面需要不断创新，通过深入洞察新生代人群特点和喜好，使展览构思精巧多变，富有审美内涵和视觉冲击力。

要牢牢抓住沉浸式体验的关键点、切入点、着力点，以艺术启发和教育引导，为人的全面发展提供艺术和精神滋养。剧本质量是否过关、模拟场景是否逼真，决定了剧本杀是否“好玩”。开发沉浸式体验项目最终目的是让观众在学与玩中解读历史、阅读文物，找到传统文化和现代生活的连接点，满足人民群众文化和旅游的新期待、新需求。

博物馆与观众之间的“适配”是一个动态变化的过程，在遵循健康娱乐、有益身心的前提下正确看待博物馆剧本杀，是提升博物馆沉浸式体验的关键之一。

沉浸式体验的魅力在于利用空间、技术、经典艺术元素组织起来的绚丽、超时空体验，通过色彩、声音、图像等，充分调动观众的感觉、想象、情感和思维，使观众仿佛置身于艺术创造效果的中心。观众在这个过程中获得审美感受，进而乐于享受这个过程，并产生更加强烈的兴趣，这与一般生活中获得的美感是不同的。

文化让人沉醉，旅游令人沉浸，其背后共同特征和属性就是能够使人在某种特定环境中“沉下去”，甚至“难以自拔”。

需要注意的是，时下不断升温的沉浸式体验和沉浸式展览等已成为一大趋势，对于博物馆行业来说，打造沉浸式体验是传统观展模式的一种脱胎换骨式的改变。

传统展览是博物馆最根本、最直观的展出方式，文物、图片、展柜已成为经典标配。而博物馆并不是一成不变的，博物馆文创越来越“潮”，精品不断推陈出新，内容持续延伸，展示了相当宽广的视野，博物馆有信心以更加创新的思维、开放的心态迎接未来。

可以说，沉浸式体验基于博物馆数字化建设和转型，提供了一个超越主流视角诠释展览叙事空间的模式。进入新发展阶段，面对多样化的发展机遇，博物馆把数字红利转化为发展红利，必须从更多维度来把握自身未来，构建新的展览业态。

从技术上看，依靠和借助灯光投影、多媒体、AR、VR、3D 等技术可以提升文化产品的表现力，艺术与技术的融合可以为博物馆打造沉浸式体验带来突破性的变化和意想不到的效果。

事实证明，沉浸式体验深得观众认同，值得推广。博物馆要抓住机遇，在布局沉浸式体验上科学谋划、着眼未来、提升实力。

（资料来源：陈冬 . 中国旅游新闻客户端，2021-12-15）

（二）主动出击，抓住机遇

机遇是等不来的，要靠自己去主动抓住，这一点已经被古今中外无数的事实所证明了。被动等待只能错失良机，落于人后。机遇的稍纵即逝，决定了任何旅游企业必须居安思危，提前准备，主动出击，才能在机会到来时牢牢抓住机遇，并用好机遇。在竞争激烈的旅游市场，旅游企业要想在竞争中立于不败之地，必须善于紧跟时代和政策的风向标，审时度势，还要有良好的预判能力，独到的眼光，在机遇尚未到来时创造机遇，勇于进取，奋力拼搏，才能占据优势地位。

❖案例

冬奥带火冰雪游 业界迎来新机遇

北京冬奥会各项赛事正在火热进行，不仅牵动着亿万观众的心，也将大众对冰雪运动的热情带动到一个新高度。这场盛会已然成为中国大众共同的“冰雪课堂”，让大众进一步熟悉冰雪运动，进而走入“冰天雪地”开启冰雪之旅。

紧抓冬奥机遇，共同做大冰雪旅游市场成为业界共识。文化和旅游部近期持续发力，以政策“组合拳”推动冰雪旅游跨越式发展，如联合相关部门公布“筑梦冰雪·相伴冬奥”全国冰雪旅游精品线路、发布“2022年春节假期体育旅游精品线路”、公布国家级滑雪旅游度假地名单、发布《京张体育文化旅游带建设规划》等。各地文化和旅游部门乘着冬奥东风，不断加大对冰雪旅游发展支持力度、带动当地经济社会发展；冰雪旅游相关企业等紧盯市场需求，通过融合创新，将冰雪旅游资源转化为契合市场需求的旅游产品。

迎来政策利好 谋划跨越式发展

围绕冰雪旅游发展机遇，文化和旅游部及各地文化和旅游部门加大政策支持，制定冰雪旅游发展规划，描绘冰雪旅游蓝图；加大冰雪旅游项目建设力度，丰富冰雪旅游产品体系；发布冰雪旅游线路，引导各方力量融入冰雪旅游发展。

在文化和旅游部发布的10条“筑梦冰雪·相伴冬奥”全国冰雪旅游精品线路中，有2条涉及河北，串联了河北众多冰雪旅游资源，文化和旅游部下一步将加大对冰雪旅游精品线路沿线项目建设支持力度。《京张体育文化旅游带建设规划》辐射北京和河北张家口全域，其中明确提出，要努力建成国际冰雪运动与休闲旅游胜地。

河北省文化和旅游厅党组书记、厅长那书晨表示：“我们将紧抓冬奥机遇，坚持体育牵引、文化赋能、旅游带动，推动产业创新，增强京张体育文化旅游产业竞争力。积极推进冬奥场馆赛后利用，全面整合京张体育文化旅游带内的自然资源和文化资源，融入奥运和体育元素，策划和推广冬奥冰雪运动之旅、京张奥运文化之旅、草原运动休闲之旅等京张两地一程多站精品旅游线路，形成全周期、全季产品体系。”

春节假期，吉林冰雪旅游市场火爆，国家级滑雪旅游度假地万科松花湖滑雪度假区、长白山国际度假区，游客接待量分别同比增长72%、351%。2月3日，央视新闻“吉林冰雪·为冬奥加油”直播节目，吸引超286万人次在线观看。直播中，吉林省文化和旅游厅厅长杨安娣对吉林冰雪旅游进行了推介。她表示，冰雪产业是东北老工业基地发挥新优势、凝聚新动能的一条发展新路径。在各方政策支持下，吉林已在全国率先形成了较为完善的冰雪产业体系、较为丰富的冰雪产品体系和具有市场影响力的冰雪品牌体系。

黑龙江省政府近日印发《黑龙江省文化旅游产业招商引资若干扶持政策措施》，其中明确提出，支持新引进（新设立）文化旅游企业，建设冰雪主题乐园、冰雪小镇等特色冰雪度假区，对年接待游客50万人次以上的，给予一次性100万元奖励。中国冰雪旅游推广联盟秘书长、黑龙江省文化和旅游厅推广营销处处长张春艳介绍，当前，黑龙江冰雪旅游呈现诸多亮点，如，大庆雪地温泉节、伊春冰雪欢乐季、齐齐哈尔雪地观鹤节等活动精彩纷呈；“非常冰雪狂欢季”“滑雪吧，少年”等线上线下创意推广营销活动赢得点赞。后冬奥时代，黑龙江将持续推进体育旅游融合发展，全面提升“冰雪之冠”的知名度和美誉度。

注重产品转化 更加契合需求

广大旅游企业也紧抓机遇，加大产品设计、转化力度，契合、引领大众需求。

“入选‘筑梦冰雪·相伴冬奥’全国冰雪旅游精品线路的‘中国雪都·纯净北疆’精品线路，涵盖了新疆多个精品旅游资源，其中‘复古’滑雪、野雪竞技等体验形式尤其值得关注。”新疆阿尔泰旅游发展集团有限公司副总经理史志强说，“‘复古’滑雪也就是古老滑雪，滑雪板是用带毛的马皮做的，这种体验形式是集团旗下滑雪度假区的特色体验产品之一，我们正在对其做进一步包装打造；野雪竞技指的是在没有经过轧雪机平整过的雪地上体验滑雪，是集团旗下阿勒泰市野卡峡滑雪场的主打项目。”

南方冰雪旅游同样火爆。春节假期，重庆冰雪旅游备受青睐，冰雪旅游相关订单量同比增长超30%，其中，南川金佛山景区接待11.2万人次。重庆山水都市旅游开发有限公司金佛山营销分公司负责人马德军表示，金佛山滑雪场是重庆海拔最高的室外高山滑雪场，平均海拔2050米，拥有滑雪、戏雪、娱乐等多个特色专区。游客不仅可以在金佛山景区体验滑雪戏雪乐趣，还可以在山下天星小镇的温泉泡池享受休闲时光。

途牛旅游网数据显示，今年春节假期“酒店+滑雪+温泉套餐”产品销量同比增长数倍。为抓住市场机遇，途牛不断创新冰雪产品和服务供给。途牛冰雪游产品负责人曾照月介绍：“在产品设计上，我们主要侧重两大类，一类是度假型产品，从2021年第四季度开始我们以冰雪游目的地的酒店为中心，推出‘酒店+X’自由行套餐，融入冰雪、温泉、节庆等元素，突破酒店单品的局限性；另一类是适合全家老小出游的包车游，我们根据游客需求定制行程，安排司机兼导游全程陪同，让游客‘省心玩’。”

带动周边发展 释放综合效应

在冬奥带动下，冰雪旅游目的地周边地区也迎来发展机遇，形成了冰雪引客、共享发展的良好局面。

“今年春节恰逢北京冬奥会，我们一家三口在丹东天桥沟景区参与冰雪活动，玩嗨了。我们住在山下的村民家，经济又实惠。”沈阳大学教师王坤燕说。

王坤燕所去的度假地，正是前不久被认定为国家级滑雪旅游度假地的辽宁宽甸天桥沟滑雪旅游度假地。这里依托得天独厚的冰雪资源，做大做强“冰雪+”产业，直接吸纳周边400余人就业，间接用工量近1000人，带动周边300余户农家乐发展。

入选“筑梦冰雪·相伴冬奥”全国冰雪旅游精品线路的“冬日烟火·南国雪乡”精品线路，涵盖南方地区的诸多冰雪旅游资源，四川省阿坝藏族羌族自治州小金县“四姑娘山国际攀冰节”就是其中之一。近年来，“四姑娘山国际攀冰节”有力带动了周边发展，其中最为典型的是长坪村。该村三组村民卢忠贵目前在镇上经营着小金凯途户外运动有限责任公司，有固定员工16人。这些员工都是考取了户外向导协作证的当地村民，其中6人是脱贫户。“攀冰是我们这里的特色户外旅游项目之一，每年攀冰节都会迎来不少游客。”卢忠贵说，2020年，即便在疫情冲击下，公司仍接待游客5000多人，年产值500多万元，纯收入50多万元，公司员工平均年收入在8万元到10万元不等。

在各方共同推动下，冰雪旅游发展配套政策、项目建设、产品体系日益完善，冰雪旅游的综合带动作用得以进一步发挥。

（资料来源：任英文，等.中国旅游报，2022-02-10）

思考与练习

1.“真诚公道、信誉第一”包括哪些具体要求？

2.谈谈你对拾金不昧这一道德品质在旅游行业中的重要性的认识。

3.如何在接待服务工作中体现“热情友好、宾客至上”这一职业道德规范？

4.优先原则是不是与“一视同仁”有冲突？为什么？

5.“钻研业务、精进技能”的具体要求有哪些？你该如何去做？

6.结合实际，谈一谈“改革创新、抓住机遇”的重要性。

第六章　旅游职业道德评价

引　言

旅游从业人员在工作中体现的职业道德水平究竟如何，必须通过职业道德评价来判断。那么，又如何保证职业道德评价的公平、合理与科学性呢？你将在本章中找到答案。

❖教学目标

· 阐述旅游职业道德评价的标准及根据

· 分析说明旅游职业道德评价的类型、形式及作用

❖案例导入

心贴心听游客诉求 实打实解旅企难题

春节假期是旅游高峰期，游客投诉咨询比平时要多，因此是市场质监部门最紧张忙碌的时刻。

2月8日8时30分，记者来到获得"全国文化和旅游系统先进集体"荣誉称号的北京市文化和旅游局市场质量监督与咨询服务中心（以下简称"质监中心"），虽然离上班时间还有半个小时，但工作人员基本到齐了。如室外的暖阳一样，步入质监中心便能感受到阵阵温暖，每个工作人员脸上都洋溢着笑容，开始准备新一天的工作。

"虽然也想着能跟家人在一起享受团聚的欢乐，但从事投诉调解这份工作，就应该肩负起这份光荣的责任。"在春节假期值过班的几位质监中心的工作人员表示，能让游客度过一个舒心的假期，就是他们最大的心愿。

"中心虽然人少，但大家都热情高涨，春节期间一度抢着要值班。"谈及今年安排春节值班时，质监中心主任费立新直言太"发愁"，最后实在没办法，只好安排全员轮岗值班。"即便如此，大家也根本'闲'不下来，时刻盯着工作群，积极配合在单位值守的同事一起解决旅游纠纷。"费立新带头示范，整个假期一直在岗带班。

投诉审理科科长王静已从事旅游纠纷调解工作25年。"这份工作，忙是常态，唯一让我愧疚的是没有时间陪伴家人。特别是孩子，从小学一直到大学，每年除夕我几乎没

有陪过他。"她哽咽着说。

"从事这份职业具备耐心、爱心是关键，在日常工作中，不仅要想方设法全力维护游客的合法权益，也要设身处地理解旅行社的难处。"王静一边处理最近接到的旅游投诉，一边向记者讲述自己的工作心得。

"在工作中，我们发现很多旅游企业在接到旅游投诉时沟通技巧欠缺，不仅让矛盾扩大化，也让游客更加不满。"遇到这样的情况，王静总会第一时间指导旅行社做好游客安抚工作，再反复查找问题的根源。"等双方情绪都平静下来，'寒冰'自然就容易化开了。"

2 月 3 日，质监中心接到林女士投诉，称自己通过北京某旅行社相关产品链接花费 218 元购买了 2 张滑雪票，但单位临时召集返岗，无法如期滑雪，而在联系客服退票时遭到拒绝。中心接到投诉后，立刻联系纠纷双方进行沟通协调，在质监中心工作人员的耐心劝说下，双方最终达成和解，该旅行社对林女士所购滑雪票延期一年。"这样的事经常发生，但每每看到纠纷双方握手言和，我和同事们都觉得很有成就感、满足感。"

已在质监中心工作 4 年的樊浩天说："值班在岗责任重大，既要统计好相关投诉数据，又要妥善处理好每一个投诉。春节假期问题最容易集中暴发，后面牵动的是矛盾双方的利益，不管最终调解结果如何，都要让双方感受到温暖和光明，这就是我们的职责所在，也是我们所肩负的社会责任。"

"一个好的调解胜过一个判决。调解工作并不简单，不是众人眼中的'和事佬''和稀泥'，既要体会旅游者的不易，又要理解旅游企业的难处，还要用心去了解他们真正的需求，依法依规做好接诉即办工作，真正帮助群众，切实解决群众的困难。"2015 年到"接诉即办"工作一线负责处理旅游投诉调解工作的刘铮表示，"在新的一年里，我们将在岗位上尽职尽责，服务好投诉双方主体，维护广大文化和旅游消费者的权益，督促文化和旅游企业为游客提供更好的服务。"

（资料来源：魏彪 . 中国旅游新闻客户端，2022-02-11）

思考：质监中心员工的工作动机是什么？取得了怎样的效果？

第一节 旅游职业道德评价的标准和根据

一、职业道德评价标准的含义与特点

职业道德评价是社会道德评价活动的重要组成部分。在现实生活中，职业道德的职能和作用发挥得如何，很大程度上取决于职业人员的职业道德评价能力的高低和社会职业道德评价活动开展的广度和深度。可以说，没有职业道德评价，职业道德就是一句毫无意义的空话。

❖特别提示

在社会生活中，每个人总是要和他人或社会发生这样或那样的关系，总要在个人利益与他人利益或社会利益之间，做出这样或那样的选择，总是自觉或不自觉地根据自己的道德观念去评估别人的行为、衡量自己的行为，进行着道德评价。从“应然”的角度，道德评价主要有三方面的任务：第一，判明各种社会道德现象的善恶是非，形成关于什么是善、什么是恶、什么道德、什么不道德的社会舆论和社会心理，在人们心中确立起某种道德标准。这一任务，是完成其他任务的前提。第二，确认人们行为的责任，促使人们形成强烈的道德责任感。这种责任感使人对善的行为做出心灵的赞许，对恶的行为及其不良后果产生发自内心的反省，还使人对自己行为的道德后果的关心成为一种深入内心的力量，形成正确评价和选择自己行为的指南和动力。第三，判断人的行为的道德价值。通过对人的行为的道德价值高低、正负的认定，判断一个人的道德水准和品质，以扬善抑恶，净化社会风气。

所谓职业道德评价是根据一定的职业道德标准和规范，通过社会舆论、传统习惯、内心信念及考核评比论分等方式，对他人或自己的职业道德行为进行善恶评价，表明褒贬态度的一种评判活动。这里所指的道德行为，是在一定的职业道德意识支配下表现出来的，也就是在旅游职业中职业道德所表现出的有利或有害于社会或他人利益的、可以进行善恶评价的职业行为。旅游职业道德的评价可以是服务的对象、社会或他人对旅游职业者职业道德行为的评价，也可以是旅游从业人员对自己职业道德行为的自我评价。

旅游职业道德评价与其他职业道德评价活动有许多相同之处，也有其自身突出的特点：

第一，旅游职业道德评价的内容和标准具有鲜明的行业性。旅游行业和其他服务业在内容和标准上有共同之处，例如，都要求做到文明礼貌、优质规范服务，都强调真诚公道、信誉第一。但旅游业有其自身突出的特点。可以说，旅游从业人员是站在服务业对外窗口的前哨，每天直接服务的对象来自五湖四海。不同宾客，他们在吃、住、行上都要求得到全方位的优质服务，而且服务的内容十分广泛，涉及生活中的每一个环节。这就为旅游职业道德评价提出了鲜明的行业性。

第二，旅游职业道德评价作用具有广泛性和深刻性。旅游职业道德评价的广泛性和深刻性，体现在两个方面：从个人方面看，旅游职业活动是旅游从业人员一生中最基本的职业活动，而旅游职业道德评价是以旅游职业活动中的职业行为为对象的，它涉及从事旅游业的所有从业人员和其不可回避的职业道德思想和行为问题，并贯穿于旅游职业活动的始终，其广泛性可想而知。同时，旅游职业道德评价同样要依靠旅游从业人员个人内心信念的力量，通过从业人员个人的“职业良心”反省，以抑恶扬善、褒荣贬耻深入到职业者的内心世界，作用于从业者对旅游职业道德的情感，对从业者的教育作用是十分深刻的；从整个社会的生活面来看，旅游业的职业活动都与人们的衣、食、住、行相联系，它不仅联系着五大洲的人们，还和千家万户的每个人的切身利益相关，因此，社会的方方面面都可能对旅游职业道德进行评价。其评价的方式是多种多样的，作用于从业人员，自然是十分深刻的。同时，旅游职业道德评价凭借的社会舆论、传统习惯和内心信念等力量，以及所采用的行业竞赛、典型引导、行业评比等形式，都具有特殊的教育作用，因而能够深入到旅游从业人员的心灵，稳定、持久地发挥潜移默化的积极作用，促使从业人员不断调整和改进自己的职业道德行为，在旅游行业中形成良好的职业道德风尚。

第三，旅游职业道德评价功能的发挥具有很强的实践性。旅游职业道德评价是在旅游从业人员的职业实践活动中产生并为旅游职业实践服务的，它的功能的发挥具有很强的实践性，既从实践出发、来源于实践又作用于实践。例如，目前我们正处在社会主义初级阶段，旅游职业道德本身有着不同的成分，其中有旧的旅游职业道德传统观念，还有直接反映社会经济的职业道德观念，更有代表时代精神、社会发展方向的新的旅游职业道德的观念。旅游职业道德评价只能、也必须从促进现阶段生产力发展的实践出发，注意对现阶段旅游职业活动中的不同职业道德行为的剖析，使有利于社会经济发展的、代表先进职业道德精神的行为得到肯定和发扬，旧的、狭隘的传统旅游职业道德观念得到不断更新，进一步解放从业人员的思想，指导其职业实践活动。“实践是检验真理的唯一标准”。实践性也是旅游职业道德评价的生命线，离开了实践，旅游职业道德评价就无从谈起。

二、旅游职业道德评价的标准

在社会主义初级阶段，在旅游职业道德评价标准上，主要是运用善与恶的行为标准对从业人员在职业活动中的某种职业行为作出判断，指出哪些行为是善的、好的，哪些行为是恶的、坏的。善与恶是伦理学的两个特殊范畴，也是对旅游从业人员的职业行为进行肯定或否定评价时所使用的最基本的职业道德评价范畴。旅游职业道德评价中，善恶行为标准受到两方面的制约：

首先，受社会利益的制约。我们所说的社会利益，是社会主义全体劳动者的根本利益，是全体人民的共同利益，它对道德行为评价起着决定性的作用。

其次，受时代的制约。在科学技术不断进步、发展的今天，旅游职业道德的善恶观念深受科学技术的影响。随着人们对科学认识的深化，有些科学问题已直接转化为对职业道德的要求，如计算机的广泛应用、英语水平要求的普遍提高……促使旅游职业道德规范要求旅游从业人员熟练掌握计算机技术，应用计算机技术来提高工作效率；精通一门外语，以更好地为游客服务。这样便使职业道德评价有了新的标准，“善恶”评价有了新的评判尺度。

旅游部门是否重视科学技术研究，饭店、旅行社等旅游部门是否采用先进的管理方法和应用先进的技术，直接关系到职业道德价值目标的实现。

时代在发展，科学在进步，善恶标准也不是绝对的，但还是有它相对的客观标准。旅游职业道德评价的客观标准可以分为三个层次：

（一）是否符合广大旅游者的根本利益是职业道德评价的基本标准

“全心全意为旅游者服务”是旅游职业道德的核心，“游客为本、服务至诚”是中国旅游行业的核心价值观。

旅游接待服务的对象就是国内外广大旅游者，旅游职业道德反映并调节的就是旅游从业人员与国内外广大旅游者的根本利益。因此，是否符合广大旅游者的根本利益应当成为规范旅游从业人员的行为，评价旅游从业人员行为的善恶的最基本的标准。

（二）是否符合旅游职业道德原则和规范，是职业道德评价的直接标准

不同的职业，有着不同的职业道德要求。旅游职业道德的基本原则集中地揭示了旅游职业道德的本质和内容，反映了旅游业的服务目的，规定了旅游从业人员职业道德活动的总方向。旅游职业道德的基本标准，贯穿于职业道德一切形式和规范中，是旅游职业道德规范的总纲，也是处理从业人员与服务对象之间利益关系的根本准则。因此，旅游职业道德的基本标准是旅游职业道德规范的出发点和指导原则。对于一个旅游从业人员来说，职业道德原则和道德规范，是旅游职业道德评价的基本依据，也是道德评价的直接标准。

（三）是否有利于社会生产力的进步与发展，是旅游职业道德评价的根本标准

任何一个社会的发展和进步，都源于生产力和生产关系的矛盾运动，而生产力是最终起决定作用的力量。因此，凡是有利于生产力发展、推动社会进步的行为就是善的；反之，则是恶的。从这个意义上讲，生产力标准是旅游职业道德评价的标准。在社会主义初级阶段，旅游职业道德评价的客观标准应当是：符合四项基本原则；有利于旅游行业和整个社会的繁荣；有利于服务对象和全社会；有利于社会主义职业道德风尚的形成和精神文明建设。归根结底，有利于“四化”建设，有利于社会主义生产力的发展是最根本的标准。

❖案例分享

做“红船精神”的弘扬者和践行者

2005 年 6 月，时任浙江省委书记的习近平同志首次提出“红船精神”，并将其概括为“开天辟地、敢为人先的首创精神，坚定理想、百折不挠的奋斗精神，立党为公、忠诚为民的奉献精神”。

2017 年 10 月 31 日，党的十九大闭幕仅一周，习近平总书记就带领新一届中央政治局常委瞻仰上海中共一大会址和浙江嘉兴南湖红船，回顾建党历史，追寻党的根脉，宣示不忘初心、牢记使命的政治信念。在嘉兴南湖，习近平总书记深情感慨“小小红船承载千钧”，要求结合时代特点大力弘扬“红船精神”，让“红船精神”永放光芒。同年 12 月初，弘扬“红船精神”座谈会在浙江嘉兴召开，中央政治局常委、中央书记处书记王沪宁出席会议并讲话。

红色旅游是党的事业、国家战略。发展红色旅游是加强爱国主义和革命传统教育、培育和践行社会主义核心价值观、促进社会主义精神文明建设的重大举措。红色旅游具有与生俱来弘扬红色精神的功能和特性。在新的历史起点，红色旅游要担负起弘扬“红船精神”的光荣使命，教育和引导广大从业人员增强责任感和使命感，强化认知认同，做“红船精神”的弘扬者和践行者，努力把“红色”这篇文章做深做透，把“教育”这个核心把准把牢，把“旅游”这个市场做实做强，使之有机结合、相得益彰。

做“红船精神”的弘扬者和践行者，需要准确把握“红船精神”的深刻内涵和时代价值。做“红船精神”的弘扬者和践行者，需要深入学习领会习近平总书记关于红色精神、红色传统与红色旅游的重要论述。做“红船精神”的弘扬者和践行者，需要沿着红船开辟的航道劈波斩浪不断奋进。在凸显红色旅游教育功能上下功夫。在服务“不忘初心、牢记使命”主题教育上下功夫。在坚持问题导向、解决发展不平衡不充分问题上下功夫。在打造红色旅游新品牌上下功夫。在强化推进优质旅游发展上下功夫。

（资料来源：中国旅游报，2018-01-28）

三、旅游职业道德评价的根据

职业道德评价的目的在于判断从业人员职业行为的善、恶、好、坏。但是，明确了职业道德评价标准，只解决了职业道德评价的前提条件。要对一种职业行为作出善恶判断，还必须进一步研究道德评价的根据。在职业道德实践中，任何正常人的职业行为总是在某种动机的支配下做出的，任何一种职业行为都会产生一定的后果。因而，在对具体行为作出道德评价时，必然要解决动机与效果的相互关系问题。所以，职业道德评价的根据，实质就是反映在职业行为上动机与效果的关系问题。

（一）职业活动的动机和职业活动的效果

所谓职业活动的动机，是指职业劳动者在承担职业责任、履行职业义务时，在对社会和他人的关系中自觉追求一定的目的、愿望。动机是激励职业人员去行动的主观原因，也是由职业人员的利益需求所决定的。动机常常以兴趣、欲望、理想、爱好等形式表现出来，是行为主体促使、发动和维持其行为的一种心理状态。动机在旅游职业道德行为中，同样表现出这种固有的特征。因而，动机是旅游从业人员行为的出发点，没有职业活动的动机，不可能有职业活动的效果。

所谓职业活动效果，是指职业劳动者在履行自己职责时所做出的个别行动或一系列行动，给他人和社会带来的后果。这种后果是在一定的职业道德行为动机的支配下产生的，是职业人员的职业道德行为的客观记录。效果是客观存在的，可分为好效果与坏效果。凡是能给社会、他人带来利益的效果就是好效果；反之，就是坏效果。在职业道德实践中，由于受到主、客观两方面条件的制约，任何行为虽然都会产生一定的后果，但是其对职业人员的影响可能是直接的，也可能是间接的；可能对他人有利，也可能对他人有害；可能与动机相符，也可能与动机不相符。然而，效果本身都是客观的。因此，效果比动机对他人更为重要，从效果中去考察职业人员的行为、考察其动机，就更有说服力。

❖拓展知识

动机和效果是行为过程中的基本要素，是判断行为善恶的基本根据。一般来说，行为的动机、意图在不少情况下可以达到预期或大体预期的效果，使动机和效果趋于一致。但更多的时候，由于受到主客观条件的制约，行为者的意图往往不能达到，甚至会出现同预期截然相反的效果，即动机和效果不一致的情况。这种情况表现为三个方面：一是动机和效果在质上的不一致，例如，好心→坏事、坏心→好事。二是动机和效果在量上的不相称。如果用大或小表示量的差别，则可得：（大或小）好心→（小或大）好事、（大或小）坏心→（小或大）坏事、（大或小）好心→（小或大）坏事、（大或小）坏心→（小或大）好事。三是动机和效果在范围上的不对应，例如，非好心亦非坏心→好事或坏事、好心或坏心→非好事亦非坏事。在这些情况下，我们对人们行为的评价，究竟应根据动机，还是根据效果？抑或动机和效果的统一？对此，中外伦理思想史上进行了长期的争论，形成了动机论和效果论两大派别的对立。

（二）动机和效果的辩证统一，是旅游职业道德评价的根本依据

动机与效果是相互联系的。职业活动的动机和职业活动的效果是构成旅游职业道德行为不可分割的两个基本要素。它们之间的联系表现在：

1. 动机和效果相互包含、相互依存

旅游从业人员在实践中对宾客的服务行为动机，总是包含着对一定服务效果的追求。如果动机不指向一定目标和未来效果，行为就无从谈起，动机本身也无法存在；而动机是旅游职业人员的行为思想动力，离开动机，行为就不会发生，更不会造成道德行为的后果。

2. 动机和效果在一定条件下可以相互转化

在旅游职业道德实践中，职业行为获得了效果，满足了某种需要，这一次满足职业人员需要的效果，就会转化为下一次职业行为的动机；而下一次行为动机又会转化为新的效果，新效果又会产生新的动机。因此，动机和效果总是相互转化，总是沿着“动机—效果—动机—效果”的路线不断发展，不断前进。社会的发展、旅游业的发达，就是从业人员的动机和效果相互转化的过程，也是职业认识不断深化、实践不断继续的过程。在一般情况下，好的动机常常会引出好的结果，坏的动机往往引出坏的结果。所以，在旅游职业道德行为总体上，职业动机和职业效果的善恶价值是统一的。但在旅游职业实践中，也常常表现出动机与效果相冲突的情况，有时好的动机竟引出坏的结果，即所谓“事与愿违”；或者坏的动机却引出好的结果，即所谓“歪打正着”。

由于职业活动的动机和职业活动的效果的对立统一，组成了完整的职业行为过程。因此，对旅游职业道德行为的评价必须以旅游职业活动动机和职业活动效果的辩证统一为根据，既不能以动机取代效果，也不能以效果取代动机。

3. 旅游职业活动中动机和效果的统一性

其一，旅游职业活动和效果是否统一，必须坚持用实践的观点予以考察：既看动机，又看效果。联系动机看效果，透过效果察动机，这是职业道德评价的总原则。动机和效果的统一又是以实践为基础的曲折过程，实践是动机和效果由此及彼的桥梁。离开了实践，动机仅仅是空洞的愿望、意图。动机引出相应的效果，必须经过或长或短的过程，其中包含着成功与失败、顺利和受阻等情况。从实践所表现出的过程性和曲折性中充分表现出动机和效果的矛盾，而矛盾的解决也必须通过实践过程。其二，在旅游职业道德评价的各个环节上应有不同的侧重，在评判、考察职业行为的善恶时应注意效果。因为在动机和效果善恶状况都不清楚的情况下，效果能够直接并明显地表现出社会或他人的利益关系，也是最容易被感知的客观事实，易于让从业人员按照一定的标准进行善恶评价。而且，从业人员只有弄清了效果的好坏，才能进一步去考察动机的善恶，从而弄清整个行为的善恶。其三，在旅游职业活动动机与职业活动效果的善恶已基本明确的情况下，对整个职业道德的判断，应注重其动机。这样才能避免把“歪打正着”的行为当成善的行为，避免把某些由于责任原因造成的“事与愿违”的行为当成恶的行为。

第二节　旅游职业道德评价的类型和形式

一、旅游职业道德评价的类型

按照行为主体和客体的关系，旅游职业道德评价活动可以分为两种最基本的类型，即社会的（他人）评价和自我评价。

（一）社会的（他人）职业道德评价

所谓社会的（他人）职业道德评价，是指社会、集体或他人对职业者的职业道德行为进行善恶、好坏判断和表明其倾向性态度。社会评价，是职业道德评价的一个重要方面。在旅游职业道德评价过程中，评价主体是职业劳动者的服务对象，即宾客；而行为主体是旅游从业人员。这种道德评价的目的，是为了帮助、鉴定旅游从业人员认识和调节其职业道德行为。在这种评价中形成了一个价值信息（或好或坏）和准确性的命令（应当或不应当），一般通过社会舆论和传统习惯，从外部传递给旅游从业人员的，是带有一定“强制”作用的社会力量，是职业道德他律的一种凭借。它通过与职业行为当事人发生共鸣产生作用。例如，无论是在宾馆还是在旅行社，都很重视客人对服务工作留下的好或坏的评价。由服务对象即客人直接反映出的一些真实情况，对好的方面领导会表扬、赞颂，使其他从业人员都知道向好的学习，为他们树立榜样；对客人反映的坏的方面进行批评，这样一方面使提供不好服务的员工本人得到教育并加以改正，另一方面让其他员工引以为戒。管理工作者也会对客人直接反映出来的对服务工作或好或坏的评价，进行分析评判，修改和完善管理方案，形成相应的制度或条例，以不断促使服务质量提高到一个新的高度，赢得更多的赞誉。这就是社会的（他人）职业道德评价所具备的功能。

❖特别提示

回复顾客点评，酒店可以这么做

酒店越来越重视顾客点评的回复，因为认真回复顾客点评很明显的一个作用是可以影响潜在消费者。数据显示，78%的受访者表示，酒店管理层的回复让他们相信酒店对顾客意见的重视，从而体现其对顾客服务的重视程度。超过一半的受访者表示，在选择同类酒店时，跟不回复或应付着回复的酒店相比，他们更愿意选择认真回复的酒店。

笔者曾经负责过酒店的点评回复工作。回复顾客点评，笔者的第一个建议是：任何点评都要回复。业界有过这样的观点：对于普通的好评不要回复。因为连这样的点评都回复的话，会让人感觉诚意不足、很虚伪。但是，笔者以为正好相反。

先来分析一下顾客撰写点评的心情吧。

第一个问题：有话想对酒店说。当然，也有些顾客因为网站推出的积分奖励制度而点评，但这样的顾客并不多。不管顾客的出发点如何，对于一个有沟通欲望的顾客，我们都不能视若无睹。哪怕出于礼貌，也要有一个简单的回应。因此，出于人之常情，对任何顾客的点评都不应视而不见。

第二个问题：回复的速度与长短。回复速度当然是越快越好。想象一下，如果我们自己对一个服务做了点评，也会期待别人有回应，而且这种期待，会随着时间逐渐减退。

回复内容不宜过长，要视具体情况而定。如果点评者惜字如金，回复不妨简洁一些，表达清楚就行。如果点评者啰啰唆唆写了一大段，基本可以判断对方是个“热爱沟通”的人，且对酒店非常关注，那么，不妨放宽字数限制，营造亲切感。

第三个问题，以什么样的风格回复点评。首先要与酒店的品牌形象一致，然后再配合顾客点评的风格。举个例子，如果是一家小清新文艺范儿十足的酒店，行文风格当然以清新文艺为佳。因为选择这样酒店的，顾客大多带有文艺细胞。古典大气的中式风格酒店，则不妨在回复内容中引用一些唐诗宋词。

第四个问题：如何回复顾客的点评。

先来了解一下顾客点评的类型。点评大致分为差评、中评和好评。其中，差评又可细分为几种表述方式：其一，实事求是型，比如，“九点半到餐厅，早餐基本没有了”；其二，情绪型，“餐厅太烂了”；其三，混合型，“餐厅太烂了，去得晚点就没有早餐了”。中评大致有两种：其一，为了凑字数、赚积分，点评多为简单的感叹词，如“呵呵”；其二，感受一般，“还行，还过得去”。好评有时候也很盲目，比如，“真不愧是某某品牌酒店，到哪儿我都选择它”。

针对以上分类，可以采取以下回复技巧：

首先，回复差评要快，以快速回复来体现酒店的诚意，同时向潜在顾客表明酒店十分重视顾客意见。根据到到网 2012 年的一个调查数据，84% 的顾客在看到酒店方对于差评的诚恳回复后，对酒店的印象有所改观。

其次，回复差评时，尽量不要展示幽默感，因为容易造成误解。

针对“实事求是型”的差评内容，建议以诚恳的态度，实事求是地说明情况以及解决方案。这也是在告诉潜在顾客，“如果您下次来入住，不会再遇到这样的事儿”。对于真的无法解决的问题，也应委婉说明。

针对“情绪型”差评，同样要以诚恳的态度，向顾客道歉，以不带有任何情绪色彩的语句咨询，到底问题出在哪里，展示酒店解决问题的决心与诚意。

回复中评可以略带俏皮，按照酒店风格作答，也可以简单地介绍酒店最新的活动，或是顺着顾客的语序，例如顾客说“还行，过得去”，可以回复“争取下次让您说‘很行，非常好’！”

对于好评，酒店应大力利用。在回复好评时，不应只是简单地表示感谢，可以借用前一位顾客的评论内容，营造一个类似社区的氛围，同时也使顾客的点评内容更显客观；也可以罗列一些酒店对于忠诚顾客的奖励措施，从而暗示潜在顾客。对于回头客，更可以通过充满感情的语句表示感谢，或者告诉他酒店的一些新变化——其实这也是对潜在顾客的一种展示。

最后，还要注意以下几点：

第一，回复时先要感谢评论者，因为点评表明顾客对酒店的关注与期望值。即便差评内容失之偏颇，也要诚恳回答。

第二，不要推卸责任。不要说“这是工程部的问题，我会马上提醒工程部”这类转嫁责任的话，酒店形象会因此受损。要谨记，顾客可能分不清酒店各部门的分工，他的意见是针对整个酒店的。

第三，条件允许的话，留下联系方式，主动联系顾客。

关于回复点评者，最好是与酒店风格比较匹配或者接近的人。文字功底是必需的，知识面也要广，最重要的是熟悉酒店产品，能够迅速对顾客的意见做出答复。同时，最好是有一定职位的管理者，因为点评者职位越高，顾客接收到的诚意与尊重感越强。回复点评者最好相对固定，将点评风格与水准维持在一个稳定的状态。如果有顾客经常追着看点评，因为点评而入住，那就太有成就感了。

最后，附赠一些回复点评的小技巧。点评结束时，应以各种方式欢迎顾客再次光临。注意同一页面中文字要有差异，不要千篇一律。

尽量少用“以便我们……”“有助于我们……”这样的语句，因为顾客没有义务帮助我们进步。不如改用这样的语句：“如果您能够……那对我们的帮助就太大了，在这里先表示感谢！”

不要在点评中泛泛地介绍酒店，如“酒店有189间客房，9个房型”等等。与其介绍这些，不如告诉顾客“酒店正在推什么活动，有什么特惠”这类顾客感兴趣的内容。

对于顾客提出的价格问题，其实往往反映了顾客对于价格的认知以及性价比的不满意，因为他在下单时已经知道价格，必然是能够接受才订的房。因而，酒店可以视顾客的点评内容，明确表示同类或同区域酒店的价格区间，展现酒店的优势。

回复点评时，既不要指责顾客，也不要卑躬屈膝，应落落大方，专业而礼貌，真诚友好。

最后，不要有错别字，标点符号错误也要避免。

要记住，要让顾客感受到，这是一个“人”在回复“我”的点评。

（资料来源：王薇．回复顾客点评，酒店可以这么做．中国旅游报，2015-06-23）

（二）自我的职业道德评价

所谓自我的职业道德评价，是指职业劳动者，对自己履行职业责任的行为，进行善恶好坏的判断和形成倾向性的态度。在这种评价过程中，旅游从业人员既是行为的主体，又是评价的主体。也就是说，这种评价，是直接为旅游从业人员本人认识和调节自己的职业道德行为服务的。在自我职业道德评价过程中，主体会对照旅游职业道德原则和规范，评价自己的行为是否符合职业要求的判断。哪些是应该做的，哪些是不应该做的。通过这些价值信息和准确性命令，使从业人员形成个性心理活动。此外，在自我职业道德评价过程中，对评价主体即旅游从业人员的职业道德观念、职业道德责任、判断善恶的能力的培养，以及正确的世界观和进步的人生观的确立，自我评价均起着很重要的作用。

（三）社会评价和自我评价的联系

旅游从业人员职业道德的自我评价，是要受到社会评价制约的；而职业道德的社会评价，只有为旅游从业人员的自我评价所认同，才能产生有效的作用。这两种评价各有特点、各有短长，相互联系、相互促进。旅游职业道德行为的效果，直接关系到社会、本单位和宾客的利益。因此，在职业动机和职业效果善恶不一致的情况下，两种评价相结合，可以对职业行为总体的善恶做出更加准确、公正的判断。旅游职业道德的社会的（他人）评价，基本上代表了现实社会旅游业的职业道德原则和规范的要求，体现着社会利益。这对每一个旅游从业人员来说，是一种客观存在的，并且有约束性的力量。社会的职业道德评价通过旅游行业中善恶的价值信息传递，以或褒或贬的态度来激励和迫使旅游从业人员坚持或改变目前职业行为的方向。旅游从业人员可以从社会或他人对自己职业行为的评价中，得到善恶的价值信息，继而增强职业责任心或荣辱感。社会（他人）对旅游从业人员的评价，可提高他们的识别和判断能力。但是，社会评价只有和旅游从业人员的自我评价大体一致时，才产生作用。二者统一的关键，在于自我评价、社会评价是否反映了“民族精神”和“时代精神”。旅游行业要全面贯彻社会主义核心价值观和《新时代公民道德建设实施纲要》的精神，提高职业道德素质，严格要求自己，树立全心全意为人民服务的宗旨。要把两种类型的职业道德评价有机地结合起来，才能使职业道德评价更完善、效果更突出。

二、旅游职业道德评价的形式

职业道德评价的形式多种多样，但主要是通过社会舆论、传统习惯、内心信念及考核评比记分四种评价方法进行的。这几种形式是相互联系、相互渗透、相互补充的。

（一）社会舆论

所谓社会舆论，就是公众议论，是众人对某种社会现象、事件或行为正式传播或自发流行的情绪、态度和看法。社会舆论一般以自发和自觉两种形式出现：

所谓自发的社会舆论是指从业人员在实际道德生活中和在已有传统的基础上，经过不自觉的互相传播、互相取舍而形成的社会精神力量，是人们对共同的社会道德关系及道德现象的直接反映。这种社会舆论不具有明确的目的，没有正式的表达工具和机构，没有系统性的内容，以群众自发评议为主。所谓自觉的社会舆论，是在党和政府有领导、有组织、有目的地通过各种舆论工具，向人民广泛宣传某种思想和观点，人民认为是合理的并且愿意接受之后，就会形成一种普遍的舆论。这里所说的社会舆论，主要是指人们依据社会主义旅游职业道德的评价标准，对旅游从业人员的行为进行褒贬。以上两种形式的社会舆论同时存在，相互影响，共同发挥作用。但社会舆论在旅游职业道德评价中，有外在的强制作用，即常言所说的“舆论压力”“人言可畏”，并往往成为职业道德评价中借以调整职业人员之间关系的重要方式。它通过对旅游职业行为的褒贬，使当事人从中了解职业行为的社会后果，对旅游从业人员具有教育和指导作用。

当今是全媒体、自媒体的时代，发达的网络已经使舆论的传播打破了时间和空间的界限。社会舆论达到了有史以来空前的即时性和广泛性，这也使得旅游职业道德评价对旅游业的影响更是势不可当。“好事传千里、坏事不出门”早就是过去时，坏事好事都是“光速”传播，而且可以说是无孔不入，无人不知无人不晓。这也反过来倒逼旅游从业人员必须明辨是非、弃恶扬善，时刻保持良好的职业道德水准。

❖案例分享

人民日报评“雪乡宰客”：要鼓口袋先赚口碑

最近，一位驴友在网上吐槽和家人去黑龙江雪乡旅游的经历：提前半个月订了两晚房间，因当地人气火爆，店主嫌房间卖便宜了，要求他们第二天就退房，顺带说到了物价高企、强迫消费等问题，引来不少网友讨论。

事发后，雪乡旅游管理部门主动联系上这位驴友，并及时对涉事旅馆进行了检查。因为确实存在价格欺诈行为，店家被处以5.9万余元的罚款。主管部门的态度和行动，无疑是对雪乡旅游名片的最好维护。我们也希望，进入旅游旺季，雪乡会以更严格的旅游服务标准来要求自己。

然而，窥斑见豹，对于很多早已名声在外的景区来说，要实现“游客是上帝”的服务理念升级，要补的短板还真不少。

旅游服务品质有没有保障、市场是否规范，决定旅游业发展的基础是否牢固，也是产业转型升级过程中可能遇到的最大瓶颈。从不合理低价游、强迫购物，到景区餐饮店漫天要价、住宿宾馆为利毁约，近年来，国内部分旅游景点的服务供给质量一直在低位徘徊，这和消费者对高品质旅游的美好期待形成反差，可以说是行业发展不够成熟的体现。“李白游不起，徐霞客也要变宅男”，从网友的戏谑中，不难看出大家对国内景区票价高、服务差的诸多不满。

要鼓口袋，先赚口碑。这个浅显的道理，相信谁都懂。可问题在于，不管是景区经营者，还是餐饮、住宿等相关服务的提供者，一旦坐拥得天独厚的旅游资源，就容易滋生出“你爱来不来，反正总有人来”的心态，开始急功近利“赚快钱”，做起让游客“永远不想再来”的买卖。尽管短期内还是能实现可观的经济创收，但从长远来看，其实是将更多回头客、潜在游客挡在了景区门外。为什么每到节假日，很多人宁愿出境游，也不愿去国内的某些知名景点？除了担心人挤人，对配套服务、管理措施跟不上的考虑，恐怕也是重要原因。

中国已进入大众旅游时代。除了优美的风景、可口的饭菜，想人之所想、急人之所急的优质服务体验，为越来越多的游客所看重。某种角度看，日益升级的旅游消费需求，正是景区谋求发展的新空间所在。10 多年前，杭州西湖在全国率先尝试免费开放，倒逼自己升级开发和保护手段，在做好管理、优化服务上深入探索，成功激活“吃住行游购娱”全方位的旅游休闲消费，培育出不少新的经济增长点。这样的模式中蕴含的发展思路和改革经验，值得所有景区借鉴。

我的一位同事，曾到墨西哥南部的瓦哈卡州，采访“玉米狂欢节”。他发现，那里的小贩们，都遵循着一种朴素的哲学：在保证合理利润的基础上，靠口味和服务来竞争。对于欺客、宰客现象，他们很不理解：“我这样做，就无法在这条街立足了。”的确，守规矩，比服务，这是培育健康旅游生态的基本共识。旅游是“提高人民生活水平的重要产业”，但冰天雪地不会自动变成金山银山，正如雪乡的旅游管理部门所说，只有在各个环节上做到高质量、高水平的服务，才能赢得游客的信赖与良好口碑。

这正是：因小失大究可哀，以心换心百业开。

（资料来源：吕晓勋．人民日报，2018-01-05）

❖拓展知识

社会舆论是一种调控社会生活的现实伦理力量，在社会生活中具有无孔不入的渗透力，无时不在地影响着每个社会成员的言行。因此，充分发挥社会舆论的调控作用，以监督、导向、聚合道德个体的行为，形成积极向上的道德氛围、社会风尚具有重要的价值和意义。其主要表现在以下几个方面：

（1）行为监督。一定的社会舆论一旦形成，便将对行为者产生强大的压力，监督行为者的行为是否符合其所包含的道德原则和规范、价值观念和行为方式，如果行为者与之相悖，社会舆论将予以谴责，甚至予以相应的惩罚。

（2）价值导向。如前所述，任何一种社会舆论总代表着特定的道德观念和价值取向，在道德生活中褒奖、张扬善，抑制、惩罚恶。行为当事人接受了社会的善恶裁决或准则性命令，也就接受和认同了社会舆论所代表的道德观念和价值取向，并在以后的道德实践中以此规范自己的行为。可见，社会舆论对人们的行为具有价值导向的功能。

（3）精神聚合。正确的社会舆论总是代表着对客观世界的正确认识，代表着民众的共同意志。它促使越来越多的人在认识上、信念上、精神上趋于一致。这种一致性使得人们自觉团结起来，与各种错误的行为和歪风邪气作斗争，从而在较大的范围内，形成优良的道德风尚。因此，它是促使人们团结的聚合剂。

（二）内心信念

内心信念是旅游行业从业人员发自内心地对本行业职业道德原则、规范体系的真诚信奉和自觉履行职业道德义务的责任心，是旅游从业人员在学习和工作实践中的道德认识、道德情感、道德意志的统一。它是“真正深入到我们血肉里去”的道德意识和行为准则，也是职业道德评价的重要手段。旅游工作只要形成了旅游行业的职业道德信念，就会积极主动地以此标准评判他人和自己的职业道德行为，成为推动行业抑恶扬善的精神力量。从一定意义上讲，内心信念是调整人们的职业道德行为、坚持职业道德方向、进行职业道德评价的内在思想基础。任何强大的社会职业道德舆论，都是在人们的职业道德信念驱使下产生的，并且只有在与被评价者的内心职业道德信念相吻合或认同时，才能显示其威力和作用。内心信念既是职业道德评价的重要手段或方式之一，又是推动人们对自己的职业道德行为进行评价的内在动力和最直接的善恶标准，它对于自觉履行职业道德义务、提高职业道德水平、改善社会风气有巨大的促进作用。内心信念在评价中之所以重要，是由旅游业的工作特点决定的，对那些经常外出、单独工作的导游人员尤为重要，因为他们往往是在无人监督的情况下独立完成任务，而被引导的游客是被动的，他们的一切活动都是由导游人员去引导和安排的。导游人员作出的安排不是都受到有关方面监督的。这种个人的行为动机和内心世界在别人无法知道的情况下，唯有内心信念和职业良知，才能促使导游人员自觉地进行自我评价，去履行自己的职责，为游客尽心尽责，提供优质、高效的服务。

在旅游职业道德生活中，内心信念是从业人员对自身行为进行善恶评价的精神力量，它通过职业“良知”来实现道德评价的作用。主要表现在：第一，内心信念是旅游从业人员进行职业道德评价的内在的直接的标准。旅游从业人员在职业生活中，总是在一定的职业道德观念和内心信念支配下，衡量和评价自己的职业行为，判断自己的职业行为哪些是道德的，是应该做的；哪些是不道德的，是不应该做的。凡是认为自己的行为是符合一定的旅游职业道德原则和规范，并履行了一定的职业道德义务的，内心信念就会直接给予肯定性评价，并感到一种精神上的满足，进而形成一种信心和力量，并坚持这种行为；凡是认为自己的行为是违背一定的旅游职业道德原则和规范，是不道德的职业行为，内心信念就会直接给予否定性评价，并感到痛苦和不安，甚至无地自容，从而告诫自己今后不再做类似的事情。第二，内心信念是职业人员进行善恶评价的内在驱动力。旅游从业人员在评价他人或自己的行为善恶时，可能是被动的，也可能是主动的。凡是主动的（包括自觉和自发的）评价，一般都受到内心信念的推动。当某种行为符合一定的旅游职业道德原则和规范，即使别人暂时不知道，甚至被人误解，内心信念也会鼓励并继续坚持这一行为，抵御外在的舆论压力。当某种行为不符合一定的旅游职业道德原则和规范，内心信念会使人产生强烈的痛苦，促使自己主动承认错误，并不惜代价坚决纠正自己行为所造成的后果。此外，在危急关头，如在宾馆勇斗歹徒的服务生，就是内心信念激发了他的勇气、坚定的职业道德意志，使他做出在通常情况下难以做出的职业道德举动。因此，一个人一旦形成了坚定的内心信念，就会在内心信念的支配和驱使下，以强烈的道德责任感，对自己的道德行为进行自我评判，从而促使他自觉履行道德义务。当然，职业道德的内心信念毕竟是主观的东西，它是否与社会发展和人民要求相一致，即合不合乎客观实际及其规律性，还要接受旅游工作实践的检验，其积极作用的发挥也需要一定的社会条件。

❖案例分享

导游李滨：做“美丽中国之旅”的代言人（劳模风采）

1. 危难之时 临危不惧显身手

李滨的身上有不少伤疤，每道伤疤背后都有一个感人的故事。

2007 年，李滨带的一个团队在石台县遭遇特大暴雨，洪水冲断了游览栈道，泥石流不断滑落，更大的险情随时都会发生，52 名游客的生命安全受到威胁。千钧一发之际，李滨大声说：“我是导游，我决不会让一个人受伤！”说完，他从容镇定地指挥游客迅速撤离危险地带，冒着生命危险将老人小孩一个个背到安全地带。当第 36 个游客到达安全地带后，劳累过度的他不幸被落石砸中，顿时鲜血直流。而这时还有 16 名老人及儿童没有脱险。他爬起来，忍着剧痛将最后 16 名游客背到了安全地带。这时，只听见身后轰的一声巨响，先前停留的地方瞬间被泥石流淹没。返程途中，全体游客含着热泪唱起了“感恩的心”。

作为一线导游员，李滨永远把客人放在第一位，把客人当作自己的亲人。

2013 年 7 月底 8 月初，李滨带游客去台湾，旅游途中遭遇百年不遇特大强台风袭击，铁路冲毁，公路中断，5000 名游客滞留台湾花莲县。为抢救一名游客，李滨被落石砸伤。忍着剧痛，他继续工作，积极与台湾方面协调，安抚每个游客。他用自己的手机让每个游客给家里报平安，游客在与亲人的交谈中忘记了恐惧，放下了焦虑和不安，情绪很快稳定下来。这期间，白天李滨精心照顾团里的老人小孩，像对待自己的亲人一样对待每位客人；晚上，为将台风造成的影响降到最低，他反复研究行车线路、行程安排、应急方案直到深夜。过度的疲劳使李滨的甲亢病复发，心率达到每分钟120次。凭着坚强的意志和超强的毅力，他克服疲劳、伤痛和病痛的煎熬，在极其困难的条件下坚持优质服务，赢得了游客的赞誉。临别前游客含着热泪对李滨说：我们出游，都希望自己的旅程能在阳光明媚的天气中度过，更希望能遇见一位像你这样把我们当作亲人，热情、体贴为我们服务的好导游。而辛劳过度的李滨却晕倒在回家的公交车上。

2. 游客至上 点滴之间见真情

2014年，李滨带了一个平均年龄超过70岁的老年团游台湾。返程后，客人在表扬信中写道："李滨优质的服务让我们感动，我数了下，8天的时间里光伸手扶我们上下车就有6000多次"。

一批来自重庆的游客，在写给江苏省省长的表扬信中，亲切地称李滨为"三他导游"：刚开始"怀疑他"，后来"信任他"，到最后"敬佩他"。信中写道："我们被不良导游忽悠过，刚见到他时仍然保持着高度戒备。他却始终关心我们，像亲儿子一样照顾着我们这几个年近八十的老人，没有鼓动、诱导我们购物。这时我们才相信，我们遇到了诚实、守信、敬业的好导游，我们开始理解他、信任他、敬佩他"。

3. 精通业务 不断创新

作为一名高级导游员，李滨精通导游业务，不断创新服务技法。翻阅游客写给李滨的表扬信，几乎每封都有类似的话语："李导学者一样渊博的知识，小品演员一样的幽默诙谐，主持人一样的精彩语言，给我们一种艺术的享受和一次难忘的旅行"。

李滨说，"都说带团是门艺术，有人说是一首浪漫的诗篇，有人说是一首动人的歌曲。我说更像一幅美丽的油画，游客就是画中的人物，景点就是画中的风景，而导游精彩、幽默、诙谐的讲解和优质的服务，则为油画添上了绚丽的色彩。我会力求每幅画的完美，用心灵去画好导游生涯中的每幅作品"。

为了让每一位游客玩得开心，为了将服务做到体贴入微，李滨总是在出发前做足功课，提前进入角色。他反复推敲团队背景，了解客人的生活、饮食等习惯，了解目的地的天气变化、交通住宿情况和景区景点的人流量情况，设想旅游途中可能发生的各种突发状况并做出解决方案。出发前，他会给每位游客发送短信，提醒大家旅途中需要注意的问题，带好旅途必备品。每次出行，李滨的包里总有十几本笔记本，上面密密麻麻地记着与行程有关的各种资料，遇到自己没听说过的内容他会及时记录下来。他说做导游本身就是一个学习过程，不仅要向书本学习，还要向景区学习、向当地老百姓学习、向同行学习、向游客学习，这样才能不断提高充实自己，不断将新鲜的内容充实到讲解中。

4. 以"礼"服人 以身作则

在团队旅游过程中，李滨不仅仅是服务的提供者、文化的传播者，还是文明旅游的宣导者和示范者。“一方面，导游、领队要严于律己、以身作则，注重日常举止和细节，引导游客文明旅游；另一方面，导游、领队要有爱心，对游客付出真心，保持热心、细心和耐心，以‘礼’服人；要做到五好——做好监督、搞好服务、讲好文明、当好参谋、干好协调。”

垃圾袋、烟灰盒、小包餐巾纸这些不起眼的小东西，都是李滨带团的必备品。下车前给每位游客发一个垃圾袋，告诉他们随身带着，有垃圾放在垃圾袋里，行程结束前凡是把垃圾袋交回或者放进垃圾桶的，都会有一份纪念品。

然而，有时虽然手里拿着垃圾袋，还是有游客乱丢垃圾。李滨看到了，就走上前去捡起来放进垃圾袋。游客扔多少，他就捡多少。捡完了，他会打个比方：“如果有邻居到你家做客，玩得很开心，但是走后一看，家里全是对方乱丢的垃圾，你会怎么想”？客人想想，确实是自己不对，以后就改正了。对于抽烟的游客，为了防止烟灰乱弹，李滨总是随身带着烟灰盒：“如果要抽烟的话，招呼我一下，我来帮您接着”。客人要随地吐痰，他及时递上一包餐巾纸，请游客吐在纸上。这些小细节，随时随地影响着游客。

2015 年的一天，李滨带的一个出境团乘坐着旅游大巴在蜿蜒的山路上行驶。一位老年游客站起来在车厢内走动，说是腿疼。外方司机怎么劝都没用，劝急了老人还破口大骂。司机很生气，准备报警。这时，李滨微笑着走到老人面前，蹲在地上给他按摩腿，边按摩边劝老人家赶紧入座，注意安全。老人家被李滨的真情打动，情绪逐渐稳定下来，回到座位上坐好。

“要用笑容改变游客的不文明行为，千万别让游客的不文明行为改变了你的笑容。只要导游领队注重细节、付出真心，一定会让游客出行更加文明。”李滨说。

倡导文明旅游，李滨还独创了 4321 讲解法、智慧引导法。“4321 讲解法”就是在开说明会时，结合行程介绍当地风俗法律法规及文明旅游注意事项，让游客做到四多——多听、多吃、多玩、多看，三少——少议论、少说话、少比较，两尊——遵守当地法律法规、尊重当地风俗风土人情，一定——一定要做到安全、开心、文明。智慧引导法就是应用 QQ、微信等工具，及时发送文明旅游信息，提醒游客文明旅游。

“一名优秀的导游，不仅要具备渊博的知识，更要有强烈的责任感和服务热情。在带团过程中，既要有精力、有体力、有知识，还要兼具细心、耐心和诚心，懂得管理、语言和服务的艺术。优秀的导游不仅是文化的传播者、文明的宣导员，还是‘美丽中国之旅’的代言人。”这是李滨多年导游生涯的感悟。

（资料来源：中国旅游报公众号，2017-02-12）

案例中的劳模李滨，内心拥有坚定的信念：“人的生命是有限的，为游客的服务是无限的，要把短暂的生命投入到无限的为游客服务中去。”

（三）传统习惯

传统习惯是指人们在长期的社会职业生活中逐步形成的一种稳定的、习以为常的职业道德倾向和评价方式。职业道德习惯被职业团体、行业、组织和个人视为不言自明、自然而然的职业道德行为准则，各行各业通常把它作为最起码的善恶标准，即认为凡是符合传统习惯的行为就是道德的，反之则是不道德的。旅游从业人员的传统习惯，是长期以来按照旅游行业的工作秩序形成的，习以为常的职业行为倾向，表现为一定的工作情绪和传统的工作方式。

❖特别提示

传统习惯，是一种复杂的社会意识现象，是一种自发地产生作用的社会行为调节机制。它具有以下几方面特征：

第一，传统习惯具有历史继承性和强烈的民族性。

第二，传统习惯具有较强的稳定性。

第三，传统习惯是精华和糟粕的混合体。

由于社会风俗和传统习惯是在人们长期社会生活中形成的，因此，职业道德传统习惯对成文的职业道德规范起补充和制约的作用，它是职业道德行为善恶评价不可忽视的一种手段或力量。传统习惯和社会风俗有着源远流长、时代久远的特点，再加上它们总是和职业者的传统情绪、社会心理交织在一起而有着稳定的特点，因而在旅游职业道德评价中，更有着特殊的作用。随着经济政治的发展变化，新的风俗习惯、职业道德规范与旧的、落后或陈旧的传统习惯相冲突，这就要求旅游业的广大职工要以江泽民同志提到的“更好地代表中国人民的根本利益，要紧密结合国内外形势的变化，紧密结合我国社会生产力的最新发展和经济体制的深刻变革的实际……”为指导思想，依据旅游职业道德的评价标准，来决定对于传统习惯和社会风俗的态度，努力实现旅游业与经济、社会的协调发展。在旅游战线上，对遵纪守法、克己奉公、助人为乐、钻研业务等新风尚应该予以发扬，对有损于旅游职业道德的违纪违法、损公肥私、服务意识差的坏现象应该予以革除。

总之，在旅游职业道德评价中，传统习惯评价是一种重要的形式。这是因为：首先，它是评价旅游职业道德行为善恶价值最起码的标准；其次，它是评价旅游职业道德行为总体善恶的重要依据；最后，它对旅游职业道德评价成果成为行为当事人日常生活习惯、形成一定社会的职业道德风尚甚有功效。

（四）考核评比记分

随着旅游业的飞速发展，各种规格不同的饭店和旅行社竞相开办。从中央到地方各级旅游行业的管理职能部门，对其行业实施了更规范、更标准和更严格的管理措施。考核评比记分的评价方法首先见于对星级饭店的评定考核。从1993年开始，国家技术监督局就发布了关于《旅游涉外饭店星级的划分及评定》的中华人民共和国国家标准。这是旅游行业中最具权威的、科学的评定标准。它把旅游行业中的硬件和软件两大方面的各个部分，均用评比记分的方法给予确定。这是在新的历史时期检查、考核旅游行业和旅游从业人员职业道德作风的新的有效的评比方法。这种考评记分的方法，是根据旅游业的特点以及旅游职业道德的种种外在表现，将其分为若干方面，每一方面再划分为若干项目，制定出相应的分数和检查、评比、记分的标准。

接下来，饭店星级评定标准每隔几年就修订一次，分别形成了1997年版、2003年版、2010年版的修订版本。以下是2010年《旅游饭店星级的划分与评定》（GB/T14308—2010）的部分考核记分情况：

附录C

（规范性附录）

饭店运营质量评价表

表C.1给出了饭店运营质量评价表

表C.1　饭店运营质量评价表

序号	标　准	评　价			
	1. 总体要求				
1.1	管理制度与规范	优	良	中	差
1.1.1	有完备的规章制度	6	4	2	1
1.1.2	有完备的操作程序	6	4	2	1
1.1.3	有完备的服务规范	6	4	2	1
1.1.4	有完备的岗位安全责任制与各类突发事件应急预案，有培训、演练计划和实施记录	6	4	2	1
1.1.5	制订饭店人力资源规划，有明确的考核、激励机制。有系统的员工培训制度和实施记录。企业文化特色鲜明	6	4	2	1
1.1.6	建立能源管理与考核制度。有完备的设备设施运行、巡检与维护记录	6	4	2	1
1.1.7	建立宾客意见收集、反馈和持续改进机制	6	4	2	1
1.2	员工素养	优	良	中	差
1.2.1	仪容仪表得体，着装统一，体现岗位特色；工服整洁、熨烫平整，鞋袜整洁一致；佩戴名牌，着装效果好	6	4	2	1

续表

序号	标 准	评 价			
1.2.2	训练有素、业务熟练，应变能力较强，及时满足宾客合理需求	6	4	2	1
1.2.3	各部门组织严密、沟通有效，富有团队精神	6	4	2	1
	小计	60			
	实际得分：				
	得分率：（实际得分）/ 该项总分 ×100%=				

为了便于对个人旅游职业道德行为做出正确的评价，还实行逐级的明检、互检和暗察，举行多形式、多层次专业技能竞赛，如全国导游大赛、全国旅游饭店技能大赛、各种不同类型的知识问答竞赛等。并且利用社会舆论和内心信念的作用，发动群众监督；同时，把考德、考勤、考绩和奖金分配相结合，以收到较好的效果。这种对旅游职业道德考评记分办法，有以下几方面突出的特点：一是充分调动了广大旅游从业人员的积极性，变过去自发的评价为更积极主动的、有领导、有组织、有计划的评价；二是吸收社会舆论、内心信念等评价方法的优点，促使旅游从业人员高度关心集体荣誉感，使评价方法更为客观、科学；三是使旅游职业道德教育、评价能落实到基层，层层有人抓，密切联系实际，解决具体问题；四是与旅游行业的中心工作相结合，与奖励办法相结合，既易于实行又切实有效。

我们要提高旅游职业道德的客观能力和主观能力，把以上四种道德评价方式作为一个有机整体统一起来，是规范旅游行业职业道德行为、提高职业道德水平的重要环节。为此，我们要做出多方面的努力：

首先，要增强内心信念的正确性（正义性）和坚定性。要使广大旅游行业从业人员通过对马克思主义基本理论，党的方针政策，社会主义、共产主义道德知识和科学文化、技术业务的学习，认识历史的必然性，懂得如何处理实践中的各种利益关系，把握旅游行业活动的客观规律，理解旅游行业职业道德的要求，从而把工作者的内心信念提升到更富有正义性、更加坚定、更加自觉的高度。

其次，要正确对待舆论。对正确的舆论，我们要以之为鉴、以之为师，按舆论的要求来规范个人和行业单位中企业的道德行为，并尽力去扩大这种舆论的影响；对不正确的舆论，则要敢于抵制。

最后，要正确对待传统习惯。对传统习惯要采取分析的态度：一方面要坚持发扬优良的传统和好的习俗；另一方面要随着社会的进步和时代的变迁，及时摒弃过时的习俗。尤其是旅游行业的工作人员，要敢于更新观念，打破旧传统。旅游行业的特征决定了我们站在时代的最前沿，应该秉承最优秀的传统和代表最先进的服务水平和最优秀的服务精神。只要我们正确认识和运用职业道德评价的各种形式，把它们有机地结合起来。就可以更好地使旅游职业道德行为得到规范，加速全社会职业道德的完善，促进改革开放建设，推动两个文明建设向纵深发展。旅游行业的广大从业人员，多年来经过不懈的努力，已把旅游职业道德评价、教育、修养几个环节有机地结合起来了，使它们相互补充、相互协调，在树立良好的旅游职业道德方面发挥了重大作用。

第三节　旅游职业道德评价的作用

旅游职业道德评价对旅游职业道德风气的形成和个人职业道德品质的培养，具有十分重要的作用。

一、对旅游职业道德行为的善恶起裁决作用

❖特别提示

道德评价，是裁决判明行为与品质的“道德法庭”。道德评价的首要任务，就在于判明人们行为的善恶价值。它主要是通过社会舆论和内心信念来实现的，前者可看作是“公审”，后者可看作是“自审”。道德评价对于行为善恶的裁判，特别是在自己的内心信念已成为强烈的责任感时，对行为善恶的自我判断，往往比真正法庭对行为有罪无罪的裁判要严厉得多、公正得多、深刻得多。因此，广泛地开展道德评价活动，要比一般地传授道德知识，更有利于提高人们识别善恶的能力，增强人们的善恶观念。

在旅游职业道德评价中，必然涉及善、恶这两个范畴。这是依据一定的旅游职业道德原则和规范，以善恶为标准来评判旅游从业人员的职业道德行为或思想的价值。

在旅游职业道德评价中，我们往往以“好”来代替“善”，用“坏”来代替“恶”；同时，在职业生活中也往往用“正气”来表示“善”，用“邪气”来表示“恶”。

例如，当我们通过职业评价说某人好、某人很正直时，不是指他的地位有多高，拥有多少私人财富，或是有多么美貌，而是指他是一个有职业道德的人，具有职业道德上的“善”；相反，当我们说某人不好或某人是个坏人时，并不是指他的地位如何卑贱，家境如何贫困，更不是指他在生理上有什么缺陷，而是指他是一个没有职业道德或职业道德败坏的人。

在旅游职业道德的评判中，这种善与恶就是从宏观上对旅游从业人员进行裁决好与坏的标准。

善恶标准，又具体化为一定的职业道德规范的标准。因而在具体的职业道德评价中，行为的善恶，首先要看它是否符合一定的旅游职业道德规范。旅游职业道德的评价

尺度是具体裁决善恶好坏的重要标准。只有把善恶具体化、职业道德化，才能够把握好职业道德评价。因此，只有把对善恶的评价落实在旅游职业道德规范标准上，才能对旅游职业道德行为真正起到裁决作用。

旅游职业道德评价中这种善恶的裁决评判作用，是凭借社会舆论等方式进行信息传递的，通过赞誉或谴责，对旅游从业人员的职业道德行为进行“评判”，激励或迫使各职能部门或从业人员本人接受来自社会的裁决，坚持或改变目前的职业道德行为，从而维护一定的职业道德原则与规范，保障旅游职业道德评判的权威性与有效性。

在个人的职业生活中，职业道德评价通过个人内心信念的力量，使旅游职业道德原则和规范深入内心世界，使道德他律向道德自律转化。旅游从业人员对自身职业道德行为自我评价——具有职业道德内在制裁意义，往往比法律制裁和处分更为严厉和深刻。当社会的评判与自我的评判一致时，旅游从业人员就能自觉地增强对旅游职业道德的责任感。

❖案例分享

把游客当成亲人

——广东碧水湾服务员梁伟玲的亲情服务故事

“碧水流溪誉古今，水质晶莹能益寿，湾区圣水自天临，温馨生活人共享，泉清林茂映时新，度假碧湾为首选，假日休闲客似云，村中景致醉游人。”这是广州从化碧水湾温泉度假村收到的一份特殊的感谢信——一首藏头诗。虽然只有简短的几句，却饱含了游客对碧水湾服务的认可。

这首诗的作者是来自广东肇庆的郭先生。此前，郭先生带着女儿来到碧水湾，女儿在泡温泉时受伤了，碧水湾温泉露天区服务员梁伟玲耐心安抚孩子的情绪，后来在沟通中了解到郭先生平时爱运动，便送了他一些艾叶用于缓解疲劳，这种细致入微、持续跟进的服务，让郭先生很受感动。

梁伟玲回忆说，当时她还是一个准妈妈，挺着大肚子为女孩的伤口消毒。“那时的我全然忘记了自己是一个孕妇，一心想着孩子受伤了家长会着急，所以我就想到要安抚好家长的情绪。在得知客人喜欢运动后，便送上一份艾叶，有助于消除疲劳。”梁伟玲说，没想到自己的小小举动感动了郭先生一家，还写了这封感谢信，自己也被感动了。

梁伟玲是一名80后服务员，个子不高，没有靓丽的外表，更没有高等院校的学历和特殊的技艺，但她却是碧水湾员工中人人皆知的“服务明星”。仅2018年，梁伟玲就获得顾客表扬信148封，并多次荣膺碧水湾顾客提名奖达人，年终考核分值、月均绩效考评、每月用心做事分值、每月积分考核排名均在部门前列。

给顾客安全提醒，提供茶水、毛巾，关注温泉区水温、卫生……在碧水湾露天区，每个服务员的工作大同小异，但梁伟玲却把看似平凡的服务工作做到极致。

“也没什么秘诀，就是多观察、多留心，对于特殊客人、要求比较多的客人重点关注，经常询问是否有需要，不能怕麻烦。对老人和小孩更要多加关注，因为泡温泉不是泡的时间越长越好，老人和小孩尤其不适宜泡太长时间，对于这类人群要格外小心。”

梁伟玲总能找到客人关注的话题，而且她态度非常和善，来这里泡温泉的大人小孩都喜欢和她聊天。而且她总能记住小朋友的名字，能和小朋友聊学习、聊娱乐项目，找到共同话题；对于老人，她也总会耐心服务，不厌其烦地提醒注意事项，践行碧水湾的亲情服务宗旨——要善于“察言观色”，预测客人需求，在客人未提出要求之前，就能替客人做到，使客人在消费中得到一种精神上的享受。

梁伟玲说，有一次，客人古阿姨泡温泉时脸很红，她发现后便上前提醒她休息，并帮她敷好西瓜皮面膜，又为她打包了一份西瓜皮面膜。从此之后，古阿姨每次来泡温泉她都主动打招呼、细心服务，久而久之，两人就成了朋友，不仅收获了信任，更收获了友情。

“视客人为亲人，为客人提供温馨、周到、体贴、关怀的亲情服务”，是碧水湾所倡导的服务理念。事实上，自2002年开业至今，碧水湾温泉度假村一直秉承着亲情服务理念，得到了业内的高度认可，碧水湾在携程网服务点评上连续98个月保持在4.9分，先后获得了包括“亚洲品牌500强”“中国服务十佳企业”“全国最佳服务温泉”等在内的多项殊荣。2018年，在中国旅游协会举办的“中国服务·旅游产品创意案例”评选中，碧水湾与故宫博物院等10家企业一起入选“十项创意案例”，成为全国旅游酒店行业唯一入选的企业。

业界的认可、客人的赞誉，离不开员工的努力付出。梁伟玲说：“每一位客人都应该得到我们最诚挚、最热情的服务，而我的服务质量反映的是景区的管理水平，因此，我要时时刻刻做好本职工作，用心服务，让碧水湾受到更多人的点赞。”

（资料来源：郑宏敏 . 中国旅游报，2019-03-04）

二、旅游职业道德评价有深刻的教育作用

旅游职业道德评价的教育作用，是指它能够凭借自身特有的权威性，影响旅游业的社会风尚，以及旅游从业者的职业道德、理想和行为。在旅游职业生活中，职业道德评价通过激励、抑扬、典型引导等形式，营造公众舆论，树立榜样，唤起从业者对消极、腐朽的职业道德行为的厌恶，对积极、先进的职业道德行为的仰慕。通过职业道德评价，从业人员懂得什么是善、什么是恶，什么是应该做的、什么是不应该做的，从而肯定善行、坚持善行，否定恶行、消除恶行。因此，旅游职业道德评价既能激励人、鼓励人多行善事，又能规劝人、教育人自觉抵制各种不道德的职业行为和思想，从而划清善

恶界限。同时，这种道德评价还能深入到旅游从业人员的内心，引起良心上的内省，唤起职业道德的责任心和职业道德行为的荣辱感，使人们自觉调整自己的行为，在分清善恶是非的基础上，培养高尚的职业道德品质。

之所以要重视旅游职业道德评价的教育作用，是因为只有通过职业道德评价，对一些行为用善良、正义、诚实、勇敢、高尚等名词给予肯定，同时对另一些行为则用丑恶、自私、虚伪、懦弱、卑鄙等名词作出否定，这样才能扶正压邪。比如2021年7月发生安徽蚌埠徽州宴老板娘叫嚣“狗比人值钱”遭行拘，大批网友围堵酒店，多位客人退订酒席的事件，对该老板娘的教育作用应该是深入骨髓，终生难忘的。通过职业道德评价的褒贬教育，从业人员就会明辨是非，促使自己弃恶扬善，从而提高旅游职业道德水准。

通过道德评价的“自律”“他律”等方式，以及典型案例评析和其他活动等形式，把一定的职业道德认识、职业道德观念、原则和规范灌输到旅游从业人员的意识中去，使他们对要遵守的职业道德体系由不知到知，由少知到多知，并逐步形成职业道德情感，培养旅游职业道德意志，从而提高履行一定职业道德义务的自觉性。通过职业道德评价的教育作用，既培养旅游从业人员的道德品质，也向他们提出了行为的价值目标和行为准则。但是，这些目标和准则在未深入从业人员内心世界并被认可之前，尚属于他律。要使职业道德原则、规范变成行为者的内心信念，实现从他律向自律的转化，即实现从“应该”到“事实”的转化，实现知与行的统一，就必须通过职业道德评价进行教育。这样，职业道德原则、规范才能被接受并发挥作用。旅游职业道德评价的过程，就是向旅游从业人员推行、宣传、灌输职业道德原则和规范的过程，也是他们接受一定职业道德要求的过程。这种教育过程将贯穿职业活动的始终。

三、旅游职业道德评价有突出的调节作用

旅游职业道德评价的调节作用，是指道德评价可借助于社会舆论、内心信念、传统习惯和良心等，指导或纠正从业人员的职业道德行为，以协调从业人员之间、个人与集体之间的关系。在旅游职业活动中，从业人员与服务对象、从业人员与社会、企业与企业之间，都会产生各种复杂的矛盾和关系，职业道德评价通过社会评价和自我评价，使某些符合道德原则的行为得到广泛传播并受到较多人的效仿，而对于违反职业道德准则的现象，则及时地通过大众舆论工具进行批评、谴责，引起从业人员的良心共鸣，以控制其蔓延，从而起到调节从业人员的职业道德行为，创造良好的职业道德风尚，协调职业道德生活的作用。

职业道德评价是调节道德原则和规范并使之发生作用的“杠杆”，也是使职业道德原则、规范转化为个人职业道德行为的“杠杆”，是实现知与行统一的调节器。它可以帮助从业人员去排解和处理矛盾。职业道德评价的调节与法律的调节是根本不同

的。法律调节只说明允许与不允许，道德调节则是说明应该与不应该，是以唤起从业人员的自觉性为前提的。职业道德评价在调节从业人员道德行为时，能够深入到他们的精神世界，作用于他们的道德情感。一种不道德的行为一旦被推上“道德法庭”，就会使行为者受到舆论的压力，引起内心不安，以致长时期痛苦。“道德法庭”广泛存在于社会舆论和职业者的内心信念之中，它的制裁和控制作用，都是法律调节所不能达到的。

在旅游行业中，职业道德控制是通过职业道德评价实现的由内部到外部的控制。所谓职业道德控制，是指在旅游行业中，通过物质和精神的手段，运用一定的措施引导从业人员接受和实践旅游职业道德原则和规范的调控体系。内部控制是以职业思想道德教育为主要途径，通过道德主体——从业人员的道德认识的提高以及道德人格的制约力量，在道德自律的基础上自觉地遵守和实践职业道德规范；同时它还以职业道德主体自觉的道德理性认识为前提，通过道德的自律发挥作用。所以，内部控制要收到一定的控制效果，则周期较长，但控制效果较为稳定、持久。从业人员的行为方向较少受外界的影响而发生变化，属于高层次的职业道德控制。外部控制，是以社会舆论及各种利益机制为主要制约力量，以他律性的外在手段引导从业人员遵守和实践道德规范的控制形式。由于外部控制指向的是对后果的控制，如全国全省旅游行业的各类比赛、评比，给予优胜者表彰及奖励，给予差者批评、惩罚，均是以明显的他律性手段引导行为者去实践道德规范。所以，通过外部控制手段以收到一定的控制效果，其周期相对较短，但稳定性较弱、持久性差，旅游从业人员的行为方向易随外界条件的变化而变化，故属于低层次初级形式的职业道德控制。

职业道德评价进行的内部控制和外部控制是相互联系、相辅相成的。在旅游职业道德控制中，它们是调节职业道德对职业活动作用的两个杠杆。在具体运用时，必须相互配合，不可偏废。但要达到理想的职业道德控制效果，就应该根据具体的、变化的旅游业的客观情况，不断地调整职业道德控制手段和控制机制，或以内部控制为主、外部控制为辅，或以外部控制为主、内部控制为辅，或内外控制同时并举，在具体问题上有所倾斜。职业道德控制机制是否恰当，内、外控制两个杠杆运用是否合理，直接影响到职业道德教育的效果，影响到旅游从业人员的职业道德水平及职业信念、理想、义务等。因此，旅游道德评价要重视职业道德评价的“杠杆”控制和调节作用，只有这样职业道德评价才能真正达到目的。

❖拓展知识

法律与道德犹如车之两轮、鸟之两翼，不可分离。法律和道德在终极意义上同样都是百姓伦理价值的体现。法律和道德有着共同的起源，然而在发展过程中，它们二者却分道扬镳了。人类的法律发展史告诉我们，法律与道德的关系，是一个道德法律化和法律道德化交互演进的过程。现代法治社会的道德评价与法律干预，应恪守各自的底线。倘若道德评价和法律干预之间的界限含糊不清，对整个社会只能是有百弊而无一利。道德泛法律化，必将带来国家以法律的名义过度干涉百姓的私生活，形成一种事实上的“国家暴力”；法律泛道德化，则必将带来法律的软弱无力，让人对法律的权威和强制性产生怀疑。唯有当道德评价和法律干预的界限清晰可辨时，人们才能据此判断自己的行为是处于道德调整领域还是法律惩罚领域，指导自己的行为。权力机关进行立法时，要在道德与法律之间确立起明确的位阶关系，先道德评价，后法律干预，在道德评价时拒绝法律的干预。这才是在不侵犯私权的情况下保障社会利益的最好途径。

❖案例分享

我是导游，先救游客

文花枝同志是湖南省湘潭市新天地旅行社的一名普通导游员，年仅23岁，从事导游职业两年多。2005年8月28日，文花枝所带领的旅游团队遭遇特大交通事故，造成6人死亡、22人受伤（其中15人重伤）的严重后果，其本人也身负重伤。在等待救援的过程中，她不断用从容的声音鼓励旅游者坚持，当救援人员赶到现场时，处于被救援有利位置的她，在生死关头镇定地对施救人员说：“我是导游，先救游客！”把宝贵的救援机会让给了旅游者，自己却因延误了最佳救援时机而永远失去了左腿。

在“全国优秀导游员文花枝事迹报告会”上，播放的车祸发生时的原始资料中，再现了身负重伤的文花枝仍在微笑地鼓励受伤旅游者的感人情境，令现场观众热泪盈眶。

为表彰文花枝同志的先进事迹，国家旅游局作出在全行业学习文花枝同志先进事迹的决定；中国旅游报发表了长篇通讯，并将文花枝同志的事迹上报国务院主管领导。国家旅游局授予文花枝同志“全国模范导游员”称号；全国妇联授予她“全国三八红旗手”称号；全国总工会授予她“五一劳动奖章”。文花枝同志是全国近30万导游人员的杰出代表。她爱岗敬业的良好职业道德风范，诚实守信、乐于奉献的精神，重塑了导游这一职业群体应有的形象，为旅游行业树立了诚信新风尚。

（资料来源：国家旅游局旅游质量监督管理所．旅游服务案例与分析．北京：中国旅游出版社，2007.）

思考与练习

1. 旅游职业道德评价的特点是什么？
2. 旅游职业道德评价的善恶标准是什么？
3. 旅游职业道德评价的类型主要有哪些？各有什么特点？
4. 旅游职业道德评价的手段有几种？各有什么特点？
5. 谈谈如何结合实践运用道德评价的几种形式。
6. 怎样才能发挥旅游职业道德评价的教育作用？

第七章　旅游从业人员的职业道德修养与职业道德教育

引　言

夸美纽斯说；德行的实现是由行为，而不是由文字。如何让旅游职业道德的核心、原则、精神和规范由文字变成从业人员的行为？只能是通过旅游职业道德教育和修养来内化于心再外化于行。

❖教学目标

- 阐明旅游职业道德修养和旅游职业道德教育的含义、要求
- 讲解旅游职业道德修养与教育的具体内容
- 在分析人生价值的基础上，详细说明旅游职业道德教育与修养的方法
- 阐述人格、理想人格的含义，并分析如何塑造理想人格

❖案例导入

旅游品德谈

品德、道德、规矩是中华民族传统文化的重要组成部分，是人们行为规范的基础。树品、立德、行规是弘扬民族文化、继承优良传统、重铸民族精神的重要举措，也是树立旅游形象、打造中国旅游品牌的重要举措。

物讲品相，人讲道德，旅游需讲品德。笔者认为，旅游要做好，成为人民群众满意的服务业，起码应该树立以下十种品德。

1. 敢为天下先——“勇”德

这是由旅游的性质决定的。人们出去旅游，求的就是一个“乐”字。构成“乐”的因素大略有几种：一是没有看过、没有玩过，因新鲜感带来的乐。二是现在看到的比以前看到的好，因质量感带来的乐。三是所看的、所玩的、所体验的跟其他地方不一样，因特色感带来的乐。四是所看到、所体验的东西让人意想不到、喜出望外，因新奇感、刺激感带来的乐。

做旅游，就是要满足人们这些需求，让旅游始终成为一种快乐、一种享受。要做

到这一点，就要敢为天下先，做出好产品。一是要勇于探索。要做好产品，做好服务，做得跟别人不一样，做到第一，做到极致，需要不断探索。二是要勇于冒险。要出新、出特、出绝、出彩，走别人没有走过的路，肯定有风险，也可能失误，必须要有“跑马行船敢冒三分险”的精神，勇往直前。三是要勇于攀登。探索无止境，创新无止境，发展无止境。要做好旅游，做成一流的旅游，就必须不断树立新标杆，不断攀登新高峰。

2. 产品重内涵——“文”德

一个旅游产品，如果注入了文化，做出了文化，它的内涵就丰富，它的味道就浓郁，它的感觉就厚实，它的引力就增强。做旅游一定要重内涵，做产品一定要重文化，要有“文”德。

要充分利用文化。做旅游必须充分利用我们民族灿烂辉煌的文化遗产，要把文化资源作为发展旅游的重要资源。只有充分地利用好中国的文化，才能做出有别于他人、有自己特色、有深远影响的旅游产品。

要深入挖掘文化。每个地方都有自己的风俗习惯，这就是文化，文化就在你的身边，文化就是你的生活。善于发现，善于挖掘，才能做出有文化、有品位的旅游产品。

要努力传承文化。在文化传承、文化抢救方面，旅游业可以做的很多。旅游业兼具社会和经济的双重特性，稀少特缺的文化资源正是旅游发展的重要资源，开发这些资源，既可以抢救传承文化，又能通过这类产品的开发取得合法的经济效益。作为旅游人，要勇于担当，要有社会责任感。

要充分尊重文化。一种文化的形成是历史长期积累的结果，每一种文化都有其特定的内涵和表现形式。要尊重文化的特定内涵，不能随意更改，不能歪曲。也不能猎奇，为迎合部分游客的心理而刻意添油加醋。更不能亵渎，特别是对历史人物、领袖人物、英雄人物应有足够的尊重。

3. 生财亦有道——“义”德

门票贵、消费高、服务跟不上，是游客反映最集中的问题。这些问题的根源，说到底就是利益驱动。旅游行业确实有那么一小部分人，为了利益不择手段，不但影响其自身的声誉，而且影响整个旅游业界的声誉。因此，必须在整个旅游业界大兴“义”德。

旅游业不是公益事业，不是慈善事业，旅游产品也是商品，通过合法手段赚取合理的利润无可非议，但不能发不义之财。要赚取合理之钱。要认真核算成本，按章交纳税费，在扣除成本和税费的基础上，存留一定的利润空间，而不能虚抬价格，更不能欺诈游客。要靠产品质量赚钱。要大力弘扬工匠精神，恪尽职业操守，把每个旅游产品都做成精品，用价值换取价格。要把活动搞丰富，增强旅游的趣味性、体验性，用吸引力换取效益。要把服务做好，靠优质服务提高效益。

4. 准绳存于心——“忠”德

做旅游需要不断发展创新，但发展创新不能随心所欲，盲目乱干，要遵守一定的规矩，要心中有准绳，发展讲“忠”德。

要忠于自然。自然是一个完整的体系，是一个完整的生态链，我们只能忠诚于它，敬畏于它，合理地利用它，反之，就要受到惩罚。

要忠于事实。旅游的主要功能是制造快乐，所以做旅游产品可以无中生有，也可以编故事，但旅游寓教于乐，具有教育功能，许多人文典故、历史故事、优秀文化就是通过旅游的形式传播的。因此，对待政治、对待历史、对待传统一定要严肃认真，一丝不苟，以事实为依据，忠实于事情的原真性，绝不能误导游客。

要忠于法规。做旅游，一定要严格执行国家的法律法规。如对文物，国家有《文物保护法》，对森林，国家有《森林法》，对自然保护区，国家也有相关的法律，而文物、森林、自然保护区恰恰是发展旅游的重要资源，我们必须保持清醒的头脑，既要充分利用这些资源，又不能踩法律的红线，在保护的基础上，依据法律合理开发。

要忠于游客。为游客服务，是做旅游的根本任务，没有游客，就没有效益，没有游客就没有旅游。因此，忠诚于游客，让游客满意，既是发展旅游的出发点，也是发展旅游的落脚点。忠诚于游客，首先要对游客一视同仁，不管钱多钱少，不管年龄大小，不管身份如何，只要交纳了所需费用，都要同等对待，都要提供同等的服务。忠诚于游客，就要尊重游客的意愿，绝不能搞强迫消费，甚至甩团甩客，更不能侮辱游客。忠诚于游客，就要尊重游客的风俗习惯，特别是对少数民族的游客，更要尊重他们的民族风俗，按他们的要求服务好。

5. 集约谋发展——“俭”德

“俭”，是中华民族根深蒂固的传统文化，是中华民族的传统美德。但是，近些年来，随着旅游热的兴起，一些人的头脑开始发热，把“俭”德抛到脑后。

节约、节俭，要从合理利用土地资源开始。土地是旅游发展的基础，没有土地，旅游项目不可能建设。在使用土地问题上，必须“俭”德为先，理性思考。在开发项目之前，要先定好思路，搞好论证，做好规划。根据规划科学合理地确定土地使用面积，高效地利用每一寸土地。不能盲目贪大，不能少建多要，更不能搞“圈地运动”。不但对土地资源，对其他资源也都应“俭”字当头，“俭”德为先，从节约、集约的角度思考问题，合理利用，绝不浪费。对土地如此，对投入也应如此。不管你的钱，我的钱，公家的钱，私人的钱，都是社会财富，都应非常珍惜。花好每一分钱，为社会创造更大财富，这样的旅游才是可持续发展的旅游。

6. 一诺成千金——“信”德

“信”是儒家五常之一，诚信、守信是中华民族的传统美德。待之以诚，守之以信，是中国人历来信奉的重要信条，人靠其安身，业靠其立命。做旅游，办实业，不能不讲

“信”德。

“信”，首先要“明”。“明”即公开、透明。服务项目要透明，服务价格要透明，服务内容要透明。

“信”，必须做到“实”。一为实在。比如在价格方面，门票价格必须和提供的服务项目相匹配，饭菜价格必须和饭菜质量相匹配，确实物有所值。特别是旅游购物，一定要货真价实，绝不能价格奇高，更不能兜售假货。二为真实。所告知的要和真实情况一样。如景区，所告知的要和景区的实际情况一样，再如旅游餐饮，所告知的要和餐桌上吃到的一样。

“信”，必须善于“守”。诚信在于守信，说到就要做到。守信，要一事一事地守。对游客、对社会承诺的每一件事都要狠抓落实，认真兑现。守信，要持之以恒地守。一个企业、一个企业家持之以恒地守信，是实力的表现，自信的表现。信，为企业争得荣誉；信，为企业换来效益；信，为企业带来一片锦绣前程。

7. 道义有担当——“仁”德

旅游不但具有经济功能，而且直接关系到人们的幸福指数，是一项事业。社会事业就要担当社会责任。旅游的发展离不开社会的支持，旅游发展了应该回报社会。作为旅游人，应该多存“仁”心，多行“仁”德，多做仁义之事。

行“仁”德，先得讲“王道”。执行党和国家的大政方针是“王道”，有利于社会公平发展是“王道”。国家决心在2020年前消除贫困，这既是国家的大政方针，是当前最大的政治，同时又利于社会的公平发展。旅游业作为当今发展最快、拉动作用最大的产业，就应该利用其优势，为消除贫困多做贡献。旅游行政管理部门要把旅游扶贫当作最大的任务，利用“旅游+”的方式，多形式、多渠道、多领域、全方位地开展旅游扶贫。旅游业者要采取大项目带动、安排贫困人口就业、吸纳贫困家庭入股、扶持贫困户发展乡村旅游等形式开展扶贫。

行“仁”德，就要扶弱小。对老人要存孝心。不但要认真落实国家对老年人的优惠政策，而且要从养生养老的角度考虑，在设计旅游产品、旅游项目时多为老年人考虑，大力发展养老旅游。对儿童要存爱心。不但要满足儿童游乐的需要，而且要考虑儿童健康成长的需要，在设计项目、进行讲解等方面，多传导正能量。对残疾人要存同情心，在旅游项目、旅游服务等方面多给予人文关怀。

行“仁”德，就要敬贤能。旅游界要对为社会做出特殊贡献的人士多存敬重之心。积极推广对现役军人免门票的做法，探索对劳动模范、知名专家、见义勇为人士等人员的旅游优惠办法。

8. 同行亦相亲——“谦”德

“同行相轻”是中国的一句老话，是指同行之间互相看不起。旅游行业也存在这个问题。同行相轻的结果是添了怨气，伤了和气，损了正气，减了财气。要把同行相轻变成同行相亲。

同行要形成一种学习关系。俗话说，尺有所短，寸有所长。要善于发现自身的不足，善于看到别人的长处，不断地向同行学习。只有这样，企业才能不断成长，事业才能不断发展。

同行要形成一种互补关系。每一个旅游产品、每一个旅游企业都有其自身的特点和发展方向。理念不同，类型不同，在满足游客需求方面提供的体验也不同，这就带来一种互补的需求。因此，在同行之间应该建立良好的互补关系，在产品类型、旅游项目、旅游服务等方面，以长补短，以有补无。这样，才能使旅游业成为一个整体，共同满足游客、社会对旅游业的要求。

同行要形成一种互助关系。一个企业即便做得再大，也有碰到困难的时候；一个人即便再有本事，也有求人的时候。应该懂得，帮助别人就是帮助自己，今天你帮助了别人，明天别人就会帮助你。只有这样，抱团发展，共同进步，旅游业的明天才会更美好。

9. 闻过则成喜——“忍”德

随着经济社会的发展，旅游已经成为一种生活方式，成为人们生活的重要内容。生活谁都要、生活谁都懂，因此，对于旅游，从普通人到专家，谁都能说上几句，谁都不能说完全参透，有意见当属正常。既然是生活，因各人的生活方式不同、生活品位不同、生活质量不同、生活需求也不同，自然对旅游产品、旅游服务的要求也不同。人们根据自己的理解、自己的感悟、自己的要求提出一些意见、建议甚至批评是正常的。而且大部分人提意见、提建议，本意是好的，是根据自己的理解希望你做得更好。再好的东西也不是十全十美，大家帮助发现不足，帮助完善，可以看成不花钱而得到了“智慧”。

旅游业面对的是亿万游客，“意见多”是旅游业的特性决定的。对待这个问题，旅游人应该有“忍”德。要有涵养，不管多少意见，不管什么意见，甚至面对个别人的不友好态度，要管得住自己的脾气，不与计较，不与争吵，更不能对抗，而应自我消化，虚心听取。要有胸怀，听得进不同意见，正确理解提意见人的出发点，对批评意见有则改之，无则加勉。要虚怀若谷，心中始终留着倾听不同意见的位置。要闻过则喜，善于倾听不同的声音，善于发现别人意见中的闪光点，善于接纳合理化建议。

10. 出游讲文明——“乐”德

旅游人有时候也是旅游者，希望游客做到的，自己要先做到。旅游是快乐的，而快乐要讲“乐”德。

快乐要建立在理智之上。作为旅游者，要理智出游。首先要确定自己喜欢的出游方式，其次要选择自己喜欢的旅游线路和旅游目的地，再次要认真比较质量，选择性价比高的服务。

快乐要建立在文明之上。作为一名游客，并不是简单的花钱买享受、买快乐，而是应该时时处处约束自己，理智地乐、清醒地乐，守法纪、守规矩地乐，这样的快乐才是真快乐。

（资料来源：杨元珍．旅游品德谈．中国旅游报，2018-06-05）

思考：旅游品德对旅游业的发展有什么重要作用？

第一节 旅游职业道德修养与职业道德教育的要求

❖特别提示

一位哲学家带着他的弟子坐在郊外的一片旷野里。哲学家问身边的弟子该如何除去周围长满的杂草。弟子们十分惊愕，没有想到一直探讨人生奥妙的哲学家，最后一课竟会提出这么简单的问题。于是，他们给出了各种答案，有的说用铲子就够了，有的说用火烧，有的建议在草上撒上石灰，还有的说要斩草除根，只要把根挖出来就行了。哲学家听完后，站起身说："课就上到这里，你们回去后，用各自的方法除去一片杂草，没除掉的，一年后，再来除草。"一年后，他们都来了，不过原来相聚的地方已不再是杂草丛生，而是变成了一片长满谷子的庄稼地。弟子们围着谷子地坐下，等着哲学家的到来，可是哲学家始终没来。几十年后，哲学家去世了，弟子们在整理他的言论时，私自在书的最后补了一章：要想除掉旷野里的杂草，方法只有一种，那就是在上面种庄稼……

要提高我国旅游业的职业道德水平，必须要求每个旅游从业人员在接受职业道德教育的同时，加强职业道德修养。为了使从业人员有效地进行职业道德修养与接受职业道德教育，必须首先明确职业道德修养与职业道德教育的要求。

一、旅游职业道德修养与旅游职业道德教育的含义

（一）什么是旅游职业道德修养

在社会生活中，修养是一个含义广泛的概念，包括人们政治、思想、道德、艺术、技术等方面的修养。"修"的本义是整治、修正、提高之意；"养"的本义是培育、生长之意。所谓修养，主要是指个人在政治思想、道德品质、知识技能等方面所进行的勤奋学习和自我修炼的功夫，以及经过长期的主观努力所达到的一种工作能力和思想境界。伦理学中所讲的"道德修养"，就是指人们在思想品质、思想意识方面的自我锻炼和自

我改造，也可以说，是道德上的自我教育。它包括两个方面：一是用一定的道德原则和道德规范来反省、检查、约束自己；二是由于在实践中不断进行这种反省而逐步形成了某种情操，达到某种道德境界。我们一般说的“道德修养”，主要指前一种意义。

道德修养是一种重要的道德实践活动，是道德品质形成和道德人格塑造的重要途径，是道德职能和社会作用得以实现和充分发挥的重要杠杆。那么，什么是旅游职业道德修养呢？旅游职业道德修养是指从业人员在旅游职业活动中，按照旅游职业道德的基本原则和规范，在旅游职业道德品质方面的自我锻炼、自我改造、自我陶冶、自我教育，以使自己的道德品质达到崇高的精神境界。

（二）什么是旅游职业道德教育

道德教育是指一定社会为了使人们接受和遵循其道德体系，自觉履行某种道德义务，有组织、有计划、有目的地用其道德体系对人们施加影响，使之形成一定社会所要求的道德品质的一种活动。道德教育是道德建设的重要形式，在社会的道德建设中起着重要作用。一种道德最终能否被社会所接受，关键固然在于它能否反映社会道德关系的本质，是否符合社会发展的道德必然性，但是，这种道德究竟在多大程度和何种范围内为人们所接受，却取决于道德教育的成败好坏。从某种意义上讲，没有道德教育，任何一种道德要想引导人们的社会生活是不可能的。正因为如此，古往今来，它一直备受各朝代、各阶级的思想家和伦理学家的重视。

道德教育是使一定社会的道德原则和规范转化为人们内在的道德品质、培养理想人格、形成良好社会风尚的重要手段。

什么是旅游职业道德教育？旅游职业道德教育是指为了使旅游从业人员接受和遵循旅游职业道德体系，自觉履行旅游职业道德义务，有组织、有计划、有目的地用其道德体系对旅游从业人员施加影响，使之形成一定社会所要求的旅游职业道德品质的活动。

（三）旅游职业道德修养与旅游职业道德教育的关系

旅游职业道德修养与旅游职业道德教育都是旅游职业道德活动的形式，两者既有区别又有联系。一般来说，旅游职业道德教育是指他人对旅游从业人员进行教育，而旅游职业道德修养则是指在旅游职业活动中旅游从业人员自己对自己进行教育。二者关系密切，可以说，没有旅游职业道德修养，旅游职业道德教育就不可能取得应有的效果。因为职业道德教育仅仅是形成人们道德品质的外因，外因必须通过内因起作用，所以，道德品质形成的关键在于个人的努力。在现实生活中，也有大量的事实证明，在相同的外界条件下，有的人进步快，有的人进步慢；有的人索取小费，有的人拾金不昧，其中一个很重要的原因就是是否重视道德修养。因此，旅游从业人员如果希望自己在事业上有所成就、有所进步，对旅游业有所贡献，除了接受职业道德教育之外，必须加强职业道德修养。

二、旅游职业道德修养与教育的要求

旅游从业人员进行职业道德修养与接受职业道德教育的基本要求：一是努力培养高尚的职业道德品质；二是不断提高道德境界。

（一）努力培养高尚的职业道德品质

培养高尚的道德品质，是道德修养的根本要求，也是个人"完善自我"和社会进步的要求。而一个人的职业道德修养，是反映其道德品质的一个重要指标。在建设中国特色社会主义的今天，结合旅游业的职业要求，旅游从业人员在职业道德修养与接受职业道德教育的过程中，应努力培养以下职业道德品质：

1. 忠实

忠实，就是忠贞不贰，尽心尽力，实实在在。忠实于祖国，忠实于人民，忠实于社会主义，忠实于自己所从事的旅游事业。尽心尽力为祖国、为社会主义、为人民服务。忠实是善的品质，在日常生活中的表现就是兢兢业业地做事，踏踏实实地做人；不偷懒耍滑，不阳奉阴违。

2. 无私

即大公无私，坚持个人利益服从集体利益，正确处理国家、集体和个人三者之间的关系，把国家、集体和他人的利益放在个人利益之上，努力做到无私奉献。不得为了自我的私利，损害他人或社会的利益，不得化公为私。

3. 正直

在处理各种关系和问题时，要襟怀坦荡、富于正义感，敢于坚持原则、坚持真理，疾恶如仇、廉洁奉公。面对邪恶不逃避，敢于斗争。必要时要为国家、为人民、为旅游事业和旅游者的利益做出自我牺牲。

4. 热忱

以主人翁的意识把对人民和旅游事业的忠诚化为巨大的工作热忱。在工作和生活中勤奋进取，积极向上，敬业乐业，敢于开拓，勇于创新，以高度的责任心和责任感对待工作。

5. 谦逊

即谦虚谨慎。谦逊是一种虚心好学、尊重别人，能正确对待成绩和荣誉的良好品德。每个旅游从业人员只有养成谦虚谨慎的品德，才能在旅游活动中做到严于律己、礼貌待客和谦虚待人。

6. 诚信

就是诚实无妄、诚信无欺。要求做到言行一致、表里如一，遵守诺言、履行契约、说到做到，不蒙骗、不作假。

优秀的职业道德品质是在一定的社会环境和物质生活条件中，通过一定的职业实践和教育熏陶，以及个人自觉的锻炼和修养而逐步形成的。每个旅游从业人员都应努力做到忠实、无私、正直、热忱、谦逊、诚信，做一个职业道德品质高尚的人。

（二）努力提高道德境界

道德境界是指人们从一定的道德需要出发，通过接受道德教育和提高道德修养，所达到的道德觉悟程度以及所形成的道德品质状况和情操水平。道德境界是一个社会历史性范畴。道德发展的历史证明，不同时代、不同社会、不同民族总有不同的道德境界。道德境界作为一种道德意识现象，作为一种觉悟水平，它是由人们所处的社会物质生活条件和在社会生活中的地位决定的，又是人们的世界观和人生观的表现。

❖拓展知识

道德境界有着高低不同的等级和层次。其原因：一是与道德的性质和要求有关。不同时代、不同阶级的道德要求不同。每种道德的要求又有层次上的差异。二是与人们主观努力的程度有关。由于个体价值观和思想觉悟水平不同，人们对社会道德原则和规范的理解和践行程度不同，以及个人进行道德修养的功夫有异，就使得人们的道德境界显出层次上的差异。一般来说，一个人对社会需要和道德必然性的认识越深，在道德实践中进行道德修养的自觉性越高，道德境界也就越高；反之，道德境界就越低。

在我国现阶段，因为个人利益和社会整体利益的关系是道德底蕴的集中表现，是正确认识不同道德境界的中心问题，是人们道德境界的体现，因此，人们认识和处理个人利益和社会整体利益关系的能力和水平就成了划分道德境界的主要依据。根据人们对个人利益和社会整体利益关系的认识及其态度，可以把现阶段人们的道德境界区分为如下四种类型：

1. 损人利己的道德境界

处于这种道德境界的人，一切都以是否有利于自己的私利为出发点。他们活动的唯一动机和目的，就是满足自己的私欲。他们的处世哲学是“人不为己，天诛地灭”“人生在世，吃喝玩乐”“做人的诀窍就是为自己”“无利不起早、过河就拆桥”等。他们唯利是图、损人利己、损公肥私，为达到个人目的，可以不择手段，如贪污盗窃、弄虚作假、坑蒙拐骗，甚至抢劫杀人。在这些人心中，根本没有“良心”的位置，似乎人在世界上除了赤裸裸地追求私利之外，再也没有什么可值得追求的东西。对于处于这种境界的人，要对他们加强法制教育与道德教育，促使他们思想转变。

2. 合理利己主义的道德境界

这种道德境界在我国现阶段具有相当的普遍性。处于这种境界的人，企图利己但不损人，总是声称在谋取个人利益时兼顾他人利益，并不损害他人利益。应该对这部分人加强正面引导，防止遇到障碍和诱惑时滑入损人利己的深渊。

3. 先公后私的道德境界

处于这种境界的人具有社会主义道德觉悟。在处理个人与他人、个人与集体的关系中，他们能够先公后私、先人后己，个人利益服从集体利益，在维护集体利益的前提下，追求并实现个人的正当利益。在我国现实社会中，具有这种境界的人已为数不少，这是社会主义初级阶段提倡的较高层次的道德境界。

4. 公而忘私的道德境界

这是道德的最高境界和理想的境界。处于这种道德境界的人，一切言行都以是否有利于社会利益为准则，廉洁奉公，公而忘私，助人为乐，全心全意为人民服务。他们毫不计较个人得失，为了社会的进步，呕心沥血，鞠躬尽瘁，死而后已。就今天而言，只有少数先进优秀人物能达到这一境界，对于大多数社会成员来说，还存在一定距离。这是应当大力倡导和宣传的道德境界，因为这是推动社会经济发展和全面进步所需要的、代表优秀和进步的理想人格和人的最高道德素质，也是旅游从业人员努力的方向。

每一位旅游从业人员都应该自觉接受职业道德教育，加强自身的职业道德修养，努力逐步提升自己的道德境界，争取达到公而忘私的最高境界。

第二节　旅游职业道德修养与职业道德教育的内容

旅游从业人员的职业道德修养与教育的内容是十分丰富的，其中主要内容包括两个方面，即职业道德意识和职业道德行为的修养与教育。具体又分为职业道德意志、职业道德情感、职业道德意识、职业道德信念和职业道德行为习惯五个方面。只有经过这五个方面的修养与教育，职业道德才能实现由普遍化到个体化、由外在化到内在化的转化。

一、提高职业道德认识

职业道德认识是指职业道德知识的获得和职业道德观念的形成，是职业道德修养与职业道德教育的起点。德谟克利特说过："对善的无知是犯错误的原因。"人们只有对一定的道德关系及其道德要求有清醒而深刻的认识，才能培养起良好的道德行为和道德品质。

作为旅游从业人员，首先必须懂得和理解旅游职业道德的道德理论、原则和规范，在获得这些知识的基础上，才能形成职业道德观念。而职业道德观念的形成，又是一个由浅入深、由简单到复杂、由感性上升到理性的发展过程。只有把旅游职业道德的理论、原则、规范转化成明确、坚定的道德观念，才能以它为标准来选择自己的行为，进而形成一定的职业道德品质。它是职业道德情感产生的依据，是锻炼职业道德意志的内在动力，是树立职业道德信念、决定行为倾向的思想基础。旅游从业人员从道理上懂得了什么是真善美、什么是假恶丑之后，便能加深认识，提高自己的判断、评价能力，并能在工作实践中分清二者的界限。

二、陶冶职业道德情感

职业道德情感，是从业人员依据一定的职业道德观念，在处理工作中的道德关系和评价某种行为时所产生的情绪体验。职业道德认识的提高为职业道德行为选择提供了认识基础，但并不能保证从业人员真心实意地按所认识到的要求去履行自己的义务。这里就有一个情感问题。列宁说："没有'人的感情'，就从来没有也不可能有对于真理的追求。"[①]

❖拓展知识

在个人的道德品质构成中，道德情感具有3种作用：

（1）评价作用。即能以某种情绪状态，表明某种道德关系和道德行为是否具有正当性和合宜性。

（2）调节作用。即能以某种情绪倾向，强化或削弱个人对某种道德义务的认识和实践。

（3）信号作用。即能以特有的情绪形式，如表情、动作，向他人传递其道德行为价值的信息，或从他人的某种情绪形式获取自己道德行为价值的信息。个人一旦对某种义务和行为形成道德情感，就会积极地影响其道德选择。某种道德情感一旦扩展为社会性的情感，也就会不同程度地影响社会道德风尚。

（资料来源：http：//baike.baidu.com）

因此，要使旅游从业人员自觉履行自己的道德义务，就必须培养他们乐善厌恶、慕正压邪的道德情感。职业道德情感主要包括以下几种：

（一）正义感

正义感是一种最基本的也是高尚的道德情感。它是以公正、平等为前提，以公正的态度来对待和处理人与人之间的关系，维护国家的利益和人民群众的合法权益，维护社会主义的政治、经济、法律、政策、纪律。富于正义感的人坚持公正，反对偏私，敢于坚持原则，同一切危害国家、集体和他人利益的言行做斗争，能仗义执言、见义勇为、疾恶如仇、刚正不阿。这种正义感是在同不公正的社会现象作斗争的过程中形成的，是

① 郭建新，杨文兵．新伦理学教程．北京：经济管理出版社，1999：340.

品德正直的表现。旅游从业人员必须具有这种高尚的道德情感，才能在职业活动中抵制各种不正之风，维护国家尊严和旅游者的正当权益。

（二）义务感

义务感是在道德上对社会和他人尽到责任，是人们在履行自己的道德责任过程中产生的一种内心的体验和道德情感。它既是道德行为的出发点，也是激励人们实现某种道德目标的动力。一个具有强烈道德义务感的人，必然是一个责任心强、能自觉履行社会义务、具有较高道德觉悟的人。义务，实际上是一种被认识到了的客观道德责任。对于旅游从业人员来说，培养社会主义职业道德义务感，充分认识自己的道德责任，是做好本职工作的前提。因为只有具备了强烈的道德义务感，才能真正做到为旅游者热忱服务，对旅游者真诚相待，对旅游业恪尽职守。

（三）良心感

良心感也是一种道德责任感。它是人们就自己的行为在同他人和社会的关系上，负有道德责任的自觉意识和相应的自我评价能力，是一种对自身行为是非、善恶的内心体验。良心是一个人道德上的理性观念、情感和意志力的总和，在道德行为的选择中处于支配地位，指导着行为的选择。良心是内心信念的具体体现，和社会舆论共同起着维护社会道德风尚的重要作用。有良心感的人，为人正直、诚恳，能时时处处为他人和社会集体着想，不忍心损害他人和集体的利益；对人能宽大为怀，以德报怨。在多种利益矛盾尖锐的情况下，良心感能促使人们选择道德行为，纠正不良动机，自觉遵守道德规范。尤其是在无人监督或别人无法干预和社会舆论难以发挥作用的场合，良心感的监督、评价作用就更为重要。旅游业的特点之一，就是从业人员分散或单独活动多。在旅游接待服务过程中，有许多事情是从业人员在无人监督或别人难以干预的情况下进行的，这就需要从业人员对旅游事业和旅游者有极端负责的良心感。

❖特别提示

亚当·斯密在《道德情操论》中说："虽然在特殊情况下软弱的人不能仅仅依靠良心的支持，虽然他们不能总是依靠那个想象中的与其心意相通的公正旁观者来支持自己的信心，但是在任何时候良心的影响和权威都是不可忽视的。只是在这个内心法官的指示下，我们才能对与自己相关的事情一清二楚，才能恰当地处理自己与他人的利益。"

"由于人性中那些原始的、自私的感情，我们会把自己的蝇头小利看得比陌生人的最高利益重要得多，切身利益所引起的快乐或悲伤、渴望和厌恶都远为强烈。我们站在自己的立场上绝不可能将他人的利益看得跟自己的利益一样重要；我们也不惜为促进自己的利益而损害他人。我们必须首先转换自己的立场，才能公正地处理这两种互相对立的利益关系。我们既不能采取自己的立场和眼光，也不能采取对方的立场和眼光，而只能用第三者的立场和眼光来看待这个问题。这个第三者，必须与我们毫无利害关系。他的判断不会偏袒任何一方。习惯和经验让我们能够轻而易举地甚至下意识地做到这一点。这时，如果正义感不能纠正我们天性中的不公之心，我们就需要一些反思甚至哲学思考，以认识到自己与对我们休戚相关的邻人是多么漠不关心，对他的遭遇是多么无动于衷。”

（资料来源：[英] 亚当·斯密．道德情操论．韩巍，译．北京：西苑出版社，2005.）

（四）荣誉感

荣誉是在人们履行了道德义务，做了有益于社会和他人的事情后，社会给予的肯定评价和褒奖赞扬。对这种肯定评价、褒奖赞扬感到的由衷喜悦和自豪就是荣誉感。荣誉必须以义务为前提。只有积极自觉地履行义务，把履行义务作为根本出发点，才谈得上荣誉。因此，荣誉不是目的，只是履行义务的结果。如果把荣誉看作个人的欲望和目的，荣誉感就变成了虚荣心。个人荣誉和集体荣誉是密切相关的，没有集体的支持，就谈不上个人的成绩和荣誉。因而集体的荣誉总是高于个人的荣誉。旅游从业人员一定要正确对待荣誉和义务，在职业实践中多做贡献，为企业争得荣誉。

（五）幸福感

幸福感作为一种道德情感，是人们在社会实践中由于实现了自己的目的和理想而获得的一种精神上的满足。由于人们的世界观不同，追求的目标和理想不同，对幸福的理解也完全不同。享乐主义者以吃喝玩乐为幸福；拜金主义者以获取钱财为幸福；追求权力、名利的人以得到权力、名利为幸福；为人民服务的公仆以“俯首甘为孺子牛”为最大幸福；献身科学的人以取得科学成果为最大幸福。个人主义者往往在追求个人的幸福时不惜损害集体利益，把自己的幸福建筑在别人的痛苦之上。那么，追求什么样的目标和理想才是正确的呢？把幸福建立在利己主义，还是建立在集体主义的基点上，反映着两种本质不同的幸福观。马克思主义伦理学认为，后者是道德的，前者是不道德的。没有人民的整体的幸福，就没有个人的幸福。个人幸福只有在人民的幸福不断增长中才能得到保障；个人也只有在为人民服务中做出贡献，得到人民的尊重和赞誉，才能在内心里真正获得幸福的感受。仅仅为追求个人幸福而奋斗的人，得到的只能是可怜的、自私的快乐。

雷锋说得好：“我觉得人生在世，只有勤劳，发愤图强，用自己的双手创造财富，为人类的解放事业——共产主义贡献自己的一切，这才是最幸福的。”“自己活着，是为了使别人过得更幸福。”

每一个旅游从业人员一定要加强旅游职业道德情感的陶冶，树立全心全意为旅游者服务、为我国旅游事业腾飞而奋斗的理想，在工作实践中、在为实现理想的奋斗中找到自己的幸福。

❖案例分享

做导游让她找到了人生价值
——记全国五一劳动奖章获得者张晓旭

“五一假期我们虽然不用全天坚守岗位，但一定要做到24小时开机，如有紧急情况，确保前线导游能在第一时间联系到我。”全国五一劳动奖章获得者、山西荣时旅行社有限公司副总经理张晓旭告诉记者，对于导游来说，假期是每年最忙的时刻。

今年的五一假期，张晓旭主要负责“幕后”工作，及时监测全县导游带团情况，根据景区已有人数及时引导游客预约购票，为团队游客落实住宿、餐饮、景点参观等服务，协助一线导游处理突发状况等。“今年假期散客出游较多，除旅行团外，我们还会接待部分自助游及半自助游的客人，帮助他们订车、安排住宿、设计线路等，游客在途中有任何问题都可以向我们反馈。”

在五一假期前，张晓旭就组织公司导游部的同事开了安全会议，强调要保障游客人身安全和财产安全，要求导游熟知景区的紧急联系人。同时要求对所有出行车辆进行保养和检查，所有导游在接团前把司机资质、大巴车资质等第一时间上传到公司的监控群内。“我们还印发了旅游安全提示书，请游客传阅，导游也会向游客多次强调其中的重点内容，并让游客签字确认。团队游客涉及的环节非常多，有很多细小甚至琐碎的细节都需要注意到，只有做好前期准备工作，才能确保不出问题，也能让游客玩得安心。”

即使忙碌，也抵挡不住张晓旭骨子里对行业的热爱。朋友们经常劝她换工作，心疼她长时间带团比较疲惫，尤其有了孩子之后可能无法兼顾家庭和事业。张晓旭却很坚定，从未打过退堂鼓。“我们带团短则五六天，长则十几天。但当我每次到景区里，站在大巴车上，把我的家乡山西讲给全国各地游客听的时候，我非常享受这个时刻，也非常感动，这份工作真的能带给人温暖。”

“干一行，爱一行”是张晓旭工作的真实写照。“做导游能给我带来快乐，不仅收获了很多东西，更找到了人生价值，真正做到‘活到老学到老’。无论是哪个地方的导游，都可以通过自己的努力把家乡全面的呈现给全国各地的游客，这是一件很光荣的事情”。

在忙碌、烦琐的工作中，时时刻刻都发生着让张晓旭感动的事情。她曾带过一对来自美国的华侨夫妇，一路上他们很少与其他团友交流，行程快结束时终于对张晓旭敞开心扉。他们动情地说，张晓旭的讲解和介绍，改变了他们对山西的印象。他们在国外生活多年，每次回国都希望能到不同的地方，这次到山西切身感受到祖国的巨大变化，如果有机会，希望能欣赏到祖国更多的大好河山，多走一走、看一看。“当大众的爱国激情被自己的讲解激发出来时，我愈发感受到自己工作的意义和价值”张晓旭笑着说。

几天前，张晓旭接到了来自广东的电话。一接电话她便听出了对方的声音。“小张，你还记得我啊。”得知张晓旭还能听出自己的声音，来电者非常开心。这是张晓旭曾经带过的旅游团中的一位客人。“接到电话真的特别感动，自己在带团过程中结识的一些游客，在生活中也慢慢成了朋友，逢年过节我们还会打电话相互问候。客人家乡的荔枝熟了，会送我尝一尝，山西的苹果熟了，我也会寄给他们。”

如今张晓旭已从业 12 年，先后获得了全国青年岗位能手、全国巾帼建功标兵、山西省三八红旗手等诸多荣誉，这次获得全国五一劳动奖章对她来说是“很大的激励”。“这个荣誉不仅属于我自己，更是对山西省所有导游的鼓舞。自己肩上的担子更重了，今后工作中要更加严格要求自己，比以前做得更好。”张晓旭说，只有导游们用心接待好每一个团队，才能树立起导游行业的正能量和口碑，赢得更多人的关注和尊重。

（资料来源：唐伯侬．中国旅游报，2021 年 5 月 4 日）

三、锻炼职业道德意志

职业道德意志是人们在履行职业道德义务的过程中所表现出来的自觉克服困难和障碍的力量和毅力。一个人如果仅仅具有职业道德认识和职业道德情感，没有坚定的职业道德意志，也不能很好地履行自己的职业道德义务。因为在履行职业道德义务的过程中，往往会遇到来自各方面的困难和阻力：在客观方面，会遇到外部社会历史条件的制约、错误的舆论非难、亲朋好友的误解或责备等；在主观方面，会遇到个人能力的限制、个人利益冲击、情绪状态的干扰等。在这种情况下，如果没有坚强的道德意志，就不能克服困难，就不能勇于牺牲个人利益，战胜邪恶和私利，就不能把善和正义发扬光大，这样，就可能知难而退、半途而废。因此，培养和锻炼道德意志，是把职业道德认识和职业道德情感转变为道德行为的重要环节，是形成职业道德品质的重要因素。

对广大旅游从业人员来说，一定要有顽强的职业道德意志，才能做到不怕苦、不怕累、不怕脏、不怕忙，以接待服务好宾客为己任，才能在涉外活动中或在多种腐朽思想、不良风气的诱惑下，保持高风亮节，保持高尚的国格、人格。

四、确立职业道德信念

职业道德信念是深刻的职业道德认识、炽热的道德情感和顽强的职业道德意志的有机统一，是人们献身正义事业的精神支柱，是一个“信”的问题。人们一旦牢固地确立了职业道德信念，不仅能以强烈的职业道德责任感去履行职业道德义务，而且能以坚韧不拔的毅力，排除一切艰难险阻，使正义的行为一以贯之，取得应有的良好效果。旅游从业人员要坚信社会主义旅游职业道德体系的进步性与合理性，形成坚贞的社会主义旅游职业道德品质，为社会主义旅游事业奋斗终生。

五、养成职业道德习惯

职业道德习惯，是建立在高度自觉基础上的自然而然的持续性的职业道德行为。它是衡量一个人职业道德水平高低、职业道德品质好坏的客观标志。看一个人是否具备高尚的职业道德品质，不在于他的言论多么动听，而在于他的行为是否高尚，言行是否一致，是否始终如一地把职业道德原则与职业道德规范贯彻到实际中去，形成一贯的稳定的职业道德习惯。要达到这一目的，必须主观上加强职业道德修养，客观上自觉接受职业道德教育。

旅游职业道德水平的高低，最终以广大员工的职业道德行为为尺度。广大旅游从业人员应时时处处以旅游职业道德规范的具体要求为自己的道德行为的准则，养成职业道德习惯，提高旅游职业道德水平。

以上五个方面并不是彼此孤立、毫不相干的，而是相互联系、相互影响的。对于一个旅游从业人员的职业道德品质的形成来说，职业道德认识的提高是前提，职业道德情感的陶冶和意志的锻炼是两个必要的内在条件，职业道德信念的确立是保证，职业道德习惯的形成则是最终结果。

第三节　人生价值与旅游职业道德修养和教育的方法

人的一生应该怎样度过才有意义？作为新时代的青年和旅游行业的工作者，认清自己的人生价值和目标，对自觉进行旅游职业道德修养、接受旅游职业道德教育，对我们进入社会工作都有很重要的意义。

一、人生价值

价值是一个极为普遍的概念，社会生活的一切领域都存在价值问题。人每时每刻都在同周围的事物和现象发生各种各样的关系，其中就包括价值关系。所谓价值关系是指外界物所具有的满足人的需要的特性和功能。这里的“外界物”是客体；“人”则是主体。价值就是客体满足主体需要所具有的用途和积极作用。人也是一种存在物，作为客体也具有满足主体（他人、社会、集体等）的需要的属性。但人与其他存在物根本不同，其他存在物无论是物质的还是精神的，在价值关系中只能作为客体，而不能作为主体；人则不然，他在价值关系中既可以是客体，又可以是主体。人作为价值客体，具有通过其自身的实践活动创造物质的或精神的财富去满足自身和他人需要的特性；人作为价值的主体，又具有要求满足自身需要的特性。人的价值关系中表现出来的这种二重性是人的价值最显著的特点。

（一）人的社会价值和自我价值

人的价值的二重性，具体地表现为个人的社会价值与自我价值。个人的社会价值是指个人通过自己的实践活动为满足社会或他人物质的、精神的需要所做出的贡献和承担的责任。它的主要表现包括以下两个方面：

一方面，人生的社会价值表现得越强，创造越多，对社会的贡献越大，其社会价值也就越大。由于人们有较大的个体差异，劳动能力和表现不同，对社会的贡献不同，其所表现出来的社会价值也会有一定差异。但是，人的社会价值的大小不完全取决于人的劳动能力的强弱。一个人能力再强，如果“利欲熏心”，这样的人就不会有什么社会价值可言了，他甚至可能利用自己的能力去做一些有损他人和社会利益的事情，这样的人的社会危害性更大；相反，有的人尽管个人能力不是很强，但乐于奉献，所作所为都是有利于他人和社会的，同样也实现了自己最大的社会价值。正像毛泽东所说的，一个人的能力有大小，但他只要有全心全意为人民服务的精神，他“就是一个高尚的人，一个纯粹的人，一个有道德的人，一个脱离了低级趣味的人，一个有益于人民的人”。我们的旅游工作者是否也将自己的人生定位在为人民服务的宗旨上，是我们职业道德中最核心的部分。

另一方面，人生社会价值的表现是自我人格所特有的社会作用与社会影响。人格是一个人在其生活活动中表现出来的无形的精神力量。高尚的人格具有巨大的示范性和感召力，是激励人自我发展的动力，具有永恒的价值意义。人的生命是有限的，而人格的作用和影响却可以是无限的。无论是历史上，还是在现实生活中，我们都会看到：有的人不仅事业有成，其人格也十分高尚，这种人既实现了自我价值，又创造了巨大的生活财富，为人们所敬佩；有的人虽然事业上颇有成就，但人格上十分卑劣，这种人就算拥有丰厚的物质条件，也不会为人们所称道。一个人只有致力于社会进步事业，才能充分发挥自己各方面的才能，创造出巨大的社会价值。

自我价值是指在社会生活和社会活动中，社会对个人和自己对自己作为人的存在的一种肯定关系。这种关系包括两方面的内容：

其一，人作为人的存在就要有人的尊严，要自尊、自信、自爱、自强、自立等。没有这一切，所谓作为人的存在，实际上是实现不了的；其二，社会应能提供保证个人的尊严、满足个人的需要的物质的和精神的条件和手段。如较好的物质生活和文化生活的条件，健全的法律制度等。没有这些，所谓作为人的存在，也是不真实的。

每个人的人生价值都包括自我价值与社会价值，二者在本质上是统一的。个人与社会是密不可分的，人的自我完善同社会的发展是互为前提和互相作用的。没有社会的发展，个人的发展也就没有了条件和基础。个人只有把自己同社会、他人联系起来，积极地为社会做贡献，才能实现社会价值。

爱因斯坦曾说：“一个人的价值应当看他贡献什么，而不应当看他取得了什么”，

“一个人对社会的价值首先取决于他的感情、思想、行动对增进人类利益有多大作用。”如果一个人跳不出“自我”的小圈子，不但无法实现自我价值，还会使自己陷入孤独和空虚的世界里。

歌德告诉我们：“您若要喜爱您自己的价值，您就得给世界创造价值。”

旅游行业的生活是丰富多彩的，我们的旅游从业人员也应当是在创造中收获、在奉献中获得。我们应抱着积极的心态，在自己的本职岗位上好好学习、努力工作，做出一番骄人的业绩，来回报社会对我们的付出。

（二）人生价值的实现

我们探讨人生价值，目的是充分实现人生价值。人生价值的实现必须具备一定的主客观条件。

1. 实现人生价值的客观条件

人生价值的实现只能在一定的生活历史条件下进行，需要以一定的生活条件为前提。这些条件是多方面的，既包括经济的，也包括政治的；既有物质的，也有精神的；既有现实的，也有历史的。这些条件相互作用，影响人生价值的实现。例如，一个国家的科学技术发展水平和教育水平势必会影响一个人受教育的状况，影响人才的培养，而接受教育后达到的知识水平又在很大程度上决定人们能力的大小。从历史发展来看，社会的政治制度、经济制度、文化制度和历史传统都会对人生价值的实现产生重大影响。

随着社会的不断进步，人生价值的实现条件也在不断改善。

正如马克思所说：“人们自己创造自己的历史，但是他们并不是随心所欲地创造，并不是在他自己选定的条件下去创造，而是在直接碰到的、既定的、从过去承继下来的条件下创造。”

时代给了我们更多选择的机会，也给了我们更多的要求。

人生价值的实现离不开社会集体。如果说，社会的历史条件是人生价值实现的大环境的话，那么，每个人所处的一定的社会集体就是人生价值实现的小环境，拥有社会集体的良好氛围、真诚合作、相互支持，是事业得以正常进行必不可少的客观条件。社会大环境是人们赖以生存和发展的根本条件。小环境为人生价值的实现提供直接的活动对象，比社会的大环境对人的影响更直接、更强烈。不管什么人，如果离开社会集体，就难以创造出价值。

爱因斯坦曾说：“我每天上百次地提醒自己，我的精神生活和物质生活都依靠着别人的劳动。我必须尽力以同样的分量来报偿我所领受到的和至今仍在领受着的东西。”

旅游就在我们的身边，我们每一个从业人员不仅是旅游服务的提供者和施予者，更可能是旅游服务的接受者。我们的行动直接反映我们在自身的环境中所受到的影响。我们的职业行为也会为社会和旅游者带去我们美好的或恶劣的感受。

社会环境和历史条件是人生价值实现的外在因素，而不是内在因素。这些外在因素为人生价值的实现提供的只是可能性而不是现实性。外在因素终归要通过内在因素发挥作用，但是，内在因素能否发挥作用，在有的情况下不完全取决于主体自身，它也取决于外部条件的变化。

2. 实现人生价值的主观条件

实现人生价值的主观条件是多方面的，主要包括：

第一，树立崇高的价值目标。价值目标是一个人行为活动的最终目的，是一个人全部思想和行为的内在精神动力。人人都有自己的人生价值目标，不同的价值目标会把人引向不同的道路。一般来说，一个人所确立的目标越崇高，他就会越勤奋，他的才智也将发挥得越充分，对社会的贡献就会越大；相反，一个人没有远大的理想，一切仅从个人需要出发，为日常琐碎目标和低层次的需要所支配，只能平庸地度过一生。

马克思说："历史承认那些为共同目标劳动因而自己变得高尚的人是伟大人物。"

崇高的价值目标是人生前进道路上坚强的精神支柱。由于人生价值的大小取决于人自身对社会贡献的大小，因此，我们必须从祖国和人民的整体利益出发来确立自己的价值目标，按社会进步的要求来设计自己的人生。只有为人民、为社会贡献自己所有的聪明才智，才能真正无愧于时代、无愧于人生。

就像马克思所说的："如果我们选择了最能为人类服务的职业，我们就不会为任何沉重负担所压倒，因为这是为全人类做出的牺牲；那时我们得到的幸福将属于亿万人，我们的事业虽然并不显赫一时，但将永远发挥作用。当我们离开人世之后，高尚的人们将在我们的骨灰上洒下热泪。"

旅游行业是最接近社会，为社会服务、为大众服务的行业。我们的从业人员是否都已经选择好自己的发展目标和自己将终身为之奋斗的方向了呢？社会是一面镜子，它让我们在职业的影像中看见自己，我们也应当在社会中、在职业中找到自己的位置，并为之奉献自己的全部热情和聪明才智。

第二，提高科学文化素质，增强自己的创造能力。在当今世界，提高科学文化素质是时代的客观要求。科学技术的发展日新月异，科学技术的成果越来越广泛地进入人们的生活领域中，改变着人们的生活方式，并且还将不断地推动社会向前发展。年轻人要想实现自己的人生价值，在新的科技革命的时代为社会做出贡献，必须努力学习创造社会物质财富和精神财富所必需的知识、技能，不断用新的知识、智慧去丰富自己的头脑，不断培养自己的创造能力。过硬的专业技能、良好的语言表达和沟通能力是对旅游行业从业人员的基本要求。旅游工作者不仅要有良好的气质、礼节礼貌，更要有扎实的职业专长，甚至要一专多能、全面发展，才能在激烈的社会竞争中立于不败之地。

第三，加强道德修养，提高道德素质。道德是调整人们之间以及个人和社会之间关系的行为规范，它本身就具有重要的价值属性，无论对个人还是对社会都会产生重要影响。高尚的道德品格和行为对人有巨大的鼓舞作用和教育意义。雷锋，虽然已经离开我们很多年了，但人们始终没有忘记他。这就是因为雷锋以自己的思想和行为，实现了全心全意为人民服务这一崇高的道德理想。雷锋精神激励了一代又一代青少年不断为美好的社会理想而勤奋工作、努力学习。我们旅游从业人员要加强自己的道德修养、积极参加社会主义现代化建设，在职业竞争中充分发挥自己的才能，敢于进取，实现自己的人生价值。

第四，提高心理素质、不断磨炼意志品格。人的任何活动都伴有心理因素的作用，一个人在实现其人生价值的过程中，同样不能摆脱心理因素的影响。心理因素主要包括意志和情感。果敢、坚韧和自制力是一个人难能可贵的意志品格。在得意时不要忘形，在失意时不要气馁。在顺境中不自喜、自骄；在逆境中也不自卑、自怨，以平常心去对待生活。如果旅游从业人员在遇到了挫折和委屈时放弃了工作的热情，放弃了为人民服务的宗旨，那我们的工作结果又会怎样呢？胜不骄、败不馁，勇往直前、锐意进取才是新时代的旅游工作者应具备的素质。

❖特别提示

1960 年，心理学家瓦特·米加尔，对斯坦福大学幼稚园的孩子进行了有名的糖果试验。实验的内容是让 4 岁的孩子做以下选择：一个大哥哥要去办点事，如果等他回来，你就可以拿到两块糖果，如果立刻就要糖果只能得一块糖果。有的孩子有耐心，等大哥哥回来，能控制自己的行为，拿到了两块糖，称为自制型的孩子；有些孩子要求立刻得到一块糖果，称为冲动型孩子。这是一个测试孩子冲动与自制、欲望与克制、追求满足与延迟满足能力的难题。这个实验很快看出孩子的性格特质，并由此看出孩子未来的人生走向。

经过追踪测试，十几年后两种类型的孩子，在情绪和社会方面存在着很大的差异。自制型的孩子表现出社会适应能力强、充满自信心、人际关系较好、经得起挫折，面对困难不轻易放弃；而冲动型孩子则约有 1/3 缺少这类特质，表现出让人难以接触、人际关系紧张、优柔寡断，遇到压力容易退缩、容易冲动等。这些孩子中学毕业后又接受一次评估，自制型孩子的学习能力较强，入学考试成绩较优，语言和算术的总成绩比冲动型孩子的总分高出 210 分。糖果试验显示幼儿时期的一个很小的活动，但长大后都扩大为多方面的社会或情感的能力。

（资料来源 http：//wenku.baidu.com）

我们要实现人生价值，还必须通过一定的途径去完成。积极参与到社会的实践活动中，是实现人生价值的必由之路和唯一途径。只有在实践中才能完成既定的价值目标，实现人生价值。

旅游职业道德修养与教育作为造就旅游业合格人才的一种活动，并行之有效，必须要有科学的方法。

二、旅游职业道德修养的方法

（一）坚持理论联系实践

社会主义旅游职业道德修养要求理论和实践统一、言行一致。所以，理论与实践相结合是道德修养的根本方法，是马克思主义伦理学和多种旧伦理学在修养问题上的本质区别。进行道德修养，之所以必须以社会实践为基础，与实践紧密结合，原因如下：

首先，只有投身到改造客观世界的实践中去，才能真正使自己的主观世界得到改造。人们的道德意识是社会实践的产物；社会实践也是检验一个人道德意识是否正确、道德品质是否高尚的唯一标准。只有在实践斗争中，在处理与他人、与集体的各种关系中，才能认识到自己的哪些行为是道德的，哪些是不道德的。同样，要克服自己的不道德的思想和行为，培养高尚的道德品质，也只有在改造客观世界的斗争中才能实现。因此，道德修养不是一种脱离实践的“闭门思过”，而是以社会实践为基础的思想斗争。离开了社会实践，就谈不上道德修养。

其次，只有坚持实践，才能贯彻道德修养的理论和实践相结合、言行一致的原则。旅游从业人员不仅要通过学习，从理论上懂得什么是善恶美丑，什么是荣誉耻辱，什么是高尚的行为，什么是卑劣的行径，懂得什么是社会主义旅游职业道德，为什么要培养这些品质，而且，更重要的是要把这些认识化为行动，按照社会主义旅游职业道德要求去身体力行，并且以此来对照自己，不断克服自身的缺点、错误和不良习惯，这样才能逐步地将自己培养成具有高尚职业道德的旅游业合格人员。

最后，职业道德修养之所以必须与实践相结合，还因为职业道德水平的提高、完善，不是一朝一夕便能实现的，而是一个由职业道德实践到职业道德认识、再由职业道德认识到职业道德实践的不断反复和长期曲折的过程。新、旧职业道德观念的斗争，是复杂而长期的，不能希望在短期内就能见分晓，旧的职业道德的影响还会在相当长的时期内起作用。要提高自己的职业道德水平，必须不断地把职业道德认识付诸实践，把职业道德情感、职业道德意志和职业道德信念贯彻到工作实践中去，变为实际行动。然后，对自己的行动进行反省、检查，并把从反省中得出的新认识再贯彻到行动中去，如此不断循环，才能不断提高，从而促使新的职业道德观念战胜旧的职业道德观念，进而达到不断提高职业道德品质的目的。

总之，旅游从业人员要在职业活动中自觉修养，并把自我修养的成果付诸实践，把职业道德修养与实践结合起来，才能不断提高职业道德水平，达到更高的职业道德境界。

（二）开展自我职业道德评价，严于解剖自己

世界上从来没有十全十美的人。由于各种原因，每个人不可避免地会有这样那样的弱点、缺点和错误。根据道德修养的特点，我们应该特别注意在内心修养方面下功夫。

周恩来同志提出："要自我改造，要自我认识"；陈毅同志也讲过他自己"中夜尝自省，悔愧难自文"；党的好干部焦裕禄同志每天晚上"过电影"，这都是自省过程，就是自我改造、自我认识的过程。

可以说，自我的职业道德评价是职业道德领域里的自我认识、自我改造的过程。而认真开展自我批评、严于解剖自己也是职业道德修养的重要方法。

在职业道德修养中，要防止两种不好的做法：

第一，是对自己的弱点、缺点和错误认识不足，或者是藕断丝连，甚至姑息养奸。这种斩草留根的做法和窝藏于心的现象，都是不利于修养的，在一定时期这些思想又会冒出来，使人反复动摇，影响进步。第二，对自己思想上的斗争采取被动态度，不从思想上主动去反省、检查、克服，不是自觉地进行自我斗争和自我认识及改造，而是迫于环境，敷衍了事。这种不严肃的态度、阳奉阴违的做法，既欺骗了别人，也欺骗了自己，这绝不是我们新一代旅游从业人员所应持的态度。

要真正开展自我批评，严于解剖自己，必须：

1. 自觉地对自己提出严格要求，加强自我职业道德修养

社会主义旅游职业道德作为旅游从业人员的行为规范，归根结底要通过人们的内心信念才能起作用。因此，有没有高度的自觉性，是旅游职业道德修养成败的关键。

严格要求自己，就是对自己的思想品德要有一个高标准，要有高尚的职业道德理想。我们只有以社会主义旅游职业道德的原则和规范作为自己的行动准则，以老一辈无产阶级革命家和英雄模范人物为榜样，才能经常发现自己身上的弱点、缺点和错误，促使自己不断进步。如果一个人对自己的要求标准不高，得过且过，不求有功但求无过，甚至以不违反法律作为自己的道德标准，那他就不可能正视并及时改正自己的弱点、缺点或错误，不可能提高自己的道德水平，更难以达到较高的思想道德境界。

2. 经常进行自我批评

毛泽东同志曾经把批评与自我批评形象地比作"洗脸"和"扫地"，要求我们经常进行以养成习惯。他说，房子是应该经常打扫的，不打扫就会积满灰尘，脸是应该经常洗的，不洗也就会灰尘满面。我们每一位旅游从业人员，由于受多种因素的影响，其思想、工作也会沾染上"灰尘"，也应该"打扫"和"洗涤"，即要经常进行自我批评。只有这样，才能真正克服缺点，发扬优点，取得进步。

3. 正确对待批评，要有闻过则喜的精神

一个人往往不容易发现自己身上的缺点、错误，有时发现了，认识也不一定深刻。正如俗语所说："当局者迷，旁观者清"，"目能见几里之外，而不能自见其眉睫"。所以除了自我解剖和自我反省之外，还必须依靠其他人的批评和监督，要有虚心诚恳的态度，善于从别人的批评中吸取对自己有益的东西，进而开展自我批评。但是，别人的批评并不都是和风细雨的，有时甚至夹杂着个人恩怨和成见，忠言也并不都顺耳。这就要求我们每一个人虚怀若谷，抱着有则改之、无则加勉的态度，既要从善如流，又要大度容人。能否正确地对待批评，也从一个侧面反映了我们是否真正严格要求自己，自觉加强职业道德品质的修养。

（三）学习先进人物，培养自己高尚的道德人格

学习先进人物，包括向老一辈无产阶级革命家、英雄人物、先进模范人物学习。

高尚的道德人格，既是社会主义旅游职业道德原则和道德规范的概括和结晶，又是由一定社会、一定阶级的理想人物所体现出来的完美典型。

孔子曾对他的学生提出这样的要求："见贤思齐焉，见不贤而自省也"（《论语·仁篇》）。意思是说，看见贤人，就想向他看齐，看见不贤的人，就自我反省，有没有同他类似的毛病。

这是我国古代人进行自我修养的重要经验和方法之一，今天对于我们仍有积极的借鉴意义。每一个旅游从业人员都应该学习先进者。不服先进、嫉贤妒能、讽刺打击先进都是极端错误的。

向先进人物学习时，一是要有热心。就是要有学习先进人物的炽热之情，不能在思想感情上滑坡，用那种市侩眼光看待先进人物，把他们的无私奉献看作"弱智"所为；不能认为先进人物"高不可攀"而自暴自弃。二是要虚心。就是敢于联系自己的思想言行，对照找差距，虚心学习。最不可取的就是不虚心学习先进人物的好思想、好作风，专门在先进人物身上找缺点。也有人认为自己做得不错，无须修养。这种不切合实际的"完人论"，当然是错误的。三是要有恒心。就是要坚持向先进人物学习，积小善成大德。学习先进人物绝不是一阵子的事，我们都应立志以先进人物为职业道德修养的楷模，对照、勉励、鞭策自己，努力培养自己高尚的道德人格。

（四）提高精神境界，努力做到"慎独"

"慎独"是道德修养的一种重要方法，也是道德修养所达到的一种很高的境界。它是指一个人在独立工作、无人监督时，能自觉严格要求自己，自觉遵守道德原则和规范，而不做任何不道德的事。

战国时期哲学家、孔子之孙子思在《礼记·中庸》中说："是故君子戒慎乎其所不睹，恐惧乎其所不闻。莫见乎隐，莫显乎微。故君子慎其独也。"这就是说，"君子"在别人看不见的时候总是非常谨慎的，在别人听不到时总是十分警惕的。最隐蔽的东西最能看出人的品质，最微小的东西最能显示人的灵魂。所以"君子"独自一人、无人监督时，总是非常谨慎地不做任何不道德的事。

社会主义旅游职业道德修养的实践过程中也十分重视"慎独"，并赋予它崭新的内容。“慎独”依靠的是在实践中形成的内心信念来支配自己的行动，是衡量一个人道德觉悟和道德品质的试金石。

“慎独”作为一种职业道德修养的方法，就是要求我们在职业道德修养过程中努力提高对职业道德的认识，培养职业道德情感，锻炼职业道德意志，树立坚定的共产主义道德信念，自觉支配自己的道德行为，坚持在独立工作和无人监督的情况下，也能按照社会主义旅游职业道德规范去办事，绝不做有损国格、人格的事，一切对旅游者负责，绝不做对不起旅游者的事。这种修养方法，常常是在无人看见、无人听到和无人知晓的情况下进行的一种自我学习、自我对照、自我改造和自我锻炼的过程。

“慎独”作为道德修养的一种要求，属于很高的精神境界。如果一个人为了得到表扬和奖励，只在他人尤其是在领导者面前做一点好事，严格地说不能算是好的道德行为。在有人检查、督促或无法隐瞒的大庭广众面前不做坏事，这是一般人都能做到的；在无人监督和无人知道的情况下也不背离道德原则，那就很不容易了。但是，这又是我们必须做到的，因为遵循社会主义旅游职业道德原则必须表里如一。如果不能做到“慎独”，那就很难说是一个有职业道德的人。因此，“慎独”也是检验个人职业道德品质和修养功夫的一块试金石。

提高精神境界，努力做到“慎独”，对于社会主义旅游从业人员来说，具有特别重要的意义。因为我们服务的对象，大多是来来往往的旅游者，有些事情做得好一些或差一些，他们一时很难鉴别，甚至也无法知道，如企业为了保证服务质量而规定的服务规程，在我们为旅游者服务时只有我们自己才清楚；又如酒店的客房服务员在做卫生时多数是在无人监督的情况下进行的；再如导游员，往往是单身在外独立为旅游者服务……有些老职工常说：“干我们这一行，工作好与坏都出在自己手里。”的确，个人的职业道德水平和精神境界高低，决定了服务水平的高低。我们在旅游职业道德规范中所提到的“尽责尽心”“对旅游者真诚负责”和服务“六个一样”等要求，就是“慎独”在职业活动中的体现。

“慎独”要在“隐”“微”“恒”上下功夫。隐，就是在无人监督的情况下也能言行一致、表里如一，始终保持自己的操守；微，就是时时处处都能从细微处着手，不放过每一点有损于个人、企业形象的缺点，有了缺点就要自我反省，及时改正，努力做到“勿以恶小而为之，勿以善小而不为”；恒，就是持之以恒，生命不息、修养不止。

要做到“慎独”，具体方法比较多，写日记就是其中的一种。托尔斯泰说过，写日记就是跟自己的我，跟每个人都有的、真正的、神圣的我谈话。写一次日记，就等于跟自己谈一次话。这个过程就是拿旅游职业道德原则和规范来检查自己言行的过程：对的坚持，错的改正，自己充当自己的监督人。

（五）加强“自我控制”

“自我控制”，是指一个人的自我调节能力，包括控制自己的情绪和控制自己的行为。许多事实证明，一个自我控制能力强的人，遇到问题可以大事化小，小事化了；反之，这方面能力差的人，就会因小失大，引火烧身，甚至付出极大代价。因此加强自我控制是非常必要的。

1.“自我控制”的重要性

（1）“自我控制”能力的提高有利于“四有”目标的实现。一个人是否正常发展，能否成为国家的合格人才，除了外部条件影响外，主要取决于一个人的内在修养。内在修养如何，自我控制能力强与否，对自己的物质欲望和精神追求的调整关系极大。如果一个人能用正确的理想、信念和人生观、价值观指导自己，恰当地调整自己的情绪、行为，不断完善自己的人格，那么，他不仅能成为旅游业新一代的合格人才，而且能成为旅游行业的优秀人才。

（2）“自我控制”能力的提高有利于一个人的身心健康。旅游从业人员必须身心健康，而身心健康离不开良好的情绪控制和合理的行为调整，也就是说离不开“自我控制”。一个身体不健康、心理失调、情绪不稳定、行为不正常的人，是绝对不能胜任旅游服务接待工作的。

（3）“自我控制”能力的提高有利于社会和人际关系的和谐稳定。如果一个人的自我控制能力差，情绪易激动，“口多手多”，惹是生非，爱搞小动作或恶作剧，那么必然会造成一连串的人际关系紧张。而旅游服务的对象是旅游者，这种人际关系的和谐与否直接反映出了服务水平与质量的高低。

2. 怎样进行有效的“自我控制”

（1）遵循理解、尊重、宽容和信任的原则。

理解是相互沟通的前提。理解要求注意倾听别人的看法，准确接收他人的信息，遇到问题能设身处地为他人着想，善于从他人的角度，即运用角色转换的方式来考虑问题。尊重别人，必须以礼待人，包括使用礼貌语言和礼貌行为，还包括尊重他人的人格、意愿、情感、爱好和习惯。宽容，就是要在人际交往中肝胆相照，真诚相见，杜绝虚伪、猜疑、妒忌和偏见。理解、尊重、宽容和信任是人们交往中必须遵循的一个原则。作为“窗口”行业的从业人员就更应率先遵循。

（2）不断加强思想道德修养和文化修养。

一般来说，这两方面素质比较高的人，自我控制能力也相应较强。因为，一定程度的思想道德与文化修养可以孕育人们的博大胸怀，可以拓宽人们的视野，可以帮助人们理智地看待和处理问题，使人们知道该做什么，不该做什么。

（3）正确对待自己。

正确对待自己，包括正确的自我认知、正确的自我激励及正确的自我调整三个方面。

自我认知是个体对自己的心理、生理、理智、行为以及对与自己周围事物关系的看法和评价。这是人的认识能力的一个重要方面。自我认知，是正确认识、对待自己的前提。有的人妄自尊大，过高估计自己，看不到自己的缺点，看自己是一朵花，看别人是豆腐渣；有的人妄自菲薄，过低估计自己，缺乏信心。这些自我认知上的偏差，就会导致行动上的失误。人贵有自知之明。只有恰如其分地评价自己，才能采取正确的行动，扬长避短，发展自己。

在正确认知自己的基础上，正确激励自己。自我激励是指激发自己的内在潜力，调动自身的各种因素使之处于积极状态，使自己的目标得以实现。人在社会生活中并非什么都一帆风顺，要克服困难、战胜挫折、取得成功，都离不开正确的激励作用。自我激励除了正面的榜样激励、成绩激励等之外，还有从挫折、失误和错误中吸取有益教训的负面激励。

最后是正确的自我调整。自我调整，就是根据外界的评价、要求和自身行为的结果，不断反省自身，及时调整自己不符合客观要求的行为，及时调整自身发展目标的心理行为。

以上几点，说的是一个人加强自我控制能力的内在因素，要成为国家旅游业的有用之材，就要加强自我控制。

❖拓展知识

德国著名作家约翰·保罗曾说过：“一个人的真正伟大之处，就在于他能够认识自我。”

美国心理学家约翰和哈里提出了关于自我认知的窗口理论，称为“乔韩窗口理论”。每个人的自我都有四部分：A. 公开的自我；B. 盲目的自我；C. 秘密的自我；D. 未知的自我。

看图思考：我们可以通过什么途径来扩大 A 部分，缩小 B、C、D 部分，以更好地认识自我？

	自己知道的	自己不知道的
他知	A. 公开的自我	B. 盲目的自我
他不知	C. 秘密的自我	D. 未知的自我

乔韩窗口理论图

一个人的 A 部分越大，自我认识就越客观、准确，心理也就越和谐，是一个开放、协调的人；B 部分较大，表示对自我的认识存在偏差，可能夸大了自己的优点或缺点，盲目自负或自卑；C部分较大，暗示怕别人看清楚自己，进而否定自己，总是按照别人对自己的预期评价来表现自己，心理负荷很大；D部分的存在，使我们无法全面地认识自我，这部分越大越说明此人是孤立防卫的人。

（资料来源：王淑莲.我的大学我做主.宁夏人民出版社，2010.）

三、旅游职业道德教育的方法

旅游职业道德教育的方法多种多样，但概括地说，大体上有以下几种：

（一）传授旅游职业道德知识与进行旅游职业道德实践相结合

道德教育最反对空谈，旅游职业道德教育也一样。我们在进行旅游职业道德教育时，首先要对受教育者讲清旅游职业道德的有关知识、原则和规范，做到“晓之以理”，使他们树立正确的职业道德观，提高他们分辨是非的能力，划清善恶、荣辱、美丑的界限，使他们知道什么是道德的，什么是不道德的。同时，更要“导之以行”，向他们提出严格的要求，督促他们身体力行，付诸行动。要反对那种“语言的巨人，行动的矮子”、言行不一的不道德作风。对于旅游从业人员来讲，他们的工作就是最好的实践，可以采取一些监督措施，约束他们的言行，使其与旅游职业道德的原则、规范相一致。对于在校的学生而言，可以采取到对口单位去实习的办法，促使他们把理论上的原则、规范落实到实际工作中去，使他们在提高业务技能的同时提高职业道德水平。

（二）因人制宜，因人施教

旅游职业道德教育的对象是千差万别、品质各异的人。旅游职业道德教育只有遵循道德教育的客观规律，针对不同对象有所侧重，因人制宜，因人施教，这样才能使受教育者感到顺耳、顺心、顺劲，才能收到良好的效果。比如，对缺乏旅游职业道德认识的人，应从传授旅游职业道德知识入手，着重提高他们的旅游职业道德认识；而对缺乏道德意志或道德意志薄弱的人，应鼓励他们在旅游工作中磨炼自己，培养坚强的职业道德意志；对确立了社会主义旅游职业道德信念的人，则应鼓励他们“百尺竿头，更进一步”，提高其道德境界，如此等等。如果不针对职业道德品质构成因素的具体发展状态，泛泛而谈，只能是无的放矢，不会收到应有的效果。

（三）个人示范、榜样引导

常言道：榜样的力量是无穷的。在旅游职业道德教育中，树立优秀榜样，对培养人们的职业道德品质有很强的感染力和巨大的说服力，因为职业道德榜样集中体现了一定时代的职业道德要求和所要达到的较高道德境界，代表了职业道德的发展方向。人们从榜样身上，可以看清应该走怎样的路，做什么样的人。同时，由于一般的人，尤其是青少年，都喜欢模仿和追求卓越，总喜欢从历史和现实中选择一些典型形象进行效仿。因此，只要榜样选得真实，榜样感人、高大，就会给人以深刻的影响。在旅游行业中，这样的榜样是很多的。施教者在选取榜样时，要注意既选取古今中外优秀人物，也要选取现实生活中大家所熟悉的典型人物，以便提高榜样事迹的可信度和亲切感，使人们在潜移默化中被感染，学习的热情就会高涨。

我国大教育家孔子曾说过："其身正，不令而行，其身不正，虽令不从"（《论语·卫灵公》）。也就是说，作为教育者，在道德教育中，除了树立道德榜样之外，其自身的言行就是最好的榜样，因为，受教育者不仅要听教育者之言，也要观教育者之行。因此，在旅游职业道德教育中，教育者要以身作则，要求受教育者做到的自己首先要做到。为受教育者树立良好形象，乃是最有说服力的无声教材。如果光说不做，甚至讲起来头头是道，做起来另外一套，那就会败坏教育者的名声，引起受教育者的反感，难于取得良好的教育效果。这就要求旅游企业的领导、旅游学校的教师，要严格要求自己，树立自己在受教育者心目中的威信。

（四）集体影响与旅游职业道德评价相结合

在教育过程中，还要注意尊重和信任受教育者的集体力量，尽可能发挥受教育者集体内部的相互影响和感染作用。要知道，同一集体的成员，虽然也各有差异，但他们所面临的社会关系和联系、所从事的活动、所处的地位和环境，以及所具有的心理状态和性格特征，都会有许多相同或相似的地方。

例如，客房部、前厅等，其内部成员之间的共同点是很多的，如果通过积极的组织和引导，以形成彼此信任、互相关心的气氛，就容易广泛而恰当地形成集体的正确舆论，对工作或学习中的道德行为，包括受教育者本人的道德行为，予以倡导或斥责、赞赏或批评、鼓励或鞭挞，从而敦促成员反省自己的行为，在荣辱感的激发下确立、增强行业的道德义务感和道德责任心。

成员之间通过相互学习、相互切磋、相互感染、相互激励、相互监督、相互仿效，职业道德品质便会得到提高和完善。

（五）多形式、全方位的立体教育

从构成因素看，职业道德品质由职业道德认识、职业道德情感、职业道德意志、职业道德信念和职业道德习惯五方面组成。因此，在因人施教的同时，还必须兼以实施五个方面的教育和训练，并把它们有机协调起来，进行多形式、全方位的立体教育。从社会环境看，职业道德品质的形成需要人类全部精神财富予以滋养。因此，在进行职业道德教育时，不能仅注重德育一方面，也要使受教育者在智育、体育、美育、劳动技能教育等方面都得到发展。从职业道德教育的形式看，道德教育应该多种多样、生动活泼并且容易为受教育者所接受。尤其在学校，更应该针对青少年活泼好动的特点寓教于乐，开展丰富多彩、行之有效的活动，如组织参观与访问，听专题报告，举办知识竞赛等。

第四节　塑造完美的理想人格

道德理想包含两方面含义：一是指一定的道德所向往和追求的完善的社会道德制度、关系和社会道德风尚；二是指一定的道德所向往和追求的个体的完善人格。对社会中的个体而言，接受道德教育和进行道德修养，目的在于塑造完美的理想人格。

一、人格的培养

什么是人格？人格就是做人的资格和为人的品格的总和。它是对人的思想和行为进行道德评价的一个概念，是人在一定社会中的地位和作用的统一。

人格是评价人们道德行为的尺度。人们往往以人格的高低来综合评价一个人的德行。这种评价一般包括三个方面：为人的态度是否正直诚实；待人的态度是否忠实信义；处事的态度是否公道正义。就一般情况而言，人们常常从这三个方面来衡量一个人的人格的。人格还有更深的含义，人们常常把气节视为人格最重要的因素，视为人格构建中的一块基石。

我们的民族精华思想和伦理文化造就了众多的人格高尚的优秀人物。他们重气节，轻私利；重气节，轻富贵；重气节，轻生死。如司马迁、班固不避灾祸，秉笔直书；包拯、海瑞不畏权贵，铁面无私；荆轲、秋瑾舍生忘死，视死如归；岳飞、文天祥赤诚爱国、死而后已；林则徐、关天培抗击侵略，义薄云天……这种无私、无畏，“临大节而不可夺”“富贵不能淫、贫贱不能移、威武不能屈”的高尚人格，为时人与后人所敬仰，他们的高风亮节也会光照千古。

当今的世界，物欲横流，社会现象繁杂，人格也是有优有劣、有高有低。有的人豁达开朗，有的人小肚鸡肠；有的人勤劳勇敢，有的人则怯懦懒惰；有的人积极进取，有的人则自暴自弃；有的人公而忘私，有的人则损公肥私；有的人坚持正义，有的人则颠倒是非、混淆黑白……这些都告诉我们，在我们每个人面前，都面临着一个人格选择的问题。

一个人选择了符合时代和人民要求的人格模式，就会走向成功、走向幸福、走向美好的未来；如果选择了错误的人格模式，就会走向失败、走向痛苦、走向不幸。每一个有良知的人，都应该努力加强自己的人格修养，追求理想的人格，把完善自己的人格作为做人的根本。

培养完善的人格，首先要自重。一个人的人格是先天素质、后天环境教育和自我修养的结合。明朝的王阳明曾用金子来比喻人格。金子的纯度越高，人格的品位就越高。如果要提高金子的纯度，很大程度上取决于自己的努力，取决于自己能否自尊自重，因为这是人格形成的内在动力。

培养完善的人格，要不断提高自我反省、自我教育、自我陶冶、自我雕琢的自觉性。我们需要不断地对自己灵魂深处非道德的思想进行自我剖析。不断对自己身上有损人格的污点进行自我清洗，从而达到自我提高、自我完善的目的。尤其在今天的市场经济条件下，我们绝不能把商品交易的观念带到人际关系中来，更不能为了名利、地位、金钱而出卖自己的灵魂。只有珍惜自己的人格，才能取得社会和别人对我们人格的尊重。

培养人格，要不断提高文化素质修养。知识和文化对人格的形成起着重要作用，有什么样的文化环境，就容易造就出什么样的人格。

许多民族英雄和伟大人物之所以拥有高尚的人格，都是与从我国伦理文化中吸取营养分不开的。如陈毅曾在《赣南游击词》中写道："叹缺粮，三月肉不尝。夏吃杨梅冬剥笋，猎取野猪遍山忙。捉蛇二更长。"但在这样艰苦的环境下，他们仍然"勤学习，落伍实堪悲。此日准备好身手，他年战场获锦归。前进心不灰。"还有毛泽东同志，虽已饱读诗书，80 高龄仍然在学习英语。

在日新月异的现代社会中，没有文化、没有知识的人显然是不符合社会需要和发展的，而跟不上时代步伐的人必然会掉队，那样的人生也将是可悲的。因此，一个立志追求理想人格的旅游行业的年轻人，必须努力学习科学文化知识，从优秀的民族文明和世界进步文化中吸取养分，以培养和优化自己的人格。我们应该注意到，文化水平的高低不能决定一个人的人格的高低。一些卑鄙小人中也不乏饱学之士，如清朝的大学士、大贪官和珅。这些都证明了，学力和知识不是一个人的人格和素质的反映，只有把文化知识与道德修养结合起来，文化知识才能在人格形成中起到积极的推进作用。

培养完善的人格，要加强道德修养。道德修养是人格结构中的核心要素。它在人格形成中占有特殊的重要地位。可以说，道德修养决定了人格的本质，有什么样的道德修养就会有什么样的人格。因而，要完善自己的人格，就要自觉地加强道德修养建设，使自己沿着道德的阶梯去攀登人格的制高点。

培养完善的人格，需要经受忧患困苦。我们看到，安乐的环境，往往容易使人精神萎靡、意志消沉、骄奢淫逸、无所作为，最终导致精神死亡；而忧患的环境常常使人发愤图强、精神振奋、斗志昂扬，能有所作为。所谓："生于忧患，死于安乐"便是这个道理。旅游行业的从业人员要使自己成为担当重任的人，应在艰苦的环境中："苦其心志，劳其筋骨，饿其体肤，空乏其身，行拂乱其所为"，在困难的环境中饱受磨炼，才能在困苦中走出来。艰苦的环境是培养人格意志最好的学校。实践也告诉我们，那些在艰难困苦环境中磨砺的人，更能形成高尚的人格。

培养完善的人格，要通过社会实践。一个人的人格是在社会实践中形成的，一个人人格的高低也只有通过实践来检验和体现出来。因而我们要注重在实践中培育、完善自己的人格，让自己的所作所为留下人格的标记。

有什么样的人格，就一定有什么样的人格力量。人格是每个人自身的宝贵财富，是用任何代价都无法换取的。在任何情况下，我们都要珍视自己的人格，让高尚的人格与我们同在！我们期待着我们的年轻的旅游行业工作者们，努力进取，在工作和生活中展现出更多高尚的、美好的人格魅力！

二、理想人格的含义

理想人格，是指一定道德所向往和追求的个体的完美人格，是一定社会个体的全面期望和要求，是人们直接模仿和追求的道德榜样。由于道德总是一定历史阶段的道德，总是体现和反映一定社会集团和不同阶层利益的道德，因而任何性质的理想人格都总有一定的社会基础，总要体现一定社会集团的意志，并具有时代特征。因此，可以说理想人格是一定历史条件和社会关系的产物。任何一种理想人格都是在一定历史条件和社会关系基础上形成的，并随着历史条件和社会关系的变更，而具有不同的内容和规定性。

我们所要追求的理想人格，就是从广大人民群众的利益出发，实现德、智、体、美、劳全面发展和真、善、美的和谐统一，合乎共产主义道德的人格。每一个旅游从业人员都应该把塑造这样的理想人格作为自己道德追求的目标。

三、理想人格与审美

在人类社会生活中，道德与美是一对既有区别又有密切联系的范畴。一种高尚的道德行为，往往会在人们心目中引起美的感受；而一种不道德的行为或者恶行总是被人们视为丑陋而受到唾弃。同样，人们对美的追求，培养高尚的审美情趣，也会促进人们道德水平的提高和理想人格的形成。所以，塑造理想人格就不是一个单纯的伦理问题，还涉及哲学和美学。在进行职业道德活动过程中，研究它们之间的相互关系，对每个旅游工作者来说，不但是有益的，而且是十分必要的。这里，我们主要从伦理学的角度来探讨真、善、美的问题。

“真”是哲学研究的课题，“善”是伦理学研究的课题，“美”是美学的研究对象。在理想人格这一命题上，恰好殊途同归。真、善、美之间具有的内在联系，在理想人格中是不可分割的。

“真”是指人们对现实社会关系及其客观必然性的正确认识，是客观事物运动、变化和发展的规律性。它是不以人的意志为转移的，但人们在实践中可以不断地认识它、掌握它，并利用它来为人类服务。真的对立面是假，假的东西是不符合客观规律的。因而也经不起实践检验。而真正的道德理想总是体现广大人民群众的利益，在实践上又有着客观的实在依据。对真理的热爱、追求、坚持和捍卫，历来都是形成理想人格的最基本、最重要的因素。按照“真”的标准来塑造理想人格，就是要求我们努力认识和尊重客观事物的本来面目，培养实事求是的品德。

“善”是指评价道德行为的一种标准。善是以真为前提的。马克思主义伦理学认为，是否符合历史发展的必然规律，即是否符合广大人民群众的利益，是判断行为是非善恶的客观依据。也就是说，只有符合人民群众的根本利益、有利于社会进步和发展的行为才是善的；否则，就是恶的。一个人只有充分认识到这一点，才会自觉做出有益于社会和他人的行为。我们所说的理想人格，就是要求人们的言行必须符合广大人民群众的根本利益，努力做一个为人类进步和社会发展有所贡献的人。

“美”是人们在改造客观世界的实践中获得的自由，是能引起人们审美感受的一种形象。美是以真、善为前提的，凡属于真的和善的事物和行为都是美的。美作为一种意识形态，总是以一定的社会经济关系为基础的，因而总有其客观的社会标准，即审美标准。在不同时代、不同民族、不同阶级有着不同的审美标准。在道德领域，理想人格的美，就在于它符合广大人民群众的利益，与社会进步与发展相一致，是真、善、美的和谐统一。

❖拓展知识

美是什么？亚里士多德认为美是形式，黑格尔认为美是理念的感性显现，海德格尔则认为美存在，但不可言说……

美包含哪些特征？

（1）区域性。不同区域、不同民族对美的认识有差异性。

（2）时代性。美随时代的变迁而变化。

（3）动态变化性。美是一种发展的文化意识，不是静止的。

（4）稳定性和普遍性。有些美是普遍的，无论在何时、何地都觉得美。

（资料来源：http：//wenku.baidu.com）

塑造理想人格，既要使自己的思想、品德、言行、举止、风度、仪表等符合真和善的要求，又要按照美的规范来塑造自己，形成美好的形象，给人以美的感受。

努力按照德、智、体、美、劳全面发展和真、善、美和谐统一的要求来塑造自己的理想人格，对于每个旅游从业人员来说，既是道德追求的庄严使命，又是提高审美素养的重要目标，也是做好本职工作的根本要求。

四、努力塑造理想人格

美的事物是现象与本质、形式和内容的统一。人格美也是如此，它是内在美和外在美的统一，即心灵美、行为美、语言美和仪容美的和谐统一。而心灵美是人格美的核心。

❖特别提示

我们心目中有很多人格美的化身，但又各不一样。笔者认为屈原的人格美：

（1）政治追求——崇高美。

（2）与邪恶势力斗争——峻洁美。

（3）服饰追求——完美。

（4）知识分子的楷模——清高美。

（5）以死报国——悲壮美。

要达到内在美和外在美的和谐统一，塑造完美的理想人格，必须认识和处理好以下几种关系：

（一）行为美和心灵美的关系

行为是人类在认识和改造客观世界的社会实践中表现出来的有意识、有目的、自觉的能动活动。行为是意识的外化和表现形式。一个人的行为，是其道德意识、思想观点、文化水平的反映。人格有高下之分，行为也有美丑之别。美好的行为常常是高尚人格的写照，丑恶的行为则总是人格卑鄙者的表现。因此，要做到行为美，首先必须心灵美。

反映人们心灵美的行为，就是美的行为，主要在个人与社会、集体和他人的关系上表现出来。在个人与国家、集体的关系上，一切热爱祖国、忠于人民、有益于社会和人民群众的行为都是美的行为。对于旅游从业人员来说，为了旅游业的发展，努力学习、工作，毫不吝惜地贡献自己的聪明才智和力量；维护祖国的尊严，不崇洋媚外，保持民族气节；讲究社会公德，自觉遵守公共秩序等行为都是心灵美在行为中的表现。在个人与集体的关系上，行为美就是关心集体，遵守纪律，积极参加集体活动，维护集体荣誉等。在人与人的关系上，行为美就是正直、友善，关心人、爱护人、帮助人，讲究文明礼貌。在待人接物上，行为美就是要宽以待人，助人为乐，胸怀坦荡，尊重他人，珍惜友谊。在个人修养上，行为美就是严于律已、勤奋、上进、自觉、自重等。这些行为美反映了人们的心灵美。

（二）语言美和心灵美的关系

语言是人们表达思想感情和进行交流的重要工具。语言是思想的外壳，人们的思想、品德、情操、志趣、文化素养以至人生观、世界观等，都可以通过语言得到一定的表现。

高尔基说：“作为一种感人的力量，语言真正的美，产生于言辞的正确、明晰和动听。”语言可以表达一个人的心灵，“言为心声”就是这个道理，美的语言能表达美的心灵。

要做到语言美，首先必须努力提高自己的道德修养，塑造美好的心灵。一个思想空虚、品格低下、观念腐朽落后的人，即使在语言修辞上下了很多功夫，也只能助长卖弄辞藻、说假话空话的恶劣作风。要做到语言美，还必须加强自身文化素养的提高和表达能力的锻炼、培养，力求做到语言简洁、明快、准确，并尽可能做到生动、流利、词汇丰富、幽默风趣、有感染力；语音和语调要清晰、优美、有节奏。要坚决杜绝粗话、脏话等不文明语言和说空话、假话的毛病。一个人如果缺乏语言方面的修养和应用能力，即使心灵很美，也不能准确地反映出来，在与人交流中会遇到很大的障碍。旅游从业人员的职业特点决定了他们必须与人进行广泛的接触和交流，因此，在加强职业道德修养的同时，加强语言能力的锻炼，力求达到心灵美与语言美的统一，是十分重要的。

（三）仪容美与心灵美的关系

仪容美包括形体美和服饰美。仪容美是外在美，心灵美是内在美。

形体美和心灵美在特定情况下没有必然的联系，形体美的人不一定心灵美，心灵美的人也不一定具有完美的形体，这是因为形体有先天的一面。但是，形体也有后天的影响因素，即社会因素和个人修养，因为人的形体和人类社会发展有密切关系，现代人的形体是人类历史发展的结果。此外，一定时代、一定民族和一定阶级的审美观和经济发展状况，又会影响到人们如何去塑造自己的形体。所以，从人类社会的总体方面来看，形体美和心灵美也是一种表里关系。社会主义的审美观，要求我们按照社会发展的需要来塑造自己的形体。为了适应建设祖国、改造客观世界的需要，为了更好地为人民服务，旅游从业人员应努力按旅游业的特殊要求，将自己的形体塑造得健美洒脱，这本身也是心灵美的一种反映。

服饰美不仅表现人的外在美，还体现着人的精神面貌。服饰美和心灵美之间的关系比形体美和心灵美之间的关系更密切。因为自从人类进入文明时代，衣服就不光具有御寒保暖的作用，而且具有了审美价值。在阶级社会里，服饰还是地位、等级、经济状况和职业分工等方面的特殊标志。在社会主义时代，服饰更具有审美价值，而且和心灵美发生了密切的联系。服饰反映了一个人的道德修养、文化素养和审美情趣。

旅游从业人员应力求做到心灵美和仪容美的和谐统一，要根据自己的生活环境、职业身份、经济条件、兴趣爱好以及身材、肤色等做到仪容美，既具有民族和时代的特征，又整洁、大方、朴素、和谐、得体。

我们追求内在美与外在美的统一，但人的心灵美和仪容美有时是相互矛盾的，因为有的人仪表堂堂或天生丽质，但内心却是自私卑微的；有的人外貌丑陋，却心地善良。对于这种情况，道德审美强调心灵精神之美，认为只要精神崇高、心灵美好，即使仪容不美，也会“诚于中而形于外”；相反，心灵丑恶的人，外貌再好，也引不起人的美感，一旦人们认识了其内心灵魂，其外在给人的美感便会顿时消失，代之以厌恶感，因为心灵对人的审美起着更深层次的作用。

在塑造理想人格的过程中，塑造美的心灵是最重要的。如果我们能经常加强道德修养和不断提高审美素养，既注重心灵美的塑造，又讲究行为美、语言美、仪容美等外在美的雕琢，那么，我们将成为有很高职业道德水平，德、智、体、美、劳全面发展和真、善、美和谐统一的旅游从业人员。

还须强调的是，一个人的优秀品德和完美人格不是自然形成的，不是与生俱来的“天赋品性”，也不是一蹴而就的。它要经历一个长期不断接受教育、学习、修养的过程。通向理想人格的主要途径就在于自我陶冶和在实践中不断地锻炼。

❖案例分享

80高龄的“最美导游”美在哪儿？

在古樟成林的江西省吉安市兴桥镇钓源古村，一位年近八旬的老人，用夹杂着湘音的吉安话和一招一式的戏剧表演，向一拨一拨地游客介绍着村子的历史渊源和文化底蕴，他便是江西“十大最美导游”之一欧阳钟麟。

日复一日，年复一年，这位一直守护钓源的老人渐渐成了古村的“形象代言人”，不少慕名而来的游客，除了到此赏物观景、了解历史，更要亲耳听听这位老人的精彩讲解，“老村长”也成了大家对他的亲切称呼。

导游不是个简单的工作

第一次见到“老村长”，是在去年6月的香港老爷车入赣体验之旅期间。还没进入村子，就听到不远处村民们敲锣打鼓，欢迎游客到来，精神矍铄的“老村长”亲自站在村口，向远道而来的香港游客送上了欢迎和祝福。

而让大家注目凝神、掌声不断的是老村长精彩的解说——连说带演，声情并茂，有起伏、有悬念，极具戏剧韵味和故事色彩。“老村长”说，这都归功于自己原来在剧团的经历，兴致高时，他就会拉开架势表演一番，一招一式，有板有眼，“游客听得有精神，我就讲得有精神”。

“老村长”只有高小文化，但不少来村参观的游客都点名指定他做导游。虽然已是79岁高龄，但他仍不知疲倦，20多年如一日，凭着对家乡和导游事业的热爱，用自己的满腔热情坚持为游客服务。

2006年，钓源古村成立旅游公司后，就聘请了“老村长”作公司的专职导游。每有客人到时，他都提前做好接待准备。“老村长”说：“导游并不仅仅是简单的陪游客参观、给游客讲解，更重要的是为游客做好服务。”他经常对年轻导游说的一句话就是：“只有我们等游客，不能让游客等我们”。

“老村长”不仅服务到位，有时，遇到一些有困难的、耽误行程的游客，他还带到家中免费提供食宿。在他的心中，游客离开村子时，激动地握着他的手，万分难舍地告别，就是他最满足的事情。

今年，“老村长”被评为江西“十大最美导游”之一，但面对采访时，他说的最多的还是“做得还不够，还要更努力”。

真心热爱这个古老村庄

在10多岁的时候，“老村长”就跟随父亲从湖南回到家乡钓源，之后再也没有离开过，他对祖祖辈辈生活过的这个家园有着异乎寻常的深厚感情。村里的一草一木、一景一物，他都能说出背后的故事，“这些东西来之不易，动一下我都伤心。”“老村长”说。

在北宋年间，与欧阳修同宗的欧阳氏后裔在钓源肇基，所以村人尊欧阳修为宗，村内建有欧阳氏祠。“老村长”认为，老祖宗留下来的东西，就该好好保护。

在钓源还没有搞景区建设前，就已经有不少人到过这个有着上千年历史的村庄，对村里的古树、古建、雕刻等赞不绝口。听到这么多人称赞家乡，“老村长”一下子起了劲儿，“作为本村人，自己来宣传钓源文化岂不是更好。”渐渐地，他挑起了义务讲解的担子，闲暇时，他就去村里察看老建筑，搜集传说典故，把听到的、看到的东西整理出来，结合在书本上得到的知识，形成自己独特的讲解词。他还一次次在村民大会上劝说村民，打开老屋，免费供游客参观。

在他眼中，古村虽然看上去“破破烂烂”，但要是来这里看看历史、挖掘文化，就来对了！每次有游客光顾，“老村长”都要带他们到欧阳氏祠，讲讲欧阳氏的“品字文化”。

与全国许多祠堂不同的是，欧阳氏祠除了祠堂前厅有一个大型天井外，上厅一边一个形天井，形成了特有的“品”字形天井结构，如此一来，上面有“品”字形的天空，地面上有“品”字形的接雨水的井，也就有了两“品”夹欧阳的故事，“‘做人有人品，为官官品正’正是欧阳先祖对后人的要求。”“老村长”说，“我是真心热爱这个古老村庄，所以就算再苦再累，我也觉得值得。”

让钓源走出江西走向世界

如今，最让“老村长”自豪的就是，钓源越来越美，声名越传越远，不少国内外的游客、学者都到钓源游览。“清华大学、复旦大学，还有国外的哈佛大学、剑桥大学等名校的教授都来过我们这里。”“老村长”如数家珍地说，香港城市大学还把钓源古村列为古建筑学的示范点，认为它汇集了我国南方古代民间建筑的主要类型和风格。

给游客、学者们留下深深印象的不仅仅是钓源的美景、文化，还有这里和蔼可亲、乐于助人的“老村长”。现在，老村长家中留有很多游客的签名和合影。每一次，老村长都恨不得把这里所有的好东西展示给游客，遇到兴致好的游客，他会兴致勃勃地领着他们走街串巷，直到客人满意为止。很多知名人士来到钓源参观后，都会赠送给“老村长”字画，“老村长”把这些字画挂在家中显眼的位置，很是自豪。

"老村长"喜欢看书，爱研究村里的古迹文物，还时常虚心请教来村里考察的学者。现在，他的床头边又多了不少涉及明清历史的书，"客人的文化层次越来越高了，更要不断地学习了。""老村长"说。

（资料来源：裴路霞．一片赤诚"老村长"——记江西"十大最美导游"之一欧阳钟麟，中国旅游报，2016-02-16）

思考与练习

1. 旅游从业人员应具备哪些职业道德品质？
2. 职业道德情感的修养包括哪些具体内容？
3. 请谈谈你的幸福观。
4. 什么是"慎独"和"自我控制"？
5. 讨论行为美、语言美在旅游工作中的重要性。
6. 谈谈你自己有哪些人格魅力，你期望的理想人格又是怎样的？

参考书目

[1] 罗国杰，马博宣，余进 . 伦理学教程 . 北京：中国人民大学出版社，1985.

[2] 郭广银 . 伦理学原理 . 南京：南京大学出版社，1995.

[3] 郭建新，杨文兵 . 新伦理学教程 . 北京：经济管理出版社，1999.

[4] 王荣发 . 现代职业伦理学 . 上海：华东理工大学出版社，1998.

[5] 国家旅游局人事劳动教育司 . 旅游职业道德 . 北京：旅游教育出版社，1999.

[6] 刘子富 . 旅游职业道德 . 广州：中山大学出版社，1996.

[7] 李佩芝 . 道德概论 . 武汉：华中师范大学出版社，1994.

[8] 张永宁 . 饭店服务教学案例 . 北京：中国旅游出版社，1999.

[9]《公民道德建设实施纲要》学习读本 . 北京：中共中央党校出版社，2001.

[10] 王勒，庞井君 . 中国国民素质考察报告 . 南宁：广西人民出版社，1999.

[11] 吴军卫 . 前厅疑难案例解析 . 北京：旅游教育出版社，2000.

[12] 范运铭 . 客房服务与管理案例选析 . 北京：旅游教育出版社，2000.

[13] 程新造 . 星级饭店餐饮服务案例选析 . 北京：旅游教育出版社，2000.

[14] 魏凯，曹常玲，宿翠萍 . 旅游职业道德 . 北京：中国旅游出版社 . 2021.

[15] 刘玉瑛 .《新时代公民道德建设实施纲要》百问百答 . 北京：中共中央党校出版社，2020

[16] 谭为跃 . 新编旅游职业道德 . 北京：高等教育出版社，2018.